Aufstieg und Niedergang des Kommunismus in Osteuropa

Osteuropa-Studien

Band 2

JOHN LÖWENHARDT / JAMES R. OZINGA / ERIK VAN REE

Aufstieg und Niedergang des sowjetischen Politbüros

Ben Fowkes

Aufstieg und Niedergang des Kommunismus in Osteuropa

Aus dem Englischen
von Erna Schön

Osteuropa-Studien
Band 1

Decaton Verlag
Mainz

Über den Autor:

Ben Fowkes ist Senior Lecturer an der University of Northern London. Nach seinem Doktorat hielt er sich Mitte der 60er Jahre einige Zeit in Wien und Prag auf und unterrichtete an der Sheffield University, bevor er nach London ging. Er hat seitdem über Mittel- und Osteuropa geforscht und unterrichtet und ist Autor des Buches *Communism in Germany under the Weimar Republic*.

Titel der englischen Originalausgabe:
The Rise and Fall of Communism in Eastern Europe

Original-ISBN: 0-333-54478-1

Die Deutsche Bibliothek - CIP-Einheitsaufnahme

Fowkes, Ben:
Aufstieg und Niedergang des Kommunismus in Osteuropa / Ben Fowkes. Aus dem Engl. von Erna Schön. - 1. Aufl. - Mainz : Decaton-Verl., 1994
(Osteuropa-Studien ; Bd. 1)
Einheitssacht.: The rise and fall of communism in Eastern Europe <dt.>
ISBN 3-929455-23-4
NE: GT

Erste Auflage 1994

Verlagsanschrift: Postfach 21 61, 55011 Mainz
Lektorat: Theodor Bergmann und Tanja Schliebe
Satz und Gestaltung: DMS, Mainz
Druck und Bindung: Druckerei Dan
Printed in Slovenia
ISBN 3-929455-23-4

Inhalt

Abkürzungsverzeichnis

AK	*Armia Krajowa*: Heimatarmee (Polen)
AKK	Alliierte Kontrollkommission
AVH	*Allamvédelmi Hatóság*: Staatliches Verteidigungsamt (Ungarn)
AVNOJ	*Antifasisticko vece narodnog oslobodjenja Jugoslavije*: Antifaschistischer Rat der Nationalen Befreiung Jugoslawiens
AVO	*Allamvédelmi Osztály*: Verteidigungsministerium (Ungarn)
BdKJ	Bund der Kommunisten Jugoslawien
BDP	Block Demokratischer Parteien (Rumänien)
BIP	Bruttoinlandsprodukt
BKP	Bulgarische Kommunistische Partei
BSP	Bulgarische Sozialistische Partei
CBKP	*Centralne Biuro Kommunistów Polskich w ZSSR*: Zentrales Büro der Polnischen Kommunisten in der UdSSR
CDU	Christlich-Demokratische Union
CKD	*Ceskomoravská Kolben Danek*: Die Kolben-Danek- (Maschinenbau) Werke von Böhmen und Mähren
CRZZ	*Centralna Rada Zwiazków Zawodowych*: Zentralrat der Gewerkschaften (Polen)
CSSR	*Ceskoslowenska Socialistická Republika*: Tschechoslowakische Sozialistische Republik
DBD	Demokratische Bauernpartei Deutschlands
DDR	Deutsche Demokratische Republik
DiP	*Doswiadczenie i Przyszlosc*: Erfahrung und Zukunft (Polen)
DISZ	*Dolgozo Ifjuság Szövetsége*: Föderation der Arbeiterjugend (Ungarn)
DWK	Deutsche Wirtschaftskommission
DZV	Deutsche Zentralverwaltung
EG	Europäische Gemeinschaft
FJN	*Front Jednosci Narodowej*: Front der Nationalen Einheit (Polen)
GOM	*Gminny Osrodek Maszynowy*: Kommunale Maschinen- und Traktorenstation (Polen)
HNF	*Hazafias Népfront*: Patriotische Volksfront (Ungarn)
IWF	Internationaler Währungsfonds
JZD	*Jednotné Zemedelské Druzstvo*: Vereinigte Landwirtschaftliche Kooperative
K231	Klub der unter Artikel 231 Inhaftierten (Tschechoslowakei)
KAN	*Klub Angazovanych Nestraníku*: Klub der engagierten Parteilosen
KKP	*Krajowa Komisja Porozumiewawcza*: Nationales Koordinierungskomitee (der Solidarität)
KOR	*Komitet Obrony Robotników*: Arbeiter-Verteidigungskomitee (Polen)
KPD	Kommunistische Partei Deutschlands
KPdSU	Kommunistische Partei der Sowjetunion
KPJ	Kommunistische Partei Jugoslawiens
KPN	*Konfederacja Polski Niepodleglej*: Konföderation für ein Unabhängiges Polen
KPP	*Komunistyczna Partia Polski*: Kommunistische Partei Polens
KPS	Kommunistische Partei der Slowakei
KPTsch	Kommunistische Partei der Tschechoslowakei
KRN	*Krajowa Rada Narodowa*: Nationaler Rat der Heimat
KSR	*Konferencja Samorzadu Robotniczego*: Konferenz der Arbeiterselbstverwaltung (Polen)

KSS	*Komitet Samoobrony Spolecznej*: Komitee für die Soziale Selbstverteidigung (Polen)
LDPD	Liberal-Demokratische Partei Deutschlands
MADOSZ	*Magyar Dolgozók Országos Szövetsége*: Ungarische Nationale Arbeiterföderation (Rumänien)
MEFESZ	*Magyar Egyetemi és Föiskolai Egyesületek Szövetsége*: Föderation der Ungarischen Universitäts- und College-Vereinigungen
MKS	*Miedzyzakladowy Komitet Strajkowy*: Überbetriebliches Streikkomitee (Polen)
MKZ	*Miedzyzakladowy Komitet Zalozycielski*: Überbetriebliches Gründungskomitee (Polen)
MNP	Materielles Nettoprodukt
MTS	Maschinen-Traktoren-Station
NDF	National-Demokratische Front (Rumänien)
NDH	*Nezavisna Drzava Hrvatska*: Unabhängiger Staat Kroatien
NDPD	National-Demokratische Partei Deutschlands
NF	Nationale Front
NKWD	Ministerium (Volkskommissariat) des Innern (Sowjetunion)
NÖM	Neuer Ökonomischer Mechanismus
NRF	Nationale Rettungsfront (Rumänien)
NS	Nationale Sozialisten (Tschechoslowakei)
NSZ	*Narodowe Sily Zbrojne*: Nationale Streitkräfte (Polen)
ORMO	*Ochotnicza Reserwa Milicji Obywatelskiej*: Freiwillige Reserve der Bürgermiliz (Polen)
OZNA	*Odeljenje Zastite Naroda*: Büro für den Schutz des Volkes (Jugoslawien)
PGR	*Panstwowe Gospodarstwa Rolne*: Staatsgüter (Polen)
PKWN	*Polski Komitet Wyzwolenia Narodowego*: Polnisches Komitee der Nationalen Befreiung
POM	*Panstwowy Osrodek Maszynowy*: Staatliche Maschinen- und Traktorenstation (Polen)
PPR	*Polska Partia Robotnicza*: Polnische Arbeiterpartei
PPS	*Polska Partia Socjalistyczna*: Polnische Sozialistische Partei
PSL	*Polskie Stronnictwo Ludowe*: Polnische Bauernpartei
PZPR	*Polska Zjednoczona Partia Robotnicza*: Polnische Vereinigte Arbeiterpartei
RAP	Rumänische Arbeiterpartei
RGW	Rat für Gegenseitige Wirtschaftshilfe
RKP	Rumänische Kommunistische Partei
ROH	*Revolucní Odborové Hnutí*: Revolutionäre Gewerkschaftsbewegung (Tschechoslowakei)
ROPCiO	*Ruch Obrony Praw Czlowieka*: Bewegung für die Verteidigung der Menschen- und Bürgerrechte (Polen)
RPPS	*Robotnicza Partia Polskich Socjalistów*: Polnische Sozialistische Arbeiterpartei
SB	*Sluzba Bezpieczenstwa*: Sicherheitsdienst (Polen)
SBZ	Sowjetische Besatzungszone Deutschlands
SD	*Stronnictwo Demokratyczne*: Demokratische Partei (Polen)
SDP	Sozialdemokratische Partei (Ungarn)
SED	Sozialistische Einheitspartei Deutschlands
SL	*Stronnictwo Ludowe*: Bauernpartei (Polen)
SMAD	Sowjetische Militäradministration Deutschlands
SNB	*Sbor Národní Bezpecnosti*: Korps für Nationale Sicherheit (Tschechoslowakei)
SPD	Sozialdemokratische Partei Deutschlands
Stasi	Staatssicherheitsdienst (DDR)
StB	*Státní bezpecnost*: Staatspolizei (Tschechoslowakei)
SZOT	*Szakszervezetek Országos Tanácsa*: Nationalrat der Gewerkschaften (Ungarn)

TOZ	*Tovarishchestvo po Sovmestnoy Obrabotke Zemli*: Vereinigung für die Gemeinsame Bodenbearbeitung (Sowjetunion)
UAP	Ungarische Arbeiterpartei
UB	*Urzad Bezpieczenstwa*: Sicherheitsbüro (Polen)
UDBA	*Uprava Drzavne Bezbednosti*: Verwaltung der Staatssicherheit (Jugoslawien)
UDF	Ungarisches Demokratisches Forum
UKP	Ungarische Kommunistische Partei
URO	*Ustrední Rada Odboru*: Zentralrat der Gewerkschaften (Tschechoslowakei)
USAP	Ungarische Sozialistische Arbeiterpartei
VVB	Vereinigung Volkseigener Betriebe (DDR)
WOG	*Wielka Organizacja Gospodarcza*: Große Ökonomische Organisation (Polen)
WRN	*Wolnosc, Równosc, Niepodleglosc*: Freiheit, Gleichheit, Unabhängigkeit (Polnischer Sozialistischer Untergrund 1939-45)
WRON	*Wojskowa Rada Ocalenia Narodowego*: Militärischer Rat der Nationalen Rettung (Polen)
ZBoWiD	*Zwiazek Bojowników o Wolnosc i Demokracje*: Union der Kämpfer für Freiheit und Demokratie (Polen)
ZK	Zentralkomitee
ZMP	*Zwiazek Mlodziezy Polskiej*: Union der Polnischen Jugend
ZMS	*Zwiazek Mlodziezy Socjalistycznej*: Union der Sozialistischen Jugend (Polen)
ZPP	*Zwiazek Patriotów Polskich*: Union der Polnischen Patrioten
ZSL	*Zjednoczone Stronnictwo Ludowe*: Vereinigte Bauernpartei (Polen)

Vorwort

Geschichtsbücher werden über Ereignisse, Strukturen oder eine Kombination beider geschrieben. In diesem Buch geht es um Ereignisse. Es ist durch die Umstände seiner Entstehung geprägt. Zum Schreiben veranlaßte mich das gewaltige und sich rapide entfaltende Schauspiel des Zusammenbruchs des Kommunismus in Osteuropa, eine Serie von Ereignissen *par excellence*. Wer konnte beim Fall eines Systems, das als ein so permanenter Bestandteil der weltpolitischen Landschaft erschienen war, unbewegt bleiben? Wer konnte die Bedeutung des Ereignisses, des flüchtigen Geschehens, des kritischen Augenblicks in einer solchen Situation übersehen?

So schien es im Jahre 1989. Länger nicht. Das Ereignis hat seine Bedeutung verloren. Die politischen Krisen im gegenwärtigen Osteuropa sind oberflächliche Phänomene und werden es auch weiterhin sein. Ereignisse werden wieder, wie in den Jahren zwischen den Kriegen »wie Leuchtkäfer über die historische Bühne gleiten«, um Braudels Ausdruck zu verwenden, und dabei kaum die Oberfläche anreißen. Die bedeutende Bewegung wird die der tieferen Struktur sein, einer Struktur, die keinesfalls bewegungslos ist, sondern sich schnell entwickelt. Dann wird die Zeit für eine strukturelle Analyse des kommunistischen Osteuropa gekommen sein. Heute fehlen selbst die Vorstudien für diese wichtige Aufgabe. Ich hoffe, in der Zwischenzeit einen klaren Leitfaden zu den aufeinanderfolgenden Krisen geliefert zu haben, die Osteuropa während der kommunistischen Epoche geschüttelt haben, ohne - bis an das Ende - die grundlegenden Strukturen, die nach dem Zweiten Weltkrieg geschaffen wurden, zu verändern.

Ich möchte hier eine Anmerkung über die politische Terminologie, die ich benutzt habe, machen. Politische Ausdrücke wie »links« und »rechts« erscheinen im kommunistischen Kontext tendenziell mit umgekehrtem Vorzeichen. Es ist zum Beispiel schwierig, ein passendes Wort ohne irreführende Nebenbedeutung für kompromißlose Gegner des kommunistischen Systems zu finden. Menschen, die im Westen durchaus als »Rechte« oder »Konservative« etikettiert worden wären, erscheinen im Osten unter der Bezeichnung »Progressive« oder »Radikale«. So jedenfalls ist die Vorstellung, die sie von sich selber haben. Ich habe versucht, Etiketten dieser Art zu vermeiden, aber wo ich sie angebracht habe, sollte man sie im Kontext des sowjetischen Blocks verstehen. Ich habe im allgemeinen versucht, politische Kurzschrift zu vermeiden, und verwende sie nur, wenn Alternativen unerträglich umständlich wären.

Es gibt viele gute Bücher über Aspekte des kommunistischen Osteuropa. Ich habe großzügig, aber ich hoffe nicht zu unkritisch, von den Informationen, die sie bieten, Gebrauch gemacht und dies in den Anmerkungen am Ende des Buches vermerkt. Was bisher gefehlt hat und die vorliegende Arbeit zu leisten versucht, ist eine umfassende Studie der Periode aus historischer Sicht. Das Buch, das dem am nächsten kommt ist Joseph Rothschilds exzellente Schrift *Return to Diversity*. Aber erstens legt er das Schwergewicht bezüglich des Inhalts auf den Zweiten Weltkrieg und dessen unmittelbare Nachwirkungen, und zweitens beschäftigt er sich mehr mit Kontinuitäten als mit Krisen. Ich möchte meine Arbeit daher als die seine ergänzend ansehen.

Schließlich möchte ich meine zweifache Dankesschuld aussprechen. Die eine besteht gegenüber meinen gegenwärtigen und früheren Studenten, besonders Jim Brown, die mich angeregt haben, diese Aufgabe zu übernehmen; die andere besteht gegenüber der Einrichtung, bei der ich arbeite, dem Polytechnikum von Nord-London, die mir einen zweimonatigen Studienurlaub gewährte.

Mai 1992 Ben Fowkes

1 Einleitung

Der Titel und der Rahmen dieses Buches erfordern eine Erklärung. Es bestand in den vergangenen Jahren eine Tendenz, den Begriff »Osteuropa« abzulehnen und ihn mit etwas modischeren Formulierungen wie »Zentraleuropa«, »Das andere Europa«, »Die Länder dazwischen« oder »Ost- und Zentraleuropa« zu ersetzen. Mit der Anwendung dieser anderen Bezeichnungen sind jedoch beträchtliche Nachteile verbunden. »Zentraleuropa«, wie von dem ungarischen Dissidenten György Konrád befürwortet, erstreckt sich zu weit nach Westen und schließt zu viel vom Osten aus. Bulgarien wird herausgehalten, Westdeutschland wird hineingebracht. »Ost- und Zentraleuropa«, die Erfindung des polnischen Historikers Oskar Halecki[1], die von Joseph Rothschild in seinem Buch *Return to Diversity* aufgegriffen wurde, hat den Vorteil, die Sowjetunion eindeutig auszuschließen; aber in Haleckis ursprünglichem Konzept werden auch alle Länder ohne eine »kontinuierliche christliche Tradition« ausgeschlossen. Bei ihnen handelt es sich um die hauptsächlich griechisch-orthodoxen Länder, die vierhundert Jahre unter ottomanischer Herrschaft lebten, und zwar das südliche Jugoslawien, Albanien, Rumänien, Bulgarien und Griechenland. Rothschild wendet im Unterschied dazu eine wesentlich politische Definition an, wonach die »Länder Ost- und Zentraleuropas« die Gebiete unter kommunistischer Herrschaft sind. Aber er läßt ohne erkennbaren Grund Ostdeutschland aus.

Es kann durchaus sein, daß der Begriff »Osteuropa« künftig außer Gebrauch gerät. Vielleicht wird er durch die beiden Ausdrücke »Zentraleuropa« und »Balkaneuropa« ersetzt. Die größere Überlebenskraft, die von den herrschenden kommunistischen Parteien (unter anderem Namen) in Balkaneuropa gezeigt wird, könnte eine solche Einteilung andeuten. Vielleicht werden der Osten und der Westen in einem gemeinsamen »Europa« verschmelzen. Für die Historiker jedoch ist der Begriff »Osteuropa« unerläßlich. Er kennzeichnet jenen Teil des europäischen Kontinents, der nach dem Zweiten Weltkrieg unter alleinige kommunistische Herrschaft kam. Er erlaubt, Griechenland, Finnland und Österreich auszuschließen, wo anfangs einige Zweifel über das abschließende Ergebnis bestanden, und erfordert, Ostdeutschland trotz des künstlichen Charakters jenes Staates einzubeziehen.[2]

Die chronologischen Grenzen des Buches werden durch die Lebensspanne der kommunistischen Herrschaft bestimmt. Ich ende im Jahr 1990 mit dem Untergang und Zusammenbruch des kommunistischen Osteuropa, und ich beginne im Jahr 1944, als es so auszusehen begann, daß Stalin das entscheidende Wort über die Entwicklung dort zu sprechen haben würde. Der Bereich der Forschung ist also eine Episode der Geschichte, der Episode des Kommunismus sowjetischen Stils. Der Kommunismus überlebt als Ideal. Und er wird weiterleben, solange es Menschen gibt, die davon träumen, die Anarchie des Kapitalismus durch eine vernünftige und gerechte Organisation der Gesellschaft zu ersetzen. Aber die Episode der Herrschaft ist vorbei. Ich beziehe mich hier auf den »Kommunismus sowjetischen Stils«. Der Stalinismus im strengen Sinne starb lange vor 1990. Was 1990 in Osteuropa zu ende ging, war etwas anderes: eine poststalinistische Hybride, die nach dem Muster der gegenwärtigen Sowjetunion geformt war. Gelegentlich beziehe ich mich auch auf den »Reformkommunismus«. Auch der ging 1990 zuende; er hatte seine Chance als lebensfähige Alternative vielleicht schon 1968 verloren.

Die erste Frage, die in einem Buch wie diesem beantwortet werden muß, ist: »Warum ist Osteuropa überhaupt unter kommunistische Herrschaft gefallen?« Eine angemessene Antwort erfordert die detaillierte Bezugnahme auf einzelne Länder, und ich werde sie in den folgenden zwei Kapiteln vornehmen. Jedoch es gibt eine einfache, grobe, aber dennoch wahre Antwort: Weil Stalin es so wollte und weil er gegen Ende des Zweiten Weltkrieges in der Lage war, seinen Willen durchzusetzen. Sogar in Jugoslawien wurde trotz des außerordentlichen taktischen Geschicks von Marschall Tito und der Opfer und der Rücksichtslosigkeit der jugoslawischen kommunistischen Partisanen der für den sicheren Sieg notwendige Rückzug der deutschen Streitkräfte letztendlich erst unter dem Druck von Schlägen, die die Rote Armee an anderen Kampfplätzen führte, möglich. Daß Stalin nicht in dieser Phase in Jugoslawien intervenierte, um eine gefügigere Führung an die Spitze der Kommunistischen Partei Jugoslawiens (KPJ) zu bringen, liegt daran, daß er es nicht tun wollte, und nicht daran, daß ihm die Macht dazu gefehlt hätte. Im Jahre 1945 konnte in Osteuropa gegen Stalins Willen nichts geschehen. Dies, der internationale Rahmen, muß der Ausgangspunkt jeglicher Diskussion sein. Es ist absurd zu behaupten, daß der Westen in Jalta Osteuropa verschenkt habe. Die Verträge von Jalta waren eher ein Versuch, für die westliche Demokratie zu retten, was zu retten war.

Wenn man somit Stalin die letzte Verantwortung zuweist, bedeutet dies doch nicht, den originären Linkstrend in ganz Europa im Jahre 1945 zu ignorieren. Es bestand eine massenhafte Ablehnung des Kapitalismus durch große Bevölkerungsgruppen in vielen europäischen Ländern. Im großen und ganzen waren die Kommunisten die Nutznießer dieser Haltung. Die nichtkommunistische Linke war entweder zahlenmäßig schwach oder durch die Notwendigkeit gelähmt, mit den Kommunisten eng zusammenzuarbeiten, und durch den naiven Glauben an die Einheit der Arbeiterklasse in die Irre geführt. Natürlich waren die Kräfte des

Zentrums und der Rechten nicht verschwunden, aber eine der Funktionen der Roten Armee und der sowjetischen Kontrolle bestand darin, zu sichern, daß diese Kräfte 1945 bei der Bestimmung der politischen Zukunft keine Rolle spielten. Daher müssen wir zuerst die Strategie der lokalen kommunistischen Führer, die seinerzeit so viele Trümpfe in der Hand hielten, betrachten.
Die kommunistischen Führer, die nach 1945 in Osteuropa an die Macht kamen, hatten eine gemeinsame Bindung, den von ihnen so genannten »Marxismus-Leninismus«, das heißt, die Ideologie und Praxis, die von Stalin während der späten 20er und frühen 30er Jahre aus dem Bolschewismus entwickelt wurde. Allgemeiner gesagt, bedeutete die Parteinahme für den Kommunismus die Identifikation mit dem Stalinschen Modell und somit den Wunsch, es nach Osteuropa zu verpflanzen. Ob dies eine vollkommen sklavische Anhänglichkeit an das Modell bedeutete, ist zweifelhaft. Z. A. Pelczynskis Meinung über Polen läßt sich auch anderswo anwenden:

> »Es ist unvorstellbar, daß die polnische Führung, wäre sie sich selbst überlassen gewesen ... die Politik und die institutionellen Strukturen angenommen hätte, die aus dem [Stalinismus] resultierten ... Nationale Traditionen wären weniger rücksichtslos mißachtet und sowjetische Modelle kritischer kopiert worden.«[3]

Es läßt sich jedoch schwer zwischen freiwilliger Übernahme einer gegebenen Politik aus ideologischen Gründen und simplem Gehorsam gegenüber sowjetischen Vorgaben unterscheiden. Es war unwahrscheinlich, daß die für die kommunistische Politik Verantwortlichen eingestanden, daß sie einfach Stalins Befehle ausführten. Mit Sicherheit läßt sich nur sagen, daß die Nachkriegssituation insgesamt das Ergebnis von Entscheidungen war, die von Kommunisten entweder in Moskau oder zu Hause entsprechend bestimmten allgemeinen Prinzipien getroffen wurden, die kaum unter Berücksichtigung der lokalen Bedingungen abgewandelt wurden.
Die Einführung des Marxismus-Leninismus in die Innenpolitik wird in Kapitel vier untersucht; hier beschäftige ich mich mit der Bedeutung dieser Theorie für die Übernahme der Macht. Die kommunistischen Führer beabsichtigten mit Sicherheit die Machtübernahme in der einen oder anderen Form. Ihr langfristiges Ziel war natürlich der Aufbau des Kommunismus, und das konnten sie nicht erreichen, ohne die Macht zu übernehmen. Aber während und unmittelbar nach dem Krieg wirkte die übergeordnete Rücksichtnahme auf die Verteidigung der Sowjetunion und modifizierte dies Ziel. Die Strategie der »Nationalen Front«, die während des Krieges ausgearbeitet und in ganz Osteuropa angewendet wurde, war auf das begrenztere Ziel gerichtet, die »deutschen und italienischen faschistischen Räuber« zu besiegen.[4] Dies sollte durch eine »große nationale Front der ... Menschen aller möglichen Parteien, Religionen und Weltanschauungen« erreicht werden.[5] Wenn der Faschismus erst besiegt wäre, könnte ein eindeutigeres Programm verwirklicht werden.
Die positiven Programme der verschiedenen Nationalen Fronten Zentral- und

Osteuropas wurden zwischen 1943 und 1945 detaillierter klargestellt und dargelegt. Sie umfaßten (a) Maßnahmen der sozialen Reform, wie die Enteignung der großen Güter und eine bestimmte Anzahl von Nationalisierungen der Industrie, um zu sichern, daß die alten Oberklassen nicht an die Macht zurückkehrten, (b) die Beteiligung der Menschen an der Basis an der politischen Macht durch Nationalkomitees, Betriebskomitees und Bürgermilizen, kurz, die Ersetzung der Verwaltungsstruktur der Vorkriegszeit, (c) die Schaffung eines breiten Bündnisses aller politischen Parteien in der Nationalen Front, wobei die Kommunisten in der Regierung eine führende Rolle spielen sollten, und (d) die Lösung der nationalen Frage durch die Schaffung homogener Nationalstaaten, was die Ausweisung und Übersiedelung von Bevölkerungsteilen einschloß; wo dies unmöglich wäre, sollten angemessene Garantien für Rechte und Autonomie nationaler Minderheitsgruppen gewährt werden.

All dies bedeutete in keiner Weise ein voll ausgebildetes »sozialistisches« System. Aber es schloß eine substantielle Beschneidung der Macht der alten herrschenden Klassen ein, schuf ein Machtvakuum und schuf damit für die Kommunisten die Möglichkeit, sollten sie es wünschen, der »Hegemon der Nation« (Gomulka) zu werden.[6]

Die genannte Strategie war nicht von den Parteitheoretikern Osteuropas ausgearbeitet worden, sie war eine Richtlinie von höchster Ebene, das heißt von Stalin selbst. Stalins eigene Absichten für Osteuropa in dieser Zeit sind wie immer in geheimnisvolles Dunkel gehüllt. Er hat verschiedenen Menschen gegenüber widersprüchliche Erklärungen abgegeben. Seine Bemerkungen gegenüber dem jugoslawischen Kommunisten Milovan Djilas sind oft zitiert worden:

> »Dieser Krieg ist nicht wie in der Vergangenheit; wer auch immer ein Territorium besetzt, führt auch sein eigenes Gesellschaftssystem ein. Jeder führt sein eigenes System ein, so weit die Macht seiner Armee reicht. Es kann nicht anders sein.«[7]

Das scheint eine sehr deutliche Erklärung zu sein. Aber man sollte den Kontext der Diskussion berücksichtigen. Sie sprachen über verschiedene Wege zum Sozialismus, und Stalin hatte Djilas gerade gesagt, daß »Revolution nicht länger überall notwendig [und] Sozialismus sogar unter einem englischen König möglich ist«. Es war in der Tat das stillschweigende Eingeständnis der Möglichkeit, den Sozialismus auf unterschiedlichen Wegen zu erreichen, und eine Anerkennung dessen, daß die jugoslawische Revolution, wenn auch nationalen Ursprungs, weitreichende soziale Konsequenzen hatte, die er, Stalin, nicht umkehren wollte. Dahinter lag auch die Erkenntnis, daß »Sozialismus« in den von den westlichen Alliierten besetzten Gebieten nicht zur Debatte stand. Was nicht impliziert wurde, war eine Absicht, Osteuropa einen »Sozialismus« aufzuzwingen. Für Polen haben wir zum Beispiel Stalins kategorische Entgegnung an Mikolajczyk, als der fragte, ob »die polnische Verfassung kommunistisch sein würde«:

> »Natürlich nicht. Polen muß eine demokratische Ordnung haben. Privateigentum und ein freies Wirtschaftsleben sollten erhalten werden ... In Polen bestehen keine Voraussetzungen für ein kommunistisches System.«[8]

Dementsprechend wurde jeder, der davon sprach, in seinem Land die »Sowjetmacht« zu etablieren, scharf zur Ordnung gerufen, entweder durch Dimitroff (in der Slowakei 1945, und dasselbe versuchte er auch in Jugoslawien) oder durch Wyschinski (er zwang die rumänischen kommunistischen Führer Pauker und Luca, die Idee der Machtergreifung dort im November 1944 aufzugeben)[9] oder durch irgendeinen verantwortlichen lokalen Führer (in Ungarn Révai[10]).
Aber die Phrase »Sowjetmacht« war zweideutig. Sie konnte entweder die *politische* Herrschaft des Proletariats bedeuten, das heißt seiner Avantgardepartei, der kommunistischen Partei; sie konnte auch den Sturz des Kapitalismus als ökonomisches und soziales System und dessen Ersetzung durch ein Sowjetsystem nach russischem Modell bedeuten. Linke innerhalb der kommunistischen Parteien befaßten sich eher mit der ersteren Bedeutung als mit der letzteren (die später drankommen konnte); Linke innerhalb der sozialdemokratischen oder sozialistischen Parteien erstrebten letztere ohne die erste. Das war eine Basis sowohl für Zusammenarbeit als auch für Mißverständnisse. Ein Hauptzug der Situation während der Kriegsjahre war die Radikalisierung von Elementen innerhalb der sozialistischen Parteien. Dieses Phänomen sollte man von einem anderen Trend unterscheiden, der ebenfalls wie eine Radikalisierung aussieht: dem Anwachsen einer Gruppe von »Mitläufern«, die bereit waren, die kommunistische Hegemonie zu akzeptieren. Radikale der ersten Sorte waren den Zielen der Kommunisten gegenüber oft feindlich eingestellt (wie im Falle der RPPS-Mehrheit in Polen, einer marxistischen Splitterpartei der PPS, die auf ihrem dritten Kongreß im September 1943 mit überwältigender Mehrheit *gegen* die Zusammenarbeit mit der PPR stimmte).
Radikale des zweiten Typs (wie z.B. durch Osóbka-Morawski von der RPPS-Minderheit, später PPS, vertreten, sowie durch die linken Flügel, die sich nach 1945 in allen wieder hergestellten sozialdemokratischen Parteien entwickelten) wurden nicht deshalb als »links« definiert, weil sie sozial radikal waren, sondern weil sie ihr Schicksal als untrennbar mit der Erhaltung und dem Schutz des Bündnisses mit den kommunistischen Parteien verbunden ansahen. Später spielten sie eine bedeutende Rolle bei der Vorbereitung der sozialistisch-kommunistischen Zusammenschlüsse von 1947/48. Sie besetzten oft bedeutende Positionen in den vereinigten Arbeiterparteien, die dabei entstanden.
Die vielen Unterschiede hinsichtlich Methode und Schrittmaß der kommunistischen Machtergreifung in Osteuropa nach 1945 machen eine gesonderte Behandlung jedes Landes erforderlich. Ich werde mit Polen beginnen, wo Stalin es 1945 eilig hatte, die Dinge zu entscheiden. Dann werde ich die Länder des nördlichen Blocks oder Ost- und Zentraleuropas untersuchen. Schließlich werde ich mich in südliche Richtung bewegen und eine Tour durch die Balkanländer machen, die in Albanien endet.

2 Die Machtergreifung
Teil 1: Die nördliche Gruppe

POLEN: EIN SATTEL FÜR EINE KUH?

Militärische Faktoren spielten bei der Errichtung des Kommunismus in Polen eine überwältigende Rolle. Er wurde durch den Sieg der sowjetischen Roten Armee ermöglicht. An deren Seite marschierte eine 100 000 Mann starke »polnische Armee«, die 1943 unter Oberst Zygmunt Berling aufgestellt wurde und hauptsächlich aus früheren polnischen Kriegsgefangenen bestand, die innerhalb der Sowjetunion einberufen worden waren. Dennoch wurden Art und Weise und die Geschwindigkeit, wie die kommunistische Herrschaft errichtet wurde, durch das Zusammenspiel der strategischen Ziele Stalins, der Kominternkonzeption der »Nationalen Front«, die auch nach der stillen Auflösung jener Organisation 1943 fortlebte, und der aktuellen örtlichen Situation bestimmt.
Stalins ursprünglicher Plan sah in voller Übereinstimmung mit der Linie der Politik der »Nationalen Front« die Zusammenarbeit mit den »Londoner Polen«, das heißt mit der polnischen Exilregierung in London, vor, wurde aber durch die Entdeckung der Gräber von 4 000 polnischen Offizieren in den Wäldern von Katyn 1943 unmöglich gemacht. Die Polen neigten zu der Annahme (wie heute zugegeben wird, mit Recht), daß das Massaker von sowjetischen Sicherheitsorganen und nicht von der Gestapo begangen wurde. Stalin hatte die Wahl zwischen dem Eingeständnis der Wahrheit und dem vollständigen Bruch mit der Sikorski-Regierung in London. Er zog natürlich letzteren Kurs vor. Dieser Bruch hatte entscheidende Auswirkungen auf die Haltung der polnischen Kommunisten zu den »Londoner Polen«. Während das erste Manifest der wiedergegründeten kommunistischen Partei, der PPR (Polnische Arbeiterpartei), die Möglichkeit der Zusammenarbeit mit der Sikorski-Regierung in Aussicht stellte (März 1943), lehnte das zweite Manifest im November 1943, das den Titel »Wofür wir kämpfen« trug, die polnische Regierung ausdrücklich zugunsten einer provisorischen Regierung auf der Basis der »antifaschistischen nationalen Front« ab und stellte eine Reihe weitreichender sozialökonomischer Forderungen, wie die Nationalisierung der Großindustrie, der Banken, der Verkehrsmittel, die Kontrolle der

Produktion durch Fabrikkomitees und den »Übergang zur sozialistischen Ordnung, der durch die Arbeiterklasse im Rahmen des demokratischen Staates durchgeführt wird«.[1]

Einer Politik der Nationalen Front standen, ganz abgesehen von dem Bruch mit London, andere ernste Hindernisse im Wege. Die Kommunisten waren auf die Akzeptanz der Stalinschen Ziele festgelegt, und eins dieser Ziele war die Neufestlegung von Polens Grenzen, so daß die östlichen Gebiete der Sowjetunion einverleibt würden. Sehr wenige nichtkommunistische Polen konnten dies akzeptieren. Keiner der Exilpolitiker, die im Politischen Repräsentativkomitee in London saßen, wollte mit dem Kommunismus oder der Sowjetunion zusammenarbeiten. Die Nationale Front ließ sich nur mittels Entdeckung oder vielleicht Schaffung linker, prokommunistischer Parteien in Polen selbst errichten. Die Methode der Schaffung prokommunistischer Parteien durch die Spaltung vorhandener nichtkommunistischer Parteien wurde später in ganz Osteuropa angewandt. Im Jahre 1943 jedoch mußte die PPR mit dem auskommen, was vorhanden war. Es gab eine sozialistische Partei links von der PPS (Polnische Sozialistische Partei). Sie wurde RPPS (Polnische Sozialistische Arbeiterpartei) genannt und hatte sich von der ersteren im Januar 1943 abgespalten. Aber die meisten RPPS-Führer waren gegen eine Zusammenarbeit mit der PPR. Auf einer Konferenz im September 1943 erklärten sich nur vier von 24 Führern der RPPS, von Edward Osóbka-Morawski geleitet, mit der Annahme des PPR-Programms einverstanden. Ähnlich stimmte die SL (Bauernpartei) gegen die Einladung der PPR und stellte fest:

> »Die polnische Bauernschaft wird sich nicht durch das irreführende Programm 'radikaler Reformen' im Stil des Staatssozialismus nach dem Modell Rußlands täuschen lassen. Sie wollen keine herrschaftlichen Knechte in den Kasernen der Kollektivgüter werden«.[2]

Natürlich war die Kollektivierung kein Bestandteil des Programms der PPR, aber die SL-Führer waren sich dessen bewußt, was in den 30er Jahren in der Sowjetunion geschehen war.

Als der KRN (Nationalrat der Heimat) am 31. Dezember 1943 gegründet wurde, geschah das, wie Wladislaw Gomulka, inzwischen Führer der PPR, später zugab, »bei relativ geringer Teilnahme anderer Gruppen«.[3] Der KRN war die Schöpfung der Kommunisten in Polen, und diese Version der nationalen Front war in den Augen Moskaus zu eng, zu links. Die polnischen Kommunisten in der Sowjetunion, organisiert im CBKP (Zentrales Büro der Polnischen Kommunisten, im Januar 1944 gegründet) und in der ZPP (Union der Polnischen Patrioten), fürchteten, daß die radikalen sozialökonomischen Programme des KRN und seine kompromißlose Ablehnung der Londoner Polen im Westen den Eindruck hervorrufen würden, daß man in Polen den Kommunismus einzuführen gedachte.

Das Programm des polnischen Nationalkomitees, das von der Moskauer Gruppe ausgearbeitet wurde, war wesentlich weiter »rechts« als das des KRN. Es verlangte eine »patriotische nationale Front« statt einer »demokratischen (d.h. einer engeren, radikaleren) nationalen Front«, es bot »gerechte Entschädigung für Landeigentümer«, es betonte die Unterstützung der parlamentarischen Regierungsform und versprach statt der »Nationalisierung« des KRN die Rückgabe der Unternehmen an die rechtmäßigen Besitzer nach einer vorübergehenden Periode staatlicher Verwaltung.[4]

Während der ersten Monate des Jahres 1944 setzten die polnischen Kommunisten in Moskau und die sowjetischen Führer (in Wirklichkeit durch den bulgarischen Kominternveteranen Georgi Dimitroff vertreten) den Druck für die Formierung einer nationalen Front auf breiter Basis fort, die den WRN (d.h. den rechten Flügel der PPS), die SL und sogar die Nationaldemokraten einschließen sollte. Das ZK der PPR (d.h. Gomulka) entgegnete Dimitroff im März 1944, daß die nationale Front erschwert würde, aber »nicht durch das Sektierertum unserer Partei, sondern durch Ihre Linie bezüglich des Problems der Ostgrenze Polens« und durch das »unehrliche Spiel, das die RPPS, von ihren trotzkistischen Ideen inspiriert, spielt«, womit er ihre exzessive Linkstendenz meinte. Außerdem sei die einzige Möglichkeit, mit dem Problem der SL zurechtzukommen, die Gründung einer Konkurrenzpartei, geführt von Wladyslaw Kowalski. Diese nahm den Namen SL-*Wola ludu* an und begann eine Zeitung herauszugeben, die von den Kommunisten gedruckt und verbreitet wurde.[5]

In der Tat machte die polnische Situation jegliche echte nationale Front unmöglich, und insoweit gewannen die örtlichen Kommunisten diese besondere innerparteiliche Schlacht. Stalin mußte den KRN als den »Kern der neuen polnischen Regierung« im Mai 1944 anerkennen und ihm die Verwaltung der befreiten Gebiete Polens übertragen.[6] Aber die Moskauer Polen machten einen erfolgreichen Gegenangriff. Dem KRN wurde plötzlich von Molotow befohlen, ein Polnisches Komitee der Nationalen Befreiung (PKWN) zu schaffen, das im wesentlichen von der ZPP dominiert wurde. Zwar sollte Osóbka-Morawski (linke RPPS, früher stellvertretender Vorsitzender des KRN) Vorsitzender sein, aber beide stellvertretenden Vorsitzenden waren Mitglieder der ZPP, wie auch zehn der fünfzehn Mitglieder des Komitees. Das Manifest der PKWN (22. Juli 1944) beruhte auf den Ideen der Moskauer Polen, nicht auf Gomulkas radikalem KRN-Manifest. Es forderte die Nationalisierung, aber nur der deutschen Fabriken. Andere Fabriken sollten »einstweiligem Staatsmanagement«, bei Entschädigung der früheren Eigentümer, unterstellt werden. Kleine und mittlere Unternehmen sollten in Privathand bleiben oder den ursprünglichen Eigentümern, sofern sie Polen waren, zurückgegeben werden. Große Güter, die Deutschen oder Verrätern gehörten, sollten konfisziert werden; im übrigen aber gab es, abhängig von der jeweiligen Region, eine niedrigere Grenze von entweder 50 oder 100 Hektar für Güter, die für die Bodenreform vorgesehen waren. Das konfiszierte Land sollte ein Bodenfonds für die spätere Verteilung unter die Bauernschaft werden. Das Eigentum der katholischen Kirche sollte nicht angerührt werden.[7]

Diese Mäßigung konnte, wenn man die politische Situation berücksichtigt, kaum die gewünschte Wirkung haben. Im Gegenteil, die Klassengegensätze kamen innerhalb des befreiten Polen schnell an die Oberfläche. Fabriken, die von den Nazis bei ihrem Rückzug aufgegeben worden waren, wurden von den polnischen Arbeitern, die mittels ihrer Fabrikkomitees und ohne Instruktionen irgendeiner politischen Partei oder Gewerkschaft handelten, übernommen. Der Beitritt einiger weniger Splittergruppen der sozialistischen und der Bauernpartei zum »Lubliner Komitee« (wie die PKWN bezeichnet wurde) verhinderte die Polarisierung des politischen Lebens in pro- und antikommunistische Lager nicht. Im Oktober 1944 - nach einer Periode, in der die Kommunisten versuchten, eine Politik der nationalen Front zu verfolgen, indem sie zwischen den »Reaktionären in der AK (Heimatarmee)« und anderen differenzierten[8] - fand unter der Losung der »Entwaffnung des Terrains« eine drastische Wende in Richtung Repression statt. Die bloße Mitgliedschaft in der Heimatarmee war nunmehr ein Grund für Verhaftung.[9] Da die eigenen Sicherheitskräfte der Partei noch nicht stark genug waren, wurde es in der Praxis dem sowjetischen NKWD überlassen, sie zu verfolgen. Die Kampagne der Repression »brachte Verwüstung über das ganze Land«, wie General Berling später zugab.[10]

Die »Oktoberwende« brachte auch eine radikalere Sozial- und Wirtschaftspolitik mit sich. Andrzej Witos, der altgediente Führer der SL-*Wola Ludu*, der für die Landwirtschaft in den befreiten Gebieten Polens zuständig war, wollte die Bodenreform bis zum Ende des Krieges hinausschieben. Er wurde jetzt von seinem Posten entlassen, und die Güter wurden schnell aufgeteilt. Die Bodenreform wurde bis Dezember mit der Verteilung von 212 084 Hektar unter 110 000 Haushalte beendet. Die Nationalisierung der Industrie begann; sie sah eine bedeutende Rolle für die spontan entstandenen Betriebsräte vor. Während die PPR im September versucht hatte, die Räte durch ein »Troika«-System unter der Leitung des Fabrikdirektors zu ersetzen, sagten Sprecher der Partei den militanten Kräften in den Fabriken nunmehr, daß »die Arbeiter selber die gesamte Verantwortung für die Fabriken übernehmen sollten«.[11]

Diese Position wurde mit einiger Verzögerung in einem Dekret niedergelegt, das Betriebsräte in allen Unternehmen mit mehr als 20 Beschäftigten einführte und ihnen die Parität mit dem Direktor des Unternehmens gab. Es war durch den linken Sozialisten Boleslaw Drobner verfaßt worden. Die Betriebsräte verfolgten oft eine sehr radikale Linie; sie traten gegen Stücklohn auf, forderten gleiche Entlohnung für alle und handelten im allgemeinen unabhängig. Sie hatten auch die Tendenz, Streiks gegen die Lebensmittelknappheit jener Zeit zu organisieren. Gomulka behauptete später, daß die Betriebsräte »sich weigerten, ihre Produkte an andere Fabriken in der Produktionskette weiterzugeben«. Er bezichtigte sie sogar des »Mangels an Disziplin«, der das Niveau der Industrieproduktion weiter gesenkt habe. Im April 1945 befand es sich bei 19 Prozent des Niveaus von 1937. Natürlich gab es dafür reichlich andere Gründe.[12]

Die Aprilresolution 1945 der von der PPR kontrollierten Zentralen Kommission, die auf Stücklohn und Entlohnung entsprechend der Qualifikation und der

Berufserfahrung bestand, war ein Zeichen der bevorstehenden Abschaffung radikaler Experimente. Die »Oktoberlinie« wurde auf dem Maiplenum 1945 entschieden geändert. Die Parteiführer gingen von der Arbeiterkontrolle zur Verbesserung der Disziplin und zur Steigerung der Arbeitsproduktivität über. Entsprechend der Resolution, die damals angenommen wurde, »hat allein der Direktor des Unternehmens alle Angelegenheiten, die mit dem ökonomischen und technischen Management verbunden sind, zu entscheiden«.[13] Reynolds meint, das bedeutete die »Abschaffung der Arbeiterkontrolle«.[14]
Politisch war dieser Wandel mit der Umkehr zur Strategie der breiten nationalen Front und dem Versuch verbunden, den Mikolajczyk-Flügel der Bauernpartei einzubeziehen. Mikolajczyk durfte nach Polen zurückkehren und im Juni 1945 der Provisorischen Regierung der Nationalen Einheit beitreten. Fünf von 21 Ministern waren Londoner Polen, einschließlich Jan Stancyks, eines Führers des rechten Flügels der Sozialistischen Partei (PPS). Internationaler und besonders sowjetischer Druck spielten bei dieser Entscheidung eine bedeutende Rolle. Die Alliierten waren im Februar 1945 in Jalta übereingekommen, daß das »Lubliner Komitee« rekonstruiert werden sollte, und zwar »auf einer breiteren demokratischen Basis unter Einschluß demokratischer Führer direkt aus Polen und von Polen aus dem Ausland«. Darüber hinaus wurde eine Teilamnestie erlassen, um »ehrliche« Angehörige der Heimatarmee, die sich noch im Untergrund befanden, dazu zu veranlassen, sich den Behörden zu stellen. Die Errichtung einer breiten nationalen Front bedeutete ausdrücklich keine Machtübergabe der Kommunisten. Gomulka betonte dies gegenüber Mikolajczyk bei dessen Rückkehr:

> »Wir sind an der Macht. Wir wollen uns ernsthaft mit Ihnen einigen ... Aber denken Sie nicht, daß unsere Existenz davon abhängt. Wir werden die Macht, die wir errungen haben, nicht aufgeben.«[15]

So viel zu der Zusage von Jalta, »freie und unbehinderte Wahlen« in Polen abzuhalten. Wenn Mikolajczyk eine Beteiligung an der Macht wollte, würde er dafür kämpfen müssen. Bis Februar 1946 hatte er genau diese Schlußfolgerung gezogen. Er weigerte sich, einem Wahlblock mit der PPR beizutreten, und zog vor, sich auf die wachsende Kraft seiner eigenen Partei, der PSL, zu verlassen, die inzwischen über 600 000 Mitglieder hatte. Die PPR reagierte darauf mit der Rückkehr zu ihrem früheren Radikalismus. Jetzt wurde entschieden, daß die nationale Front durch einen »demokratischen Block«, ein Bündnis der beiden Arbeiterparteien gegen »die Reaktionäre« ersetzt werden sollte. Aber die sozialistischen Führer waren dagegen. Sie hofften weiterhin auf eine breite nationale Front. Die PPR mußte sechs Monate mit der Realisierung ihres Planes warten, weil sie sich nicht stark genug fühlte, auf eigene Faust zu handeln. Die PPS hatte in den Städten in der Tat mehr Mitglieder als die PPR (78 000 gegenüber 65 000). Sie war insgesamt nur etwas kleiner (194 000 gegenüber 235 300). Sie handelte in dieser Phase weiterhin unabhängig. Darüberhinaus war die PPR sich zu der Zeit noch nicht der Ergebenheit der polnischen Armee und der Sicherheitskräfte sicher.[16]

Innerhalb der PPS war die »zentristische« Fraktion, geführt von Osóbka, Hochfeld und Cyrankiewicz, in der Lage, eine Herausforderung der kommunistenfreundlichen »Linken«, angeführt von Matuszewski, dem Informationsminister, abzuwehren. Die Ergebnisse des Referendums vom Juni 1946 (in dem die PSL sogar nach den offiziellen, gefälschten Ergebnissen einen respektablen Stimmenanteil von 32 Prozent gegen die Abschaffung des Senats errang) bestärkten die »Zentristen« in der PPS in ihren Bestrebungen, die Partei für die bevorstehenden Wahlen in einen Wahlblock einzugliedern. Sie boten Mikolajczyk ein Viertel der Parlaments- und Kabinettssitze an. Aber er lehnte ab. An diesem Punkt gab die PPS ihre Bemühungen auf und gesellte sich der PPR in ihrer Kampagne, die PSL zu zerstören, zu. Bis September 1946 war daher die Nationale Front auf die Dimension eines »demokratischen Blocks« der PPR und der PPS geschrumpft, verbunden mit zwei kleineren Parteien, der *Wola Ludu* (WL, die kommunistisch orientierte Bauernpartei) und der SD (Demokratische Partei). Jetzt konnte die PPR die Organisation der Wahlen voranbringen. Ein Fünftel der PSL-Listen wurde für ungültig erklärt; die PSL wurde von der Durchführung der Wahlen ausgeschlossen; Verhaftungen und die Unterdrückung der PSL-Presse vervollständigten das Bild.

Die PPS-Zentristen wollten immer noch für ihre Partei eine unabhängige und gleichberechtigte Rolle in der Regierung, die nach den Wahlen zu bilden wäre. Daher war der Pakt zwischen Gomulka und Cyrankiewicz vom November 1946 ein Kompromiß. Die PPR hatte als Vorspiel der schließlichen Schaffung einer einzigen Arbeiterpartei einen Zusammenschluß der Jugendbewegungen beider Parteien gewünscht.[17]

Die PPS widerstand dieser Forderung, aber sie mußte zustimmen, die PSL zu bekämpfen und sie als »eine legale Verlängerung des reaktionären Untergrundes« anzusehen und innerhalb der eigenen Partei »kompromißlos gegen den Einfluß der antisowjetischen Ideologie zu kämpfen«. Sie stimmte auch der Notwendigkeit zu, im nächsten *Sejm* (Parlament) eine entscheidende Mehrheit zu sichern. Auch die Verteilung der Parlamentssitze und die Mitgliedschaft in der nächsten Regierung wurden bei diesem Treffen festgelegt. Osóbka sollte als Premierminister durch Cyrankiewicz ersetzt werden.

Die Opposition gegen diesen Pakt innerhalb der PPS wurde durch die Macht neutralisiert, die die Zentristen über den Parteiapparat ausübten. Cyrankiewicz, der Generalsekretär, sicherte die Unterordnung aller Gebietskomitees der Partei. Die Rechten wurden überall ausgeschlossen, und Zulawski, der Führer der Rechten, wurde zum Rücktritt gezwungen. Dennoch sahen die Zentristen den Novemberpakt nicht als Kapitulation gegenüber den orthodoxen Kommunisten an. Sie propagierten weiterhin den »dritten Weg zum Sozialismus, den polnischen Weg«. Dieser Optimismus wurde durch Gomulkas eigene Erklärung im November bestärkt, in der es hieß:

> »Unsere Demokratie ist der sowjetischen Demokratie ebensowenig äquivalent wie unsere Gesellschaftsordnung der der Sowjetunion vergleichbar ist.«[18]

Die PPS-Zentristen waren fähig, sich selbst zu der Überzeugung zu bringen, daß die Wahlen vom Januar 1947 ein friedliches Mittel zum Sturz der Opposition wären. Offiziell sicherte sich der Demokratische Block aus PPR, PPS, WL und SD 80 Prozent der Stimmen, die PSL nur 10 Prozent. Die wirklichen Ergebnisse waren wahrscheinlich anders: Wo die PSL-Stimmenzähler an der Zählung teilnehmen durften, fanden sie Zahlen von 68 Prozent zu ihren Gunsten und 22 Prozent für den Demokratischen Block. Die Wahlen wurden von den polnischen Sicherheitskräften und weniger von der Roten Armee beaufsichtigt, die von der ORMO (Freiwillige Reserve der Miliz) unterstützt wurden, einer 100 000 Mann starken Truppe, die hauptsächlich aus PPR-Mitgliedern formiert war, »um das Bandenwesen zu bekämpfen«.

Das »Bandenwesen«, im Sinne der Existenz bewaffneter Widerstandsgruppen, war tatsächlich ein Merkmal der Situation in Polen zwischen 1945 und 1947. Es gab mehrere tausend Bewaffnete, die sich von 1945 bis 1947 in den Wäldern versteckten, gewöhnlich Mitglieder der NSZ (Nationale Streitkräfte), die die Amnestie vom August 1945 nicht in Anspruch genommen hatten. Es gab auch »Banditen«, die mit Recht so genannt wurden, solche wie Hauptmann Ogien, der bis 1947 das Gebiet von Zakopane terrorisierte. Ferner gab es die *banderovci* oder Anhänger des ukrainischen Nationalisten Bandera im Osten des Landes. Der Widerstand des Untergrundes nach 1945 hat niemals irgendwelche wesentlichen Erfolge erreicht. Die dagegen aufgebotenen (sowohl russischen wie polnischen) Kräfte waren viel zu stark. Bis zum Sommer 1947 hatten die Behörden die vollkommene physische Kontrolle über Polen erlangt. In Wirklichkeit stellte die Existenz eines antikommunistischen Untergrundes einen Vorteil für die Kommunisten in ihrem Streben nach Erlangung der absoluten Macht dar. Sie konnten die PSL der Hilfe für die »Banditen« und der Ausbreitung des Bürgerkrieges bezichtigen.

Die internationale Wirkung der Niederlage der PSL war geringer als man angesichts der Abkommen von Jalta und Potsdam hätte erwarten können. Die britische Reaktion bestand darin, Mikolajczyk jäh fallen zu lassen. Selbst die Proteste aus den USA waren gemäßigt. Sogar einige Mitglieder der eigenen Partei von Mikolajczyk begannen Zweifel über seine Führungstätigkeit und über die ganze Idee des Widerstandes gegen die kommunistische Machtübernahme zu äußern. Zehn von achtundzwanzig PSL-Abgeordneten im *Sejm* begannen ein Programm des »Arbeiter- und Bauernbündnisses«, das deutlich von den Kommunisten inspiriert war, zu befürworten. Das Jahr 1947 war durch wachsenden kommunistischen Druck auf die PSL, sowohl von innen als auch von außen, gekennzeichnet. Eine vorgeblich unpolitische Regierungsoffensive gegen »Spekulanten« und »reiche Bauern« ermöglichte den Sicherheitsorganen, Anhänger von Mikolajczyk zusammen mit echten Spekulanten in die Arbeitslager zu befördern. Die Kampagne gegen die PSL fiel mit der allgemeinen Verhärtung der Positionen im Kalten Krieg während des Jahres 1947 zusammen. Die Bauernparteien in Ungarn (Rücktritt von Ferenc Nagy als Premierminister im Mai), Bulgarien

(Verhaftung von Petkow im Juni) und Rumänien (Verhaftung von Maniu im selben Monat) gerieten alle gleichzeitig in die Attacke. Dies war kein Zufall. Schließlich entschloß sich Mikolajczyk, um sein Leben fürchtend, aus dem Lande zu fliehen (Oktober 1947). Seine Partei geriet nun unter die Kontrolle linksgerichteter Befürworter der Zusammenarbeit mit der PPR, die von Józef Niecko geführt wurden, und sie verschmolz schließlich mit der SL (November 1949) zur ZSL (Vereinigte Bauernpartei), einem während der folgenden Jahre gehorsamen ländlichen »Transmissionsriemen«.[19]

Es blieb das Problem der PPS. Gomulka schlug vor, es durch Verschmelzung mit der PPR zu lösen. Die Zentristen hatten gehofft, ihren separaten Status zu bewahren, wurden aber durch die Drohung, von der PPS-Linken unter Matuszewski überrundet zu werden, gezwungen, selber die Initiative zu ergreifen. Cyrankiewicz leistete einen hartnäckigen Widerstand, änderte letztlich jedoch den Kurs und begann nach einem Besuch in Moskau im März 1948 für einen Zusammenschluß der Parteien einzutreten. Im Dezember 1948 verschmolzen PPR und PPS und formierten die PZPR (Polnische Vereinigte Arbeiterpartei).

Parallel neben dem politischen Kampf um die vollständige kommunistische Macht lief der soziale Kampf um die Kontrolle der Arbeiterbewegung, der ebenfalls 1947 seinen Höhepunkt erreichte. Die Betriebsräte wurden im Januar 1947 in die Gewerkschaften integriert und diese allmählich während der nächsten zwei Jahre durch die Ausschaltung des Einflusses der PPS-Oppositionellen in einen »Transmissionsriemen« umgewandelt. Obwohl die Unabhängigkeit der Gewerkschaften anfangs, im Jahre 1945 durch die Kommunisten selber proklamiert worden war, wurde sie durch die Deklaration von 1947, wonach »die Arbeiterparteien den dominierenden ideologischen Einfluß in der Gewerkschaftsbewegung haben sollen«, eingeschränkt. Das war, wenn man die äußerst starke Position der PPS (also einer Arbeiterpartei) innerhalb der Gewerkschaften berücksichtigt, nur die erste Stufe. Im Jahre 1947 gehörten 38 Prozent der Mitglieder der Betriebsräte der PPS an, gegenüber 31 Prozent, die der PPR angehörten. Die PPS hatte die Unterstützung von 562 Bezirksleitern der Gewerkschaft, die PPR von 381. Und sie hatte 346 Mitglieder in den zentralen Gewerkschaftsleitungen, verglichen mit 329 der PPR. Das Problem des Einflusses der PPS in den Gewerkschaften hörte naturgemäß mit der PPR-PPS-Fusion vom Dezember 1948, die in Wirklichkeit eine Übernahme durch die PPR war, auf zu existieren.[20]

Eine weitere Aufgabe für die polnischen Kommunisten war in dieser Zeit die Durchsetzung einer strikten Produktionsdisziplin gegenüber den Arbeitern, um ihnen ein maximales Produktionsergebnis abzufordern. Das System des »sozialistischen Wettbewerbs« nach dem sowjetischen Modell wurde im Juli 1947 eingeführt. Es begann mit dem Kohlebergmann Wincenty Pstrowski, dem »polnischen Stachanow«, der eine 270prozentige Übererfüllung der Norm erreichte und seine Arbeitskollegen herausforderte, diese zu überbieten. Die Kampagne fiel mit einer 20prozentigen Senkung des Durchschnittslohnes zusammen. Die Extralöhne der »führenden Arbeiter« führten zu Verstimmungen. Die kommunistisch kontrol-

lierte Presse vermied, über den Widerstand der Arbeiter zu berichten, aber es gibt Beweise, daß im September 1947 in den Textilfabriken von Lodz ein Streik stattfand. Er dauerte mehrere Wochen, war gegen den »sozialistischen Wettbewerb« gerichtet und mußte vermutlich mit Waffengewalt niedergeschlagen werden.[21]
Mit der Unterdrückung des Streiks vom September 1947, der Flucht von Mikolajczyk im Oktober 1947, der Entfernung der PSL und der PPS von der politischen Bühne 1948/49 und der Beendigung der letzten Versuche bewaffneten Widerstandes waren Gomulka und die polnischen Kommunisten in der Lage, ihren eigenen »polnischen Weg zum Sozialismus« vorzuschreiben. Wir werden später untersuchen, wie diese Konzeption nach 1949 durch ein einziges gemeinsames Modell aller Volksdemokratien, das direkt der sowjetischen Erfahrung nachgebildet war, ersetzt wurde.

DIE TSCHECHOSLOWAKEI: EINE NATION WENDET SICH NACH LINKS

Wir werden uns nun Polens südlichem Nachbarn, der Tschechoslowakei, zuwenden, die mit Polen die Stellung als »Siegermacht« des Zweiten Weltkrieges, eine relativ hochentwickelte Industrie und starke Organisationen der Arbeiterklasse gemeinsam hatte. Sie unterschied sich dagegen hinsichtlich der Breite der möglichen politischen Koalition nach 1945 und infolgedessen der Verzögerung beim Vollzug der kommunistischen Machtübernahme.
Die KPTsch (Kommunistische Partei der Tschechoslowakei) ging mit einer starken Position aus dem Zweiten Weltkrieg hervor. Dies war nicht einfach eine Frage der Anwesenheit der Roten Armee auf tschechoslowakischem Boden (sie blieb ohnehin nur bis November 1945 dort), sondern einer deutlichen Linksbewegung unter den Industriearbeitern, die schon eine große Klasse bildeten, mit Bergbau und einer Industrieproduktion, in denen 1934 38 Prozent der Erwerbstätigen beschäftigt waren. Es herrschte das Gefühl, daß die alte, kapitalistische Ordnung versagt hatte und daß neue Strukturen erforderlich wären. Eine äußerst starke Bewegung der Betriebsräte entwickelte sich während des Jahres 1945, drängte auf die Nationalisierung der Bergwerke und der Industrie und führte in der Jahresmitte faktisch die Arbeiterkontrolle über 10 000 Unternehmen (das waren 45 Prozent aller Unternehmen) der tschechischen Gebiete ein. Dem stellte sich die KPTsch anfangs entgegen, da sie die Nationale Front nicht brechen wollte. Aber als sich herausstellte, daß die anderen Parteien die Nationalisierung akzeptieren würden, begann der Parteiführer seine Unterstützung zu geben, dabei - im Juli 1945 - betonend, daß das private Unternehmertum immer noch »weite Tätigkeitsfelder« haben würde. Daher betrafen die Dekrete über die Nationalisierung nur 61 Prozent der Industriearbeiterschaft und 16 Prozent aller Unternehmen. Die Sozialdemokraten, besonders der linksgerichtete Industrieminister Bohumil Lausmann,

wollten viel mehr Nationalisierungen und wurden in dieser Hinsicht von den einfachen Gewerkschaftern unterstützt. Aber die KPTsch bestand sowohl auf einer maßvolleren Nationalisierung als auch auf einer Entschädigung der früheren Eigentümer (außer von Deutschen, Ungarn und Kollaborateuren). Die Partei wollte noch nicht über das »nationaldemokratische« Programm hinausgehen oder die Nationale Front durch eine Verstimmung der »Mittelklasseparteien« spalten.

Die Bewegung der Betriebsräte von 1945 setzte sich besonders für die Arbeiterkontrolle ein, die von dem Linkssozialisten Evzen Erban, aber auch von dem Kommunisten Frantisek Jungmann befürwortet wurde. Jungmann sagte am 16. Mai 1945: »Die Betriebsräte sollen die Macht sein, auf der die gesamte ökonomische Struktur des Staates ruht.«[22] Für diese Idee bestand in den Gewerkschaften zunächst, bis zur Wahl des führenden kommunistischen Gewerkschafters Antonín Zápotocky, der im Juni 1945 an die Stelle Erbans an die Spitze der Gewerkschaftsexekutive URO trat, große Sympathie.[23]

Die offizielle Politik der KPTsch war gegen die Beschränkung der Rolle der Betriebsräte und ihre Unterordnung unter die Gewerkschaften gerichtet. Das war den Koalitionspartnern der KPTsch in der Nationalen Front natürlich willkommen. Das Präsidentendekret vom 24. Oktober 1945 machte deutlich, daß die Funktion der Betriebsräte rein »beratend« wäre, daß die Manager nationalisierter Unternehmen diese entsprechend »gesunden geschäftlichen Verfahrensweisen« zu lenken hätten und daß nur ein »Teil« des Managements aus Vertretern der Belegschaft bestehen sollte.[24] Bruno Köhler, ein führender KPTsch-Funktionär, beglückwünschte sich später selber zu seinem Erfolg bei der Einschränkung der Versuche der Betriebsräte, »einen Staat im Staate zu errichten«, sowie seiner Beteiligung an dem Präsidentendekret.[25] Im Ergebnis wurden sie bloße »Transmissionsriemen« für die Ausführung der Instruktionen der Gewerkschaften.[26]

Während sie weiterer Nationalisierung und Arbeiterkontrolle widerstand, sicherte sich die KPTsch ihren Zugriff auf die vereinigte Gewerkschaftsbewegung, die ROH, die einen sehr großen Anteil der tschechischen Arbeiter repräsentierte (2 250 000 Mitglieder im September 1947). Die Exekutive der ROH, die URO, wurde in starkem Maße von Kommunisten dominiert (94 von 120 Mitgliedern).[27] Das war kein manipuliertes Ergebnis, sondern eine getreue Widerspiegelung der Stärke der KPTsch in der industriellen Arbeiterklasse. 58 Prozent der 1 100 000 Mitglieder der KPTsch (allein in den tschechischen Ländern) waren 1946 Industriearbeiter.[28]

Die Beherrschung der Gewerkschaftsbewegung war eine nützliche Ergänzung der politischen Macht der Partei in den Jahren 1946 bis 1948. Die ROH beschloß auf ihrer ersten Nationalkonferenz im Januar 1946, »jede Regierung, die den Sozialismus anstrebt, zu unterstützen, jedoch keine Regierung, die den Weg zum Sozialismus blockieren und sabotieren will«. Die URO-Resolution vom 17. Oktober 1947 drohte in ähnlicher Weise, den politischen Parteien der NF ihre Unterstützung zu entziehen, falls »ihre Aktivität mit der Mission unserer nationalen

Revolution, eine volksdemokratische Entwicklung zum Sozialismus zu fördern, in Konflikt gerät«.[29]

Die KPTsch hielt noch eine große Zahl weiterer günstiger Karten in Händen. Ihre Hegemonie war im Regierungssystem der Nationalen Front praktisch verankert. Die Nationale-Front-Koalition in der Tschechoslowakei nach 1945 ließ die Existenz einer Opposition nicht zu; die Zahl der politischen Parteien war auf sechs begrenzt (die zwei kommunistischen Parteien, die tschechische und die slowakische, die Sozialdemokraten, die Nationalen Sozialisten, die Volkspartei und die Slowakischen Demokraten), alle anderen waren verboten. Die kommunistische Partei erlangte in der Nachkriegsregierung sieben von fünfundzwanzig Kabinettssitzen, außerdem war Professor Nejedly (parteilos) in Wirklichkeit mit der kommunistischen Partei verbunden, wie es auch Zdenek Fierlinger (Sozialdemokrat und von 1946-47 Premierminister) und Jozka David (Nationale Sozialisten) waren. Dies ergab eine Summe von zehn verläßlichen Stimmen, wenn auch immer noch eine Minderheit. Aber die nichtkommunistischen Parteien versuchten bis 1947 nicht, die Majorität, die sie theoretisch besaßen, zu nutzen, weil sie der Idee der nationalen Kooperation, die auf dem Programm von Kosice beruhte, verpflichtet waren. Die kommunistische Betrachtungsweise dieser Dinge wurde von Václav Kopecky auf einer Sitzung des Zentralkomitees im Februar 1946 formuliert:

> »Wir sahen die KPTsch als die führende Kraft an und als ihr am nächsten stehend die Sozialdemokraten unter ihrer linksgerichteten Führung.«[30]

Es gab umso weniger Notwendigkeit für Konflikte, als das Programm von Kosice - ein gemäßigtes Dokument, von dem kommunistischen Führer Klement Gottwald während des Krieges ausgearbeitet - die vereinbarte Grundlage der Politik aller Regierungsparteien war. Er sagte im April 1945:

> »Wir werden die Nationale Front nicht auf der Grundlage unseres kommunistischen Programms errichten, dessen Ziel die Sowjets und der Sozialismus sind, sondern auf der Grundlage des Regierungsprogramms der Nationalen Front.«[31]

Das Programm von Kosice war ein »volksdemokratisches« Programm auf einer Linie, die ganz Osteuropa vertraut war. Danach sollten freie Wahlen für eine verfassunggebende Versammlung durchgeführt werden, die Außenpolitik sollte auf einem engen Bündnis mit der Sowjetunion beruhen, die tschechoslowakische Armee sollte »wahrhaft demokratisch und antifaschistisch« sein (Punkt 3), gewählte Komitees sollten die lokalen Angelegenheiten verwalten (Punkt 5), Tschechen und Slowaken sollten gleichberechtigt sein (Punkt 6), Verräter sollten bestraft werden (Punkt 9) und ihr Eigentum verlieren (Punkt 10), Deutsche und Ungarn, sofern nicht als Antifaschisten ausgewiesen, sollten die Staatsangehörigkeit verlieren (Punkt 8) sowie ihr Eigentum (Punkt 10), Bodeneigentum des Feindes sollte konfisziert und unter die Kleinbauern aufgeteilt werden (Punkt 11). Nationalisierungen wurden nicht erwähnt, außer in bezug auf Fabriken, die gemäß Punkt 10 zu konfiszieren waren.[32] Nur 8 Prozent der Tschechoslowaken waren, wie eine Umfrage aus dem Jahre 1946 ergab, gegen dieses Programm.[33] Somit entschieden die tschechoslowakischen Kommunisten, 1945 nicht die Macht zu ergreifen, obwohl sie dazu unbedingt in der Lage gewesen wären, besonders wenn man die Anwesenheit der Roten Armee berücksichtigt. Dies stimmte genau mit der Politik Stalins in dieser Zeit überein. Versuche von Linksradikalen in der slowakischen kommunistischen Partei, ein vollständiges Sowjetsystem einzuführen, wurden durch Georgi Dimitroff, dem bulgarischen Kominternveteranen, der engen Kontakt zu Stalin hatte, in aller Schärfe mit den Worten abgelehnt:

»Ihr Leute dort in der Slowakei habt es mit der Sowjetmacht viel zu eilig und müßt euch beruhigen. Die Frage der Sowjetisierung sollte nicht gestellt werden. Erst wenn die Zeit reif ist.«[34]

Dennoch hatte das 1945 errichtete System der Nationalen Front Elemente der Instabilität. Obwohl man vorübergehend auf die Perspektive der Machtübernahme verzichtet hatte, beabsichtigten die Führer der KPTsch nicht, die Kommandopositionen, die sie schon hatten, aufzugeben. Gottwald persönlich ließ dies vor den Wahlen 1946 wissen:

»Sollten wir kein günstiges Ergebnis erreichen, hat die Arbeiterklasse, haben die Werktätigen, hat unsere Partei ausreichende Mittel und Waffen in Händen, um ein für die Arbeiterklasse günstiges Ergebnis zu bewirken.«[35]

Die darin enthaltene Drohung brauchte nicht in die Praxis umgesetzt zu werden. Der Wahlsieg vom Mai 1946, mit dem die Kommunisten 38 Prozent der Stimmen erlangten und die Sozialdemokraten 12 Prozent, konnte als Sieg für die Arbeiterklasse, als gemeinsamer demokratischer kommunistischer und sozialdemokratischer Sieg präsentiert werden. Die KPTsch und die Sozialdemokraten zusammen hatten 151 der 300 Sitze in der Nationalversammlung. Mit 40 Prozent war der Erfolg der Kommunisten in den »tschechischen Ländern« Böhmen und Mähren viel größer als in der Slowakei, wo die KPS (Kommunistische Partei der Slowakei) nur 30 Prozent der Stimmen gegenüber den 62 Prozent der slowakischen Demokraten erhalten hatte. Hardliner in der slowakischen Partei forderten daraufhin harte Maßnahmen gegenüber den Demokraten, wurden aber durch ihre tschechischen Kollegen gezügelt.[36]

Stattdessen wurde das nicht umstrittene »Aufbauprogramm« veröffentlicht. Es war im wesentlichen eine Fortschreibung des Programms von Kosice, enthielt aber auch einen Zweijahresplan für den ökonomischen Wiederaufbau mit einem bescheidenen Ziel für das Niveau der Industrieproduktion, das 1948 10 Prozent höher als 1937 liegen sollte.[37] Das »Aufbauprogramm« war wie sein Vorläufer von den Kommunisten ausgearbeitet worden und hatte dann die einmütige Zustimmung der Koalitionspartner erhalten (am 7. Juli 1946). Gottwald bekräftigte im Parlament, daß »die Kampagne der Nationalisierung ... abgeschlossen« ist. Der Plan forderte die »Konsolidierung der nationalisierten Industrie und deren Koexistenz mit dem privaten Wirtschaftssektor«. Politisch präsentierte Gottwald das

System der »Volksdemokratie« als »unseren spezifischen Weg zum Sozialismus«.[38] Stalin persönlich hatte ihm gesagt, daß der sowjetische Weg zum Sozialismus nicht der einzig mögliche wäre.[39]
Damit begann ein allmählicher Übernahmeprozeß, in dem die Schattenregierung in den Kulissen, die Parteiführung, in kaum wahrnehmbaren Übergangsschritten zur tatsächlichen Regierung wurde. Gottwald ersetzte 1946 Fierlinger als Premierminister. In den tschechischen Gebieten hatten 127 der Nationalen Bezirkskomitees kommunistische Vorsitzende (gegenüber 33 mit Vorsitzenden anderer Parteien). Von 17 Bezirkskommandeuren des SNB (Polizei) waren 12 Kommunisten und 4 nicht gebunden. Von 13 Mitgliedern des zentralen Kommandos des SNB waren 10 Kommunisten und drei Sozialdemokraten. Der Oberbefehlshaber der Armee, General Ludvík Svoboda war zuverlässig prokommunistisch. Er war auf Anraten Gottwalds außerhalb der Partei geblieben.[40] Das Offizierskorps war vor dem Februar 1948 nur zu 15-20 Prozent kommunistisch, aber das war in Anbetracht der Position Svobodas von geringerer Bedeutung.[41]
Was fehlte, war eine absolute Mehrheit bei Wahlen, die Gottwald im Januar 1947 mit der Losung der »Eroberung einer absoluten Mehrheit« oder »51%« zum politischen Hauptziel erklärte. Dann könnte alles »in einem Gang geregelt« werden.[42] Die nichtkommunistischen Parteien erachteten dies als mit der in der Nationalen Front festgeschriebenen Kooperation unvereinbar. Das Grundprinzip der Nationalen Front bestand ihrer Meinung nach darin, daß die entscheidenden Komponenten des nationalen Lebens gemeinsam regieren sollten; keine sollte die andere beherrschen. Die Übereinkunft vom Februar 1947 jedoch, keine weiteren Bereiche der Industrie zu nationalisieren, beruhigte die politische Atmosphäre. Der US-Botschafter in Prag, L.A. Steinhardt, berichtete im Juni 1947, daß die Demokratie in der Tschechoslowakei fest verwurzelt und die ökonomische Situation zufriedenstellend wären. Darüberhinaus ginge der Handel mit der UdSSR zurück, während er mit dem Westen wachse, und Gottwald habe »die Extremisten in der kommunistischen Partei unter Kontrolle«.[43]
Daß Steinhardt Unrecht bekam, hing hauptsächlich mit der internationalen Politik zusammen. Im Jahr 1947 erfolgte der endgültige Bruch zwischen Stalin und dem Westen, und der Kalte Krieg begann richtig. Dies stellte den ersten Wendepunkt in der Nachkriegsgeschichte Osteuropas dar. Die Wende von 1947 war eine politische und ökonomische Wende. Politisch wurde die nichtkommunistische Opposition in ganz Osteuropa unterdrückt. Das Bündnissystem der Volksdemokratie wurde demontiert, zumindest aber jedes realen Inhalts beraubt. Auf ökonomischem Gebiet wurde von nun an die Idee, daß - wie Imre Nagy 1947 gesagt hatte - »die Volksdemokratie mit Resten des Kapitalismus vereinbar« ist, abgelehnt. Der Grad der Nationalisierung der Industrie (bis 1947 gering) wurde in den früheren Feindesländern Bulgarien (1947 16%, 1948 95%), Ungarn (1947 45%, 1949 81%) und Rumänien (1947 11%, 1948 95%) scharf erhöht, während der kleine Sektor, der noch in Privathand verblieben war, in Polen (1947 80%, 1950 92%), der Tschechoslowakei (1947 80%, 1950 92%) und Jugoslawien (1947 82%, 1948 100%) einfach

weggewischt wurde. In der Außenpolitik verloren die Länder Osteuropas den Spielraum, zwischen Ost und West zu manövrieren.
Internationale Faktoren waren für Stalins Entscheidung, seinen Zugriff auf die Länder östlich der Elbe zu festigen, von entscheidender Bedeutung. Die Verkündung der Trumandoktrin im März (selber eine Reaktion auf die griechische Erhebung) und die Entfernung der Kommunisten aus ihren Ämtern in Italien und Frankreich (im April bzw. Mai) zeigten eine Verhärtung der Positionen des Westens an. Die Ablehnung des Marshall-Plans im Juli (den unwilligen Polen und Tschechen nach Stalins Veto aufgezwungen) und die Schaffung des Informationsbüros der neun Kommunistischen Parteien (als »Kominform« bekannt) in Szklarska Poreba in Südpolen im September deuteten auf die Verhärtung von Stalins Position, die sofort auf alle europäischen kommunistischen Parteien übertragen wurde. Es gab auch einen ökonomischen Faktor. Der fortschreitende Rückgang des Handels Osteuropas mit der Sowjetunion im Jahr 1947 machte eine politische Intervention in die ökonomischen Angelegenheiten dringend erforderlich. Der sowjetische Anteil am Außenhandel der Tschechoslowakei war zum Beispiel ständig gefallen, von 25% 1945 auf 12,5% 1946 und 6% Anfang 1947. Stalin mußte der allmählichen Reintegration der osteuropäischen Wirtschaften in das westliche kapitalistische Netzwerk widerstehen. Es war nicht von Belang, daß die ökonomischen Beziehungen in die entgegengesetzte Richtung drängten.
Die Wirkung der Neuorientierung der sowjetischen Politik war in der Tschechoslowakei besonders stark. Dies zeigte sich zuerst in der Ablehnung des Marschall-Planes auf direkte sowjetische Weisung. Aber der Übergang zu der neuen Linie war allmählich. Obwohl für die Außenpolitik und die Wirtschaftsentwicklung der Tschechoslowakei wichtig, bedeutete die Entscheidung, den Marshall-Plan abzulehnen, für sich genommen noch keinen Wandel der kommunistischen Strategie. Anfangs war die tschechoslowakische Regierung für den Plan. Gottwald hatte in Moskau durch Parteikanäle Erkundungen eingezogen, jedoch keine eindeutige Antwort erhalten. Er hätte den Marshall-Plan wohl kaum unterstützt, hätte er von Stalins Gegnerschaft gewußt. Dasselbe gilt für den Rest der tschechoslowakischen Regierung. Die ursprüngliche Entscheidung, Marshall-Hilfe anzunehmen (4. Juli) war kein antisowjetischer Schritt, sondern ein einfaches Mißverständnis bezüglich Stalins Absichten.[44] Die tschechoslowakische Delegation nach Moskau unter Gottwalds Leitung wurde von Stalin wegen des Versäumnisses, ihn vorab zu konsultieren, kritisiert und aufgefordert, die Teilnahmeentscheidung zurückzunehmen. Nach einigen Diskussionen schwenkten die Tschechoslowaken ein, weil sie fühlten, daß es keine Alternative gab, sobald Moskau gesprochen hatte. Am 10. Juli beschloß das Kabinett in Prag einstimmig den »Verzicht auf die Teilnahme« an der Marshall-Plan-Konferenz »im Lichte dieser klaren Äußerung der sowjetischen Auffassung«.[45]
Das war eine Anerkennung der Vetogewalt der Sowjetunion über die tschechoslowakische Außenpolitik; aber sie hatte keine unmittelbaren innenpolitischen Konsequenzen. Die Grundstrategie der KPTsch blieb die Vorbereitung auf die näch-

sten Wahlen. Nur in dem unwahrscheinlichen Fall einer Offensive der nichtkommunistischen Parteien würde die Partei - so sagte Gottwald am 21. August - mit einem Generalstreik antworten oder, falls angebracht, mit der Bildung einer neuen Regierung unter Einbeziehung der Massenorganisationen. Im übrigen würde sie linke Fraktionen in den anderen Parteien ermutigen und die Losung ausgeben: »Reaktionäre raus aus der Nationalen Front«. Sie würde »den Sozialistischen Block erneuern«, indem sie die linken Sozialdemokraten und die Nationalen Sozialisten einbezog.[46] Die KPTsch machte auch den demagogischen Vorschlag, die Subventionen für Getreidepreise durch die Erhebung einer »Millionärssteuer« zu finanzieren (vom Kabinett am 2. September abgelehnt). Außerdem wurde eine radikalere Bodenreform vorgeschlagen (dies wurde am 12. September abgelehnt). All dies war Teil der Generalstrategie, einen Keil zwischen »linksorientierte« und »rechtsorientierte« Elemente der Nationalen Front zu treiben, bedeutet aber keinen vollkommenen Wandel des Herangehens.

Der entscheidende Wendepunkt für die Tschechoslowakei und für Osteuropa allgemein war nicht die Ablehnung des Marshall-Planes, sondern das Treffen von Vertretern von neun bedeutenden kommunistischen Parteien im September 1947, auf dem das Kominformbüro gegründet wurde. Die Aufmerksamkeit ist hauptsächlich auf die ernste Kritik gerichtet gewesen, die dort an den französischen und italienischen Kommunisten wegen ihres Versagens geübt wurde, einen revolutionären Kampf gegen ihre Regierungen zu führen oder ihrem Ausschluß aus den Ämtern im Frühjahr 1947 zu widerstehen. Es erfolgte aber auch ein Angriff gegen die tschechoslowakischen und ungarischen Kommunisten.[47]

Ein sowjetischer Delegierter bezog sich auf das Faktum, daß anders als in den übrigen Ländern Osteuropas »der Wettstreit um die Macht am Ende des Jahres 1947 immer noch unentschieden ist«.[48] Der Führer der polnischen Partei, Wladislaw Gomulka, rügte die Führer der KPTsch, weil sie es angeblich zu lange aufgeschoben hatten, die Macht zu ergreifen. Der Jugoslawe Kardelj attackierte die »Illusionen der KPTsch über den friedlichen, parlamentarischen, Weg der Wahlen«.[49] Als Rudolf Slansky, der Leiter der tschechoslowakischen Delegation, nach Prag zurückkehrte, berichtete er seinen Kollegen, daß mehrere Delegationen zum Ausdruck gebracht hätten, »daß die Tschechoslowakei mehr als jeder andere slawische Staat in den Fesseln formaler parlamentarischer Demokratie gefangen ist«. Er zog die Schlußfolgerung, »wir sollten an der heimatlichen Front wie auch auf dem internationalen Feld in die Offensive gehen«.[50]

Welche Formen sollte diese Offensive annehmen? Die Linksradikalen in der Partei (z.B. Cepicka) wollten eine direkte Machtergreifung. Das war nicht Gottwalds Weg. Er zog vor, den Druck auf die nichtkommunistischen Parteien mit den Methoden, die vor dem September schon angewandt wurden, zu verstärken. Die KPTsch entschied sich, die »Entdeckung« (in Wirklichkeit eine Erfindung der Staatssicherheit) einer Verschwörung in der Slowakei zu benutzen, an der Demokraten, die während des Krieges Mitglieder der Volkspartei des Kollaborateurs Hlinka gewesen waren. Die Partei forderte jetzt die Schaffung einer de facto kommunistischen Mehrheit in dem slowakischen Büro der Kommissare durch die Einbeziehung von Vertretern der Massenorganisationen (der ROH und der Bauernkommissionen, beide unter kommunistischer Kontrolle). Die Forderung wurde dank der entschiedenen Opposition der nichtkommunistischen Parteien abgelehnt, mit dem Ergebnis, daß die Kommunisten im slowakischen Büro in der Minderheit blieben (fünf von 15 Posten). Die »Linken« in der slowakischen Partei wollten auf diese Niederlage mit Gewalt reagieren und die Nationale Front durch die Schaffung eines neuen Komitees der Nationalen Front »erneuern«, in dem Vertreter der Massenorganisationen sitzen sollten (Karol Smidkes Vorschlag vom 4. Dezember).[51]

Die slowakischen Kommunisten griffen diese Idee jedoch nicht auf. In den tschechischen Ländern blieb es Gottwalds Strategie, sich auf die Wahlen vorzubereiten, wenn auch diesmal mit der Aufstellung einer Einheitsliste, die »alles, was in diesem Land wirklich fortschrittlich und demokratisch ist, zusammenbringt«.[52] Die Einheitsliste sollte Kandidaten aus den anderen Parteien enthalten, die bereit wären, ihre Politik mit der der kommunistischen Partei in Einklang zu bringen. Eine Abteilung der KPTsch für die Arbeit innerhalb der anderen Parteien, geleitet von O. Hromádko, wurde geschaffen. Innerhalb jeder Partei gab es »Linke«, Leute, die bereit waren, gemeinsam mit der KPTsch auf einer Einheitsliste zu kandidieren. Fierlinger und Erban bei den Sozialdemokraten, Slechta und Neumann in der NS, Plojhar in der Volkspartei; sogar die slowakischen Demokraten hatten ihre Linksradikalen. Die eigenen Informationen der KPTsch ließen sie glauben, daß sie in den nächsten Wahlen 55 Prozent der Stimmen erhalten würde; aber eine Einheitsliste war ein sichererer Weg zum Sieg.

Dennoch gab es bis dahin nichts, was auf einen Plan zur Machtergreifung hindeutete. Die Macht sollte errungen werden, aber allmählich. Es waren in der Tat die Nationalen Sozialisten, die am 13. Februar die Initiative ergriffen, weil sie glaubten, diese Entwicklung aufhalten zu müssen. Der Gegenstand war »die im wesentlichen zufällige Angelegenheit von Maßnahmen, die der Direktor der Staatssicherheit in der böhmischen Region ergriff«.[53]

Es gelang der NS, eine Kabinettsmehrheit dafür zu gewinnen, von dem kommunistischen Innenminister die Entlassung von acht Bezirkspolizeichefs zu fordern. Als er das nicht tat, reichte man die kollektive Demission von zwölf Ministern ein (20. Februar). Aber die Sozialdemokraten (auf die man angesichts der Auswechslung des prokommunistischen Parteivorsitzenden Fierlinger gegen den »Zentristen« Lausmann große Hoffnungen gesetzt hatte) machten nicht mit. Stattdessen verurteilten sie die Demission und hofften, die Rolle des Vermittlers spielen zu können. So blieb eine Mehrheit von Ministern (vierzehn) im Amt. Die Demissionen vom 20. Februar waren für die Kommunisten ein Glücksfall; sie begannen nun ernsthaft zur Macht zu drängen. Wie Gottwald später sagte: »Ich betete zu Gott, daß diese Dummheit mit den Demissionen weitergehen möge und daß man seine Meinung nicht ändern möge.«[54]

Die KPTsch konnte nun die vernünftig klingende Forderung stellen, die Demissionen zu akzeptieren und die Positionen der fehlenden Minister durch Präsident Benesch besetzen zu lassen. Er hatte jedoch den Nationalen Sozialisten versprochen, daß er dies nicht tun würde. So zielten die Ereignisse der nächsten Tage auf der einen Ebene darauf, Benesch zur Rücknahme dieses Versprechens zu zwingen. Die dazu verwandte Methode bestand in der schon im Dezember angesprochenen und verworfenen Idee, die Nationale Front durch die Errichtung von »Aktionskomitees« zu »erneuern«. Diese sollten als Exekutivorgane agieren und vollständig mit Kommunisten oder deren Sympathisanten besetzt werden.[55] Das war Gottwalds Strategie. Die Radikalen in der Parteiführung, wie Duris, Kopecky und Zápotocky, die »wie Pferde mit den Zähnen knirschten«, hätten die offene Konfrontation vorgezogen.[56]

Weder die Streitkräfte noch die Sicherheitsdienste wurden gebraucht. Nicht einmal ein Generalstreik war erforderlich (wenngleich ein hocheffektiver Streik, der eine Stunde dauerte, ausgerufen wurde). Die Gewaltdrohung war allgegenwärtig, in dreierlei Hinsicht: 5000 slowakische kommunistische Partisanen hatten ihre Waffen aus dem Jahr 1944 behalten, Einheiten von Betriebswachen wurden Ende 1947 in den großen Fabriken aufgestellt, vor allem aber war die Volksmiliz verfügbar. Diese Kraft, unter dem Kommando von Josef Pavel, ging aus »Notstandseinheiten« vertrauenswürdiger Kommunisten hervor und wurde offiziell am 21. Februar gegründet. Sie war 15 000 bis 18 000 Mann stark und erhielt »Zehntausende brandneuer Gewehre und automatischer Waffen, die von den Rüstungsarbeitern aus Brünn geschickt« wurden.[57] Auch die Rote Armee konnte, wenn nötig, gerufen werden; Valerian Sorin, der stellvertretende sowjetische Außenminister, war während der gesamten Krise in Prag anwesend und soll Gottwald am 19. Februar militärische Unterstützung angeboten haben.[58]

Diese Art Hilfe war nicht nötig. Die von Gottwald gewählte Methode war mehr eine Kombination aus direktem Druck auf Präsident Benesch, den er während der Februarkrise mindestens sechs Mal aufsuchte[59], und Mobilisierung der Massenorganisationen der Arbeiter (Kongreß der Betriebsräte), der armen Bauern (Kongreß der Bauernkommissionen, der, für den 28. Februar geplant, die Aufgabe hatte, den Widerstand des rechten Flügels gegen die von Duris vorgeschlagene Bodenreform, die jeglichen Landbesitz über 50 Hektar enteignen sollte, zu überwinden) und des Volkes im allgemeinen (Aktionskomitees der Nationalen Front). Die Durchführung eines Kongresses der Betriebsräte war von den KPTsch-Führern schon beschlossen (11. Februar) und vom URO-Präsidium vor dem Rücktritt der Minister einberufen worden (12. Februar); jetzt konnte er als ein weiteres Element des Drucks benutzt werden. Die Resolution vom 28. Februar, die von den 8000 Leuten, die auf dem Kongreß anwesend waren, mit nur zehn Gegenstimmen verabschiedet wurde, erwähnte die Regierungskrise faktisch nicht, sondern konzentrierte sich auf die Forderungen nach weiterer Nationalisierung, Bodenreform und die Drohung mit Generalstreik, falls diese Forderungen auf Opposition treffen sollten.[60]

Die Aktionskomitees, die in Beantwortung von Gottwalds Aufruf vom 21. Febru-

ar eingerichtet wurden, waren überwiegend kommunistisch (70 Prozent) oder linkssozialdemokratisch (17 Prozent).[61] Ihre Hauptfunktion bestand darin, das öffentliche Leben von Opponenten der KPTsch zu säubern, und begann an der Spitze. Der Transportminister, der slowakische Demokrat Iwan Pietor, wurde am 23. Februar von einem Aktionskomitee aufgefordert, sein Amt zu verlassen. Das gleiche widerfuhr Hubert Ripka (NS, Außenhandel) und Jaroslaw Stránsky (NS, Erziehung).[62]
In der Zwischenzeit wurde der Druck von unten verstärkt, mit dem einstündigen Generalstreik von zweieinhalb Millionen Arbeitern am 24. Februar und den Massendemonstrationen am 25. Februar (250 000 in Prag, Hunderttausende in anderen Städten). Benesch gab schließlich am 25. Februar um 16.30 Uhr nach. Er nahm den Rücktritt der zwölf Minister an und stimmte den von Gottwald nominierten Nachfolgern zu. Im neuen Kabinett hatten die Kommunisten dreizehn von fünfundzwanzig Sitzen, und der Rest der Minister war unabhängig von der Parteizugehörigkeit dazu bereit, dem neuen Regime zu dienen. Die KPTsch war weiter in der unteren Hierarchie viel stärker vertreten, dank der Säuberungen, die von den örtlichen Aktionskomitees begonnen und dann vom Zentralen Aktionskomitee unter Zápotocky systematisch organisiert wurden.[63]
Mitglieder der nichtkommunistischen Parteien wurden aus Positionen in den Lokalverwaltungen entlassen. 59 000 wurden aus den Nationalkomitees entfernt. 20 000 Betriebsräte und Gewerkschaftsfunktionäre wurden hinausgeworfen. 15 000 Funktionäre der Sokol-Sportorganisationen wurden entfernt. 28 000 Leute wurden aus dem Staatsdienst entlassen, einschließlich eines Viertels der Armeeoffiziere, 534 Professoren und Lehrkräfte und 145 Richter. 4 000 Arbeiter wurden hinausgeworfen, weil sie sich geweigert hatten, am Generalstreik des 24. Februar teilzunehmen.[64]
Aber dort endeten die Säuberungen. Die Parteilinke (besonders Kopecky und Cepicka) wollte einen unmittelbaren Übergang zum voll ausgebildeten Stalinismus. Das wurde von Gottwald abgelehnt; er wollte, daß die anderen Parteien (gehörig gesäubert) einen Platz innerhalb der »erneuerten« oder »regenerierten« Nationalen Front behielten. Er sagte auf einem Plenum des ZK im April 1948: »Es wäre gut, wenn es ein oder zwei Oppositionsparteien gäbe.« Aber er fügte im Juni hinzu: »Wir müssen darauf achten, daß sie nicht eine Arena der Reaktion werden.«[65] Er wollte auch, daß die Betriebsräte, Gewerkschaften und »Bauernkommissionen« einen bestimmten Grad der Unabhängigkeit behielten. Ökonomisch ging die Regierung nicht über das Programm vom Februar hinaus: Trotz der Nationalisierung weiterer Sektoren der Industrie verblieben noch 20 Prozent in den Händen privater Unternehmen; kleine Kaufleute, Handwerker und Bauern, die weniger als 50 Hektar bestellten, hatten eine sichere Position. Darüberhinaus war auch die politische Unterdrückung auf dieser Stufe begrenzt: Führende Oppositionspolitiker blieben unbehelligt (wenn auch 10 Abgeordnete wegen angeblicher Teilnahme an einer »reaktionären Verschwörung« eingesperrt wurden).
Der Übergang zu einer schärferen, spezifisch »stalinistischen« Politik vollzog sich

später im Jahr, im Zusammenhang von Stalins Bruch mit Tito und der darauf folgenden Kampagne gegen »besondere Wege zum Sozialismus«. Bevor wir jedoch diesen Übergang untersuchen, soll die Machtergreifung im restlichen Osteuropa behandelt werden, beginnend mit Ostdeutschland, wo Stalin lange Zeit, weit entfernt von der Eile, die er in Polen an den Tag gelegt hatte, voller Zweifel über das ganze Projekt war.

DEUTSCHLAND: HALB DRINNEN UND HALB DRAUSSEN

Viele Studien über das kommunistische Osteuropa schließen die östliche Hälfte Deutschlands aus ihrem Gegenstand aus. Es gibt natürlich eine Anzahl guter Gründe dafür. In politischer Hinsicht setzte Stalin über längere Zeit die Anerkennung des Sonderstatus seiner Besatzungszone Deutschlands als eines halben Landes, dem letztendlich die Wiedervereinigung bevorstand, fort. Hinsichtlich ihrer ökonomischen und sozialen Struktur verblieb sie länger als jede der anderen Volksdemokratien auf einer Übergangsstufe. Sogar der Titel, der Ostdeutschland 1949 zugewiesen wurde, »Deutsche Demokratische Republik«, schien zu unterstreichen, was sie von ihren Nachbarn im Süden und Osten trennte. Aber es sprechen stärkere Gründe für die Einbeziehung. Das schließliche Schicksal Ostdeutschlands war dasselbe wie das des restlichen Osteuropas. Die Unterschiede, die anfangs in bestimmten Sphären beträchtlich waren, verringerten sich allmählich in dem Maße, wie die sowjetische Politik sich in Richtung der Anerkennung der Permanenz der Teilung Deutschlands entwickelte. Spätestens ab 1961 hielten die Uhren in Pankow mit denen in Prag, Warschau und Budapest Schritt, wie sie auch untereinander im Gleichklang waren. Das war 1989 noch offensichtlicher.

Die kommunistische »Machtergreifung« läßt sich noch genauer als eine geordnete Übergabe von Verantwortlichkeiten charakterisieren. Zwei Ereignisse im Juni 1945 schufen dafür die Grundlage. Am 8. Juni wurde die Sowjetische Militäradministration (SMAD) gebildet, um die Sowjetische Besatzungszone (SBZ) zu verwalten. Marschall Schukow stand der SMAD bis April 1946 vor, dann Wassili Sokolowski, aber der wirkliche Macher der Politik war Oberst Tjulpanov, der Leiter der Parteiorganisation der KPdSU in der SMAD.

Das zweite bedeutende Ereignis war die Wiedergründung der Kommunistischen Partei Deutschlands (KPD). Die KPD-Führer waren gleich mit Beginn der sowjetischen Besetzung Ostdeutschlands an Ort und Stelle. Drei »Initiativgruppen« wurden im April eingeflogen, an ihrer Spitze Walter Ulbricht, Gustav Sobottka und Anton Ackermann. Sie geboten schon bald den Versuchen einheimischer Antifaschistischer Ausschüsse, die deutsche Gesellschaft zu revolutionieren, Einhalt. Ihre Ziele waren streng begrenzt. Denen entsprechend schloß das Programm der KPD ausdrücklich das Sowjetsystem aus, da es »nicht den gegenwärtigen Bedingungen der deutschen Entwicklung entspricht«. Das Ziel, das die Partei sich stellte, war »die Schaffung einer antifaschistischen, demokratischen Ordnung, einer parlamentarisch-demokratischen Republik«, aus der »feudale Überreste vollständig entfernt« waren. Danach wurden die bekannten Rollen gespielt. Nichtkommunistische Parteien wie die CDU (Christliche Demokraten) und die LDPD (Liberale Demokraten) tauchten neben der KPD auf und wurden von ihr ermutigt. Ihre Programme wichen, wenn man die Mäßigung des KPD-Programms berücksichtigt, nur wenig von diesem ab. Auch die SPD wurde wieder hergestellt. Deren Programm wurde durch eine starke Orientierung auf den Sozialismus und die Einheit der Arbeiterklasse gekennzeichnet. Zu diesem Zeitpunkt lehnte die KPD solche Ideen ab. Stattdessen befürwortete sie eine »Nationale Front«, was seinen Ausdruck in der Errichtung eines Blocks der vier antifaschistischen Parteien fand (11. Juli 1945). Nach anfänglichem Widerstand gegen die Idee der SPD, die zwei Arbeiterparteien zu vereinigen, änderte die KPD im Oktober 1945 den Kurs. Der Zusammenschluß und die Schaffung der SED (Sozialistische Einheitspartei) folgten im April 1946. Wie andernorts auch handelte es sich bei der »vereinigten Partei der Arbeiterklasse« um die alte per Erlaß vergrößerte kommunistische Partei. Es gab eine beträchtliche Opposition, und es mußte starker Druck ausgeübt werden, um die eigensinnigen Sozialdemokraten auf die Linie zu bringen.[66]

Die Konferenz der Sechzig, ein Treffen von dreißig Funktionären jeder Partei, die im Dezember 1945 veranstaltet wurde, war der Schauplatz bitterer Kritik der Sozialdemokraten an dem plötzlichen Wandel der kommunistischen Politik. Otto Grotewohl, später Premierminister der DDR, aber zu jener Zeit ein SPD-Führer, beklagte, daß die KPD »in ihrem Parteiaufbau zentralistisch und nichtdemokratisch wie zuvor« gëblieben« sei[67], und wies darauf hin, daß die Vereinigung auf lokaler Ebene die Vereinigung der deutschen Arbeiterbewegung unmöglich machen würde. Dennoch stimmten er und alle Anwesenden mit einer Ausnahme für die KPD-Resolution zugunsten weiterer organisatorischer Schritte in Richtung der Einheit. Der Grund dafür war, daß die SPD im Osten nur die Wahl zwischen der Selbstauflösung (von der westlichen SPD empfohlen) und dem Beitritt zur Einheitspartei hatte, verbunden mit der Hoffnung, einen gewissen Einfluß zu behalten.

Der Widerstand der anderen Parteien wurde mit der Gründung konkurrierender Organisationen bekämpft, die an dieselbe Wählerschaft appellieren sollten. Die DBD (Demokratische Bauernpartei) wurde im Juni 1948 gegründet, um die Unterstützung für die CDU zu beschneiden, die NDPD (Nationaldemokatische Partei), um die LDPD zu unterminieren. Es gab auch »Massenorganisationen«, die die Rolle von »Transmissionsriemen« für die SED spielten. Der Demokratische Frauenbund Deutschlands ist ein Beispiel dafür. Diese Technik war die Norm in ganz Osteuropa.

Man kann das Erreichen des Machtmonopols der SED nicht einem spezifischen

Datum zuordnen. Es handelte sich um einen Prozeß allmählicher Strangulierung der Opposition mit aktiver (und unerläßlicher) Unterstützung der SMAD. Als die Entscheidung, die Deutsche Demokratische Republik zu etablieren, getroffen war, brauchte die Macht durch die sowjetischen Behörden einfach nur vollständig an die SED übergeben zu werden. Aber ein deutscher Separatstaat war nicht Bestandteil des ursprünglichen Plans. Erst nach »langem Zögern« (Staritz) entschied sich Stalin, westliche Schritte zur Vereinigung Westdeutschlands durch die Umwandlung der SBZ in die DDR zu beantworten. Noch im Dezember 1947 forderte ein »Volkskongreß für Einheit und gerechten Frieden«, obwohl er vollkommen von der SED dominiert wurde, die »Bildung einer gesamtdeutschen Regierung«.

Die Unfähigkeit, die Perspektive der deutschen Einheit aufzugeben, hatte Auswirkungen auf die Wirtschafts- und Sozialpolitik. Ein Vergleich mit dem Rest Osteuropas zeigt auf diesem Gebiet eine immanente Verzögerung von etwa drei Jahren. Es gibt bezüglich des Datums der Entscheidung, den Sozialismus zu errichten, verschiedene Auffassungen. Einige nennen den November 1946. Das erscheint zu früh. Daß Ulbricht seinerzeit von »Wirtschaftsplanung« sprach, bedeutete nicht, den Aufbau des Sozialismus zu fordern. Jeder sprach - im Kontext des Wiederaufbaus nach dem Kriege - von Wirtschaftsplanung. In jedem Fall mußte Ulbricht, welche persönlichen Ansichten er auch haben mochte, auf Stalin warten. Als Otto Grotewohl im Juni 1948 im Namen der SED verkündete, daß »unsere Orientierung ausschließlich und vorbehaltlos nach Osten gerichtet« ist, wurde er von Stalin zur Ordnung gerufen, der den Parteiführern im Dezember 1948 mitteilte, »Diskussionen darüber, wie Deutschland organisiert werden soll, sind töricht. Erst müßt ihr gewinnen«. Der Dritte Deutsche Volkskongreß im Mai 1949 schlug vor, auf die praktische Gründung der Bundesrepublik mit der Forderung nach »deutscher Einheit und einem gerechten Frieden« zu antworten. Sogar die Gründung der DDR im Oktober 1949 war für sich genommen keine Entscheidung für den »Aufbau des Sozialismus«. Sie war eher eine Reaktion auf die Vereinigung der Westzonen und die Entscheidung der Westdeutschen, sich um die volle Integration in das westliche Bündnis zu bemühen. Die SED-Führer hielten es noch 1949 für unmöglich, an den »Sozialismus in einem halben Lande als akzeptable Perspektive« zu denken.[68]

Auf der 1. Parteikonferenz der SED (Januar 1949) verkündete Grotewohl, daß es »in der unmittelbaren Zukunft keine Frage des Übergangs zu einer 'volksdemokratischen' Entwicklung« geben könne. Das Ziel der Partei bleibe weiterhin »die umfassende Herstellung der antifaschistisch-demokratischen Ordnung«.[69]

Natürlich sollte man die Erfordernisse der Propaganda von der realen Situation unterscheiden. Wenn auch die Gründung der DDR bis 1949 verzögert wurde, so bestanden doch schon lange einheitliche Wirtschaftsinstitutionen. Der Befehl Nr. 17 (25. Juli 1945) schuf Deutsche Zentralverwaltungen (DZV), die tatsächlich den Charakter von Ministerien für die ganze SBZ hatten. Im Juni 1947 wurde eine Deutsche Wirtschaftskommission (DWK) eingerichtet, die einen Wirtschaftsplan entwerfen und die Lieferung von Reparationen in die Sowjetunion organisieren sollte. Trotz seiner rein ökonomischen Funktion war er der Kern der späteren Regierung, und sein permanentes Sekretariat wurde von Mitgliedern der SED, wie Heinrich Rau, Bruno Leuschner und Fritz Selbmann beherrscht. Die Nationalisierung von 65 Prozent der Industriekapazität bis Juni 1948 gab der Kommission gewaltige Macht in die Hand.

Aber diese Macht konnte nicht eingesetzt werden, um den Sozialismus zu errichten, nicht einmal nachdem die DDR gegründet war. Stalin war dagegen, weil er eine mögliche Wiedervereinigung Deutschlands auf neutraler Basis nicht ausschließen wollte. Erst nach dem Ausbleiben der Zustimmung des Westens auf die Stalin-Note vom März 1952, die einen Friedensvertrag mit einem »geeinten, unabhängigen, demokratischen und friedliebenden Deutschland« anbot, durfte Ulbricht die »Errichtung des Sozialismus« in Angriff nehmen. Es war die Aufgabe der 2. Parteikonferenz, dieses Ziel zu proklamieren, was das Aufräumen mit den Resten privater Industrie (1952 noch für 19 Prozent der Produktion verantwortlich) und des Handels (37 Prozent) sowie die allmähliche Kollektivierung der Landwirtschaft einschloß.[70]

Jetzt zum erstenmal wurde die DDR als »volksdemokratische Ordnung« bezeichnet. Mit anderen Worten, sie begann mit drei Jahren Verspätung dem Kurs zu folgen, den die anderen Volksdemokratien eingeschlagen hatten. Dennoch nahm die DDR, als die Entscheidung einmal getroffen war, so schnell wie möglich das stalinistische Modell an und trennte sich niemals wirklich davon. Aber bevor wir dieses Modell näher betrachten, werden wir die unterschiedlichen Wege an die Macht, die von den kommunistischen Parteien des südlichen, mehr agrarischen und allgemein weniger entwickelten Teils Osteuropas eingeschlagen wurden, untersuchen.

3 Die Machtergreifung
Teil 2: Ungarn und der agrarische Süden

Wir werden nun die Länder südlich der Tschechoslowakei betrachten, die 1945 noch durch ein fortdauerndes Überwiegen des Agrarsektors, eine geringe städtische Bevölkerung, eine unentwickelte Arbeiterklasse, begleitet von einer Vorkriegsschwäche sowohl des Sozialismus als auch des Kommunismus, charakterisiert waren.[1] Diese Feststellungen gelten allgemein für die Balkanländer. Sie treffen weniger für Ungarn zu, das eine große städtische Bevölkerung und eine Industriearbeiterklasse besaß, wenn auch die scharfen Unterdrückungsmaßnahmen der Jahre zwischen den Kriegen von den sozialistischen und kommunistischen Bewegungen ihren Tribut gefordert haben. Ungarn befand sich sowohl geographisch als auch hinsichtlich seiner ökonomischen und sozialen Struktur auf der Grenzlinie zwischen Norden und Süden.

Dennoch können Ungarn, Bulgarien und Rumänien unter bestimmten Gesichtspunkten zusammengefaßt werden. Sie waren 1944/45 besiegte Gegner und nicht befreite Bündnispartner. Sie befanden sich unter sowjetischer Besatzung. Auf sie traf (anders als auf Polen und die Tschechoslowakei) die »Prozentvereinbarung« zwischen Stalin und Churchill vom Oktober 1944 zu. Ihr Schicksal wurde im einzelnen von der nach dem Kriege eingerichteten Alliierten Kontrollkommission (AKK) bestimmt. Die Entscheidungen der sowjetischen militärischen Vorsitzenden der AKK wurden *faute de mieux* von deren britischen und amerikanischen Kollegen akzeptiert. Das war ein wirksames Gegengewicht zu der Schwäche der einheimischen kommunistischen Parteien. Ohne sowjetische Hilfe hätten sie an eine Machtergreifung nicht einmal denken können.

Die »Prozentvereinbarung« vom Oktober 1944, von Eden und Molotow in der Folge modifiziert, wies 90 Prozent des Einflusses in Griechenland dem Westen zu und gab im Gegenzug der Sowjetunion ein Übergewicht in Ungarn (80 Prozent), Bulgarien (80 Prozent) und Jugoslawien (60 Prozent).[2] Obwohl diese Vereinbarung von den USA nie bestätigt wurde, zeigt es doch den Grad der Kontrolle an, den Großbritannien der Sowjetunion auf dem Balkan zuzugestehen bereit war. Was wollte Stalin mit der Macht, die ihm damit zugesprochen war, anfangen? In allen Fällen waren Koalitionsregierungen mit kommunistischer Beteiligung auf der Tagesordnung, im Gleichklang mit der Politik der »Nationalen Front«, die in ganz Osteuropa galt. Ob Stalin die Kommunisten von Anfang an in Machtpositionen brachte, hing von der örtlichen Lage ab, insbesondere von der Gefahr, die die überlebenden antikommunistischen Kräfte darstellten.

In Ungarn gab es 1945 praktisch keine Bedrohung durch rechte Kräfte. Der frühere Herrscher, Admiral Horthy, der lange mit Deutschland kollaboriert hatte, hatte im letzten Moment den Trick versucht, die Seiten zu wechseln, was ihm aber nicht gelang. Daher wurde Ungarn durch die Rote Armee von den Nazis und deren Marionette, dem Führer der Pfeilkreuzler, Ferenc Szálasi, zurückerobert und die Koalitionsregierung, die im April 1945 die Macht übernahm, fanden eine politische *tabula rasa* vor. Die Situation entwickelte sich in Rumänien und Bulgarien anders. König Michael von Rumänien wechselte am 23. August 1944 erfolgreich die Seiten, und daher blieb Rumänien eine Monarchie. In Bulgarien wurde der Regentschaftsrat, der nach dem Tod von König Boris III. die Macht übernahm, durch den Staatsstreich vom September 1944 gestürzt; aber bedeutende Teile der Vorkriegseliten behielten Macht. Neuer Premier von Bulgarien war Kimon Georgiew von der Zveno-Bewegung der Armeeoffiziere.

Daher waren Überwachung und Druck von beträchtlichem Ausmaß erforderlich, wenn in Rumänien und Bulgarien prosowjetische Regierungen an der Macht bleiben sollten, während in Ungarn die Zügel nicht so straff angezogen zu werden brauchten. So taten die sowjetischen Militärbehörden in Ungarn anfangs nicht mehr, als die Vorräte zu requirieren und die Fabriken zu demontieren und abzutransportieren. Sie verhielten sich der ungarischen Innenpolitik gegenüber neutral. Es scheint keine Beweise für direkte sowjetische Eingriffe in Ungarn vor dem Oktober 1945 zu geben (als Marschall Woroschilow, der sowjetische Vorsitzende der AKK, darauf bestand, daß die bestehende Koalitionsregierung unabhängig vom Ausgang der Parlamentswahlen erhalten werden sollte).[3]

Bis dahin war es den ungarischen Kommunisten überlassen, ihren eigenen Weg zur Macht zu gehen. Sie machten das nicht sehr gut. Ihre Ausgangsposition war stark, denn sie waren die einzige organisierte Kraft im Land. Es waren die Kommunisten selber, die 1944/45 die anderen Parteien ermutigten, ihre Aktivitäten wieder aufzunehmen, damit sie jemanden hätten, um eine Koalition zu bilden. So sagte Ernö Gerö im Dezember 1944:

> »Es ist nicht richtig, daß in dem von der Sowjetarmee kontrollierten Gebiet nur eine Partei arbeitet. Andere Parteien sollen ebenfalls aktiv werden.«

Die Provisorische Regierung, die in Debrecen am 23. Dezember 1944 gebildet wurde, war eine Koalition mit einem gemäßigten Programm und nur zwei kommunistischen Ministern. Die höchsten Führer der Partei, die »Moskauer« Rákosi, Gerö, Farkas und Révai waren auf Stalins Weisung von der Regierung ausgeschlossen, »weil man sie als Knechte Moskaus ansehen würde«.[4]

Der neuen Regierung gehörten drei Generäle des früheren Horthy-Regimes an: Béla Miklós (Premierminister), János Vörös (Verteidigung) und Gábor Faraghó (Lebensmittelversorgung). Die Kommunisten Imre Nagy und József Gábor übernahmen Landwirtschaft und Handel, und der Rest des Teams bestand aus Kleinbauernpartei und Sozialdemokraten. Das Regierungsprogramm (gleichzeitig das Programm der Nationalen Front der Unabhängigkeit) war eine typische Nationale-Front-Angelegenheit: Liberaldemokratische Forderungen herrschten vor; Eingriffe in die Wirtschaft waren auf eine extensive Bodenreform, die Nationalisierung der Energieindustrien und die »Staatsaufsicht« über Banken und Industriekartelle beschränkt. Prozesse gegen Kriegsverbrecher, die Auflösung faschistischer Organisationen, die Säuberung der Verwaltungen von Faschisten spielten in den Programmen auch eine Rolle. Es gab einige Linksradikale in der Partei, die weitergehen wollten, aber Gerö sagte ihnen:

> »Es ist kein richtiger Standpunkt, darauf zu drängen, den Sozialismus auf den Scherben der Niederlage zu errichten.«[5]

Die Kommunisten sicherten sich jedoch dank der Berufung von Ferenc Erdei, eines Mitglieds der linksgerichteten prokommunistischen Fraktion der Nationalen Bauernpartei, die indirekte Kontrolle des lebenswichtigen Innenministeriums. Weitere Mittel der Sicherung des Einflusses wirkten von unten, durch vier Körperschaften, die - obgleich auf kommunistisches Betreiben geschaffen (Révai befürwortete schon im Dezember 1944 die Einsetzung »revolutionärer, demokratischer Behörden« auf örtlicher Ebene[6]) - dennoch beträchtliche Spontaneität zeigten: »Nationalkomitees« für die Verwaltung örtlicher Angelegenheiten; »Betriebsräte« für den Betrieb der Fabriken, die von örtlichen - kommunistischen wie auch sozialdemokratischen - Radikalen übernommen worden waren und durch das Dekret vom 18. Februar, das ihnen die Aufsicht, aber nicht die Kontrolle des Managements zugestand, sowohl legitimiert als auch gleichzeitig geschwächt wurden; »Dorfkommissionen für Landforderungen«, die mit dem Dekret vom 17. März 1945 geschaffen wurden, um die Bodenreform durchzuführen, und sich aus Landarbeitern und armen Bauern zusammensetzten; und schließlich die »Volksgerichte«, *ad hoc*-Tribunale, die dazu dienten, über Verräter, Kriegsverbrecher und Pfeilkreuzler zu Gericht zu sitzen und sie zu verurteilen sowie einige Funktionäre des früheren Regimes anhand der sogenannten »B-Listen« zu verfolgen. Diese Institutionen hatten jedoch nur eine kurze Blütezeit. Es ist schwer zu erkennen, warum Rákosi selber am 22. Februar 1945 sagte, daß »das zentrale Problem ... die Entfernung von Beamten des alten Typs ... und die Einführung neuer Menschen« ist[7], womit er eine gründliche Säuberung offiziell förderte. Es scheint, daß die kommunistische Partei sich 1945 nicht durchsetzen konnte. Die Kleinbauernpartei trat nachdrücklich gegen die Absetzung von Funktionären des früheren Staatsdienstes und der Justiz auf und war auf örtlicher Ebene oft stark genug, sich durchzusetzen. Die kommunistische Linie einer Koalition mit den »demokratischen Kräften« schloß ein, daß man auf ihre Bedenken hörte. Es fand keine wirksame Säuberung des öffentlichen Dienstes statt. Bis zum Juni 1945 waren nur 20 Prozent der Angestellten neu eingestellt. Die früheren Fabrikmanager, Armeeoffiziere und örtlichen Behörden kehrten bald zurück. Diese Versäumnisse mußten im Verlauf des Jahres 1946 aufgeholt werden. Die Kommunisten waren jedoch in der Lage, die direkte Kontrolle des Gewerkschaftsrates zu erlangen, als dieser im Februar 1945 geschaffen wurde. Sie hatten im Sekretariat eine Mehrheit von zwei zu eins gegenüber den Sozialdemokraten, und der Generalsekretär István Kossa war Kommunist. Er nutzte seine Macht, um den Radikalismus der Betriebsräte einzudämmen:

> »Genossen, die in den Betriebsräten eine entscheidende Rolle spielen, verstehen die politische Linie der Partei bezüglich der Anerkennung des Privateigentums nicht.« (Mai 1945)

Er fügte hinzu, daß sie die Werke, die sie übernommen hatten, zurückgeben müssen.[8]

Schließlich führten zwei Wahlen im Herbst 1945 zu verheerenden Ergebnissen für die kommunistische Partei. Die ersten, die Budapester Kommunalwahlen vom 7. Oktober 1945, brachten (bei einer vollkommen städtischen Wählerschaft) der Kleinbauernpartei (50,5 Prozent) eine absolute Mehrheit und der Arbeitereinheitsfront von Kommunisten und Sozialdemokraten zusammen 42,8 Prozent. Dieses Versagen führte zu dem schon erwähnten sowjetischen Eingreifen. Aber die weitere Forderung Woroschilows, daß die Verteilung der Sitze in der Nationalversammlung durch Übereinkommen der Parteien vorab festgelegt werden sollte, wurde nicht akzeptiert; die USA warnten, daß der ungarischen Regierung in diesem Falle die Anerkennung vorenthalten würde. So fanden am 4. November 1945 in Ungarn wahrhaft freie Wahlen statt, und sie ergaben wieder eine absolute Mehrheit für die Kleinbauernpartei (50,7 Prozent). Die Kommunisten erhielten 17 Prozent, die Sozialdemokraten 17,4 Prozent. Woroschilow sagte dem Führer der Kleinbauernpartei, Ferenc Nagy, »die Sowjetunion möchte ihre Freundschaft mit Ungarn auf ihren Beziehungen mit der Partei der Kleinbauern begründen«[9], aber er bestand darauf, daß die Kommunisten im Koalitionskabinett eine bedeutende Rolle behalten müßten. Sie erhielten drei Geschäftsbereiche, die Kleinbauernpartei sieben; das Gleichgewicht wurde durch drei Sozialdemokraten und einen Vertreter der Nationalen Bauernpartei hergestellt. Der Premierminister war ein Kleinbauer (Zoltán Tildy), aber Woroschilow setzte durch, daß das Innenministerium an Imre Nagy ging.

Der Mißerfolg der Kommunisten in den Wahlen machte die Notwendigkeit einer Veränderung der Politik der sowjetischen Vertreter und der einheimischen Partei deutlich. Nunmehr wurde eine Kombination von Druck und Manipulation angewandt. Zuerst wurden die Massen mobilisiert. Die kommunistische Partei war - ausgehend von einer Zahl von 3 000 Mitgliedern im November 1944 - bis Oktober 1945 auf 500 000 Mitglieder angewachsen. Außerdem hatten die Sozialdemokraten (Ende 1945 400 000 Mitglieder) einen ansehnlichen prokommunistischen linken Flügel. Der Linksblock, der am 5. März 1946 von den Kommunisten, Sozialdemokraten und Nationalen Bauern gebildet worden war, rief sofort zu einer Massendemonstration von 400 000 Arbeitern in Budapest gegen Dezsö

Sulyok und andere »Reaktionäre« der Kleinbauernpartei auf. Zweitens wurde jetzt die gemäßigte Linie von 1944 aufgegeben. Rákosi sagte dem Zentralkomitee der Partei im Mai 1946, daß nunmehr, nachdem 1944 die Hitzköpfe hatten zurückgehalten werden müssen, »die Zeit gekommen (ist), unsere Partei und die Arbeiterklasse daran zu erinnern, daß wir auch Sozialisten sind«. Er fügte hinzu, daß die Zeit der Verwirklichung des Sozialismus näherkomme. Ein Weg, dies zu erreichen, sei die Schaffung einer einzigen Arbeiterpartei durch den Zusammenschluß der Kommunisten mit den Sozialdemokraten. Drittens sollte die Kontrolle des Innenministeriums genutzt werden, um Kommunisten in die Polizeikräfte zu bringen. Im März 1946 trat der Hardliner László Rajk an die Stelle von Imre Nagy, der nicht rücksichtslos genug war, obwohl oder vielleicht gerade weil er ein »Moskauer« Kommunist war. Rajk entließ prompt 5 000 Polizisten und 60 000 Mitarbeiter des Staatsapparates, indem er das »B-Listen-Dekret« vom Mai 1946 nutzte, das Untersuchungsausschüsse zur Überprüfung der Loyalität von Staatsangestellten im Interesse der »demokratischen Umgestaltung des Landes« eingerichtet hatte. Seine Methoden waren wirksam. Bis Oktober 1946 waren 69 Prozent der Polizei Vertreter der Linken, und 52 Prozent unterstützten die kommunistische Partei.[10]

Viertens wurde sowjetischer Druck über die AKK ausgeübt. Die Partei besaß noch nicht die Macht über die Streitkräfte. Daher befahl Woroschilow im Oktober 1945 die Verkleinerung der ungarischen Armee von 70 000 auf 20 000. Dies gestattete eine entsprechende Vergrößerung der Grenztruppen und ihre Umwandlung unter György Pálffy (Kleinbauernpartei, mit Sympathien für die UKP) in eine bewaffnete kommunistische Truppe. Bis Juni waren 60 Prozent des Offizierskorps Parteimitglieder oder Sympathisanten.[11]

Direkter Druck wurde auch ausgeübt, um die Kleinbauernpartei zu veranlassen, sich der »Reaktionäre« in ihrer Mitte zu entledigen. Ferenc Nagy, der Führer der Kleinbauernpartei, berichtet, daß er im Februar 1946 eine Serie offizieller Noten zu diesem Gegenstand erhielt. Er war schließlich gezwungen, Sulyok und zwanzig weitere Abgeordnete aus seiner Partei auszuschließen (März 1946). Die Motivation für seine Kapitulation scheint weniger die Furcht vor den Massendemonstrationen, die vom Linksblock organisiert wurden, gewesen zu sein, als die Hoffnung auf sowjetische internationale Unterstützung bezüglich einer Reduzierung der Reparationen und des Erhalts von Transsylvanien, dessen Übergabe an Rumänien drohte. Er sollte enttäuscht werden. Zwei Monate später sprach der Rat der Außenminister ganz Transsylvanien Rumänien zu, und zwar mit voller Zustimmung der Sowjetunion, eine Entscheidung, die auf der Pariser Friedenskonferenz im August 1946 bekräftigt wurde. Damit ist die Liste der Methoden zur Machterlangung nicht erschöpft. Die Standardtechnik, überzeugte Kommunisten in anderen Parteien zu belassen oder sie dort einzuschleusen, von Gomulka im polnischen Kontext bildlich als Plazierung von »Pflanzen«[12] beschrieben, wurde in Ungarn gründlich von Rákosi und Révai entwickelt. Révai sagte der Gründungsversammlung des Kominform im September 1947:

»Die Nationale Bauernpartei ist unter Anleitung tätig. Der Sekretär ist Kommunist, und einer der zwei Minister, die sie in der Regierung vertreten, ist Kommunist.«[13]

Ähnlich war die Situation hinsichtlich der sozialdemokratischen Linken, geführt von György Marosán. In seinen Memoiren beschreibt Marosán Begegnungen mit kommunistischen Führern, die dem Befehlsempfang dienten.[14] Die Rechte in der SDP unter Peyer versuchte zu protestieren, aber ohne Erfolg. Auf dem 35. Parteitag im Februar 1947 wurde Arpád Szakasits als Generalsekretär bestätigt, und Marosán und Ries wurden als seine Stellvertreter gewählt. Alle drei gehörten der prokommunistischen Linken der Partei an.

Wo die nichtkommunistischen Parteien nicht von innen kontrolliert werden konnten, wurde ihre Desintegration von außen betrieben. Dazu bediente sich Rákosi der - wie er sie später prahlerisch nannte - »Salamitaktik«.[15] Dies war die Methode der Zerstörung rivalisierender Parteien, indem man Teile von ihnen abtrennte, an der Rechten beginnend und allmählich nach links fortschreitend, so daß sie zum Schluß auf ihre »äußerste Linke« und damit ihre prokommunistischen Fraktionen reduziert waren. Der Entfernung Sulyoks folgten Kampagnen gegen Béla Kovács (Kleinbauernpartei) und Imre Kovács (Nationale Bauernpartei). Béla Kovács wurde von Ferenc Nagy dazu gebracht, im Februar 1947 zurückzutreten und dann wegen »Konspiration gegen die Republik« verhaftet, zuerst durch die Geheimpolizei, dann durch sowjetische Behörden (er wurde in die UdSSR deportiert). Imre Kovács wurde auch im Februar 1947 gezwungen zurückzutreten und durch den Prokommunisten Ferenc Erdei ersetzt. Eine weitere Gruppe, die von Zoltán Pfeiffer geführt wurde, wurde im April durch Nagy aus der Kleinbauernpartei ausgeschlossen. Bis Mai hatte Ferenc Nagy selber die Schnittstelle der Salami erreicht. Während er sich in der Schweiz in Urlaub befand, wurde er der Komplizenschaft in der Verschwörung gegen die Republik beschuldigt und zum Rücktritt gezwungen, um die Freilassung seines fünf Jahre alten Sohnes zu erlangen, der als Geisel genommen worden war. Er wurde als Premierminister durch Lajos Dinnyés ersetzt, einen »linken« Angehörigen der Kleinbauernpartei, und die Scheinkoalition wurde fortgesetzt.

Diese erfolgreiche Anwendung der Salamitaktik bereitete die Bühne für die Abhaltung von Wahlen vor, die nun so »organisiert« wurden, daß sie das richtige Ergebnis erbrachten. Die Wahlen vom August 1947 waren dadurch gekennzeichnet, daß bekannten Antikommunisten (10 Prozent der Wähler) das Wahlrecht entzogen wurde und spezielle blaue Karten gedruckt wurden, so daß Kommunisten mehrmals wählen konnten. Nach Bán gab es 300 000 illegale Stimmabgaben.[16]

Das Wahlergebnis war ein Zeugnis für die Wirksamkeit kommunistischer Taktik. Die Gruppen, die von der Kleinbauernpartei abgespalten worden waren, befanden sich in Opposition zum regierenden Linksblock und erhielten einen Stimmenanteil von 35 Prozent. Die offizielle Kleinbauernpartei erhielt 15,4 Prozent. Sie hätten immer noch eine absolute Mehrheit von 50,4 Prozent erhalten, wenn die Partei zusammengehalten hätte. Die UKP selber verbesserte sich mit 22 Prozent

etwas, und die Regierungskoalition sicherte sich einen Anteil von 60,9 Prozent. Das reichte aus, um als Erfolg zu gelten. Kurz darauf folgte die Unterdrückung der Ungarischen Unabhängigkeitspartei (September 1947).
In diesem Zusammenhang erscheint die Kritik, die in Szklarska Poreba von den Jugoslawen an die UKP gerichtet wurde, ziemlich fehl am Platz. Kardelj griff die UKP wegen ihres »Koalitionsfetischismus« und »Versagens, die Bedeutung der Volksdemokratie zu verstehen« an. Es ist jedoch klar, daß die UKP in der Koalition schon die Peitsche schwang. Das Ergebnis der Gründungskonferenz der Kominform bestand für Ungarn nicht in einer wesentlichen Veränderung der Politik, sondern einer Beschleunigung der bisherigen Politik. Als Aufgaben der kommunistischen Partei in Ungarn wurden nun der »Ausschluß der Bourgeoisie von der Macht« und die Formierung einer »Volksfront nach dem Modell der jugoslawischen Einparteienerfahrung« dargestellt. Nach dem September 1947 machte sich die Partei daran, die Opposition zu eliminieren. Die Demokratische Volkspartei wurde im Oktober gesäubert, und die zentristischen Elemente in der SDP wurden im Februar 1948 ausgeschlossen. Rákosi kündigte im März an, daß die Unabhängigkeitsfront durch eine »Volksfront« ersetzt würde, deren Hauptaufgabe die Auflösung der anderen Parteien der Koalition durch Beschränkung ihrer Organisationen auf die Hauptstadt war.[17]
Auch eine radikalere Wirtschaftspolitik wurde von Oktober an eingeführt. Gerö stellte sie dem Politbüro gegenüber als Ausnutzung »der günstigen Konjunktur« dar, das heißt »der rapiden Entwicklung der innenpolitischen Situation«.[18] Wie in der Tschechoslowakei gab es jedoch auch in Ungarn ein Intervall von etwa einem Jahr zwischen der endgültigen Machtergreifung und der Übernahme einer vollständig stalinistischen Politik.

DIE BALKANLÄNDER: ALLIIERTE KONTROLLKOMMISSIONEN UND KOMMUNISTISCHE AGITATION

Bulgarien und Rumänien machten denselben Prozeß, nur viel schneller, durch. Die erste Stufe war in beiden Ländern die Bildung einer Koalitionsregierung unmittelbar nach einem Staatsstreich. In Rumänien war im Juni im Untergrund eine Koalition, der Nationale Demokratische Block, zwischen der Nationalen Bauernpartei, der Liberalen, der Sozialdemokratischen und der Kommunistischen Partei gebildet worden. Aber dies beeinflußte den Gang der Ereignisse kaum, der vom Vormarsch der Roten Armee auf die Grenzen Rumäniens und der Entscheidung von König Michael bestimmt wurde, durch einen Wechsel der Seiten zu retten, was zu retten war. Am 23. August entließ der König seinen pro-

deutschen Premier, Antonescu, und stimmte den Waffenstillstandsbedingungen der Alliierten zu. Er setzte eine im wesentlichen aus Militärs bestehende Regierung ein, ließ jedoch eine partielle Teilnahme der zivilen Politiker des Nationalen Demokratischen Blocks an der Macht zu.
Nur ein Kommunist, Lucretiu Patrascanu, gelangte in das Kabinett. Er wurde Justizminister. Premierminister war Constantine Sanatescu. Die kommunistische Partei mit bloßen 2 000 Mitgliedern war anfangs in einer schwachen Position, begann aber sofort verschiedene Gruppen, die mit der offensichtlichen Fortsetzung der königlichen Herrschaft und dem politischen und sozialen Vorkriegssystem unzufrieden waren, zu organisieren.
Die Front der Pflüger, von einem transsylvanischen Rechtsanwalt, Dr. Petru Groza, geführt, vertrat die Interessen der ärmeren Bauern in Opposition zu den wohlhabenderen Bauern, die in der Nationalen Bauernpartei organisiert waren. Die Union der Patrioten war eine Organisation der akademisch Gebildeten. Die Ungarische Arbeiterföderation (MADOSZ) vertrat die ungarische Minderheit in Transsylvanien. Eine Arbeitermiliz, die *Apararea Patriotica* bestand seit August. Im Oktober 1944 gründeten die Kommunisten die Nationale Demokratische Front als Dach über all diesen Gruppen mit einem Programm für eine Bodenreform, die Wiedererlangung Nordtranssylvaniens und die Entmachtung der »historischen« Parteien der Nationalen Liberalen und der Nationalen Bauern, die mit dem Faschismus verbunden waren.
Der sowjetische Vorsitzende der Alliierten Kontrollkommission, General Winogradow, unterstützte diese Forderungen. Er bezeichnete Maniu, den Führer der Nationalen Bauernpartei, als Faschisten und verbot eine Demonstration dieser Partei. General Sanatescu wurde gezwungen, diesem Druck nachzugeben und sein Kabinett am 4. November 1944 zu reorganisieren und zwei kommunistische Vertreter aufzunehmen: Gheorghiu-Dej als Transportminister und Vladescu Rakoasa als Minister für Minderheiten. Dr. Groza, der den Kommunisten sehr nahestand, wurde stellvertretender Premierminister. Aber das Innenministerium wurde in die Hände von Nicolae Panescu von der Nationalen Bauernpartei gelegt. Das bedeutet, daß die Polizeikräfte von einem Antikommunisten gelenkt wurden.
So setzte die NDF ihre Agitation fort, unterstützt von Stalins Bevollmächtigtem Wyschinski, der eine »starke und leistungsfähige Regierung« forderte. Aber Stalin wollte die Dinge zu diesem Zeitpunkt nicht zu weit vorantreiben. Am 6. Dezember ersetzte König Michael Sanatescu durch einen anderen General, Nicolae Radescu, der den Kommunisten und der NDF einen Kompromiß anbot, den sie annahmen. Panescu sollte entlassen werden, und Radescu würde das Innenministerium selber übernehmen und dazu einen kommunistischen Staatssekretär. Er würde die *Apararea Patriotica* entwaffnen, und die bourgeoisen Parteien würden eine Mehrheit im Kabinett behalten (neun von 16 Posten). Die Agrarreform sollte bis zum Ende des Krieges aufgeschoben werden. König Michael teilte den westlichen Vertretern in Bukarest mit, daß »die Sowjetunion nicht den Wunsch

(habe), Rumänien einen sozialistischen Staat werden zu sehen« und daß »Wyschinski mit einigen der radikaleren Kommunisten gesprochen und ihnen von einem Anheizen der Unruhe abgeraten« habe.[19] Das verleitete den Westen zu der Annahme, daß man Wyschinskis Erklärungen für bare Münze nehmen könnte.[20]
Stalins Reaktion auf den sehr gemäßigten Kompromiß von König Michael bestand darin, zwei der führenden Kommunisten, Ana Pauker und Vasile Luca, zur Berichterstattung nach Moskau zu zitieren. Wir wissen nicht, was bei dieser Begegnung vorging. Entweder sie überzeugten Stalin, daß er sie von der Leine lassen solle, oder er gab ihnen den Befehl, die Macht zu ergreifen. Letztere Annahme ist die wahrscheinlichere. Auf jeden Fall folgte auf ihre Rückkehr ein neuerlicher Aufschwung der NDF-Agitation.
An Zündstoff mangelte es nicht. Auf dem Lande ermutigte die Front der Pflüger die Bauern, die großen Güter zu übernehmen. In den Städten gab es Straßenschlachten und Demonstrationen unter der Losung, die Reaktionäre zu vertreiben, General Radescu abzusetzen und die Armee zu demokratisieren. Der US-Gesandte in Bukarest, Berry, berichtete im Februar, daß es nunmehr »offenkundige sowjetische Hilfe für die NDF« gebe; der rumänische Außenminister (Constantin Visoianu) habe ihm gesagt, daß die Kommunisten nach Anweisungen aus Moskau handelten, um in den nächsten Tagen eine Krise herbeizuführen.[21]
Der britische Vertreter, Vizemarschall der Luftstreitkräfte Donald Stevenson, berichtete kurz danach: »Es finden Untergrundaktionen, die von General Winogradow gefördert werden, statt.« Radescu wurde von Winogradow gesagt, daß die Anwendung von Gewalt zum Bürgerkrieg führen würde, was nicht geduldet werden könne. Die gewalttätigen Demonstrationen gingen weiter und kulminierten am 24. Februar in einem Zusammenstoß, der zwei Todesopfer forderte. Radescu erwiderte mit einer Rundfunkansprache, in der er Pauker und Luca als »schreckliche Hyänen« und »Ausländer ohne Gott oder Vaterland« darstellte. Die chauvinistischen Manöver beruhten auf der Tatsache, daß Ana Pauker jüdisch und Vasile Luca ein Ungar aus Transsylvanien war. Damit war Radescu unannehmbar, und Wyschinski wurde nach Bukarest zurückgeschickt, um dies klarzumachen (26. Februar). In einem Gespräch am 27. Februar teilte Wyschinski König Michael mit, er habe »genau zwei Stunden und fünf Minuten, um öffentlich bekanntzugeben, daß General Radescu zurückgetreten ist«, und er verließ den Raum »so kräftig die Tür zuschlagend, daß der Putz um den Türrahmen zerbrach«.[22] Sowjetische Truppenbewegungen verliehen diesen gewalttätigen Worten und Handlungen zusätzliches Gewicht.
Stalins Ersatzkandidat war Dr. Petru Groza. Iuliu Maniu, der Führer der Nationalen Bauernpartei, riet König Michael, Widerstand zu leisten, aber die britische Auffassung wurde von Sir Orme Sargent mit folgenden Worten dargelegt:

> »In dieser beunruhigenden Situation kann ich nicht erkennen, was sonst zu tun wäre ... Der sowjetische Vertreter wird von den sowjetischen Streitkräften unterstützt.«[23]

Die USA vertraten dieselbe Auffassung. Roosevelt schrieb später an Churchill (11. März): »Rumänien ist kein guter Platz für einen Testfall«.[24]
Groza wurde am 6. März ernannt, und er bildete ein Kabinett, in dem die Kommunisten immer noch nur drei Ministerien hatten, aber dafür bedeutende: das Innenministerium (Georgescu), das Justizministerium (Patrascanu) und das Wirtschaftsministerium (Gheorghiu-Dej). Überdies waren die anderen Minister Persönlichkeiten, die von der RKP auf Grund ihrer Verläßlichkeit ausgewählt waren. Die echte Koalition hatte einer Scheinkoalition Platz gemacht. Sie war nicht ohne Massenbasis: die örtliche Macht der Arbeiterkomitees, der Sicherheitskomitees und Bauernkomitees. Diese Gruppen hatten jedoch die rein negative Funktion, die örtlichen Organisationen der Nationalen Bauernpartei und der Nationalen Liberalen Partei zu zerstören und den Staatsdienst von Kräften, die gegen die NDF waren, zu säubern.
Die Politik der Groza-Regierung läßt sich unter vier Hauptüberschriften zusammenfassen: Bodenreform, Beschwichtigung der ungarischen Minderheit in Transsylvanien, engere Beziehungen mit der Sowjetunion und Bestrafung der Faschisten. Die Bodenreform vom 22. März 1945 war in ihrem Charakter gemäßigt. Grundbesitz über 50 Hektar wurde enteignet (gegen Entschädigung, außer für Land, das deutschen Siedlern, Faschisten und Kriegsverbrechern gehörte); kirchliche und königliche Güter wurden nicht angerührt. Im Ergebnis wurden im Unterschied zu der Verteilung von 3,8 Millionen Hektar in der Reform nach 1918 nach 1945 nur 1,1 Millionen Hektar verteilt. 900 000 Familien erhielten je eine kleine Parzelle.
Transsylvanien mit seiner großen ungarischen Minderheit wurde der rumänischen Verwaltung am 9. März übergeben. Auf diese Weise sollte die Groza-Regierung durch den Appell an den rumänischen Nationalismus gestärkt werden. In der Tat hatten die NDF-Führer versprochen, daß die neue Regierung auf Grund ihrer höheren Akzeptanz durch die Sowjetunion bessere Aussichten haben würde, dies zu erreichen. Aber es wurden auch Schritte unternommen, die dort ansässigen Ungarn mit ihrem neuen Status zu versöhnen. In drei Bezirken mit ungarischer Mehrheit im Südosten wurde eine autonome ungarische Verwaltung eingesetzt, gelenkt von der MADOSZ. Eine staatliche ungarische Universität wurde in Cluj (Kolozsvár) gegründet; die Anzahl der Schulen, an denen in ungarisch gelehrt wurde, wurde erhöht. In der ungarischen kommunistischen Partei gab es wegen dieses internationalen Herangehens, das von den »Moskauern« favorisiert wurde, Meinungsverschiedenheiten; der »örtliche« Parteiführer Lucretiu Patrascanu neigte zu einer mehr nationalistischen Linie.[25]
Engere Beziehungen mit der Sowjetunion erforderten die Lieferung von Industrieausrüstungen (von denen einige britischen und amerikanischen Ölgesellschaften gehörten), dreihundert Millionen Dollar Reparationsleistungen und die Verstärkung der Handelsbeziehungen. Das Wirtschaftsabkommen vom 8. Mai »übertrug den gesamtem exportfähigen Überschuß Rumäniens der UdSSR«[26] und richtete Gemischte Sowjetisch-Rumänische Gesellschaften, oder *Sovroms*, ein, die

sich auf Öl (anfangs ein Drittel der Produktionskapazität Rumäniens, der Anteil stieg bis 1950 auf 100 Prozent), Transport, Roheisen (46 Prozent), Stahl (52 Prozent), Holz, Luftfahrt und Bankwesen erstreckten. Die Sowjetunion hatte einen maßgeblichen Einfluß in all diesen Gesellschaften, sie machten 1946 ein Drittel des Kapitalwertes von Industrie und Finanzwesen in Rumänien aus.[27]
Schließlich erhielt die Bestrafung von Faschisten im Dekret vom 21. April, das die Todesstrafe für politische Gefangene und jene, die der Mitgliedschaft in einer faschistischen Organisation überführt waren, vorschrieb, eine legale Basis.[28] Dies spielte eine bedeutende Rolle bei der Konsolidierung der kommunistischen Herrschaft, da die Jagd auf Faschisten von »Patriotischen Kampfeinheiten« durchgeführt wurde, die von dem Kommunisten Emil Bodnaras gelenkt wurden.
Der Kontrast zwischen Bulgarien (wo die Opposition 1945/46 die Wahlen verschieben und die Kommunisten sie durchführen wollten) und Rumänien (wo die Positionen umgekehrt waren) läßt sich durch den erfolgreichen Seitenwechsel König Michaels im August 1944 erklären, der der alten rumänischen herrschenden Klasse beträchtliche Macht beließ. Der König fühlte sich im August 1945 stark genug, den Rücktritt Grozas zu fordern und auf Grund dessen Weigerung eine politische Krise zu entfachen, indem er die Unterzeichnung jeglicher Dekrete verweigerte. Der König streikte.
Demonstrationen in Bukarest im November 1945 anläßlich seines Geburtstages widerspiegelten eine gewisse Unterstützung für sein Handeln. Aber der internationale Kontext war nicht günstig. Wie wir gesehen haben, wurde die überragende Rolle der Sowjetunion durch den Westen trotz einiger Beschwerden praktisch anerkannt, und die Entscheidungen der Moskauer Außenminister-Konferenz im Dezember 1945 waren nur eine Geste, um das Gesicht zu wahren. Die Moskauer Konferenz empfahl beiden, Rumänien und Bulgarien, die Regierungen durch Einbeziehung zweier Oppositionsführer zu erweitern; diese erweiterten Regierungen sollten Wahlen abhalten und daraufhin vom Westen anerkannt werden. Während die Opposition in Bulgarien es ablehnte, Ämter ohne Macht anzunehmen, wurden in Rumänien zwei weniger bedeutende Führer der »historischen Parteien«, Hatieganu (Nationale Bauernpartei) und Romniceanu (Liberale) überzeugt, Ministerien ohne Geschäftsbereich anzunehmen (Januar 1946). Dem folgte die westliche Anerkennung der Groza-Regierung (Februar 1946).
Die Wahlen bedurften jedoch noch einiger Vorbereitung. Die »Salamitaktik« der Spaltung der nichtkommunistischen Parteien wurde energisch angewandt. Tatarescus »linksgerichtete«[29] Liberale traten gegen Bratianu, den Führer der traditionellen Liberalen Partei auf; Manius Nationale Bauernpartei wurde zweimal gespalten (zuerst durch Alexandrescu, dann durch Dr. N. Lupu, einen echten linken Bauernführer). Die Radaceanu-Gruppe übernahm die Macht in der Sozialdemokratischen Partei, indem sie den rechtsorientierten Titel Petrescu hinaustrieben, der im März 1946 seine eigene Partei, die Unabhängigen Sozialdemokraten, gründete.
Als erst einmal eine Gruppe ergebener Verbündeter zusammengebracht war,

konnten sie in einem Regierungsblock versammelt werden. Die Nationaldemokratische Front, die eine Anzahl bourgeoiser Parteien umfaßte, war zu breit gewesen. Im Mai 1946 wurde ein Block Demokratischer Parteien (BDP) formiert, der die RKP, die Front der Pflüger, MADOSZ, die Sozialdemokraten von Radaceanu, die Liberalen von Tatarescu, und die Bauernpartei von Alexandrescu umfaßte. Die Wahlen vom November 1946, die unter Bedingungen von Einschüchterung und Fälschung abgehalten wurden, vervollständigten den Prozeß, indem sie dem BDP 372 von 414 Sitzen einbrachten. Nur 33 oppositionelle Nationale Bauern und 3 oppositionelle Liberale wurden gewählt. Die Niederlage der Opposition machte die weitere Anwesenheit von Romniceanu und Hatieganu in der Regierung unnötig. Groza blieb an der Spitze, und die Unterzeichnung des Friedensvertrages mit Rumänien am 10. Februar 1947 war ein deutliches Zeichen des westlichen Desinteresses.

Die folgenden Aufräumungsaktionen waren wegen der relativen Schwäche des rumänischen Kommunismus und der anfänglichen Stärke der Position König Michaels ungewöhnlich gründlich. Die Einparteiherrschaft wurde nicht wie anderswo einfach in der Praxis, sondern auch formell hergestellt. Die Oppositionsparteien wurden natürlich liquidiert (durch die Auflösung der Nationalen Bauernpartei im Juli 1947 und die lebenslängliche Freiheitsstrafe für Maniu; die Liberale Partei wurde im August aufgelöst). Aber auch die prokommunistischen Splittergruppen verschwanden, die Liberalen von Tatarescu und die Bauernpartei von Alexandrescu im November, und die Sozialdemokraten von Radaceanu im Februar 1948 durch Zusammenschluß mit der RKP, die dann in Rumänische Arbeiterpartei umbenannt wurde (RAP). König Michael wurde im Dezember 1947 gezwungen abzudanken, und die Rumänische Volksrepublik wurde proklamiert. Eine Verfassung wurde 1948 verkündet; sie war dem sowjetischen Modell von 1936 nachgestaltet, wenngleich das Parlament in Große Nationalversammlung umbenannt wurde, um sich in die rumänische Tradition einzufügen.

Wie in Rumänien wurde die Machtergreifung in Bulgarien durch eine Kombination von Staatsstreich, sowjetischer Intervention und durch die kommunistische Partei organisierten Druck von unten charakterisiert. Die Situation unterschied sich jedoch in Bulgarien auf Grund der Kooperationsbereitschaft eines beträchtlichen Sektion der bulgarischen Armee. Es handelte sich um die *Zveno* (Bindeglied) genannte Gruppe. Sie wurde 1927 unter Führung von Oberst Kimon Georgiew gegründet und betrachtete sich selber als »eine elitäre Gruppe, darauf ausgerichtet, Bulgarien durch politische Orientierung von oben zu modernisieren«.[30] Das Programm hatte eine mehr als nur oberflächliche Ähnlichkeit mit Stalins Version des Kommunismus, und es machte *Zveno* geneigt, ein Bündnis zu akzeptieren, als es 1942 von der BKP angeboten wurde. *Zveno* hatte schon 1934 einen Staatsstreich inszeniert; ein Gegenputsch durch König Boris III. 1935 hatte sie beseitigt und eine königliche Diktatur errichtet, die sich - obwohl neutral - während des Zweiten Weltkrieges an Deutschland anlehnte.

Hitlers Angriff auf die Sowjetunion veränderte die Situation natürlich beträcht-

lich. Die Bulgarische Kommunistische Partei, deren Mitgliederzahl von 30-35 000 1934 auf 10 600 Mitte des Jahres 1941 zusammengeschmolzen war[31], zeigte sich fähig, ihre sektiererische Ecke zu verlassen und in zwei Richtungen aktiv zu werden, mehr in die eine als in die andere. Die erste, der Partisanenkampf, traf auf mehrere Hindernisse. Die Bulgaren waren während des Krieges relativ wohlhabend, und zwar auf Grund der Neutralitätspolitik von König Boris III. und des Bedarfs des Dritten Reiches an Agrarprodukten. So gab es sogar noch im September 1944 nur zwischen 8 000 und 10 000 Partisanen in den Bergen.[32] Sie hatten keine wesentliche militärische Wirkung. Bulgarien war nicht unter deutscher Besatzung. Die patriotischen Motive, die im besetzten Europa wirksam waren, waren hier nicht so offensichtlich, wenngleich die Resistance eine Anzahl von prodeutschen Funktionären tötete.
Der andere Arm kommunistischer Politik war wirksamer: der Aufbau einer Vaterländischen Front aller patriotischen Gruppen mit einem Programm der Vernichtung des Faschismus und der Errichtung der Demokratie. Die Vaterländische Front, die im Juni 1942 geschaffen wurde, umfaßte Kommunisten, linke Sozialdemokraten, Georgiews *Zveno* und den linken oder *Pladne*[33]-Flügel der Agrarischen Partei. Das Zentrum und die Rechte des politischen Spektrums (die Demokraten, die Agrarier von Gitschew und die Sozialdemokraten von Pastuchow) zogen es vor, außerhalb der Front zu bleiben.
Es bestand die übliche Teilung der Macht in der Partei zwischen der örtlichen Führung der BKP (Traitscho Kostow, Tsola Dragoitschewa und Anton Jugow) und den Emigranten in Moskau (die Kominternveteranen Georgi Dimitroff und Wasil Kolarow und der jüngere Wulko Tscherwenkow), aber sie führte nicht zu takti-schen Differenzen.
Als 1944 deutlich wurde, daß Deutschland den Krieg verloren hatte, entschied sich die königliche Regierung (jetzt eine Regentschaft) vernünftigerweise, die Seiten zu wechseln. Aber die Vaterländische Front weigerte sich, mit ihr zu verhandeln. So schickte Stalin seine Truppen über die Grenze (8. Oktober), nachdem er das rechtliche Problem der Neutralität Bulgariens durch eine Kriegserklärung drei Tage zuvor ausgeräumt hatte. Die königliche Regierung unter dem rechten Vertreter der Agrarpartei Kosta Murawiew versuchte sich zu retten, indem sie sich einfach ergab, und Stalin, der zu diesem Zeitpunkt eher militärische als politische Ziele verfolgte, beauftragte seinen örtlichen Befehlshaber, General Tolbuchin, einem Waffenstillstand zuzustimmen. Die Königliche Bulgarische Armee durfte ihre Waffen behalten.[34]
An diesem Punkt stieg die Vaterländische Front ein. Das Politbüro der BKP beschloß am 6. September, eine allgemeine Erhebung für die Nacht vom 8. zum 9. September anzuordnen. Außerhalb der Hauptstadt gab es Elemente einer Erhebung, aber in Sofia handelte es sich mehr um einen Staatsstreich. Am 9. September ging eine militärische Einheit nach der anderen (einschließlich der Offiziere) zur Front über. Das Kriegsministerium wurde von untergeordneten Offizieren, die der *Zveno* angehörten, übernommen, die von innen die Hintertür

geöffnet hatten. Der Kriegsminister persönlich, General Iwan Marinow, versicherte sie seiner Kooperation. Er wurde später zum Stabschef ernannt.[35]
Eine Koalitionsregierung wurde gebildet, die Schlüsselpositionen zwischen der *Zveno* und der BKP aufgeteilt. Aus der *Zveno* kamen der Premier (Georgiew) und die Minister für Nationale Verteidigung (Damjan Weltschew), Auswärtige Angelegenheiten und Erziehung. Die Kommunisten hatten das Innenministerium (Anton Jugow), das Justiz- und das Gesundheitsministerium. Nikola Petkow, einer der Führer der *Pladne*-Agrarier, wurde zum Minister ohne Geschäftsbereich ernannt.
Alle Parteien stimmten überein, daß die Administration von Anhängern der königlichen Diktatur des Königs Boris gesäubert werden sollte, und dies gab der kommunistischen Partei die Möglichkeit, die Komitees der Vaterländischen Front unter Tsola Dragoitschewa, die allein der Partei unterstellt waren, zu bilden. Die Kontrolle über das Innenministerium und dessen Staatssicherheitsorgane war ein weiterer Vorteil. Die Polizei wurde im Oktober 1944 abgeschafft und durch eine Volksmiliz ersetzt, die von der BKP oder deren Anhängern besetzt wurde. Die Funktionen der Justiz wurden durch Volksgerichte ausgeübt. Diese Institutionen hatten eine dreifache Funktion. Sie wurden benutzt, um Rache an den Mitgliedern des früheren Regimes zu üben (Die Regierung selbst stimmte der Exekution von 2 138 Menschen zu)[36]; um eine Säuberung des alten Staatsapparates durchzuführen (bis Dezember wurden 800 Armeeoffiziere entlassen und durch ehemalige Partisanen und politische Gefangene ersetzt; 63 von 84 Bezirkshauptstädten und 879 von 1 165 erfaßten Dörfern hatten kommunistische Bürgermeister) und um Fabriken zu enteignen (137 1944/45). Ferner wurde dekretiert, die Aufsicht über die gesamte bulgarische Industrie den Fabrik- und Werkstattkomitees, die im September entstanden waren, zu übergeben. Außerhalb von Sofia wuchsen in den kommenden Monaten Komitees der Vaterländischen Front wie Pilze aus dem Boden. Bis Dezember gab es 7 292 Komitees, und die BKP hatte doppelt so viele Vertreter darin wie die Agrarpartei.
Diese ziemlich unorganisierte Periode dauerte nicht lange. Die Partei unternahm Schritte sowohl gegen die Rechte wie gegen die Linke. Die Fabrikkomitees wurden in die kommunistisch gelenkten Gewerkschaften integriert; die Anarchisten, die in der Partisanenbewegung und in den Komitees eine gewisse Rolle gespielt hatten, wurden ihrer Zeitungen beraubt, mit Verbrennung ihrer Broschüren bestraft und schließlich im März 1945 zusammengetrieben und in Arbeitslager verbracht.[37] Dies ergab sich folgerichtig aus der allgemeinen Politik der kommunistischen Partei und Stalins, die darin bestand, jegliche Versuche, über die nationaldemokratische Stufe hinauszugehen, in Schranken zu halten. Die Rolle, die der sowjetische stellvertretende Vorsitzende der Alliierten Kontrollkommission (AKK), General Birjusow, in dieser Hinsicht spielte, wurde vom US-Vertreter in Sofia anerkannt; er sagte: »Die Russen scheinen auf die Kommunisten einen mäßigenden Eindruck auszuüben.«[38]
Birjusow war die einzige Person in Sofia, die in einer Position war, überhaupt

einen Einfluß auszuüben. Im November 1944 verbot er der neuen Regierung Kontakte mit seinen Kollegen in der AKK, und als die Amerikaner protestierten, suspendierte er einfach von Dezember 1944 bis Februar 1945 alle AKK-Sitzungen.[39] Birjusows Politik bestand, wie er sich später erinnerte, darin, »unseren 'Partnern' den Knüppel aus der Hand zu schlagen, den sie bei jeder Umdrehung in das Rad der Geschichte hineinstecken wollten.«[40]
Die Prozentvereinbarung zwischen Stalin und Churchill vom Oktober 1944 hatte der Sowjetunion einen Einflußanteil von 75 Prozent in Bulgarien zugewiesen, und als die Briten sich auf Athen zu bewegten (Dezember 1944), bewegte Stalin sich auf Sofia zu. Seine Hilfe wurde gebraucht. Ein Bericht enthüllte, daß der Halt der BKP alarmierend instabil war, während die Agrarpartei in der Mehrheit der Dörfer um Sofia genauso einflußreich war wie die Kommunisten.[41] Im Januar 1945 forderte General Birjusow die Entfernung von Dr. G.M. Dimitroff aus der Position des Leiters der *Pladne*-Agrarier. Er war zu unabhängig und prowestlich. Falls die Agrarier ihn nicht entfernen würden, wollte Birjusow einfach ihre Partei auflösen. Der neue Führer, Nikola Petkow, der anfangs wegen seiner Mitgliedschaft in der Vaterländischen Front akzeptabel erschien, erwies sich bald als genau so wenig verläßlich wie Dimitroff. Die Wahlen, die im Frühjahr fällig waren, wurden jetzt verschoben, um mehr Zeit für eine gründliche politische Vorbereitung zu haben (auch Teile der *Zveno* verbreiteten Unruhe). Der nächste Kandidat, der aufgestellt wurde, war Alexander Obbow. Auf einem Parteitag der *Pladne*-Agrarier im Mai 1945 hatte Obbow Petkow aus der Partei ausgeschlossen und selbst die Macht übernommen. Der kommunistische Innenminister, Jugow, entschied, daß das Vermögen und die Organisation der Partei dem Obbow-Flügel gehörten. Petkows Antwort war der Austritt aus der Vaterländischen Front, und er nahm Kosta Lultschew (Sozialdemokrat) mit sich (August 1945). Er verließ sich auf die Bereitschaft des Westens, die Demokratie in Bulgarien zu verteidigen.
Das war eine vergebliche Hoffnung, aber kurzzeitig vermittelte der Westen einen gewissen Eindruck von Entschiedenheit. Großbritannien und die USA versuchten im Sommer 1945, der nichtkommunistischen Opposition eine Chance im bulgarischen Wahlkampf zu geben. Wahlen nach »Einheitslisten« waren für August 1945 angesetzt worden. Aber US-Staatssekretär J.F. Byrnes übermittelte der bulgarischen Regierung eine Note, in der er sich über »Bestrebungen einer im Lande an der Macht befindlichen Regierung« beschwerte, »die Teilnahme eines großen demokratischen Sektors der Wählerschaft an den Wahlen zu verhindern«[42], und auf deren Verschiebung drängte. Die Wahlen wurden verschoben, und zwar auf den letztmöglichen Termin (24. August). Dies war ein für Stalin ungewöhnlicher Rückzug ohne ersichtlichen Grund. Eine kurze Periode politischer Entspannung setzte ein; Oppositionsparteien durften Versammlungen abhalten.
Die Zeitungen durften für eine kurze Zeit das Regime kritisieren; sogar einige Ausgaben der anarchistischen Zeitung durften erscheinen. Drei Oppositionsparteien wurden legalisiert (Petkows Unabhängige Agrarier, Kosta Lultschews Sozial-

demokraten und Nikola Muschanowas Demokraten). Die Flitterwochen dauerten nicht lange an. Die Rückkehr des Kominternveteranen Georgi Dimitroff nach Bulgarien im November, um an die Spitze der BKP zu treten, war ein symbolisches Zeichen dafür, daß keine weiteren Konzessionen gemacht würden.

»Es ist klar«, sagte er, »daß hinter den Oppositionsparteien die bulgarischen Reaktionäre stehen, die danach streben, die Vergangenheit wiederherzustellen.«

Die Wahlen wurden schließlich am 18. November 1945 unter Bedingungen von Fälschung und Zwang auf der Basis einer Einheitsliste abgehalten. Petkow entschied, zur Stimmenthaltung aufzurufen. Das Ergebnis war eine Mehrheit von 86 Prozent für die Vaterländische Front.

Doch wiederum erreichte die Diplomatie einen offensichtlichen Rückzug Stalins. Auf der Außenministerkonferenz in Moskau im Dezember 1945 skizzierten die USA Bedingungen für die Anerkennung der bulgarischen und der rumänischen Regierung. Stalin weigerte sich, Neuwahlen zuzustimmen, aber er war bereit, »den Bulgaren den freundlichen Rat zu geben, einige Mitglieder der loyalen Opposition in das Kabinett aufzunehmen«. Dies war nur eine scheinbare Konzession. Ein bedingungsloser Eintritt in das neue Kabinett hätte bedeutet, Petkow zur Machtlosigkeit zu verdammen; daher forderte er, daß die BKP das Innen- und das Justizministerium aufgeben sollte. Die sowjetische Antwort bestand in der Entsendung Wyschinskis nach Sofia, um die Situation zu untersuchen (9. Januar 1946). Wyschinski riet, auf Petkows Bedingungen nicht einzugehen. Georgiew (theoretisch noch im Besitz der Kontrolle der Regierung) versuchte weiterhin, einen Kompromiß zu erlangen, und bot der Opposition das Justizministerium und den Posten des stellvertretenden Innenministers an. Am 28. März wies der sowjetische Botschafter Kirsanow das Georgiew-Kabinett an, das Angebot zurückzuziehen.[43]

Das am 1. April 1946 gebildete neue Kabinett ließ die Opposition draußen und stärkte den Zugriff der BKP. Das Finanzministerium ging an den Kommunisten Iwan Stafanow, und Kostow selbst wurde Vizepremier und Minister für Elektrifizierung und natürliche Rohstoffe.

Weitere Säuberungen und Verhaftungen folgten. Der Verteidigungsminister Weltschew aus der *Zveno* verlor im Juli 1946 die Kontrolle über sein Ministerium, als dessen Funktionen dem Kabinett insgesamt übertragen wurden. 30 Prozent des Offizierskorps wurden gesäubert. Die oppositionelle Presse wurde unterdrückt. Der Führer der oppositionellen Sozialdemokraten, Pastuchow, wurde verhaftet und wegen seiner Kommentare über die Säuberungen in der Armee zur Verantwortung gezogen. 200 Rechtsanwälte, die dagegen protestierten, wurden in Arbeitslager gesteckt. Zwei führende Mitglieder der Partei Petkows (wenn auch nicht Petkow selbst) wurden verhaftet. Der US-Vertreter in Sofia, Maynard Barnes, berichtete, »die demokratischen Freiheiten in Bulgarien wurden so vollständig niedergetrampelt, daß unsere weitere Präsenz in der AKK, ohne in irgendeiner Form zu protestieren, schändlich wäre«. Er trat stattdessen dafür ein, daß die

Westmächte ihre Machtlosigkeit zugeben und die Kommission verlassen sollten.[44]

Der Westen besaß auf Grund der Tatsache, daß bisher noch kein Friedensvertrag mit Bulgarien unterzeichnet war, einen gewissen Einfluß. Daher gestattete man der Opposition, an den Wahlen zur verfassunggebenden Versammlung am 27. Oktober 1946 teilzunehmen. Es war kein fairer Wettstreit: 15 Mitglieder des Zentralkomitees der Sozialistischen Partei waren im Gefängnis neben 35 von 80 Mitgliedern des Obersten Rates der Petkowschen Agrarpartei. 24 Wahlkampforganisatoren von Petkow wurden im Verlauf der Kampagne ermordet.[45]

Die Vaterländische Front gewann 72 Prozent der Stimmen. Die Opposition war in der Versammlung durch 100 Mitglieder vertreten (91 von ihnen Mitglieder der Partei Petkows). Die Kommunisten hatten in der Vaterländischen Front 276 Sitze, die Obbow-Agrarier 63, *Zveno* fünf und die Sozialisten der Vaterländischen Front fünf. Barnes riet nun zur Anerkennung Bulgariens durch die USA auf Grund der »relativ zufriedenstellenden Wahlergebnisse, die trotz Fälschungen erreicht« wurden.[46] Am 20. Januar wurde der Bulgarische Friedensvertrag unterzeichnet, und am 5. Juni ratifizierte der US-Senat den Friedensvertrag. Petkow wurde am gleichen Tag verhaftet, im August von einem Volksgerichtshof verurteilt und im September 1947 gehängt. Die Vereinigten Staaten entschieden, daß »Nichtanerkennung der bulgarischen Regierung den Sowjets in die Hände spielen würde«. Die Anerkennung erfolgte daher im Oktober.

Die endgültige Errichtung der kommunistischen Herrschaft in Bulgarien fiel mit dem ersten Kominform-Treffen im September 1947 zusammen und dem gleichzeitigen Schritt in Richtung staatlicher Kontrolle über das Wirtschaftsleben. Dies war eine neue und plötzliche Veränderung. Der aus dem Krieg hervorgegangene staatliche Sektor war ungewöhnlich klein. Der Anteil der Industrieproduktion aus staatlich geleiteten Betrieben fiel sogar während des Krieges von neun auf 5,6 Prozent. Die Nationalisierungen von 1945/47 hatten den Anteil von Firmen unter staatlicher Kontrolle bis 1947 nur auf 6,4 Prozent gebracht, obwohl es sich im allgemeinen um große Firmen handelte, die zusammen ein Viertel der gesamten Industrieproduktion hervorbrachten. Nach dem Kominform-Treffen ging die Partei zur sofortigen Nationalisierung aller privaten Firmen über (23. Dezember 1947). Bis 1949 waren 98 Prozent der Industrie staatseigen. Die Kollektivierung des Bodens ging langsamer. 1947 waren nur 3,8 Prozent der landwirtschaftlichen Nutzfläche Kollektiveigentum[47], und 1948 warnte Dimitroff vor der »Illusion«, daß der Boden auf der Stelle kollektiviert werden könne. Ende 1949 betrug der Anteil kollektivierter landwirtschaftlicher Nutzfläche immer noch erst 11,3 Prozent. Ein schnelleres Tempo wurde, wie auch andernorts, als Reaktion auf die Anti-Tito-Resolutionen der Kominform vom Juni 1948 angeschlagen.

SIEGE DER PARTISANEN: JUGOSLAWIEN UND ALBANIEN

Wir kommen nun zu den beiden Ländern, in denen kommunistische Parteien für sich in Anspruch nehmen können, die Macht aus eigener Kraft errungen zu haben: Jugoslawien und Albanien. Der Sieg der albanischen Kommunisten wurde unter jugoslawischem Schutz und als Nebenprodukt des jugoslawischen Sieges erreicht. Der Sieg der kommunistischen Partisanen in Jugoslawien war ohne Frage ihr eigenes Werk.

Die Kommunistische Partei Jugoslawiens (KPJ) wurde auf ihrem Weg an die Macht durch eine Anzahl einzigartiger Vorteile unterstützt. Die Nazi-Invasion Jugoslawiens im April 1941 führte zur schnellen Kapitulation des jugoslawischen Oberkommandos und zur Teilung des Landes in neun Fragmente, dessen größtes das stark erweiterte Kroatien war (die NDH, der Unabhängige Staat Kroatien). Im Widerstand, der aus der Niederlage von 1941 hervorging, befand sich die kommunistische Partei von Anfang an in gleichberechtigten Beziehungen mit den Nichtkommunisten. Dies ergab sich aus einer Kombination aus Wende der sowjetischen Politik in eine antideutsche Richtung (die in diesem Fall Hitlers Angriff auf die Sowjetunion vorausging) und Weitsicht des Führers der KPJ, Josip Broz Tito, der auf die Nachricht vom Nazi-Sowjet-Pakt von 1939 damit reagierte, sich auf den umfassenden Konflikt, den er für unvermeidlich hielt, vorzubereiten. Die KPJ befand sich also in der Lage, die nationale Zerstückelung des Landes zu nutzen. Sie allein war in der Lage, die verschiedenen Nationalitäten zu verbinden. Sie war die einzige Organisation, die in ganz Jugoslawien vorhanden war, das einzige Gefäß der »jugoslawischen« Idee gegenüber einer »serbischen«, »kroatischen« oder »slowenischen« Idee. Sie besaß sowohl eine internationalistische Politik, die auf dem Prinzip der nationalen Selbstbestimmung beruhte und für ein wiedergeborenes Jugoslawien (jedenfalls dem Anschein nach) eine föderalistische statt einer zentralistischen Struktur vorsah, als auch eine multinationale Führung. Tito selber war Kroate, Kardelj Slowene, Djilas Montenegriner, Rankovic Serbe. Die andere Hauptbewegung des Widerstandes, die *Tschetniks*, die von Draza Mihailovic kommandiert wurde, war in ihrer Zusammensetzung ausschließlich serbisch.

Die Geschehnisse des Widerstandes verstärkten diese Ausgangsvorteile. Die schrecklichen Massaker, die von den *Ustaschas* auf dem Territorium der NDH, besonders in Bosnien-Herzegowina, begangen wurden, entfachten in der serbischen Minderheit einen gewaltigen Druck zu handeln. Außerdem wurde die kroatische Bevölkerung selbst durch die Requirierung der Ernte von 1942 für das deutsche Militär aufgebracht. Die königlich-serbischen Tschetniks zogen angesichts der deutschen Übermacht eine »Politik des Abwartens« vor. Das Massaker an der Bevölkerung von Kragujevac im Oktober 1941 als Vergeltungsschlag für Partisanenangriffe zeigte die Ergebnisse bewaffneten Widerstandes deutlich genug. Die *Tschetnik*-Politik der Inaktivität führte zum Konflikt mit den kommunistischen Partisanen (November 1941) und zu der verhängnisvollen Entscheidung von Mihailovic, die Kommunisten als den Hauptfeind zu betrachten und mit der deutschen Armee und den Kräften des serbischen Marionettenführers General Nedic zu kollaborieren. Tito war nicht darüber erhaben, im Gegenzug etwas ähnliches zu tun, aber seine Verhandlungen mit örtlichen deutschen Kommandeuren im März 1943 wurden durch Hitlers Veto beendet.[48]

Der wesentliche Unterschied zwischen den beiden Seiten war, daß Titos listiges Manöver erst viele Jahre später ans Licht kam und vor der Ankunft der britischen Militärmission mißlungen war (Mai 1943), während das Verhalten von Mihailovic allgemein bekannt wurde, so daß Winston Churchill im Unterhaus im Mai 1944 erkläre konnte:

> »Der Grund, warum wir aufgehört haben, Mihailovic zu versorgen, ist einfach. Er hat nicht gegen den Feind gekämpft, und ... einige seiner Untergebenen haben Übereinkommen mit dem Feind geschlossen.«[49]

Die Tatsache, daß Mihailovic in Erwartung des richtigen Augenblicks das Pulver für den Kampf trocken hielt, während Tito und die Partisanen sich in fortgesetzten Kämpfen befanden, war vielleicht von größerem Gewicht als alle Anklagen wegen Verrats an der gemeinsamen Sache.

Die Politik der Nationalen Front, zu der alle kommunistischen Parteien verpflichtet waren, war auch für die Verheimlichung der wirklichen Ziele Titos vor jenen, die getäuscht werden wollten, sehr nützlich. Die offizielle Politik wurde von Kardelj gut dargestellt:

> »Das Ziel des nationalen Befreiungskampfes kann nichts anderes bedeuten, als nationale Freiheit und demokratische Rechte zu erlangen.«[50]

Der begrenzte Charakter dieses Ziels wurde im November 1942 auf der ersten Sitzung des AVNOJ (Antifaschistischer Rat für die Befreiung Jugoslawiens) betont, die in Bihac, auf befreitem Gebiet, stattfand. Das Erste AVNOJ-Manifest forderte die Befreiung Jugoslawiens und die Bildung einer breiten demokratischen Regierung, die die Rechte ethnischer und religiöser Gruppen anerkennt. Privateigentum sollte »unverletzlich« sein; individuelle kommerzielle Initiative sollte ermutigt werden; es sollte »keinerlei radikalen Wandel im sozialen Leben und den Aktivitäten des Volkes« geben.[51]

Ungeachtet dieser beruhigenden Worte war ganz klar, wer die Macht haben würde. Die einzig mögliche Form der Nationalen Front (oder »Volksfront«, der in diesem Fall übliche Begriff, der den multinationalen Charakter des Landes widerspiegelte) in Jugoslawien war der individuelle Beitritt früherer Mitglieder anderer Parteien in die von Kommunisten gelenkten Volksfronten. Ein Dokument aus Slowenien, das vom März 1943 datiert, macht das klar. Darin kündigten Führer der Slowenischen Sokols und der Christlichen Sozialisten ihre Teilnahme an der Slowenischen Befreiungsfront an, akzeptierten die »Avantgarde-Rolle der Kommunistischen Partei Sloweniens« und erteilten »jeglicher Absicht, eine eigene separate Parteiorganisation zu formieren«, eine Absage. Die Vorherrschaft der KPJ war auf örtlicher Ebene fest in den Volksbefreiungskomitees verankert. Sie waren »in der Theorie« keine Parteiorgane, aber »in der Praxis wurden die besten Leute von dort ausgewählt. Solche Männer waren in der Hauptsache Kommunisten ... oder Leute, die mit der Partei eng verbunden waren«.[52]

Stalin hatte seine Agenten in der jugoslawischen Partei und kannte die Lage sehr gut. Er war über den jugoslawischen Radikalismus nicht glücklich, da er seiner eigenen Bündnispolitik widersprach. Die zweite Sitzung der AVNOJ in Jajce im November 1943 verstärkte seine Verärgerung, und er nannte die Entscheidung, eine provisorische Regierung zu bilden und König Peter von Jugoslawien die Rückkehr zu verbieten, falls er nicht vom Volke gerufen würde, einen »Dolchstoß«. »Der Boss ist rasend«, sagte Manuilski.[53]

Aber er mußte Titos *fait accompli* akzeptieren, besonders da die Westmächte nicht außerordentlich bestürzt zu sein schienen. Im August fuhr Tito nach Italien und traf mit Churchill die Abmachung, daß Mitglieder der königlichen Exilregierung unter Dr. Subasic seiner provisorischen Regierung beitreten würden, die dann die anerkannte Regierung Jugoslawiens werden sollte. Das bedeutete faktisch, daß der Westen die nichtkommunistischen Kräfte aufgegeben hatte. Es ist unwahrscheinlich, daß Churchill von Titos Behauptung, daß »er nicht den Wunsch habe, in Jugoslawien das kommunistische System einzuführen« getäuscht wurde. Einen Monat später flog Tito nach Moskau und traf mit Stalin die Vereinbarung, daß die Rote Armee die Befreiung Jugoslawiens unterstützen, aber sich sofort danach zurückziehen werde. Stalin hielt sich an diese Vereinbarung, aber er bestand darauf, daß Tito die Vereinbarung mit Subasic einhielt. Demgemäß wurden im Mai 1945 Subasic, Milan Grol (Demokratische Partei) und Juraj Sutej (Kroatische Bauernpartei) als Schaufensterdekoration in die provisorische Regierung aufgenommen. Subasic hatte keine Illusionen, er sagte im Juli 1945:

> »Die kommunistische Partei wird die Koalition beherrschen ... die einzige Alternative ist der Bürgerkrieg, der nicht ohne ausländische bewaffnete Unterstützung gewonnen werden kann.«[54]

Die offizielle kommunistische Linie blieb weiterhin das Festhalten an einer - wenn auch zahmen - Opposition. Tito sagte im Juni 1945:

> »Wir sind nicht gegen Parteien, umso mehr als einige schon nützlich in der Volksfront kooperieren. Auch jenen außerhalb der Front sollte formell gestattet werden, tätig zu sein ... Wir sagen jedem, der nicht in der Front sein will, der eine eigene Partei will: Geh und bau sie auf.«[55]

Aber Moscha Pijade warnte die Opposition, besonders die Demokratische Partei von Milan Grol, davor, gegen die Regierung zu stimmen:

> »Wenn diese unsere neuen Mitläufer ... sich abseits zu stellen beginnen ... könnten wir eines Tages in einen offenen Konflikt geraten.«[56]

In Wirklichkeit war die Situation so, daß sowohl die nichtkommunistischen Mitglieder der Volksfront (wie z.B. Jovanovic von der Agrarpartei und Prodanovic von der Republikanischen Partei) als auch die früheren Emigranten, die in die Koalition hineingenommen worden waren, wie Grol und Subasic nicht die Macht hatten, die politische Linie, die von der KPJ eingeschlagen worden war, zu verändern. Milan Grol erklärte, als er zurücktrat (19. August 1945):

> »Ein ausschließliches Parteiprogramm wird in Kraft gesetzt«, das »sakrosankt ist und jegliche Meinungsunterschiede ausschließt«.

In der Tat hatte die Taktik der KPJ, trotz Titos Unabhängigkeit von Stalin, eine bemerkenswerte Ähnlichkeit mit jenen aller anderen kommunistischen Parteien unmittelbar nach dem Zweiten Weltkrieg. Zuerst eine Koalition bilden, dann die Gegner der Koalition strangulieren, dann die nichtkommunistischen Parteien innerhalb der Koalition aushöhlen, schließlich die Einparteienherrschaft etablieren. Es war jugoslawischen Historikern nicht möglich, das vor Mitte der achtziger Jahre zuzugeben.[57]

Es gab in Jugoslawien keine »Liberalisierungsperioden«, die mit der tschechoslowakischen historiographischen Erneuerung von 1964-69 vergleichbar wären. Die meisten englischen Autoren dieses Gegenstandes sind der Meinung, daß die überwältigende Mehrheit des jugoslawischen Volkes die kommunistischen Partisanen unterstützt hat und daß ihre Härte gegenüber politischen Gegnern ein allgemeines Gefühl und den Haß gegen Quislinge und Kollaborateure reflektierte. Das kann wahr sein, aber politische Manipulation spielte, wie Kostunica und Cavoski gezeigt haben, auch eine Rolle.

Es fand ein Prozeß in zwei Stufen statt, wodurch die Opposition zuerst außerhalb der Volksfront und dann von innen heraus unterdrückt wurde. 1945 wurde die Opposition mit den traditionellen Methoden an der Agitation gehindert, indem ihre Zeitungen verboten, ihre Anhänger überfallen und wegen Kumpanei verleumdet wurden. Trotz seines späteren Ansehens kann Milovan Djilas nicht von der Beteiligung an letzteren Aktivitäten ausgenommen werden. Er drohte Anhängern der Demokratischen Partei im November 1945, daß sie bestraft würden, wenn sie Milan Grol folgten (der zu einem Boykott der Wahlen aufgerufen hatte), weil »hinter der 'Opposition' die Monster des Verrats und Verbrechens versteckt« sind. Es war daher nur logisch, daß vierzehn slowenische Intellektuelle im Juli 1947 wegen Spionage angeklagt und (in drei Fällen) zum Tode sowie hohen Gefängnisstrafen verurteilt werden sollten.

Die Wahlen vom November 1945 waren Scheinwahlen. Es war zwar möglich, gegen die Volksfront zu stimmen, aber es durften keine Gegenkandidaten aufgestellt werden. Der Boykott der Oppositionsparteien hatte keinen Erfolg. 88,6 Prozent der Wahlberechtigten gingen zur Wahl, 90,5 Prozent von ihnen stimmten für die Volksfront. Es erforderte einigen Mut, die Stimme in einer der Wahlkabinen abzugeben, die für jene aufgestellt worden waren, die dagegen stimmen wollten (17 Prozent taten das in Slowenien). Der Sieg bei den Wahlen wurde vom Terror der Geheimpolizei (OZNA, Büro für den Schutz des Volkes) unter Rankovic, der im Februar 1946 auch den Priester Vlado Zecevic als Innenminister ersetzte,

gegen frühere Ustaschaleute und Tschetniks begleitet.
Nachdem die Opposition außerhalb der Volksfront erledigt war, konnte man die Koalitionsparteien in der Volksfront gleichschalten. Eine große Zahl von Parteien waren der Front während des Krieges beigetreten. Es handelte sich oft um linke Splittergruppen der bestehenden Parteien, wie seinerzeit auch in anderen Teilen Osteuropas. Aber in einigen Fällen hatten sie auch wahrhaft unabhängige Ansichten. Das konnte man nicht dulden. Tito behauptete im Januar 1946, daß es »innerhalb der Front eine Opposition geben werde, und zwar eine ziemlich starke«. Als Dragoljub Jovanovic und Milos Popovic ihn beim Wort nahmen, wurde mit ihnen genauso wie mit früherer Opposition verfahren. Sie wurden gefragt: »Wo sind Ihre Auftraggeber? Im Lande oder außerhalb?« Und es wurden Verbindungen mit Draza Mihailovic impliziert. Der linke Vertreter der Agrarpartei Jovanovic war besonders lästig, weil er die Führungsrolle der KPJ in Frage stellte und den Zusammenbruch Jugoslawiens voraussagte, und zwar »aus Gründen politischer Unterdrückung, genau so wie das alte Jugoslawien wegen der nationalen Unterdrückung unterging«. Er war auch gegen die kollektive Landwirtschaft. Djilas berichtet über ein Gespräch zwischen Tito und Rankovic über Jovanovic.

> »Er muß eingesperrt werden«, sagte Tito. »Es wird schwer, ihm etwas nachzuweisen«, erwiderte Rankovic. »Dann sieh zu, daß du etwas findest.«[58]

Im Oktober 1946 wurde er aus seiner Partei ausgeschlossen. Im Mai 1947 wurde ein Strafverfahren eingeleitet, im Oktober fand der Prozeß statt. Ihm wurden Verbindungen mit der politischen Emigration »vor dem Hintergrund seiner Opposition gegen die Politik der KPJ« zur Last gelegt.[59]
Die richtige Haltung eines bürgerlichen Politikers wurde von Josip Vidmar in dessen kriecherischer Ansprache vom August 1945 vorgeführt:

> »Was die KPJ mit ihrer unermüdlichen Erziehung von uns Nichtkommunisten und mit ihrer unermüdlichen Aufklärung der Massen in Slowenien erreicht hat ... ist, daß die Menschen sich in die Richtung vollkommener Einheit bewegt haben und in der Zukunft nie wieder irgend eine andere Art von Partei wünschen werden.«

Das bedeutete, daß allein die KPJ in Jugoslawien als richtige Partei existieren konnte. Der zweite Kongreß der Volksfront im September 1947 entschied, daß er »die politische Einheit der Arbeiter, Bauern usw. ... unter der Führung der kommunistischen Partei« verkörperte. Tito rechtfertigte dies mit dem Argument:

> »Das ganze Volk muß mobilisiert werden. Die politischen Parteien werden anfangen, sich auseinanderzusetzen. Das würde unsere Kraft paralysieren.«

Er ist von dieser Position bis zum Ende seines Lebens nicht abgegangen.[60] Der dritte Kongreß der Volksfront (April 1949) kennzeichnete die letzte Stufe dieses Prozesses, indem er erklärte, »ein Mitglied der Volksfront kann nicht Mitglied einer politischen Organisation sein, deren Programm im Gegensatz zum kommunistischen Programm steht«.
Die Zerstörung der Opposition in Jugoslawien war eher eine Ergänzung des

Prozesses der Machtergreifung als ein konstitutives Element. In dieser Hinsicht war Jugoslawien anders als die anderen Volksdemokratien. Die Macht wurde im wesentlichen während der Endstadien des Krieges ergriffen. Jugoslawien war auch hinsichtlich des Fehlens jeglicher »gemäßigter«, »Übergangs«-Stufe in der Innenpolitik einzigartig, durch die der Rest Osteuropas in den Jahren zwischen 1945 und 1947 charakterisiert wurde. Tito und sein innerer Kreis (Kardelj, Djilas, Rankovic) nahmen sofort den Aufbau des Sozialismus nach sowjetischem Modell in Angriff, und zwar trotz der Opposition von Stalins Leuten in der Führung, wie Andrija Hebrang und Sreten Zujovic. Hebrang wurde gezwungen, einen Fünfjahrplan der forcierten Industrialisierung auszuarbeiten, obwohl er im August 1945 angesichts des Fehlens umfangreicher Kredite auf der Notwendigkeit einer methodischen und langsamen Entwicklung bestanden hatte. Er wurde dann aus der Plankommission in die Leichtindustrie versetzt und aus dem Zentralkomitee entfernt.[61]

Der Fünfjahrplan (1947-52) nahm die Pläne der anderen Volksdemokratien hinsichtlich des Zentralismus, der Betonung der Schwerindustrie und der Angespanntheit vorweg. 27 Prozent des Nationaleinkommens sollten jedes Jahr investiert werden; der Wert der Industrieproduktion sollte im Vergleich mit 1939 um 200 Prozent steigen; die Metallurgie sollte um 700 Prozent wachsen, die Chemie um 900 Prozent. Die Anzahl der Facharbeiter sollte verdoppelt werden. All dies sollte erreicht werden durch »die Mobilisierung von Millionen Menschen in einer Offensive der Arbeit«. Der einzige Unterschied (eine Konzession an die Notwendigkeit, in der Landwirtschaft die Verwüstungen durch den Krieg zu überwinden) war der Aufschub der Kollektivierung. Stattdessen wurde enteigneter Boden an landlose Bauern und Kriegsveteranen verteilt und eine Obergrenze von 35 Hektar für Bodenbesitz festgelegt, um die Formierung einer ländlichen Bourgeoisie zu verhindern. Aber ein Teil des Bodens (18,3 Prozent oder 287 700 Hektar) wurde entsprechend dem Gesetz vom August 1945 an Staatsgüter übergeben. Es wurde auch eine Anzahl freiwilliger Genossenschaften gebildet (die 1946 über 121.000 Hektar verfügten, die 1948 auf 324 000 Hektar oder 2,4 Prozent der gesamten landwirtschaftlichen Fläche anwuchs).[62]

Jugoslawien war somit eine modellgerechte Volksdemokratie, die sich jedoch von den anderen in zweierlei Hinsicht wesentlich unterschied: in ihrer Entschlossenheit, sich geradlinig, entgegen den Einwänden Stalins, auf die zweite Entwicklungsstufe zu begeben, und in ihrer Unabhängigkeit. Dem US-Botschafter war die unabhängige Position des kommunistischen Jugoslawien sehr wohl bewußt; er berichtete im September 1947 wie folgt:

> »Tito ist von sowjetischer Einmischung in die Innenpolitik frei«, und »Jugoslawien sticht als treuester und gewissenhaftester Genosse der Sowjets hervor und sieht nicht wie ein Satellit aus«.[63]

Stalin fand diese Unabhängigkeit unerträglich. Er war besonders betroffen von Jugoslawiens Anmaßung in der Außenpolitik. Tito unterstützte die kommunistischen Aufständischen im griechischen Bürgerkrieg, als Stalin der Meinung war, daß die Erhebung beendet werden sollte. Er verfolgte die Idee einer Balkanföderation, die Jugoslawien, Bulgarien, Albanien und Ungarn verbinden und damit den sowjetischen Einfluß verringern sollte. Er weigerte sich nach dem Februar 1947, irgendwelche gemeinsamen jugoslawisch-sowjetischen Unternehmen zu bilden. Stalin erwiderte mit Versuchen, die jugoslawische Führung zu spalten, indem er sich auf »Kominformisten« stützte, bei denen die Loyalität zur Sowjetunion an erster Stelle stand. Er versuchte auch, mit seinen Leuten die Geheimpolizei zu infiltrieren. Beide Taktiken versagten, und es begann eine wütende Korrespondenz (März 1948), die in einem offenen und öffentlichen Bruch (Juni 1948) kulminierte, der gewaltige Auswirkungen auf die Entwicklung sowohl Jugoslawiens als auch des übrigen Osteuropa hatte, die wir in Kapitel 4 untersuchen werden.

Einige kurze Anmerkungen in bezug auf Albanien, wo im November 1941 eine kommunistische Partei gegründet wurde, sind hier angebracht. Während des Krieges verfolgte sie dieselbe Politik wie Jugoslawien. Während Tito mit den *Tschetniks* stritt, stritten die albanischen Kommunisten mit *Balli Kombetar* (Nationale Front), und aus ähnlichen Gründen, außer daß die Beziehungen mit Jugoslawien ebenfalls ein Gegenstand waren, da die *Balli Kombetar* ein Großalbanien unter Einschluß des Kosovo schaffen wollte. Ebenso wie die Jugoslawen schufen auch die Albaner eine Nationale Befreiungsbewegung und eine provisorische Regierung. Nach dem Sieg begannen sich jedoch Differenzen zwischen Koci Xoxe, dem Organisationssekretär und Innenminister, und Enver Hoxha, dem Generalsekretär und Premierminister, zu entwickeln. Bis 1948 hatte Xoxes Fraktion die Kontrolle, weil die Albaner sich nicht stark genug fühlten, die jugoslawische Hegemonie anzufechten. Aber der Konflikt zwischen Tito und Stalin war Hoxhas Gelegenheit, sich freizumachen, Xoxe aus der Partei auszuschließen, und sich mit der Sowjetunion zusammenzuschließen, um eine Politik der albanischen Unabhängigkeit zu verfolgen.[64]

4 Hochstalinismus

Die Vollendung der Machtergreifung bedeutete, daß das stalinistische Modell nun in vollem Maße auf Osteuropa übertragen werden konnte, mit Ausnahme Jugoslawiens, das nach 1948 eine andere Richtung wählte. Stalinismus, das hieß zuallererst: Uniformität. Wie wir gesehen haben, fand die Machtergreifung mit unterschiedlichen Geschwindigkeiten und unter unterschiedlichen Bedingungen statt. Etwa 1948 wurde mit dem »Aufbau des Sozialismus« in der Stalinschen Variante ein Anfang gemacht. Die örtlichen kommunistischen Führer haben das vermutlich zunächst gar nicht beabsichtigt. Das ist der Grund, warum Stalins Bruch mit Tito von so großer Bedeutung war.

Es gab vielleicht acht Grundzüge des stalinistischen Modells in seiner osteuropäischen Version: Zuerst und vor allem - und das hat einen bestimmenden und tatsächlich verzerrenden Einfluß auf die anderen gehabt - ist das Bestreben zu nennen, die Sowjetunion so genau wie möglich zu imitieren. Die anderen Züge waren die folgenden: die vollständige geistige und kulturelle Uniformität auf der Basis der Ideologie des Marxismus-Leninismus; die Macht einer Partei (eigentlich oligarchische Herrschaft, da ein kleines Politbüro alle Entscheidungen traf); das Fehlen der Rechtsstaatlichkeit und die beherrschende Rolle der Sicherheitsorgane; die vollständige staatliche Kontrolle der Wirtschaftstätigkeit (»Kommandowirtschaft«); geplante Wirtschaftsentwicklung mit einer Überbetonung der Schwerindustrie und Vernachlässigung der Konsumtion; die Entfernung der früheren Mittelschichten aus Positionen mit politischem, sozialem und ökonomischem Einfluß und in der Theorie die Schaffung einer klassenlosen Gesellschaft, wenngleich in der Praxis die Konsolidierung einer neuen Klasse. Die genannten Züge sind alle typisch für den Stalinismus. Aber der Stalinismus schloß auch einen Modernisierungsprozeß ein, so daß die meisten Aspekte der Modernisierung, die Detlev Peukert im deutschen Kontext als relevant für ein »erkennbares Bild von Modernität« herausfand sich mit geringen Abwandlungen auf die Bemühungen der stalinistischen Länder Osteuropas nach 1948 anwenden lassen. Diese sind »rationalisierte Industrieproduktion, bürokratisierte Tätigkeit in Verwaltung und Dienstleistungen ... ein immer kleinerer landwirtschaftlicher Sektor ... Lohn- und Gehaltsdisziplin, eine verstädterte Umwelt, extensive Erziehungs- und Bildungsmöglichkeiten ... die Nachfrage nach Fertigkeiten und Ausbildung ... Sozialplanung ... die Expansion der Wissenschaften ... und die Vorherrschaft von Medienprodukten in der Kultur«[1].

Der Drang, die Sowjetunion zu imitieren, nahm im Zusammenhang mit dem Bruch mit Jugoslawien, der im Juni 1948 auf dem zweiten Treffen der Kominform in Bukarest verkündet wurde, zu. Die Resolution vom 28. Juni 1948 über »die Situation in der Kommunistischen Partei Jugoslawiens« enthielt verbindliche Auflagen hinsichtlich der Richtung, die die Volksdemokratien beim Aufbau der neuen Gesellschaft einzuschlagen hatten.[2] Das Wort »Nationalismus« wird in dieser Resolution in der Bedeutung »Opposition gegen die Sowjetunion« verwandt und wird in der Kominformsprache zum Synonym für »Titoismus« und »Antisowjetismus«. Daher war die erste Lehre, die aus der Resolution gezogen werden mußte, daß die geringste Abweichung von der durch die Sowjetunion verfolgten Linie auf Nationalismus hinauslief und verurteilt werden mußte. Wie der italienische kommunistische Führer Togliatti im Juli betonte:

> »Es kann nur eine Richtschnur für alle geben: im Reich der Theorie den Marxismus-Leninismus; im Bereich der realen Kräfte das Land des Sozialismus unter der Führung einer Partei, die durch drei Revolutionen und zwei siegreiche Kriege gestählt wurde.«[3]

Das bedeutete das Ende der »spezifischen Wege zum Sozialismus«, die 1946 mit solchem Schwung verkündet worden waren. Es gab anfangs einigen Widerstand der Führer, die sich diesem Herangehen zutiefst verpflichtet hatten, wie Gomulka in Polen und Gottwald in der Tschechoslowakei.

Der zweite Hauptpunkt der Kominformresolution war die These von der Verschärfung des Klassenkampfes sogar nach der Machtergreifung durch das Proletariat und bei der Vollendung des Aufbaus des Sozialismus. Slánsky sagte dazu am 27. Juni 1948:

> »Der Weg zum Sozialismus wird nicht durch eine Abschwächung, sondern eine Verschärfung des Klassenkampfes begleitet.«[4]

Kapitalistische Elemente, die bis dahin relativ mild behandelt worden waren, wurden jetzt unterdrückt, sowohl politisch (durch die Verschmelzung sozialdemokratischer und kommunistischer Parteien und die Entfernung verbliebener unabhängiger Elemente aus anderen Parteien) als auch ökonomisch (durch Beendigung der Rolle kleiner privater Unternehmen in Handel und Landwirtschaft). In der Tschechoslowakei begann der »linke« Flügel der Parteiführung (Kopecky, Duris und Cepicka), der Anfang 1948 noch durch Gottwald in Schach gehalten worden war, den Beginn des »Klassenkrieges« zu verkünden und die »demokratischen Illusionen« und den »falsch verstandenen Humanismus« einiger Parteiführer zu attackieren.[5] In einigen Ländern gab es Verzögerungen bei der Durchsetzung der Kominformresolution. Es wäre falsch, von Widerstand zu sprechen, außer in Polen, wo Gomulka nur schleppend voranging, bis er seinen Posten verlor.

Der polnische Führer hatte mehrere Gründe für seine Opposition gegen die Kominformresolution. Er hatte schon 1944 seine Fahne an den nationalistischen Mast geheftet. Seinen Hauptbeitrag zur Errichtung der kommunistischen Herrschaft hatte er als Minister für die besetzten Gebiete geleistet, als er eine Bodenreform rein nationalistischen Typs leitete, die in der Vertreibung deutscher Bauern, großer und kleiner, und der Ansiedlung ehemals landloser Polen in den von Deutschen verlassenen Gebieten bestand. Er hatte im November 1946 erklärt, »Polen wird den Sozialismus ohne eine Diktatur des Proletariats erreichen«. Ein weniger unbeugsamer Mann hätte sich 1948 angepaßt, aber Gomulka war hartnäckig und träumte von der Erhaltung eines gewissen Grades polnischer Unabhängigkeit selbst unter kommunistischer Herrschaft.
Die Einwände des polnischen Führers gegen die neue Kominformlinie betrafen zwei Problemkreise. Er erkannte nicht an, daß der Nationalismus als die Hauptgefahr behandelt werden sollte, und er wollte die landwirtschaftliche Kollektivierung nicht erzwingen. Er kritisierte die polnischen Delegierten nach Bukarest, weil sie dem Teil der Kominformresolution zugestimmt hatten, in dem es hieß, daß »die Eliminierung der letzten und größten Ausbeuterklasse - der Kulakenklasse« möglich wäre »allein auf der Basis der Massenkollektivierung der Landwirtschaft«.[6] Mit der Kollektivierung zu beginnen war seiner Meinung nach »äußerst verfrüht und taktisch falsch«. Hier handelte es sich um eine deutliche politische Meinungsverschiedenheit. Die Argumentation über den Nationalismus war weniger klar. Gomulka schien alte Fragen aus der Vergangenheit hervorziehen zu wollen. Er griff die KPP der Vorkriegszeit wegen ihres angeblichen »Luxemburgismus« in der nationalen Frage an und lobte die PPS für ihre traditionelle Unterstützung der nationalen Unabhängigkeit. Er befürwortete einen sofortigen Zusammenschluß der PPS und der PPR ohne weitere Säuberungen der PPS. Hiermit legte sich ein Mann, der sich dem Kommunismus in engem Bündnis mit der Sowjetunion verschrieben hatte, unnötige Fesseln an. Er sagte in seiner Selbstkritik im September:

> »Ich habe niemals daran gedacht, daß Polen auf dem Weg zum Sozialismus voranschreiten könnte, ohne von der Sowjetunion unterstützt zu werden.«[7]

An der Oberfläche war dies eher ein Streit über die Ideologie als über die Politik. Darunter ließ sich aber die verschlüsselte Aussage ausmachen, daß Polens besondere nationale Traditionen und Charakteristika berücksichtigt werden müßten. Gomulka bestand im September hartnäckig darauf: »Es muß einige Elemente eines polnischen Weges zum Sozialismus geben.«[8] Da mußte er einfach gehen. Sein Freund Spychalski unterstützte ihn nicht, und das ZK-Plenum im September 1948 verurteilte ihn wegen »Ablehnung des Teils der Resolution des Informationsbüros, der die Kollektivierung behandelt«, wegen »Umgehung des Klassenkampfes gegen kapitalistische Elemente auf dem Lande« und wegen »einer Tendenz, die Tatsache zu verschweigen, daß ... der polnische Weg zum Sozialismus qualitativ nichts anderes ist, als eine Kopie, die dank des vorangegangenen Sieges des Sozia-

lismus in der UdSSR möglich geworden ist«.[9]
Er wurde als Generalsekretär auf dem Septemberplenum durch Bierut ersetzt, und obwohl er die nominelle ZK-Mitgliedschaft behielt, war doch sein Einfluß zuende. Es gab keine weitere Opposition gegen die Linie der Kominform, Polen reihte sich ein. Auf ihrem ersten Parteitag im Dezember 1948 nahm die neue, fusionierte Polnische Vereinigte Arbeiterpartei (PZPR) ein Parteiprogramm an, in dem es heißt:

> »Die Volksdemokratie ist der Weg zum Sozialismus« (d.h. nicht der polnische Weg zum Sozialismus). »Das System der Volksdemokratie kann und muß die Grundfunktionen der Diktatur des Proletariats verwirklichen ... Jede Tendenz, die auf eine Lockerung der Zusammenarbeit mit der Sowjetunion zielt, gefährdet die Grundlagen des Sozialismus in Polen.«[10]

Das einzige andere Land, in dem der Bruch mit Tito zu einem Führungswechsel führte, war Bulgarien. Hier jedoch ging es um eine andere Frage. Der kampferprobte Führer des bulgarischen Kommunismus, Georgi Dimitroff, revidierte im Dezember 1948 gehorsam seine Definition der Volksdemokratie aus dem Jahre 1946. Er beschrieb nunmehr das Sowjetregime und die Volksdemokratie als »zwei Formen ein und derselben Macht, der Macht der Arbeiterklasse« und als »zwei Formen der proletarischen Diktatur«. Das bedeutete, »die sowjetische Erfahrung ist das beste Vorbild für den Aufbau des Sozialismus bei uns wie auch in den anderen Ländern der Volksdemokratie«.[11]
Dimitroffs Kollege, Traitscho Kostow, Generalsekretär der Partei und »Nichtmoskauer«, bezog eine unabhängigere Position. Er akzeptierte die Richtigkeit der sowjetischen Erfahrung, erhob aber Einwände gegen die sowjetische ökonomische Ausbeutung seines Landes. Die Sowjetunion nämlich verkaufte billig erworbenen bulgarischen Tabak auf dem Weltmarkt zu Preisen, der die bulgarischen unterbot. Kostow beschwerte sich darüber; daher wurde er im März beschuldigt, nationalistisch und antisowjetisch zu sein, und aus dem Politbüro entlassen.[12]
Anderswo nahmen die örtlichen Führer die Aufgabe der Kollektivierung zögernd, jedoch nicht offen ablehnend, an. In Ungarn argumentierte Rákosi im Juli 1948, die Kominformresolution »bedeutet nicht, daß die Kollektivierung im laufenden Jahr auf der Tagesordnung steht«.[13] Die Nachricht von Gomulkas Verurteilung im September 1948 war ein bedeutender Faktor bei der Klärung der Ansichten der Ungarn. Sie wollten nicht dasselbe Schicksal erleiden. Am 26. Dezember schließlich wurde von Gerö erklärt, daß die Volksdemokratie »eine Form der Diktatur des Proletariats« sei. Danach gab es keine weiteren Verzögerungen.
Der Parteiführer in der Tschechoslowakei, Klement Gottwald, der inzwischen auch Präsident war (er hatte im Juni Benesch ersetzt), blieb zunächst bei seiner Ablehnung der Kollektivierung. Er sagte, es würde stattdessen eine »zwanzigjährige Periode freiwilliger Vergenossenschaftung« durch die Bauern selbst geben.[14]
Gottwald wurde im Spätsommer 1948 von Stalin auf die Krim beordert, um seine Ideen auf die Linie auszurichten. Nach seiner Rückkehr wandelte sich die Politik

der KPTsch abrupt. Im September 1948 sagte der Generalsekretär der Partei, Rudolf Slánsky, auf einem Treffen der Regionalsekretäre der Partei:

»Man wirft uns vor, große Reden zu führen und nichts zu tun. Bis Februar sprachen wir von einem friedlichen Weg zum Sozialismus, einem tschechoslowakischen Weg. Daher ist es natürlich, daß wir Fehler gemacht, die Kräfte der Reaktion unterschätzt und ungenügend Wachsamkeit geübt haben. Unser scharfer Kampf gegen die Reaktion hätte eher beginnen müssen. Wir müssen scharfe administrative Maßnahmen gegen die Reaktion anwenden.«[15]

Weiterhin schlug Slánsky ein Gesetz zum Schutz der Republik vor (es wurde im Oktober verabschiedet), entschiedeneres Vorgehen gegen kleine Händler und Bauern, die Einrichtung von Arbeitslagern und die Zwangsevakuierung von »Reaktionären« aus den Städten. Die Aktionskomitees sollten für die Beschaffung von Informationen über »Feinde« eingesetzt werden. Das war die repressive Seite der Politik; auf der anderen Seite konnte man den Arbeitern in Übereinstimmung mit dem Prinzip der »Klassenversorgung« eine verbesserte Lebensmittelbereitstellung und höhere Rationen anbieten.[16]
Ähnliche Maßnahmen wurden im Fahrwasser der Anti-Tito-Resolution der Kominform überall durchgeführt. Spätestens 1949 herrschte im ganzen Gebiet der osteuropäischen Volksdemokratien eine hochgradige Uniformität (Die Deutsche Demokratische Republik ging einige Jahre später denselben Weg; Jugoslawien und Albanien hatten die meisten der typischen Züge des Stalinismus einige Jahre früher entwickelt, wobei Jugoslawien einige von ihnen später abschaffte). Im Ergebnis ist die Periode zwischen 1949 und 1953 gut für die historische Verallgemeinerung geeignet. Man könnte ganze Bücher über die Anwendung des Stalinismus in Osteuropa schreiben. Unglücklicherweise fehlen Spezialuntersuchungen auf Gebieten wie der Evolution der Sozialstruktur, der intellektuellen und kulturellen Atmosphäre, der Beziehungen von Gesellschaft und Staat und der Struktur des Lebens im allgemeinen fast völlig. Wir werden uns daher damit begnügen, einfach einige Schlüsselaspekte der politischen und wirtschaftlichen Sphäre zu untersuchen, die gründlicher erforscht sind.

DER STALINISMUS IN DER WIRTSCHAFTSPOLITIK

Die Kampagne, die staatliche Kontrolle der ökonomischen Tätigkeit zu sichern und sich damit der Situation in der Sowjetunion anzunähern, indem man eine »Kommandoökonomie« einführte, wurde überall mit etwa der gleichen Geschwindigkeit durchgeführt, soweit es sich um die Industrie handelte (außer in der DDR, wo das Tempo anfangs langsamer war). Der frühere Unterschied zwischen »ehemaligen Feindländern« und »befreiten Ländern« (wobei erstere einen sehr bescheidenen Grad der Nationalisierung aufwiesen) wurde im Verlauf des Jahres 1948 verwischt. 1949 bestand fast völlige Uniformität (Die Proportionen der nationalisierten Industrie um 1949/50: Albanien 97%, Bulgarien 95%, Tschechoslowakei

96%, Ungarn 81%, Polen 92%, Rumänien 95%, Jugoslawien 100%, DDR 76% der Industrieproduktion). Bis 1952 waren sogar kleine Unterschiede in dieser Hinsicht beseitigt worden (die entsprechenden Proportionen waren 98%, 100%, 98%, 97%, 99%, 97%, 100% und 81% für die DDR, bis 1956 auf 89% gesteigert). Kleine Firmen mit weniger als 20 Beschäftigten blieben zunächst unberührt, wie auch der Einzelhandel. Aber in den Jahren 1949 bis 1953 wurde auch der Einzelhandel verdrängt (z.B. fiel in der Tschechoslowakei der Anteil des privaten Handels am Gesamtumsatz von 68,7% 1948 auf 20% 1949, 8% 1950 und 0,5% 1953).
Stalins Theorie der »Verschärfung des Klassenkampfes in der Periode des Aufbaus des Sozialismus« bedeutete, daß man annahm, private Kapitalisten begingen dauernd »Sabotage« mittels des schwarzen Marktes und der Förderung von Spekulation. Daher diente die Entscheidung für vollständige staatliche Kontrolle, die offensichtlich ökonomisch begründet war, gleichzeitig einem politischen Zweck. Sie ermöglichte die Entwicklung der Wirtschaft auf völlig planmäßiger Grundlage und half, die letzten Überreste kapitalistischen Widerstandes zu zerstören. Wir wollen zuerst die Bauernschaft betrachten. Der Fortbestand des Kapitalismus in der Landwirtschaft war das schwächste Kettenglied. Daher der Ruf nach Kollektivierung, der noch weitere Motive hatte. Man behauptete, daß Kollektivwirtschaften effizienter wären. Aber das bedeutete nicht die sofortige und zwangsweise Kollektivierung. Dafür brauchte es direkten Druck durch die Sowjetunion.
In der Tschechoslowakei zum Beispiel fand die Politik der Verteilung des Bodens an die ärmeren Bauern und deren Ermutigung zur Zusammenarbeit in Genossenschaften im Jahr 1948 ihren Abschluß (im März 1948 waren alle Güter über 50 Hektar mit dieser Zielstellung enteignet). Das war nicht als Vorspiel der Kollektivierung gedacht:

> »Niemand hier will *Kolchosen*. Wir können eine Steigerung der Produktivität der bäuerlichen Arbeit auf unsere Weise erzielen ... Unser altes Genossenschaftswesen kann eine bedeutende Rolle spielen.« (ZK-Resolution vom April 1948)

Aber wie wir gesehen haben, bewirkte die Resolution des Kominform vom Juni 1948 einen Wandel in der Politik. Schon am Anfang des Jahres 1949 hatte die Partei eine große Propagandakampagne zugunsten von Kollektivwirtschaften begonnen, obgleich sie als Vereinigte Landwirtschaftliche Genossenschaften (JZD) bezeichnet wurden. Das Gesetz vom 23. Februar vereinigte alle früheren Genossenschaften (die in der tschechoslowakischen Landwirtschaft eine lange Tradition hatten) in diesen neuen Körperschaften. Sie waren einfach Kollektivwirtschaften unter einem anderen Namen.[17]
Tatsächlich wurde der Begriff »Kollektivwirtschaft« in ganz Osteuropa aufgrund seiner Assoziation mit der Zwangskollektivierung der 30er Jahre in der Sowjetunion sorgfältig vermieden. Man nahm an, daß die Bauern eher geneigt wären, den Kollektiven beizutreten, wenn sie in »Genossenschaften Landwirtschaftlicher Produzenten« oder irgendeine andere Variante dieses Begriffs umbenannt wür-

den.[18]

Der Angriff auf die sogenannten »Kulaken« oder reicheren Bauern war ein weiteres Motiv für die Kollektivierung. Dafür gab es aufgrund des gemäßigten Charakters der Bodenreformen von 1945-48, die gegen Gutsbesitzer und Ausländer und nicht gegen wohlhabende einheimische Bauern gerichtet waren, tatsächlich einen Rahmen. Als Obergrenze für erlaubten Landbesitz wurden im allgemeinen 50 Hektar festgesetzt (außer in Bulgarien und Albanien, wo sie bei 20 Hektar lag). In Ungarn hatte das Dekret vom 15. März das zeitweilige Überleben der wohlhabenderen Bauern gesichert, das als Obergrenze für Bauernstellen 115 Hektar festlegte und 50 Prozent mehr für diejenigen, die nachweisen konnten, daß sie an der Widerstandsbewegung teilgenommen hatten.[19]

Daher sagte der ungarische Führer Rákosi dem ZK bei der Ankündigung des Beginns der Kollektivierung für November:

> »Das Land der Kulaken kann übernommen und als Köder verwendet werden, um die Bauern dazu zu bringen, den Kollektivwirtschaften beizutreten.«

Der einzige Gegner dieser Politik, Imre Nagy, wurde im September 1949 zu einer Selbstkritik gezwungen und zum Bekenntnis seines »Opportunismus in Agrarangelegenheiten«. Aber Rákosi hatte über die Nachteile von Kollektiven für die Bauern keine Illusionen; er sagte dem Politbüro im November 1950:

> »Der Bauer muß gezwungen werden, mehr für den Aufbau des Sozialismus zu opfern.«[20]

In Polen verkündete Hilary Minc zunächst ein ziemlich gemäßigtes Programm der Kollektivierung (ein Ziel von einem Prozent aller Höfe während des Jahres 1949), sprach aber bei der Vorlage der Sechsjahrplans auf dem Gründungskongreß der PZPR im Dezember 1948 schon ehrgeiziger von einer »Erhöhung der Produktion der Staatsgüter und Entwicklung von Kollektivwirtschaften«. Die Agrarproduktion sollte dank der Kollektivwirtschaften und der Mechanisierung während des Sechsjahrplans jährlich um fünf bis sechs Prozent wachsen. Das war unwahrscheinlich, wenn man berücksichtigt, daß der Landwirtschaft nur 10 Prozent der gesamten Investitionen zugewiesen wurden (und davon 35-40 Prozent den Staatsgütern).[21]

Die Bildung von Kollektivwirtschaften ging zuerst relativ langsam vor sich, wobei sich die Tschechoslowakei und Bulgarien an der Spitze befanden (14% und 11% der jeweiligen landwirtschaftlichen Nutzfläche) und Polen, Albanien, Ungarn und Rumänien am Ende (2%, 3%, 3%, 3%). Sogar bis 1953 überbot nur Bulgarien die 50%-Marke (53%); die anderen folgten in einiger Entfernung (Tschechoslowakei 40%, Ungarn 26%, Jugoslawien 19%, Albanien 8%, Polen 7%, Rumänien 8%, Deutsche Demokratische Republik null). Wo die volle Kollektivierung überhaupt erreicht wurde (d.h. überall, außer in Polen und Jugoslawien), geschah das nicht auf dem Höhepunkt der Stalinära, sondern in den späten 50er Jahren ein. Dies trifft auch auf die DDR zu, die nach einem späten Start rapide aufholte (im Dezember 1952 verfügten Kollektive über 3,3% der landwirtschaftlichen Fläche,

im Dezember 1960 über 84,2%).[22]
Nicht die Kollektivierung als solche ist für die erste Periode der Volksdemokratie charakteristisch, sondern der Versuch, sie aus doktrinären und nicht in erster Linie ökonomischen Gründen durchzusetzen sowie ihre Anwendung als Waffe gegen die wohlhabendere Bauernschaft. Es scheint, daß die kommunistischen Parteien im Ergebnis der Kampagne gegen die Kulaken ein Absinken der Agrarproduktion sogar *erwarteten*, aber annahmen, daß dies gemäß der Doktrin des »je schlechter, desto besser« auf lange Sicht günstige Ergebnisse haben würde. In Anbetracht der Priorität, die Investitionen in der Industrie gegeben wurde, und der gleichzeitigen Knappheit an Landmaschinen hat niemand irgendwelche sofortigen Vorteile erwartet.
Die Kollektivwirtschaften waren von unterschiedlichem Typ. Sie wurden, allgemeiner sowjetischer Praxis in den 30er Jahren folgend, in drei, und manchmal vier Kategorien unterteilt, in aufsteigender Ordnung vom »niedrigsten« Typ, der individueller Landwirtschaft am nächsten kam, bis zum »höchsten«, der völlige Kollektivierung bedeutete. Im Typ I, der Vereinigung für die Bodenbestellung, der der sowjetischen TOZ der späten 20er Jahre nachgestaltet war, war nur das Land kollektiviert, und Vieh und Ausrüstungen blieben in Privathand. Das Produkt wurde entsprechend dem individuellen Beitrag an Land, Arbeit und Kapital verteilt. Im Typ II, der Vereinigung der Produzenten, wurden Land, Vieh und Geräte kollektiviert, die Produktion kollektiv durchgeführt, aber das Produkt immer noch entsprechend dem individuellen Beitrag an Land, Arbeit und Kapital verteilt. Im Typ III, der Produzentengemeinschaft, wurde die Verteilung des Produkts oder das Einkommen des Individuums allein durch die Menge der geleisteten Arbeit bestimmt. Manchmal wurde zwischen Typ I und Typ II noch eine vierte Kategorie eingefügt. In der Theorie erlaubte die Existenz verschiedener Typen von Kollektivwirtschaften den Bauern das allmähliche Aufsteigen von der individuellen zur kollektiven Landwirtschaft, entsprechend ihrer Gewöhnung an die Idee. In der Praxis waren sie weder am Beitritt zum niederen noch zum höheren Typ interessiert. Wenngleich Parteiaktivisten wegen der Verletzung des »Prinzips der Freiwilligkeit« gerügt wurden, scheint es doch, daß die Peitsche eine größere Rolle spielte als das Zuckerbrot. Die übliche Methode war, einen Bauern als Kulaken zu brandmarken und entsprechend gegen ihn vorzugehen. Die Säuberungen der frühen 50er Jahre waren ein weiterer Beweggrund. Eine Resolution des ZK der KPTsch vom Februar 1951 machte die »Slánsky-Bande« in der Slowakei für die Art und Weise des »Zurückbleibens« der Kollektivierung verantwortlich. Václav Brabec zeigte später, daß im Gebiet von Presov in der Ostslowakei 1952 eine plötzliche Kollektivierungswelle stattfand, nachdem 24 000 Menschen wegen Verbrechen gegen den Staat angeklagt wurden. Bis 1958 waren 68 Prozent der Bauern im Gebiet den Kollektiven beigetreten.[23]
In Polen gab es ganz ähnlich 1951 den Fall Gryfice, wo das örtliche Parteikomitee Gewalt anwendete, um bei den Bauern Durchsuchungen nach Getreide durchzuführen. In Ungarn wurden die Bauern mit der Drohung von Verhaftung, die

manchmal auch ausgeführt wurde, in die Kollektive getrieben. In Rumänien wurden Pauker und Luca rückwirkend (1961) wegen der Durchführung von Zwangskollektivierungen angeklagt. In Bulgarien wandte Tscherwenkow äußersten ökonomischen Zwang an. Alle privaten Maschinen und Geräte wurden zwangsweise durch den Staat aufgekauft, und die Definition des Kulaken wurde von Personen, die 10 Hektar besaßen (1949), auf solche mit fünf Hektar (1950) ausgedehnt; sie mußten auch mehr für das Ausleihen von Maschinen und Geräten bezahlen. Ab April 1950 mußten Höfe über 10 Hektar dem Staat 75 Prozent ihrer Getreideernte abliefern. Im Dezember 1953 wurde die Schraube für private Höfe noch mehr angezogen, während die Ablieferungsquoten für Kollektive verringert wurden. Diese Politik zwang die Bauern sehr erfolgreich in die Kollektive. 1953 verfügten die Kollektivwirtschaften über 60 Prozent der Landwirtschaftsfläche.[24]

In der Tschechoslowakei wurde zuerst der niedrigste Typ der Kollektivwirtschaft (JZD Typ I) bevorzugt (1949 96,1%), aber bis 1952 ging er auf 15,7% aller Kollektivwirtschaften zurück. Die Typen III und IV wurden schnell vorherrschend (1950 25,9%, 1952 56,9%, 1955 96,8%). Als die Kollektivierungskampagne nach 1956 in ganz Osteuropa, außer in Polen und Jugoslawien, wieder in Gang gesetzt wurde, wurde der höchste Typ von Kollektivwirtschaften gefördert.[25]

Neben den Kollektiven gab es zwei weitere landwirtschaftliche Institutionen, die direkt der sowjetischen Erfahrung nachgebildet wurden: die Staatsgüter und die Traktorenstationen. Die Basis für die Staatsgüter bildeten die großen Güter, die nach 1945 enteignet wurden. Einige waren unter den ärmeren Bauern und Landarbeitern aufgeteilt worden, aber eine beträchtliche Fläche wurde jeweils durch den Staat zurückbehalten. Sie sollten angeblich Modellbetriebe werden, aber in Polen bewirkte die Verfolgung früherer Gutsverwalter 1949/50 einen Mangel an ausgebildetem Personal für ihre Leitung. Die Maschinen-Traktoren-Stationen (MTS) hatten politische und ökonomische Funktionen. Ihre politischen Abteilungen kontrollierten die örtlichen Parteiorganisationen, setzten die Arbeitsdisziplin durch und kalkulierten die Vergütung der Arbeit auf der Grundlage von Arbeitsnormen. Ihre ökonomische Aufgabe bestand darin, die obligatorische Getreideablieferung der Kollektive zu organisieren und sie mit Landmaschinen und Geräten zu versorgen.

Sie sollten auch die weitere Kollektivierung fördern. Jakub Berman, der seinerzeit die Verantwortung für die polnische Kultur hatte, verband mit ihnen sogar noch größere Ansprüche, wie er in einer Rede vor Schriftstellern im Februar 1950 sagte und dabei zwei Fliegen mit einer Klappe schlug:

> »Die Rolle der MTS geht über ihre produktiven Funktionen weit hinaus. Sie werden politische und kulturelle Zentren werden und proletarische Elemente auf die Bauernmassen ausstrahlen, um das Bündnis der Arbeiter und Bauern zu festigen. Daher sollten Sie in Ihrer Arbeit den MTS Aufmerksamkeit widmen.«[26]

Die allgemeine Abschaffung der MTS nach 1956, außer in Albanien und Rumänien, ist vielleicht der beste Kommentar hierzu.

Ein Grund für das Streben nach vollständiger Kontrolle des Staates über die Wirtschaft bestand darin zu erreichen, daß die ökonomische Entwicklung sich planmäßig vollzog. (Ein anderer bestand einfach darin, die Parteikontrolle zu verstärken, »um dem Klassenfeind alle Chancen zu nehmen und den Klassenkampf zu gewinnen«.) Die Notwendigkeit einer planmäßigen Wirtschaftsentwicklung war nach 1945 zumindest auf der Linken die allgemeine Auffassung. Es bestand die Tendenz, den Kapitalismus für die Schrecken des Zweiten Weltkrieges und die anschließende Wirtschaftskrise verantwortlich zu machen, die in Osteuropa besonders hart zugeschlagen hatte. Außerdem war die Rolle des Staates für die Förderung der industriellen und landwirtschaftlichen Entwicklung nichts Neues. Sie hatte schon in den 30er Jahren existiert, besonders in Polen.[27] Neu war das Element der umfassenden Planung und die Anwendung der sowjetischen Erfahrungen. Man muß jedoch unterscheiden zwischen »planmäßiger ökonomischer Entwicklung« und »halsbrecherischer Expansion der Schwerindustrie«.
Zu letzterer Strategie, die der charakteristische sowjetische Beitrag ist, gelangte man nicht sofort und auf einmal. Wie wir gesehen haben, bestanden für die unmittelbare Nachkriegsperiode gemäßigte Wiederaufbaupläne, die sich auf zwei oder drei Jahre erstreckten. Der Trend zu Fünfjahrplänen (Sechsjahrplan im Fall Polens) beginnt mit der Kominformresolution von 1948 und der endgültigen Niederlage der sozialdemokratischen Planer. Im Oktober 1947 hatten in der Tschechoslowakei die KPTsch und die Sozialdemokraten rivalisierende Pläne vorgelegt, wobei letztere gemäßigter waren (87 Milliarden Kronen Investitionen gegenüber 133 Milliarden) und ausgewogener (40 Milliarden Kronen für die Landwirtschaft gegenüber 28 Milliarden). Der Sieg im Februar bedeutete die Annahme der kommunistischen Variante, die Säuberung der Zentralen Plankommission und die Schaffung des Staatlichen Planungsbüros im Februar 1949.
In Polen führte ein ähnlicher Konflikt zwischen den sozialdemokratischen Experten, die in der Staatlichen Planungsbehörde saßen, und dem von Kommunisten gelenkten Ministerium für Handel und Industrie (unter Minc) ganz natürlich zum Sieg letzterer auf einer Sonderkonferenz im Februar 1948. Die Streitfragen waren klar: Das Planungsbüro akzeptierte in der Planung nicht das Primat der Produktion über die Konsumtion, es übertrieb den Anteil des privaten Handels an der Schaffung des Nationaleinkommens und ignorierte die sowjetische Planungserfahrung. Es wurde sofort gesäubert und im Februar 1949 aufgelöst.
Auch in Ungarn gab es einen Konflikt zwischen dem Büro für Material und Preise (von der Kleinbauernpartei kontrolliert), dem Planungsbüro (linke Sozialdemokraten) und dem Obersten Wirtschaftsrat (von dessen Generalsekretär, dem Kommunisten Zoltán Vas kontrolliert). Er endete in der üblichen Weise, indem der Oberste Wirtschaftsrat die Kontrolle über den Planungsprozeß erlangte (er wurde im Juni 1949 durch einen Volkswirtschaftsrat ersetzt). Das gemeinsame Charakteristikum aller dieser Planungskörperschaften war, daß sie direkt dem sowjetischen Modell nachempfunden waren; ihnen standen führende Mitglieder der Politbüros vor, und es war ihre Aufgabe, die von der Partei gestellten Ziele

durchzusetzen.[28]

Der Sieg der kommunistischen Planung war nur die erste Stufe im Prozeß der Transformation. Die Pläne von 1948/49 waren noch nicht bloße Kopien der sowjetischen Pläne der 30er Jahre. Das sollte erst nach 1949, unter dem direkten Druck Stalins, kommen. Die Zwillingsinstrumente dieses Drucks waren das Kominform (oder auch Informationsbüro) und der Rat für Gegenseitige Wirtschaftshilfe (RGW, im Westen Comecon genannt), eine Körperschaft, die im Januar 1949 geschaffen wurde, um die Bestrebungen aller Länder des »sozialistischen Blocks« zu koordinieren. Man hat lange Zeit gedacht, daß das Comecon zwischen 1949 und 1953 überwiegend inaktiv war, da man von Stalins Vorliebe für bilaterale statt multilateralen Verhandlungen ausging. Aber Beweise aus tschechoslowakischen Archiven, die von Karel Kaplan vorgelegt wurden, zeigen, daß er sogar auf dieser Stufe eingriff.[29]

Auf der zweiten Ratstagung des RGW, die im August 1949 in Sofia durchgeführt wurde, beschwerte sich die sowjetische Seite über »ungenügende Kooperation« zwischen der Tschechoslowakei und ihren Partnern und einen exzessiven tschechoslowakischen Handel mit dem Westen. Evzen Löbl, der Außenhandelsminister, mußte »Selbstkritik« üben und entscheidende Veränderungen auf diesem Gebiet versprechen. Der Druck wurde ein Jahr später erneuert (Oktober 1950). »Scharfe Kritik« wurde durch Mitglieder des RGW-Büros an die Tschechoslowakei wegen ihres »fortgesetzten Handels mit kapitalistischen Staaten« und des »Versagens, ihre Mehrproduktion anderen Volksdemokratien zugänglich zu machen« gerichtet.[30] Die Tschechoslowaken leisteten Wiedergutmachung, indem sie ihren Handel nach Osten umorientierten, so daß der Anteil der RGW-Länder am tschechoslowakischen Außenhandelsumsatz von 32,6 Prozent 1948 auf 54,6 Prozent 1950 und 72 Prozent 1953 stieg.

Auch das Kominform übte gewöhnlich Druck auf die osteuropäische Wirtschaftspolitik aus. Auf dem Treffen von Matra im November 1949 einigten sich die Teilnehmer,

> »Anstrengungen zur ökonomischen Unabhängigkeit von der kapitalistischen Welt zu intensivieren und ... den Industrialisierungsprozeß zu beschleunigen, um das eigene Wirtschaftspotential zu erweitern und die Verteidigungskraft des ganzen sozialistischen Lagers« angesichts der »direkten Kriegsvorbereitungen« des Imperialismus zu stärken.[31]

Größeres Gewicht wurde daher auf den Maschinenbau gelegt wie auch auf ein schnelleres Tempo der Kollektivierung. Sogar das reichte Stalin nicht. Im Sommer 1950 intervenierte er direkt, indem er Cepicka informierte, daß die Tschechoslowakei ungenutzte Quellen von Bodenschätzen besitze und eine viel schnellere industrielle Wachstumsrate vertragen könnte. Dies zu unterschätzen und sich stattdessen (wie bisher) auf Rohstoffimporte aus dem Westen zu verlassen, wäre sträflicher »bürgerlicher Kosmopolitismus«. Dies führte zu einem bilateralen Handelsvertrag zwischen der Tschechoslowakei und der Sowjetunion (3. November 1950), der der Produktion von Gütern der Schwerindustrie Priorität gab.

Der Einspruch der tschechoslowakischen Verhandlungsführer, daß zwei Drittel dieser Produkte »nie zuvor geliefert worden waren«, wurde ignoriert, und die bestehenden Pläne mußten im Februar 1951 vollständig revidiert werden. Die Liste der Veränderungen schloß ein: erhöhte Eisenerzförderung, Bau einer Aluminiumverarbeitungsanlage, Bau eines Hüttenwerkes und Entwicklung von synthetischem Kautschuk, um die Abhängigkeit von westlichen Lieferungen zu vermeiden. Dies hatte natürlich auch Auswirkungen auf die Beschäftigung: Es wurden 1530000 Arbeiter mehr gebraucht, und 537000 mußten in der Landwirtschaft für die Arbeit in Fabriken »freigesetzt« werden. Die Rate der Kollektivierung und Mechanisierung in der Landwirtschaft sollte entsprechend beschleunigt werden. Im revidierten Fünfjahrplan wurde das Ziel für die Industrieproduktion von 157 auf 198 erhöht (Anfangswert=100); für die Metallindustrie von 193 auf 267; für die Produktion von Produktionsmitteln von 170 auf 233; das Ziel für das materielle Nettoprodukt von 148 auf 170. Alle diese Beispiele kommen aus der Tschechoslowakei. Aber das gleiche geschah überall: Das für fünf Jahre geplante Wachstum des materiellen Nettoprodukts wurde in Ungarn (160 auf 230) und Polen (170-180 auf 212) und Bulgarien (dort sollte der Fünfjahrplan nunmehr in vier Jahren erfüllt werden) erhöht. Die Produktionsgüterindustrie sollte auf Kosten der Landwirtschaft, der Konsumgüter und des Wohnungsbaus gefördert werden.[32] In Ungarn, zum Beispiel, fiel der Anteil der Landwirtschaft an den Investitionen von 15,7 auf 12,9 Prozent, der des Wohnungsbaus von 10 auf 7,6 Prozent.[33]

So eine klare Festlegung von Prioritäten brachte Nachteile für den Konsumenten, was als unvermeidlich im Interesse des langfristigen Fortschritts angesehen wurde. Aber in dem Versuch, eine ganze Volkswirtschaft zu planen, waren Probleme enthalten. Das ökonomische System war ein komplexer Mechanismus (besonders in industriell fortgeschrittenen Ländern wie der Tschechoslowakei), und jede Veränderung in einer Sphäre hatte Auswirkungen auf andere Sphären. Der Output einer Industrie war der Input einer anderen, und umgekehrt. Wenn mehr Lastkraftwagen produziert werden mußten, mußte mehr Stahl für ihre Herstellung produziert werden; dies bedeutete mehr Eisenerz; das bedeutete wiederum mehr Lastkraftwagen, um das Eisenerz zu transportieren. Beim Fehlen eines Marktes ließen sich Engpässe und Verzerrungen nur durch äußerst detaillierte und genaue Planung vermeiden.

Viel ließ sich erreichen, wenn Hauptziele ausgewählt wurden. In der Industrieproduktion wurden sogar die revidierten Ziele oft erfüllt. In der Tschechoslowakei, zum Beispiel, stieg die Industrieproduktion auf das Niveau von 193 statt der geplanten 198; die Produktion von Produktionsmitteln wuchs auf 233, die metallurgische Produktion auf 323 (in diesem Fall eine Übererfüllung des Planes), und das Ergebnis war während der fünf Jahre ein *jährlicher* Zuwachs von 14,1 Prozent in der Industrieproduktion und 26,2 Prozent allein bei Metallen. Der Kontrast zur individuellen Konsumtion war stark: nur ein Anstieg um 19 Prozent während der ganzen Periode. Die Landwirtschaft fiel weit hinter die Planzahl zurück: ein jährlicher Anstieg von 3,2 Prozent, ausgehend vom niedrigen Niveau

von 1949, was einen Fall von 13 Prozent gegenüber dem Vorkriegsresultat bedeutete.[34] Ähnliche Resultate wurden anderswo erreicht (jährliches Wachstum des materiellen Nettoproduktes pro Kopf in Prozent von 1951 bis 1955: Bulgarien 8,1; DDR 13; Ungarn 4,6; Polen 6,6; Rumänien 12,6; Jugoslawien 4,2).[35]
Das war die Periode »extensiven Wachstums«, die auf einem hohen Investitionsniveau beruhte (Investitionen 1953: Tschechoslowakei 25%, Polen 28%, Ungarn 25%, Rumänien 32%, DDR 12%) sowie auf einer ganzen Reihe von Instrumenten, um das notwendige Mehrprodukt aus der Bevölkerung herauszuholen. Zu den Ausbeutungsmethoden gehörten obligatorische Arbeitsbrigaden (»Arbeitsbataillone« in Jugoslawien, Bulgarien und Albanien und eine Organisation mit dem Namen »Dienst an Polen«, in der sechs Monate obligatorischer Arbeitsdienst geleistet werden mußte), Überstunden (15,5 Prozent der Arbeit der polnischen Bergleute 1955 waren Überstunden), Stücklöhne (1955 69 Prozent aller Löhne in der tschechoslowakischen Industrie), verschiedenartige Kampagnen des »sozialistischen Wettbewerbs«, wie die Stachanow-Bewegung, um eine höhere und bessere Leistung zu erzielen, und die Zehn-Minuten-Bewegung, wonach man zehn Minuten früher als notwendig mit der Arbeit begann, wiederholte Erhöhungen der Arbeitsnormen und eine Senkung der Reallöhne (in der Tschechoslowakei von 100 im Jahr 1950 auf 95 1953, in Ungarn auf 85, in Polen auf 92).[36] Die Arbeitsdisziplin wurde überall mit strengen Strafen für die geringste Übertretung durchgesetzt. In Ungarn beispielsweise wurden 1951-52 15 000 Gefängnisstrafen wegen Verletzung der Arbeitsdisziplin ausgesprochen.
Diese Formen der Ausbeutung wurden paradoxerweise von einer egalitären Politik gegenüber sozialen Unterschieden begleitet. Die Industriearbeiterschaft wurde als die herrschende Klasse im Sozialismus angesehen, der niedere Status der Bourgeoisie spiegelte sich in einer Verengung der Einkommensunterschiede wider. In Ungarn erhielten Büroangestellte und Funktionäre der unteren Ebene nur 12 Prozent höhere Gehälter als Facharbeiter, hohe Funktionäre und Intellektuelle nur 54 Prozent mehr. In Polen verdienten 33,1 Prozent der Arbeiter über 2 000 Zloty monatlich, und 52 Prozent der Geistesarbeiter verdienten weniger als 2 000.[37] Die Gesamteinkommensspanne war auch in der Ära nach Stalin viel geringer als im Westen. In Polen verdienten 1972 nur vier Prozent der »Beschäftigten im sozialistischen Sektor« (zu dieser Kategorie gehörten 64 Prozent der beschäftigten Bevölkerung) mehr als das doppelte Durchschnittseinkommen, in der Tschechoslowakei 1970 nur zwei Prozent (hier erfaßte der sozialistische Sektor 97 Prozent). Im Vergleich war die Zahl für Großbritannien Ende der 60er Jahre sechs Prozent.[38]
Dieses egalitäre Herangehen (von den Wirtschaftsreformern der 60er Jahre wegen seiner Wirkungen auf Leistungsanreize sehr kritisiert) war mit einem weiteren »proletarischen« Grundzug verbunden: der sozialen Mobilität der städtischen Arbeiter nach oben. In der Tschechoslowakei wurden in den 50er Jahren 250 000 kommunistische Arbeiter von ihren Arbeitsplätzen in den Fabriken abgezogen und zu staatlichen Funktionären gemacht. Umgekehrt wurden ehemalige Funk-

tionäre der Bourgeoisie zu Arbeitern gemacht. Die Kampagne der »77 000 für die Industrie« des Jahres 1951 war darauf gerichtet, »den ganzen Staatsapparat von feindlichen Elementen zu säubern« und sie nützlicher Arbeit in der Industrie zuzuführen.[39]

Dennoch brachten diese egalitären Maßnahmen keine klassenlose Gesellschaft hervor. Der Jugoslawe Milovan Djilas war der erste, der das Phänomen der »Neuen Klasse« in Osteuropa analysierte, das heißt das Auftauchen einer kommunistischen Elite, die zum Teil auf höheren Löhnen basierte, aber zu einem viel größeren Teil auf nichtfinanziellen Vorteilen. Das System der *Nomenklatura* sicherte Mitgliedern der Partei ein Monopol an den wichtigen Posten. Es gab spezielle Geschäfte für Parteimitglieder, die niedrigere Preise nahmen, in denen es Waren gab, die normalerweise nicht erhältlich waren. Es gab ein besonderes Gesundheitswesen, besondere Ferienorte, bevorzugte Versorgung mit Wohnungen, Zweitwohnungen auf dem Lande und garantierten Zugang zu den Universitäten für Kinder von Parteimitgliedern.

DIE KOMMUNISTISCHEN PARTEIEN AN DER MACHT

Ein hochbedeutsamer Aspekt des Stalinismus, in Osteuropa wie auch anderswo, war die absolute Macht der Partei. Dies sollte im weitestmöglichen Sinne verstanden werden: Die kommunistische Partei herrschte über die Gesellschaft als das Instrument der »Diktatur des Proletariats«. Das Ziel der Partei war die vollständige Kontrolle der öffentlichen Sphäre. Das bedeutete die Auflösung aller unabhängigen Massenorganisationen. Wir führen hier einige Beispiele aus Polen an; die Maßnahmen im übrigen Osteuropa unterschieden sich in den wesentlichen Dingen kaum. Jugendorganisationen, die nicht der Partei zugehörten, wie die Katholische Jugendbewegung, wurden verboten, und zentralisierte monopolistische Organisationen traten an ihre Stelle, z.B. der ZMP (Vereinigung der Polnischen Jugend). Alle jungen Leute wurden gedrängt, diesem von der Partei kontrollierten »Transmissionsriemen« beizutreten. So waren bis 1955 37 Prozent der Polen im Alter von 14 bis 25 Jahren Mitglied des ZMP, die übrigen waren in gar keiner Organisation. Es war das stalinistische Ideal, alle unterscheidbaren sozialen Gruppen in Organisationen zusammenzufassen, die der Partei unterstanden. So wurden die Schriftsteller im Verband der Polnischen Schriftsteller mit seiner obligatorischen Doktrin des »sozialistischen Realismus« erfaßt; die Arbeiter waren Mitglied der Gewerkschaften, die vom CRZZ (Zentralrat der Gewerkschaften) gelenkt wurden.

In der eigentlichen politischen Sphäre war die Kontrolle durch die Partei absolut, obwohl es Vertreter der Überreste der nichtkommunistischen Parteien in den meisten Parlamenten gab. Die polnischen Wahlen von 1952 wurden auf der Grundlage einer Einheitsliste abgehalten. Die »Nationale Front für Frieden und den Sechsjahrplan«, die von der PZPR gebildet und beherrscht wurde, erhielt 99,8

Prozent der abgegebenen Stimmen. Im neuen *Sejm* (Parlament) wurde die PZPR (273 Sitze) von gehorsamen Satelliten der ZSL oder Vereinigten Bauernpartei (90 Sitze) und der SD oder Demokratischen Partei (25) flankiert. Den Rest stellten 37 »Unabhängige«. Diese Körperschaft agierte als bloßes Werkzeug für Entscheidungen, die andernorts getroffen wurden.

Das war nicht alles. Unter Stalin bedeutete »Kontrolle durch die Partei« auch »Kontrolle durch ein einzelnes Individuum mittels des Mechanismus der Partei«: mehr Monarchie als Oligarchie. Daher hatte in den 50er Jahren jedes europäische Land seinen eigenen »kleinen Stalin«. Alle - in Bulgarien Tscherwenkow, in Rumänien Gheorghiu-Dej, in Polen Bierut, in der Tschechoslowakei Gottwald, in Ungarn Rákosi, in Albanien Hoxha, in der DDR Ulbricht - empfingen offiziell geförderte Schmeichelei in einem Grad, der nur durch das übertroffen wurde, was man Stalin darbot.

Die Kontrolle durch die Partei wurde mit verschiedenen Methoden gesichert. Die Verfassungen der Volksdemokratien, die 1948/49 angenommen worden waren, gaben die Macht in die Hand der »Arbeiter« und »Bauern«. Staatsfunktionäre auf höchster Ebene waren Kommunisten. Das wurde durch das *Nomenklatura*-System gesichert. In Ungarn entfielen 87 Prozent der Spitzenberufungen zwischen 1945 und 1948 auf Parteimitglieder, sie stiegen 1949 auf 91 Prozent.[40] Wo in Positionen oder in den Parteien der Nationalen Front Nichtkommunisten überdauerten, wurde ihre Verläßlichkeit durch die Macht der Geheimpolizei und die wiederholten Säuberungen, die zuerst die Nichtkommunisten und dann auch die Kommunisten selbst trafen, gesichert. Die Säuberungen waren eine so lebenswichtige Komponente des stalinistischen Systems, daß sie eine besondere Behandlung verdienen.

DIE PARTEISÄUBERUNGEN

Die Ursprünge der Säuberungen reichen bis 1945 zurück. Der tschechische Historiker Karel Bartosek sieht den Ausgangspunkt der Säuberungen in der brutalen Vertreibung der deutschen Minderheiten aus Osteuropa im Jahr 1945 nach dem Prinzip der Kollektivschuld. Diesen folgten die Aktionen gegen Nichtkommunisten zwischen 1945 und 1948. Die innerparteiliche Säuberung nach 1949 war damit eine logische Erweiterung der früheren Maßnahmen.[41] Ein weiterer tschechischer Historiker, Karel Kaplan, hat die Säuberungen gegen Nichtkommunisten in der Tschechoslowakei, die den Säuberungen gegen Kommunisten vorausgingen, aber sich auch mit ihnen überschnitten, untersucht. Es begann mit der Einrichtung von Arbeitslagern, mit Aktionen gegen kleine Händler und Bauern und der Entfernung von reaktionären Elementen aus den Städten. Die Aktionskomitees, die im Februar so wichtig gewesen waren, wurden reaktiviert, »so daß sie uns über ihre Feinde berichten können«. Cepicka empfahl, »ein Netz so weit wie möglich« auszuwerfen. Die Staatssicherheit sollte eine Indexkartei all jener anlegen, gegen die aus politischen Gründen ermittelt wurde. Es waren 15 Lager vorhanden, die

30 000 Menschen aufnehmen konnten.
Im Oktober 1948 wurde das Gesetz über Arbeitslager durch die Nationalversammlung bestätigt. Eine »schwarze Liste« »staatsfeindlicher Elemente« wurde angelegt, die bis September 1949 130 000 Namen enthielt. Einige tausend Familien von »unzuverlässigen Leuten« wurden in den bedeutendsten Städten der Tschechoslowakei aus ihren Wohnungen geworfen. Auch Wirtschaftsvergehen durch private Händler und Bauern wurden nicht übersehen; eine Lebensmittelkommission wurde gebildet, um sie für Versäumnisse bei der Zwangsablieferung landwirtschaftlicher Produkte zu bestrafen.[42]
Anderswo wurden ähnliche Maßnahmen ergriffen. In Ungarn beispielsweise gab es zwischen 1950 und 1953 650 000 Prozesse und über 380 000 Verurteilungen, hauptsächlich wegen »Sabotage«. Hankiss führt die bedeutendsten ungarischen Prozesse gegen politische Gegner zwischen 1947 und 1951 auf.[43] Diesen Maßnahmen folgten schnell Säuberungen der kommunistischen Parteien selbst. 1948 begann die Jagd gegen innere - gelegentlich reale, aber gewöhnlich erdachte - Abweichungen, und die politische Atmosphäre begann jener in den späten 30er Jahren in der Sowjetunion zu ähneln. Wie in der Wirtschaftspolitik war der Wendepunkt das Treffen des Kominform im Juni 1948, das einberufen wurde, um den Bruch zwischen Stalin und Tito bekanntzugeben. Stalins Antwort an Tito, nachdem es nicht gelungen war, ihn einfach zu stürzen, war die Einleitung einer Jagd auf Verräter innerhalb der kommunistischen Parteien Osteuropas. Sein Widerstand war ein Anzeichen dafür, daß auch der offensichtlich zuverlässigste Parteiführer dazu neigte, der Versuchung des »nationalen Kommunismus« nachzugeben.
In einigen Ländern hatte die Beschuldigung des »Titoismus« eine reale Bedeutung hinsichtlich der Politik. In Albanien befürwortete die Fraktion um Koci Xoxe die weitere Abhängigkeit von Jugoslawien. Er war in diesem Sinne ein »Titoist«. Sein siegreicher Gegner, Enver Hoxha, wollte die Unabhängigkeit von Jugoslawien, was ein engeres Bündnis mit der Sowjetunion bedeutete. Xoxe wurde im November 1948 aus der Partei ausgeschlossen und im Juni 1949 wegen Hochverrats hingerichtet. Ähnlich hatte die Auseinandersetzung mit Tito Auswirkungen auf die jugoslawische Minderheit. Der Generalsekretär der Demokratischen Föderation der Südslawen, Anton Rob, war gegen die Kominformresolution; seine Organisation wurde sofort aufgelöst.[44]
Anderswo in Osteuropa gab es keine Opposition gegen die Anti-Titoresolution. Aber sie bildete den Ausgangspunkt für eine erste Runde innerparteilicher Säuberungen[45], die auf der Beschuldigung des »Nationalismus« basierten. In Polen wurden Gomulka und seine Anhänger auf dem ZK-Plenum vom 31. August bis 3. September 1948 »rechter und nationalistischer Abweichungen« beschuldigt und im Ergebnis aus allen Partei- und Regierungspositionen entlassen. In Bulgarien wurde, wie wir gesehen haben, Traitscho Kostow entlassen, weil er die nationalen Interessen seines Landes über die der Sowjetunion stellte. Er war auch in Gefahr, weil er während des Krieges in Bulgarien geblieben und seinerzeit gründ-

lichen Untersuchungen durch die sowjetischen Sicherheitsdienste entgangen war. Er wurde in der Folge verhaftet (Juni 1949) und im Dezember 1949 nach einem Schauprozeß gehängt, der ein ungewöhnliches Merkmal hatte: Er nahm vor Gericht sein Geständnis zurück und behauptete, daß es unter Folter abgelegt wurde. Er wurde überredet, zu seiner ursprünglichen Aussage zurückzukehren, nachdem er während einer Unterbrechung des Prozesses weiterer Folter ausgesetzt war.

Aber der wirklich bedeutende Schauprozeß gegen einen führenden Kommunisten fand in Ungarn statt: der Prozeß gegen Lászlό Rajk. Rajk war einfach ein Sündenbock. Er war ein ergebener ungarischer Stalinist, der das Unglück hatte, ein örtlicher und nicht Moskauer Kommunist zu sein, der unter den jüngeren Kadern außerordentlich populär war. Rákosi wußte, daß Stalin ihn selber nicht mochte, und entschied, daß ein Opferlamm gefunden werden mußte. Es war besser, der Ankläger zu sein als der Angeklagte. Farkas wollte einen Rivalen loswerden und hielt Rajk für zu nationalistisch. Der Leiter der AVO (Geheimpolizei) wollte seine Effizienz beweisen. So wurde Rajk als Opfer ausgewählt und die Maschine in Gang gesetzt. Im Verlauf des Jahres 1949 kam eine Anzahl Experten, unter ihnen General Bjelkin, im Rahmen eines Abkommens über enge Zusammenarbeit in Sicherheitsangelegenheiten vom Februar 1949 aus der Sowjetunion. Zu Rákosis Enttäuschung berichtete Bjelkin, daß die Angelegenheit nicht ernst wäre. Erst nachdem Rákosi im Sommer 1949 persönlich an Stalin appelliert hatte, wurde Bjelkins Gruppe beauftragt, mit der AVO bei der Vorbereitung eines Falles Hand in Hand zu arbeiten. Rajk wurde im Mai verhaftet, im Juni aus der Partei ausgeschlossen und beschuldigt, mit Tito zu konspirieren, um Rákosi, Gerö und Farkas zu ermorden, für den Westen zu spionieren und für die Gestapo und die Polizei des Horthy-Regimes gearbeitet zu haben. Er war ein sehr mutiger Mann und widerstand allen Folterungen, erlag aber der Überredungskunst Kádárs, der ihm das Exil in der Sowjetunion anbot, wenn er sich für das Wohl der Partei opferte, die ihn für die Rolle des Verräters ausgewählt hatte.[46]

Der Schauprozeß gegen Rajk (September 1949) war das Signal für eine Serie von Säuberungen und Ausschlüssen, die eine weite Schneise sowohl durch die Parteimitglieder aus der Zeit vor 1944 als auch durch die früheren Sozialdemokraten schnitt, diejenigen eingeschlossen, die die Partei in die Vereinigung von 1948 geleitet hatten. Viertausend ehemalige Sozialdemokraten wurden ausgeschlossen, 350 000 Menschen wurden aus der UKP ausgeschlossen, 150 000 Menschen wurden eingesperrt und 2 000 hingerichtet. Eine andere Säuberungswelle (1951) entfernte eine weitere Gruppe Kommunisten, darunter Kádár, Donáth und Losonczy.

Die Ermittlungen im Fall Rajk regten ähnliche Untersuchungen in der Tschechoslowakei an, deren entsetzliche Details Ende der 60er Jahre von tschechoslowakischen Historikern aufgedeckt und im Bericht der Untersuchungskommission von 1968 (die von dem Regime nach 1968 sofort unterdrückt wurde) veröffenlicht wurden. Obwohl die Ermittlungen der Geheimpolizei gegen Noel Field und

Gejza Pavlík schon lange im Gange waren, wurde die Jagd auf einen tschechoslowakischen Rajk nach dem September 1949 dringend. Im Oktober kamen zwei sowjetische Sicherheitsexperten nach Prag. Sie warfen der tschechoslowakischen Sicherheit Schwäche und Unentschlossenheit vor. Ironischerweise war Rudolf Slánsky, der Generalsekretär der Partei, der Motor der ersten Säuberungen. Er sprach im Dezember von der Notwendigkeit der Wachsamkeit, »so daß wir die Feinde in unseren eigenen Reihen demaskieren können, denn sie sind die gefährlichsten Feinde«.[47]

In der Partei wurde eine Sonderabteilung eingerichtet, die vom Innenminister unabhängig war und von Slánsky persönlich beaufsichtigt wurde. Im Herbst wurde eine Anzahl weniger bedeutender Verhaftungen vorgenommen, die für die Vorbereitung der späteren Fälle nützliches Material lieferten. Das erste Opfer von größerer Bedeutung war Vlado Clementis, der Außenminister, der im März 1950 wegen »bürgerlichen Nationalismus« angegriffen wurde. Ihm folgte eine Reihe weiterer Slowaken, wie Ladislav Novomesky und Gustáv Husák (im Mai 1950 ausgeschlossen). Die eigentlichen Verhaftungen fanden im Februar 1951 statt. Die Säuberung unter den Kommunisten überschnitt sich in der Tschechoslowakei mit einer weiteren Säuberung gegen Mitglieder der ehemaligen Parteien und »Agenten des Vatikans«. Im Juni 1950 wurde Milada Horáková vor Gericht gestellt und wegen »Führung einer subversiven Konspiration gegen die Republik« mit drei weiteren Angeklagten zum Tode verurteilt.

Das Echo des Rajk-Prozesses hallte auch in der DDR wider, wenn auch schwächer. Im August 1950 schloß das ZK der SED Paul Merker, Bruno Goldhammer, Lex Ende, Willi Kreikemeyer und andere »Nichtmoskauer« Veteranen aus. Sie wurden verhaftet, aber es fanden keine Schauprozesse statt.[48]

Eine weitere Säuberungswelle fand 1952 statt, aber nur in der Tschechoslowakei und in Rumänien. Dies war die »Säuberung der Säuberungen«. Die Opfer waren Sündenböcke für wirtschaftliche Schwierigkeiten; aber die Auswahl der Sündenböcke war das Ergebnis von Fraktionskämpfen innerhalb des Parteiapparates. In der Tschechoslowakei wurde die Slánsky-Gruppe von Gottwald und Zápotocky besiegt, in Rumänien waren Gheorghiu-Dej und Bodnaras in der Lage, Luca und Pauker auszuschließen. In beiden Ländern waren wachsende Schwierigkeiten bei der Lebensmittelversorgung ein Impuls, weitere kamen aus der Sowjetunion. Die antizionistische Kampagne in Stalins letzten Jahren gewann jetzt Stoßkraft, und sowohl Slánsky wie Pauker waren jüdisch (wenn auch kaum zionistisch). Im November 1951 kam Mikojan mit einer persönlichen Botschaft Stalins nach Prag, in der Slánskys sofortige Verhaftung gefordert wurde.[49]

Die verlangte Verhaftung wurde am 24. November 1951 vorgenommen. Die Ermittlungen im Fall Slánsky lösten eine Welle weiterer Verhaftungen aus, so daß nach einjähriger Vorbereitung ein Massenprozeß durchgeführt werden konnte (November 1952). Elf der vierzehn Angeklagten in diesem Prozeß waren jüdischer Herkunft, und der Zionismus spielte in den Anklagen eine große Rolle. Elf (darunter Slánsky und Clementis) wurden gehängt; drei erhielten lebenslänglich (darunter London und Löbl, die beide überlebten und herzzerreißende Berichte über ihre Erfahrungen schrieben).

Die rumänische Säuberung fand im Sommer 1952 statt. Vasile Luca (Finanzminister) und Teohari Georgescu (Innenminister) wurden im Mai ausgeschlossen und Ana Pauker im Juli aus dem Außenministerium entlassen. Groza hörte auf, Premierminister zu sein. Luca wurde der Prozeß gemacht, und er wurde 1954 zum Tode verurteilt, während Pauker sich ins Privatleben zurückziehen durfte.

Die Wirkungen der Säuberungen von 1949 bis 1953 waren von Land zu Land unterschiedlich. Verallgemeinernd und wenn man alles erwägt, läßt sich sagen, daß es für ein Überleben an der Spitze nützlich war, ein »Moskauer« zu sein, d.h. während des Krieges in der Sowjetunion gewesen zu sein. Es war äußerst gefährlich, im heimatlichen Widerstand oder im spanischen Bürgerkrieg gewesen zu sein. Während der ersten Welle der Säuberungen gingen die Moskauer gegen die anderen vor (besonders in Ungarn, aber auch in Polen, der Tschechoslowakei und in Bulgarien). Die einzige Ausnahme war Albanien, wo der Führer des Widerstandes den Moskauer Xoxe verfolgte. Die Säuberungen von 1952 fanden auf einer eher ethnischen Basis statt und betrafen sowohl die Moskauer wie die Einheimischen.

EINE BEMERKUNG ÜBER DIE NATIONALITÄTEN

Die stalinistische Haltung zum Nationalismus und zu Nationalitätenproblemen war zwiespältig. In der Theorie bekannten Stalins Anhänger sich zur Unterstützung der Belange nationaler Minderheiten. In den frühen 30er Jahren und einer kurzen Periode nach 1939 wurde dies sehr weit gefaßt. Zum Beispiel wurde die Losung eines slowakischen Staates aufgenommen. Zu anderen Zeiten, während der Volksfrontperiode, wurde die Einheit der Staaten, die durch den Faschismus bedroht wurde, betont. Als die Parteien der Macht nahegekommen waren, nach 1945, wurde letzterer Trend der Politik akzentuiert. In der Tschechoslowakei und in Polen befanden sich die Kommunisten bei der Vertreibung der örtlichen deutschen Minderheiten an vorderster Front. Die Deutschen wurden als Volk, nicht nur als Faschisten bestraft. In der Tschechoslowakei folgte der relativen Niederlage in den Wahlen von 1946 auf dem Gebiet der Slowakei eine Beschränkung der slowakischen Autonomie. Nach dem Prager Coup stand die Zentralisierung auf der Tagesordnung.

Aber diese Fälle sind im wesentlichen auf die vorstalinistische Epoche beschränkt. Im allgemeinen und nachdem die Deutschen vertrieben worden waren, war es kein Grundzug des sich auf seinem Höhepunkt befindenden Stalinschen Systems, sich durch die Ausnutzung der nationalen Gefühle von Mehrheitsnationalitäten in einem bestimmten Staat Unterstützung zu verschaffen. Stalins Demagogie betraf die Klassen- und nicht die nationale Basis. Die Sowjetunion spornte die multinationalen Staaten Osteuropas an, den Bedürfnissen ihrer nationalen Minderhei-

ten angemessene Aufmerksamkeit zu widmen. Das Recht auf Erziehung in der Nationalsprache der Minderheiten wurde garantiert; die Verbreitung gedruckter Schriften war erlaubt; ein Grad nationaler Autonomie durfte entweder beibehalten werden (Slowakei) oder wurde zum erstenmal gewährt (die Schaffung der Autonomen Ungarischen Region in Rumänien im Juli 1952).
Stalins Tod entspannte manche Zwänge. Aber er legte immanente Schwächen in den Positionen der Parteien offen, und diese nötigten poststalinistische Führer, die chauvinistische Karte auszuspielen. Es gab überall eine Umkehr zu einer Assimilationspolitik. Die Konzessionen an die Sprache der Minderheiten und deren Kultur, die Gesten der Stalinära für den Föderalismus wurden durch eine Politik ersetzt, die auf die Entwicklung homogener nationaler Gemeinschaften zielte. So verfolgte Rumänien nach 1962, nicht vorher, eine Politik der nationalen Unterdrückung gegenüber seiner ungarischen Minderheit. Bulgarien ergriff in den 80er Jahren Maßnahmen gegen seine türkische Bevölkerung. Die nationale Position der Slowaken in der Tschechoslowakei verschlechterte sich unter Novotny mit der Verfassung von 1960. Die vorgeblich antizionistische, aber in Wirklichkeit antijüdische Kampagne in Polen stammt aus dem Jahr 1967. Sogar in Jugoslawien, am Beginn so föderalistisch, wurde - 1953 beginnend - ein Versuch gemacht, die Assimilation der Nationen, aus denen sich das Land zusammensetzte, voranzubringen und eine neue jugoslawische nationale Identität zu schaffen. Aber die Bedingungen dieses Experiments waren unterschiedlich.

DIE JUGOSLAWISCHE AUSNAHME

Jugoslawien bildete die eine osteuropäische Ausnahme gegenüber der verdeckten Auferlegung der Uniformität nach 1948. Josip Broz Tito und die Kommunistische Partei Jugoslawiens wandelten sich nach 1948 aus beispielhaften Mitgliedern des Lagers der Volksdemokratien zu Ausgestoßenen und Ketzern. Wenn der Streit von 1948 für die Außenwelt auch eine Überraschung war, so war der Weg dazu durch eine Serie von Auseinandersetzungen vorbereitet worden, die bis 1941 zurückreichten. Das Wesen des Konflikts ist leicht dargestellt: Tito und die jugoslawischen Kommunisten waren zu unabhängig. Sie waren unabhängig an die Macht gekommen, und ihre ultraradikale Politik nach 1945 war nicht das Ergebnis der Befolgung sowjetischer Weisungen. Im Gegenteil, Stalin empfahl eine gemäßigte Politik der Rekonstruktion der Wirtschaft und eine Konzentration auf Rohstoffe und die Landwirtschaft. Dieser Rat wurde ignoriert. Der erste Fünfjahrplan (1947-52) faßte einen »großen Sprung nach vorne« ins Auge, mit einem Anwachsen der Industrieproduktion von 223 Prozent und einer Verdopplung des Nationaleinkommens. Stalin versuchte, die Jugoslawen zurückzuhalten, indem so wenig Produktionsmittel wie möglich geliefert wurden (bis 1948 nur im Wert von einer Million Dollar) und man auf der Lieferung von Rohstoffen in die Sowjetunion zu künstlich niedrig gehaltenen Preisen bestand. Verhandlungen über die Bildung gemischter Gesellschaften, die im August 1946 begannen, brachen im Februar 1947 zusammen.

Es gab auch außenpolitische Gründe für den Streit mit Stalin. Titos Jugoslawien erstrebte eine Führungsrolle auf dem Balkan und griff damit in sowjetische Vorrechte ein. Die Idee einer Balkanföderation wurde von Tito als ein Weg angesehen, die schier unlösbaren Nationalitätenprobleme des Gebietes so zu regeln, wie sie im Innern durch die Schaffung eines föderalen Jugoslawiens gelöst worden waren. Die mazedonische Frage könnte gelöst werden, wenn Bulgarien und Griechenland einer Balkanföderation beiträten; die Kosovo-Frage, die schon im März 1945 zu einer größeren Erhebung geführt hatte, sollte durch die Eingliederung Albaniens gelöst werden.[50] Tito und der bulgarische Führer Dimitroff planten die Schaffung einer jugoslawisch-bulgarisch-rumänischen Föderation. Dimitroff schlug öffentlich als erste Stufe eine bulgarisch-rumänische Föderation vor. Stalin berief Delegationen der jugoslawischen und der bulgarischen Regierung nach Moskau, um angeblich hierüber zu diskutieren (Februar 1948). Milovan Djilas hat beschrieben, wie Dimitroff bei diesem Treffen gedemütigt wurde und Stalin stattdessen die sofortige Bildung einer jugoslawisch-bulgarischen Föderation vorschlug. Albanien sollte später hinzugefügt werden. Sein Ziel war vermutlich, die jugoslawische Führung durch den Beitritt loyaler Bulgaren zu schwächen. Davon abgesehen, wurde sein gebieterischer Ton von den Jugoslawen als warnendes Zeichen angesehen. Ein Treffen des jugoslawischen ZK am 1. März 1948 entschied, bezüglich der vorgeschlagenen Föderation nicht weiterzumachen. Tito kommentierte: »Für unsere Partei und unser Land wäre es ein trojanisches Pferd.«[51]

Stalin beschloß, die Jugoslawen zur Vernunft zu bringen. Er benutzte zwei Methoden. Erstens gab es einen offiziellen Brief des Zentralkomitees der sowjetischen Partei, von ihm persönlich und von Molotow unterzeichnet, der am 27. März abgesandt wurde. Er enthielt Beschwerden über Beleidigungen gegen sowjetische Militärberater, über den »undemokratischen« Charakter der Jugoslawischen Kommunistischen Partei, über einen »Mangel an Initiative unter den Parteimassen« und über die »exzessive Rolle der jugoslawischen Staatssicherheit«. Der letzte Punkt bezog sich auf die Weigerung Rankovics, mit den sowjetischen Sicherheitsorganen zusammenzuarbeiten. Stalin beschuldigte die Jugoslawen auch des Trotzkismus, Menschewismus und - sicherheitshalber - der Beschäftigung britischer Spione in ihrer Regierung. Das jugoslawische ZK erwiderte am 13. April mit einem Brief, der alle Anschuldigungen Stalins zurückwies, während er die »unverbrüchlichen Bande«, die Jugoslawien mit der Sowjetunion verbanden, sowie die »brüderlichen Gefühle der Loyalität gegenüber der bolschewistischen Partei« betonte. Das Wesen der Meinungsverschiedenheit und die unüberbrückbare Kluft zwischen den beiden Seiten wurden durch das Beharren auf der Aussage, »wir entwickeln den Sozialismus in unserem Land in etwas anderen Formen«, sehr deutlich gemacht. Stalins Erwiderung traf am 4. Mai ein. Er fügte neue Anschuldigungen hinzu und hielt die vorangegangenen aufrecht. Tito habe eine

»antisowjetische Haltung«; seine Botschaft in London sei voller britischer Agenten; die Unfähigkeit, entweder die Landwirtschaft zu kollektivieren oder echte gesellschaftliche Reformen durchzuführen, bedeute, daß die jugoslawische Partei eine menschewistische Partei sei. Schließlich und besonders verletzend: Die Jugoslawen seien »lächerlich arrogant und kindisch« mit ihrer Behauptung von Erfolgen ihrer Partisanenbewegung während des Krieges. Sie seien überhaupt nur dank der Tapferkeit der Roten Armee an der Macht. Die Anstrengungen der Partisanen seien unbedeutend gewesen. Sie wurden aufgefordert, den Streit dem Kominform vorzulegen. Da wären sie natürlich eine einsame Minderheit gewesen.

Die andere Methode Stalins, Jugoslawien gefügig zu machen, war mehr indirekt. Sie bestand in der geheimen Rekrutierung von Helfern mit dem Ziel, in Belgrad eine »Palastrevolution« anzustiften. Das funktionierte nicht. Von den obersten Führern der Partei waren nur Zujovic und Hebrang für Stalin, und die hochrangigen Generäle, auf die er sich verließ, waren nicht in der Lage, die Unterstützung ihrer Offiziere zu erlangen. Jovanovic wurde im August bei dem Versuch, über die Grenze zu flüchten, erschossen. Zujovic und Hebrang wurden im Mai aus der KPJ ausgeschlossen und im Juni verhaftet. 16 000 der 470 000 Parteimitglieder wurden gleichzeitig verhaftet.

Dies erniedrigende Versagen zwang Stalin, den Streit an die Öffentlichkeit zu bringen, indem er das Kominform einberief und eine Resolution gegen die Titoisten verabschieden ließ. Die Resolution vom 24. Juni verurteilte die jugoslawischen Führer wegen »bourgeoisen Nationalismus« und weil sie sich »bei den imperialistischen Staaten lieb Kind machten«, und sie appellierte im Effekt an die »gesunden Elemente«, die sich »loyal zum Marxismus« verhielten, sich zu erheben und die gegenwärtigen unfähigen Führer zu ersetzen. Jugoslawien wurde aus dem Kominform ausgeschlossen.[52] Selbst das hatte nicht die gewünschte Wirkung. Titos Antwort bestand darin, weiterhin seine Treue zum Marxismus-Leninismus zu bekräftigen und den Streit auf ein Problem zu begrenzen: Jugoslawiens nationale Unabhängigkeit. Einige Jahre lang unterschied sich die Innenpolitik Jugoslawiens kaum von der der sie umgebenden kommunistischen Staaten. Stalin beschuldigte Jugoslawien des Versagens bei der Kollektivierung der Landwirtschaft; Tito antwortete mit der Resolution von Januar 1949, die die »sozialistische Umgestaltung des Dorfes« forderte. Zwischen 1948 und 1950 wuchs die Bodenfläche, die von Kollektiven bewirtschaftet wurde, von 2,4 Prozent auf 17 Prozent. Aber der Schritt zur Unabhängigkeit war nun getan, und Jugoslawien verließ damit die stalinistische Gemeindschaft. Eine vollständige Wirtschaftsblockade sorgte um 1949 dafür, daß Jugoslawien entweder in völliger Isolierung leben oder beginnen müsse, Vereinbarungen mit dem Westen abzuschließen. Es wählte den zweiten Weg.

Hier beginnt Jugoslawien die Ausnahme zu sein. Es war tatsächlich gezwungen, mit dem Westen Handel zu treiben.

»Wenn wir Kupfer verkaufen, um Maschinen zu kaufen«, sagte Tito 1949, »verkaufen wir nicht unser Gewissen, sondern nur Kupfer. Mit den Maschinen aus dem Westen werden wir weiterhin den Sozialismus aufbauen.«

Aber es gab schon 1950 so etwas wie einen Wendepunkt, als Tito entschied, die Invasion Südkoreas durch den Norden zu verurteilen und ökonomische und militärische Hilfe vom Westen anzunehmen. In der Innenpolitik fand 1950 eine Anzahl entscheidender Veränderungen statt. Tito behauptete in einer Rede vor der Nationalversammlung im Juni, daß Jugoslawien anders als die Sowjetunion auf den wahren leninistischen Weg zurückkehren und dem Staat erlauben würde »abzusterben«. Das Staatseigentum an den Produktionsmitteln würde »allmählich in höhere Formen sozialistischen Eigentums übergehen«. Das war die theoretische Rechtfertigung für die Schritte zur Dezentralisation, die schon geschehen waren (das Gesetz vom Mai 1949 über die Volkskomitees), und für den großen Wandel in der Organisation der Produktion, der bevorstand: die Einführung der Arbeiterselbstverwaltung durch das Grundlagengesetz vom Juni 1950. Arbeiterräte sollten in allen Unternehmen gewählt werden. In der Theorie hatten diese Räte die Macht, »alle staatlichen Wirtschaftsunternehmen innerhalb des staatlichen Wirtschaftsplanes« zu leiten. In der Praxis hatten sie wenig Macht über die Manager, die bis 1953 von dem jeweiligen Industrieministerium ernannt wurden. Außerdem wurde die Wirtschaft immer noch von der Zentrale geplant; somit gab es zuerst keine Autonomie der Unternehmen.

Das änderte sich im Dezember 1951, als das Gesetz über die Leitung der Nationalen Wirtschaft verabschiedet wurde. Es beschränkte die zentrale Planung auf die Vorgabe der »grundlegenden Proportionen«. Es war ein Schritt weg von der Kommandowirtschaft zum »Marktsozialismus«. Die Kollektivierung wurde 1951 fallen gelassen. Zwei Jahre später durften die Kollektivwirtschaften über ihre Auflösung abstimmen. Am Ende des Jahres waren nur noch 200 000 Bauern in Kollektiven. In der örtlichen Verwaltung wurden die Volkskomitees von 1952 an ermächtigt, ihre Budgets selbst aufzustellen. Sie wurden zu »Organen der öffentlichen Selbstverwaltung in den Kommunen« erklärt. Sie erhielten 1953 das Recht, die Manager der Fabriken zu berufen. Ein Gesetz 1953 bildete zwei gewählte repräsentative Kammern, eine von ihnen, ein Rat der Produzenten, wurde direkt am Arbeitsplatz gewählt. Auf ihrem Sechsten Parteitag 1952 wandelte sich die kommunistische Partei in den Bund der Kommunisten Jugoslawiens um. Das sollte die Trennung der Partei vom Staat symbolisieren. Auf diese Weise entfernte sich Jugoslawien vom kommunistischen Standardmodell.

Es bestanden jedoch in den 50er Jahren zwei Haupthindernisse für weitere Fortschritte in diese Richtung: die Außenpolitik und die Rolle des Bundes. Tito hatte nie die Absicht, eine Außenpolitik des Bündnisses mit dem Westen zu verfolgen, und umgekehrt waren Stalins Nachfolger im Kreml darauf bedacht, die Beziehungen mit den Jugoslawen zu reparieren. Daher verfolgte Jugoslawien in der Außenpolitik einen seltsamen Zickzackkurs, indem es sich manchmal der Sowjetunion annäherte, manchmal weiter entfernte. Dies hatte Auswirkungen auf das Gesche-

hen im Lande. Milovan Djilas wurde wegen seiner Kritik am Leninismus gerügt und im Januar 1954, als erste Schritte zu einer Wiederannäherung an die Sowjetunion gemacht wurden, aus dem ZK ausgeschlossen. Die versuchte Aussöhnung mit der Sowjetunion nach 1957 fiel mit Djilas' erster Inhaftierung zusammen; und Chruschtschows Bruch mit China und sein folgerichtiges Zugehen auf Jugoslawien nach den drei frostigen Jahren von 1958 bis 1960 führten zur erneuten Inhaftierung Djilas', wiederum wegen öffentlicher Kritik an Stalin (1962). Schließlich erlaubte das grüne Licht, das mit den Reformen Kossygins 1965 für die ökonomische Liberalisierung in der Sowjetunion gegeben wurde, den Marktreformern, die Auseinandersetzung mit den Zentralisten in Jugoslawien zu gewinnen.
Es folgten entscheidende Veränderungen, die François Fejtö überschwenglich »die Zweite Jugoslawische Revolution« oder auch »die Große Ökonomische Reform von 1965« tituliert hat. Individuelle Unternehmen durften jetzt 71 Prozent ihres Nettogewinns behalten, statt wie bisher nur 46 Prozent. Die »politischen Fabriken« oder nicht lebensfähigen Unternehmen, die in den weniger entwickelten Regionen des Landes errichtet worden waren, wurden abgewickelt. Es wurde gestattet, Privatfirmen zu gründen. Die Banken wurden aus der Staatskontrolle in Unternehmenskontrolle überführt (1966). Unternehmen erhielten die Erlaubnis, Tochtergesellschaften unter ihrer eigenen direkten Kontrolle zu gründen (1967). Aber die Reform traf nun auf ein weiteres Hindernis: die Partei selber, die immer noch von Tito geführt wurde. Er stützte Rankovic, der den Geheimdienst und die Organisation des BdKJ leitete, bis letzterer den Fehler machte, einen Staatsstreich zu versuchen (1966). Sogar nach dem Sturz Rankovics ließ Tito wissen, daß er sich »nicht mit irgendwelchen Liberalen verbunden« habe.[53] So weit es ihn anging, wurde der Bund als eisernes Band gebraucht, das die ungleichartigen Fragmente Jugoslawiens zusammenhielt. Das wurde in der Krise von 1971 im Zusammenhang mit den Forderungen der Kroaten nach weiterer Dezentralisation des Landes sehr deutlich. Tito griff ein, um die örtlichen kroatischen Kommunisten zu entlassen, die diese Forderungen gestellt hatten, und ließ nationalistische kroatische Agitatoren einsperren. Es wurden, das ist wahr, bestimmte Zugeständnisse gemacht, insofern als die Verfassung von 1974 große Macht in den Händen der sechs konstitutiven Republiken Jugoslawiens und der zwei autonomen Provinzen ließ. Aber der Bund der Kommunisten und sein exekutiver Arm, die Bürokratie und die auf Belgrad ausgerichtete Armee, hatten die Aufgabe, als Klammer zu dienen.
Daher hatte der Kommunismus in Jugoslawien trotz der Veränderungen der 60er und 70er Jahre weiterhin bestimmte grundlegende Züge mit den mehr orthodoxen kommunistischen Staaten im Osten gemeinsam. Die umbenannte Partei, der Bund, hatte letzten Endes immer noch die Macht. Es durfte keine andere Partei geben. Der Bund war auf Dauer in der Verfassung von 1974 verankert. Tito ebenfalls. Jugoslawien blieb unter Tito ein autokratischer Staat, und als er 1980 starb, wurde es eine Oligarchie. Die Fälle Djilas, Mihailov und andere demonstrierten die Grenzen der Pressefreiheit. Die Staatskontrolle über die Wirtschaft

wurde beibehalten, wenn auch als »gesellschaftliches Eigentum« dargestellt. 1969 wurde eine Beschäftigungsgrenze von fünf Arbeitern für private Firmen festgelegt und in der Folge beibehalten. Die Gewerkschaften waren unterwürfig und unempfänglich für die Nöte der Arbeiter. Der sozialistischen Selbstverwaltung gelang es nicht einmal auf örtlicher Ebene, einen Einfluß auf die Macht der Partei, die die grundlegenden Entscheidungen traf, auszuüben. Die Partei behielt ein Monopol auf alle Schlüsselpositionen in der Regierung, der Presse und im Bildungswesen. Demagogische Versuche, das System zu erhalten, indem man die Kraft des serbischen Nationalismus heraufbeschwor, verschlechterten die Situation nur, weil die nationalen Gefühle der Albaner, Kroaten und Slowenen gereizt wurden. Das führte schließlich in den 80er Jahren zur Desintegration des BdKJ in separate nationale Bestandteile. Wenn man diese Punkte nicht bedenkt, ist es unmöglich zu verstehen, warum auch Jugoslawien in dem allgemeinen Untergang des Kommunismus zusammenbrach. Die »jugoslawische Ausnahme«, die als solche seit 1950 so stolz proklamiert wurde, erwies sich nicht fähiger, dem Prozeß des kommunistischen Niedergangs zu widerstehen, als seine östlichen Nachbarn.[54]

5 Osteuropa nach Stalin

Der Tod Stalins im März 1953 erwies sich als Ereignis von gewaltiger Bedeutung für Osteuropa, weil er zu einer Neuorientierung der sowjetischen Innenpolitik führte. In Anbetracht der Hauptmerkmale des osteuropäischen Stalinismus, die in der Imitation des sowjetischen Modells und dem bedingungslosen Gehorsam gegenüber Weisungen aus Moskau bestanden, mußte jeder Reformimpuls von dort kommen. In der Tat waren es in den Jahren 1953 bis 1956 oft die lokalen kommunistischen Führer, die sich Reformen widersetzten (zugegebenermaßen mit einiger Unterstützung durch die Molotow-Fraktion in Moskau), während der Kreml auf sie drängte. Die Schaffung einer kollektiven Führung in Moskau und die Trennung der Partei von der Regierung gaben ein Beispiel, das befolgt werden sollte. Den »kleinen Stalins« sollte ihre autokratische Macht genommen werden. Wirtschaftliche Zugeständnisse sollten dem Volk gemacht werden. Die schlimmsten Exzesse der Polizeiterrors sollten beendet werden. Das war ein Minimalprogramm. Viele Menschen wollten weiter gehen. In zwei Ländern kamen sie 1956 dem Erfolg nahe. Wir werden zuerst Ungarn betrachten.

DER NEUE KURS IN UNGARN

Eine Gruppe ungarischer Führer wurde drei Monate nach Stalins Tod zu einem Treffen nach Moskau eingeladen (Juni 1953). Das sowjetische Ziel bei der Einberufung dieses Treffens bestand darin, auf die Einführung eines »Neuen Kurses« und einen Führungswechsel zu drängen. Das war eine Reaktion auf die Streiks und Unruhen, die am Anfang des Monats in Csepel, Ozd und Diosgyör stattgefunden hatten und den bevorstehenden Zusammenbruch des Regimes anzuzeigen schienen. Der stalinistische Herrscher von Ungarn, Rákosi, wurde durch das sowjetische Politbüro von allen Seiten angegriffen. Chruschtschow warnte, daß die Rákosi-Leute »vom ungarischen Volk einfach weggejagt« würden, wenn sie ihr Verhalten nicht änderten. Berija war besonders ungnädig und beschuldigte Rákosi, »der erste jüdische König von Ungarn« werden zu wollen, »was wir nicht erlauben werden«.[1]

Imre Nagy (der von den sowjetischen Führern besonders nach Moskau eingeladen worden war) wurde auf der Stelle zum Premier berufen, während Rákosi Erster Sekretär der Partei bleiben durfte. Gerö und Hegedüs wurden zu Nagys Stellvertretern gemacht. Farkas und Révai wurden aus dem ungarischen Politbüro ausgeschlossen. Rákosi mußte Selbstkritik üben und gab zu, daß er sich über die Partei gestellt, Rat und Kritik unterdrückt und Personenkult betrieben habe.
Aber der Kampf um Reformen war keineswegs gewonnen. Rákosi blieb Erster Sekretär der UAP, und er war sogar in der Lage, die Veröffentlichung der »Resolution vom 28. Juni« des Zentralkomitees in Ungarn zu verhindern (sie tauchte erst 1985 in Paris auf)[2], die direkt auf seine Fehler Bezug nahm und einige vorsichtige Reformen empfahl. Sie werden hier angeführt, weil sie für die Ära des Neuen Kurses typisch sind: (1) ein langsameres Tempo der Industrialisierung, (2) stärkere Betonung der Leichtindustrie, (3) Verbesserung des Lebensstandards, (4) Reduzierung der Steuern der Bauern und der Zwangsablieferungen ihrer Produkte, (5) eine niedrigere Investitionsrate, (6) langsamere Kollektivierung, (7) Hilfe für Kleinbauern, (8) Erlaubnis für Bauern, aus den Kollektivwirtschaften auszutreten und wieder ihr Land zu übernehmen, (9) die Wiederherstellung der kollektiven Führung. Nagy war in der Lage, wenigstens die ökonomischen Reformen durchzusetzen. Den Bauern wurde im Oktober 1953 gestattet, die Kollektive zu verlassen, die Zahl der privaten Bauernhöfe wuchs zwischen 1953 und 1954 um 200 000. Die Investitionen in der Schwerindustrie gingen um 41 Prozent zurück. Die Reallöhne der Industriearbeiter stiegen um 15 Prozent. Aber Rákosi harrte als Kopf der UAP aus, und der 3. Parteitag (Mai 1954) wählte ein Politbüro aus neun Leuten, von denen nur einer ein Reformer war (Nagy selber). Obwohl die Internierungslager im Sommer 1953 geschlossen und die »Kulakenlisten« abgeschafft wurden, wurden den ehemaligen Internierten erneut von Volksgerichten Prozesse gemacht und sie in gewöhnliche Gefängnisse überführt. Nagys Gegner wurden durch die Entwicklungen im Lande gestärkt. Es fand ein beträchtlicher Auszug aus den Kollektivwirtschaften statt, mit dem Ergebnis, daß der Anteil landwirtschaftlicher Nutzfläche in den Kollektiven von 26 Prozent 1953 auf 18 Prozent 1954 fiel. Die Lockerung der Arbeitsdisziplin führte zu einem Absinken der Produktivität in der Industrie. Journalisten der Parteizeitung *Szabad Nép* forderten Demokratie innerhalb der Partei und ein Ende der Versuche Rákosis, den Neuen Kurs zu vereiteln.
Er konnte daher den Gegenangriff mit der Behauptung führen, daß »eine feindliche rechte Woge das Land überschwemme«.[3] Außerdem veränderte der Wind aus dem Osten jetzt seine Richtung. Malenkows Stern begann zu schwinden und Chruschtschows ging auf. Nagy war Malenkows Mann gewesen und seiner Politik gefolgt (zumindest auf dem Gebiet der Wirtschaft). Obgleich sich Chruschtschow später in der Entstalinisierung engagieren sollte, befand er sich auf dieser Stufe mit Molotow und den hartgesottenen Stalinisten im Bündnis. Daher wurden die ungarischen Parteiführer im Januar 1955 wiederum in den Kreml befohlen. Der UAP-Delegation gehörten Nagy, Rákosi und drei seiner Anhänger an. Jetzt konn-

te Rákosi Rache nehmen. Nagy wurde heftig wegen der Ermutigung des Fraktionswesens in der Partei (die Aktivitäten der Reformjournalisten der Partei), wegen Verunglimpfung der führenden Rolle der Partei und Leugnung des Klassenkampfes gescholten. Als er sich zu verteidigen versuchte, wurde er niedergeschrien.[4]

Im Februar 1955 wurde Malenkow degradiert, und zwar offiziell wegen der »Verletzung des Gesetzes der vorrangigen Entwicklung der Abteilung I«, d.h. der Produktion von Produktionsmitteln. Im März wiederholte das ZK der UAP die Anschuldigungen, die in Moskau erhoben wurden, und fügte die Beschuldigungen »rechter opportunistischer Abweichungen in bezug auf die sozialistische Industrialisierung« und »rechter Auffassungen in bezug auf die Bauern« hinzu. Nagy weigerte sich, zurückzutreten oder Selbstkritik zu üben, so daß die sowjetischen Führer im April Michail Suslow nach Budapest entsenden mußten, um das Gewicht seiner Autorität einzusetzen. Das hatte die gewünschte Wirkung. Nagy wurde am 14. April als Premierminister entlassen und im November aus der Partei ausgeschlossen. Rákosi - wieder an der Macht - war in der Lage, den Neuen Kurs umzukehren. Er stellte die Priorität der Schwerindustrie wieder her, setzte eine härtere Arbeitsdisziplin durch, säuberte unter den Journalisten bei *Szabad Nép* (Mai 1955), trieb die Bauern zurück in ihre Kollektive (bis 1956 erreichte die landwirtschaftliche Nutzfläche in kollektiver Bewirtschaftung 22,2 Prozent) und forderte »die drakonischsten Maßnahmen« gegen Bauern, die ihr Ablieferungssoll nicht erfüllten.[5]

Aber eine Rückkehr zum umfassenden Stalinismus war aufgrund der Zweideutigkeit der Politik Chruschtschows in Ungarn genausowenig möglich wie anderswo. Nachdem er Malenkow verdrängt hatte, fuhr er fort, mit dem jugoslawischen Führer Frieden zu schließen (Mai 1955). Der brachte sofort eine extreme Feindseligkeit besonders gegen Rákosi zum Ausdruck und verurteilte die Ungarn, die »ihre Hände mit Blut beschmutzt, Schauprozesse durchgeführt und unschuldige Menschen zum Tode verurteilt hatten«, und das alles unter dem Vorwand des »Titoismus«. Es wäre falsch, Titos Einfluß auf Chruschtschow zu überschätzen. Es ist wahrscheinlicher, daß nach den Enthüllungen des 20. Parteitages (Februar 1956) der kompromißlose Stalinismus Rákosis unannehmbar war. Der Tropfen, der das Faß zum Überlaufen brachte, war sein Plan, vierhundert seiner Gegner, einschließlich Nagys, einzusperren. Mikojan unterbrach seine Reise nach Belgrad im Juli und befahl den Ungarn, sich Rákosis zu entledigen, der voller Überraschung und Unglauben Chruschtschow anrief und Bestätigung erbat. »Wenn ich gehe, wird alles zusammenbrechen«, sagte er. Chruschtschow erwiderte: »Nichts wird zusammenbrechen. Du mußt zurücktreten.« Rákosi wurde nicht durch Nagy, sondern ein anderes Mitglied seines eigenen Teams ersetzt, durch Ernö Gerö, der für die Verbrechen der vergangenen wenigen Jahre genauso verantwortlich war. Tito erklärte später: »Gerö unterschied sich in keiner Weise von Rákosi.«[6] Der wahre Ersatzkandidat, der einzige Kommunist, der die Lage stabilisieren konnte, Imre Nagy, wurde kaltgestellt. Er nutzte die Zeit, um ein

Memorandum zu schreiben, in dem er sich rechtfertigte und den Weg wies, den die Partei gehen müßte. »Die Partei ist keine Räuberhöhle, deren Einheit erhalten werden müßte, um ihre Verbrechen zu verbergen«, schrieb er.[7] Sein eigenes Programm war ein Programm gemäßigter Reform und schloß eine Rückkehr zum Neuen Kurs von 1953/54 ein.

Die Gerö-Führung der UAP, nicht mehr in der Lage, zur Unterdrückung im Stil Rákosis zurückzukehren, war nun gezwungen, dem allmählichen Zerfall ihrer Position beizuwohnen. Die Revolte der Presse, die den Parteiführern Ende des Jahres aus den Händen zu gleiten begann, und die der Intellektuellen, die im November 1955 gegenüber dem ZK gegen Zensur und »despotische Methoden auf dem kulturellen Gebiet« protestierten, wurde 1956 durch eine Bewegung von Universitätsstudenten um den »Petöfi-Kreis« verstärkt. Dieser wurde am 17. März 1956 mit Genehmigung der Partei unter der Ägide der offiziellen Jugendorganisation DISZ (Föderation der Arbeiterjugend) gegründet. Die meisten Studenten im Petöfi-Kreis hatten einen Arbeiter- oder Bauernhintergrund. Sie hatten Vorteile aus der immanenten Bevorzugung der Arbeiterklasse, die die Bildungssysteme unter dem Stalinismus charakterisierte, gehabt[8]; jetzt aber reflektierte ihre Bitterkeit auch die der Arbeiter und Bauern.

Eine Welle von Arbeiterprotesten und Streiks durchflutete Ungarn als Reaktion auf die Nachrichten von den Aufständen in Posen in Polen (Juni 1956), besonders in Csepel und Budapest. Die Agitation des Petöfi-Kreises lief mit dem Anwachsen einer Stimmung des Hasses gegen das bestehende Regime parallel, so stark, daß gegen August und September Parteifunktionäre »sich nicht auf die Straße wagten«.[9] Die intellektuelle Gärung unter den Studenten begann auf die Arbeiter überzugreifen. Ein Arbeiter in einer Telefonfabrik berichtete:

> »Viele Arbeiter, die an der technischen Universität Abendklassen besuchten, kamen mit den Debatten des Petöfi-Kreises in Kontakt. Durch sie wurden andere Arbeiter über die Debatten informiert ... Es bestand eine gespannte politische Atmosphäre, denn eine frische Brise war in die Fabriken eingedrungen und wirkte gegen den erstickenden Druck der Partei.«[10]

Sogar die offiziellen Gewerkschaften traten in den Konflikt ein. Am 28. November forderte der Nationalrat der Gewerkschaften (SZOT) mehr Autonomie und einen höheren Lebensstandard für die Arbeiter.[11]

Die Forderungen des Petöfi-Kreises konzentrierten sich auf die jüngste Vergangenheit. Sie prangerten die Verbrechen der Rákosi-Führung und insbesondere die Säuberungen an. Überlebende, die 1954 während der kurzzeitigen Nagy-Ära freigelassen worden waren, wie Julia Rajk (die Witwe von László Rajk), Ferenc Donáth und Géza Losonczy, gaben den Anklagen weiteres Gewicht. Die Partei folgte hilflos im Kielwasser des Meinungsumschwungs. Eine Konzession nach der anderen wurde ihr abgerungen, aber sie kamen immer zu spät. Am 3. Oktober, Gerö war im Urlaub, autorisierte das ZK die nunmehr feierliche Beisetzung von Rajk, dem führenden kommunistischen Opfer der Säuberungen nach 1948. Die sterblichen Überreste von Rajk und drei anderen wurden von einem geheimen

AVH-Friedhof gebracht und von einer Begräbnisprozession von 200 000 Menschen an ihre letzte Ruhestätte geleitet (6. Oktober). Die Unruhe wuchs weiter. Die bloße Wiederaufnahme Nagys in die Partei am 13. Oktober konnte nichts ändern: Gerö blieb an der Macht.

Das anfängliche Versagen der Partei, den Zielen der Protestbewegung entgegenzukommen, führte dazu, daß sie sich viel weiter ausdehnte. Man begann, extreme Forderungen zu stellen. In Györ wurde am 16. Oktober die Forderung erhoben, »die sowjetischen Streitkräfte mögen unsere Heimat verlassen«. Ein Leitartikel der kommunistischen Jugendzeitung erklärte am 19. Oktober: »Wir befinden uns in einem Kampf um Unabhängigkeit, der genau dem gleicht, den unsere Vorfahren 1848 führten«, und am 20. Oktober forderte der Schriftstellerverband eine »neue, demokratisch gewählte Parteiführung«.[12]

Der Ruf nach Wiederherstellung der nationalen Unabhängigkeit war eine überzeugende Parole. Dies war der Grund dafür, daß die explosiven Ereignisse Ende Oktober durch Gerüchte aus Polen, die sich später als falsch herausstellten, ausgelöst wurden, in denen es hieß, die Sowjetunion verhindere, daß der »Nationalkommunist« Gomulka dort an die Macht kommt (21. Oktober). Der Petöfi-Kreis beschloß, aus Solidarität mit Polen eine Demonstration durchzuführen. Aber die Bewegung, die sie in Gang gesetzt hatten, ging weit darüber hinaus. Am 22. Oktober brachten die Studenten, die sich schon von der offiziellen Jugendorganisation getrennt und sich unabhängig als MEFESZ (Föderation der Ungarischen Universitäts- und Collegevereinigungen) organisiert hatten, eine Liste mit sechzehn Punkten heraus, die zu extrem war, als daß der Petöfi-Kreis sie hätte schlucken können. Forderungen nach Evakuierung der sowjetischen Truppen, allgemeine Mehrparteienwahlen, Wiederherstellung des alten ungarischen Wappens von 1848, Veröffentlichung der Außenhandelsabkommen, besonders in bezug auf die Ausbeutung der ungarischen Uranvorkommen, und Rede- und Pressefreiheit konnten auch von den liberalsten Kommunisten nicht akzeptiert werden. Andere Forderungen, die auch vom Petöfi-Kreis aufgegriffen wurden, befanden sich innerhalb der Grenzen des Reformkommunismus: ein neues Zentralkomitee für die UAP, Nagy wieder als Premierminister, eine Überprüfung der Produktionsnormen in der Industrie und des landwirtschaftlichen Ablieferungssystems, die Freilassung politischer Gefangener, die Entfernung der Statue Stalins, Solidarität mit Polen und die Einberufung eines Parlamentes der Jugend.[13]

Die 300 000 Demonstranten, die am 23. Oktober das ungarische Parlament belagerten und Nagy zu sprechen aufforderten, machten mit ihren Losungen klar, daß sie die extremeren Forderungen unterstützten. Sie riefen: »Unabhängigkeit«, »Laßt die Sowjetarmee nach Hause gehen und Stalins Statue mitnehmen«. Nagy erfaßte die allgemeine Stimmung nicht, sprach die Menge als »Genossen« an und stellte »Verhandlungen und die Lösung von Problemen im Zentrum der Partei« in Aussicht. Inzwischen wurde am Rande des Stadtparks die anstößige Statue in direkter Aktion niedergerissen. Eine weitere Gruppe umstellte das Rundfunkgebäude und forderte die Übertragung der sechzehn Punkte. Um 20 Uhr gab Gerö die provokatorische Erklärung ab, daß die Demonstranten eine von Volksfeinden verführte »Gruppe von Faschisten« seien. Tito kommentierte später, daß diese »Beleidigung einer ganzen Nation genügte, um das Feuer zu entfachen«. Tatsächlich war es die AVH (Truppen der Staatssicherheit), die diese explosive Mischung entzündete, indem sie in die Menge schoß. Nunmehr hieß die Losung: »Tod den AVH-Mördern«. Um 22 Uhr war die Rundfunkstation Schauplatz einer heftigen bewaffneten Auseinandersetzung. Die ungarische Revolution war im Gange.[14]

Wie immer war die Haltung der Armee entscheidend. Die Soldaten liefen zu der Menge über, verteilten ihre Waffen. Arbeiter kamen auf Lastwagen aus den Munitionsfabriken von Csepel und brachten Kisten voller Munition mit. Gegen 1 Uhr des 24. Oktober war das Rundfunkgebäude besetzt, und der Kampf hatte sich über die ganze Hauptstadt ausgebreitet. Es ist wichtig festzuhalten, daß diese Ereignisse der ersten sowjetischen Intervention vorausgingen. Als sowjetische Panzerkolonnen in den frühen Stunden des 24. Oktober nach Budapest hereinströmten, war das eine Antwort auf eine Anforderung von Gerö. Im Grunde genommen bestand die Alternative für die kommunistische Partei darin abzudanken. Die Führung entschied sich für ein Zeichen der Versöhnung: Nagy sollte wieder Premierminister sein, und er und vier andere wurden in das ZK aufgenommen. Sechs Hardliner wurden aus dem Politbüro entfernt. Aber Gerö sollte Erster Sekretär bleiben.

Die folgende Radikalisierung der Revolution wurde durch das Zusammenwirken dreier Faktoren bestimmt: die provozierenden Aktionen der AVH, den Zerfall der kommunistischen Herrschaft auf örtlicher Ebene und die Entwicklung der sowjetischen Haltung. Eine friedliche Demonstration vor den Parlamentsgebäuden am 25. Oktober, die einberufen worden war, um gegen die Bezeichnung der Demonstranten vom Vortag als Konterrevolutionäre durch die Regierung zu protestieren, war durch Verbrüderungen zwischen der Menge und den sowjetischen Panzerbesatzungen gekennzeichnet, denen man gesagt hatte, daß sie dort seien, um eine faschistische Erhebung zu unterdrücken, und die erstaunt waren, eine friedliche und wohlwollende Menge zu sehen. Aber Maschinengewehrschützen der AVH eröffneten vom Dach des gegenüber liegenden Landwirtschaftsministeriums das Feuer. Sie feuerten weiter, bis sie von sowjetischen Panzern zum Schweigen gebracht wurden. Da aber lagen etwa hundert Menschen, darunter eine Anzahl sowjetischer Soldaten, tot am Boden. Fehér und Heller formulierten, man könne dies Ereignis »als eine genaue Kopie der Salve vom Januar 1905 ansehen« (in St. Petersburg).[15]

Der Zwischenfall führte zu einer Aufwallung von Revolten im ganzen Lande. Ein allumfassender Generalstreik kam am 26. Oktober in Gang. Revolutionsräte mit einer verwirrenden Vielfalt von Bezeichnungen entstanden plötzlich überall. Es gab Nationalräte, Sozialistische Revolutionäre Komitees, Kommunale Arbeiterräte und einfach Arbeiterräte. Räte waren eigentlich schon am 22. Oktober in der Dimavag Eisengießerei in Miskolc und am 24. Oktober in der Vereinigten Lampenfabrik in Budapest gebildet worden. Aber erst der Konflikt mit der AVH in Budapest vom 25. und 26. Oktober (und viele andere ähnliche Konflikte in der Provinz) führten zu ihrer Ausbreitung in alle Fabriken und Unternehmen. Die Macht ging in die Hände der Räte auf örtlicher Ebene über, manchmal nach blutigen Kämpfen mit der Polizei, manchmal friedlich.

Diese örtlichen Arbeiter- und Revolutionsräte wurden anfangs von früheren Sozialdemokraten oder Parteilosen geführt. Später, nachdem die Regierung und die offiziellen Gewerkschaften zu ihrer Bildung aufgerufen hatten (26. Oktober), spielten auch Kommunisten in ihnen eine gewisse Rolle. Nachdem die ungarische Revolution niedergeworfen worden war, behaupteten die Anhänger des wiederhergestellten Regimes, daß die Arbeiterräte aus Reaktionären bestanden, die den Kapitalismus wieder herstellen wollten. Aber die Zusammensetzung der Räte aus Angehörigen der Arbeiterklasse und ihre Programme widerlegen das. Sie waren Räte der Arbeiter mit Programmen für eine Arbeiterkontrolle. Beispielsweise gab die Budapester Versammlung der Arbeiterräte am 31. Oktober ein Neun-Punkte-Programm heraus, das mit den Worten begann, »Die Fabrik gehört den Arbeitern«, und fortfuhr, »das höchste Kontrollorgan der Fabrik ist der von den Arbeitern demokratisch gewählte Arbeiterrat«. Der Fabrikdirektor sollte vom Arbeiterrat gewählt werden und diesem verantwortlich sein.[16] Das Programm der Budapester Studenten blieb die Basis für die Forderungen der Arbeiterräte. Der Nationalrat von Györ fügte die Forderung nach ungarischer Neutralität hinzu (26. Oktober). Davon abgesehen, standen die Forderungen der Arbeiterräte im Zusammenhang mit der aktuellen militärischen Situation. Sie wollten die Auflösung der AVH, den Abzug der sowjetischen Truppen aus Ungarn und ein Ende der Kämpfe.

Der andere Arm der ungarischen Revolution war der militärische, die kämpfenden bewaffneten Gruppen, die am 24. Oktober aus dem spontanen Widerstand gegen die sowjetische Intervention hervorgingen. In vielen Fällen formierten und erneuerten sich diese Gruppen in Reaktion auf die jeweilige Situation. Ein Teilnehmer stellte es so dar:

> »Einige Leute kamen zusammen, kämpften, gingen nach Hause, andere kamen und setzten den Kampf fort. Die Menschen wechselten dauernd ... Es gab keinerlei Organisation.«[17]

Die Anzahl der Beteiligten war ziemlich klein: Alles in allem beliefen sich die Gruppen der Corvin-Allee, der Kilián-Kasernen und der Tüzoltó-Straße auf 600 bis 1 000 Leute. Molnár gibt für die Periode der ersten sowjetischen Intervention eine Gesamtzahl von 1 200 bis 1 800 Aufständischen an.[18]

Diese kämpfenden Gruppen waren manchmal eine Zuflucht für geflohene Kriminelle oder andere Leute vom Rande der Gesellschaft. Die sogenannte Petöfi-Brigade unter Peg-Leg Janko, einem Rückfalltäter mit sechzehn Vorstrafen wegen krimineller Delikte, war ein solcher Fall. Die wiederhergestellte kommunistische Re-gierung neigte später natürlich dazu, die Rolle, die von diesen kriminellen Elementen gespielt wurde, zu betonen. Sie übertrieben auch die Rolle ehemaliger

Faschisten und westlicher Agenten. Die am stärksten rechts orientierte Gruppe war die um József Dudas, die die Büros der Tageszeitung der Partei, *Szabad Nép*, besetzt hatte. Er gehörte während des Krieges dem kommunistischen Untergrund an und trat danach der Kleinbauernpartei bei; zwischen 1946 und 1956 war er wegen Konspiration im Gefängnis. Jetzt tauchte er auf und forderte für seinen Ungarischen Nationalen Revolutionsrat sechs Ministerposten. Er appellierte an die UNO, Truppen nach Ungarn zu entsenden, um die »Freiheitskämpfer« zu unterstützen. Aber sogar Dudas war der Meinung, daß »Faschisten und extrem rechte Gruppen nicht geduldet werden sollten« und daß »der Sozialismus erhalten werden muß«.[19]

Dennoch gab es sicherlich Leute, die an der AVH und an führenden kommunistischen Funktionären Rache nehmen wollten. Die Belagerung der Budapester Parteizentrale, die am 30. Oktober für die Aufständischen siegreich endete, führte zur Ermordung einer Anzahl von AVH-Leuten, nachdem sie sich schon ergeben hatten. Die Kampfgruppe Corvin-Allee versuchte ohne Erfolg, diese Vergeltungsakte des Mobs zu verhindern. 25 der 100 Menschen in der Zentrale verloren das Leben. Ähnliche Zwischenfälle fanden im ganzen Land statt. Aber die Gesamtzahl der Opfer, die von der wiederhergestellten Regierung genannt wurde, betrug 234, eine Zahl, in der viele AVH- und Parteimitglieder enthalten sind, die im Kampf fielen. Diese Zahl steht im Kontrast zu den geschätzten 2 400 Todesfällen auf der anderen Seite.[20]

Die weitere Entwicklung der Situation nach dem 25. Oktober wurde letztendlich von den Entscheidungen der sowjetischen Führer bestimmt. Die kämpfenden Gruppen waren mit einiger Unterstützung durch Einheiten der ungarischen Armee fähig, die AVH zu bekämpfen. Aber sie konnten es selbstverständlich nicht mit der Sowjetarmee aufnehmen. Der Grund für ihren scheinbaren Erfolg nach dem 25. Oktober war die eigenartige Neutralität der sowjetischen Truppen. Die sowjetischen Panzerdivisionen in Budapest beschränkten sich auf Patrouillen wichtiger Verkehrsadern; sie machten keinen Versuch, den Aufstand niederzuschlagen. Außerhalb Budapests mischte man sich in die Auseinandersetzungen zwischen Rebellen und AVH einfach nicht ein. Diese Haltung spiegelte auf seiten Chruschtschows und seiner Kollegen echte Unsicherheit hinsichtlich des zu verfolgenden Kurses sowie auch ihren Wunsch wider, in voller Abstimmung mit den örtlichen Kommunisten zu verfahren. Mikojan und Suslow machten in dieser Zeit nicht weniger als drei Besuche in Budapest: am 24., 27. und 30. Oktober.

Bei ihrem ersten Besuch forderten sie von den Parteiführern, Gerö zu entlassen und durch Kádár zu ersetzen. Die Nachricht der Ernennung Kádárs zum Ersten Sekretär der UAP wurde am 25. Oktober veröffentlicht. Er versprach Verhandlungen mit der Sowjetunion »im Geiste völliger Gleichberechtigung«, verwies aber auf Gefahren seitens antidemokratischer und konterrevolutionärer Elemente. Eine versöhnlichere Erklärung wurde am nächsten Tag von Nagy abgegeben. Darin wurde die Bildung von Arbeiterräten begrüßt. Eine neue Regierung auf »breitester nationaler Grundlage«, die die »Verbrechen der Vergangenheit« wieder gutmachen und ein »freies Land des Wohlstandes, der Unabhängigkeit und sozialistischen Demokratie« schaffen würde, wurde vorgeschlagen. Der Sozialismus selbst würde nicht in Frage gestellt. Die Rebellen müßten das Feuer einstellen, sie würden amnestiert.[21]

Eine erste Rate dieser Zusagen war die Bildung einer Patriotischen Volksregierung unter Nagy am 27. Oktober. Was Nagy mit »breitesten nationalen Grundlagen« meinte, deutete sich mit der Einbeziehung zweier nichtkommunistischer Minister in ein Kabinett aus 26 Personen an, von denen einer zu Hause blieb (Béla Kovács) und nicht wirklich an der Regierung teilnahm. Der andere war Zoltán Tildy, der frühere Premierminister von der Kleinbauernpartei. Wenn das eine Koalition war, dann eine Koalition rivalisierender kommunistischer Fraktionen. Kossa repräsentierte die Stalinisten, Kádár das Zentrum der Partei und Nagy die »Linke«.

Die Ansichten von Imre Nagy hatten sich im Verlauf der Vertiefung der Oktoberrevolte beträchtlich entwickelt. Er weigerte sich, sie als Konterrevolution zu bezeichnen, und der Verlauf der Ereignisse schien eine Warnung, die er schon 1953 ausgesprochen hatte, zu bestätigen.

> »Heute«, schrieb er 1955, »könnte eine Rückkehr zur Politik des Neuen Kurses die wachsende Krise noch in Grenzen halten und eine Katastrophe abwenden. Aber es ist zu bezweifeln, ob eine Rückkehr zu den Juniprinzipien [von 1953] morgen zur Lösung der Krise ausreichen würde ... Wenn das nicht bald geschieht, besteht die Gefahr, daß die Massen ... sowohl den Juni als auch die Kommunistische Partei ablehnen, und es wird notwendig werden, einen viel bedeutenderen Rückzug zu machen, um die Lage unter Kontrolle zu behalten.«[22]

Auch in der Außenpolitik hatte er 1955 eine Situation ungarischer Neutralität vorausgesagt. Er forderte

> »eine neue Föderation der Donaustaaten ... die enge Beziehungen mit der UdSSR aufrechterhalten ... aber im übrigen vollkommen außerhalb der Machtblöcke bleiben würde«.[23]

So bestand Nagys Politik darin, wegen des gewaltigen Drucks des Volkes immer mehr Konzessionen zu machen, sowohl in der Innen- wie in der Außenpolitik. Er drohte mit seinem Rücktritt, um die Stalinisten der Partei daran zu hindern, mit sowjetischer Hilfe früh am 28. Oktober einen umfassenden Angriff auf die wichtigsten Bollwerke der Rebellen in der Hauptstadt zu führen. Stattdessen kündigte er, um die Situation zu entschärfen, eine Reihe weitreichender politischer Veränderungen an. Die AVH sollte aufgelöst werden. Das ungarische Staatswappen sollte wieder hergestellt werden. Löhne und Arbeitsnormen sollten überprüft werden. Die Sicherheitskräfte sollten das Feuer einstellen. Und er behauptete, daß eine Vereinbarung über den Abzug der sowjetischen Truppen aus Budapest getroffen wäre.[24]

Die Politik des Kremls angesichts dessen war noch ungewiß. Chruschtschow behauptet in seinen Memoiren, daß die sowjetischen Führer ihre Meinung »ich weiß nicht wie viele Male« geändert hätten, ob sie Ungarn verlassen oder »die

Rebellion niederschlagen« sollten.[25] Als Mikojan und Suslow am 30. Oktober von ihrem dritten Besuch zurückkehrten, schien man sich auf den Abzug der sowjetischen Truppen, den Austritt Ungarns aus dem Warschauer Pakt und die Wiederherstellung einer Koalitionsregierung wie 1945 geeinigt zu haben. Die außerordentliche Ankündigung Nagys vom 30. Oktober, daß das Einparteiensystem abgeschafft und eine Regierung der demokratischen Zusammenarbeit der Koalitionsparteien von 1945 gebildet sei, wurde in dem Glauben gemacht, daß er die sowjetische Zustimmung habe. Dafür gab es sogar veröffentlichte Belege. Am 31. Oktober gab die sowjetische Regierung in der *Prawda* bekannt, sie sei

»bereit, ... die Frage der Stationierung sowjetischer Truppen auf dem Territorium der obengenannten Länder [Ungarn und Rumänien] ... zu überprüfen« und sie habe »ihrer militärischen Führung die Anweisung erteilt, die Sowjetarmee, sobald die ungarische Regierung dies als notwendig erachte, aus Budapest abzuziehen«.[26]

Wenn man bis zum 31. Oktober von Verzögerungstaktik sprechen kann, so muß man danach von Doppelzüngigkeit reden. Irgendwann am 31. Oktober wurde entschieden, die Revolte zu unterdrücken. Während die sowjetischen Panzer sich aus Budapest zurückzogen, überquerten frische Divisionen aus der Sowjetunion die ungarische Grenze. Davon wurde Nagy am frühen Morgen des 1. November Mitteilung gemacht. Er konnte die Worte von Botschafter Andropow nicht deuten; er verstand nur, daß sowjetische Truppen »eintrafen, um den Rückzug der heimkehrenden Truppen abzusichern«. In der Zwischenzeit trafen die sowjetischen Führer ihre politischen Vorbereitungen. Am 1. November fanden zwischen Chruschtschow, Molotow und Malenkow auf sowjetischer Seite und der polnischen Führung geheime Konsultationen statt. Darauf begaben sich Chruschtschow und Malenkow nach Bukarest, dann weiter auf die Insel Brioni in Jugoslawien, wo sie in der Nacht vom 2. zum 3. November die Lage im einzelnen mit Tito, Kardelj, Rankovic und Veljko Micunovic besprachen. Als Gründe für die Intervention nannte Chruschtschow die Ermordung von Kommunisten in Ungarn, die drohende Restauration des Kapitalismus, Nagys Erklärung der Neutralität und des Austritts aus dem Warschauer Pakt sowie die Notwendigkeit, in Moskau seine eigene Autorität gegenüber den stalinistischen Hardlinern verteidigen zu müssen.[27]
Diese Erklärungen waren nicht zur öffentlichen Verbreitung bestimmt, sie haben daher eine gewisse Glaubwürdigkeit. Sie wurden außerdem gegenüber Tito abgegeben, sollten also seine Unterstützung sichern. Einige waren offensichtlich unbegründet. Keine Partei erklärte, den Kapitalismus wieder herstellen zu wollen. Nagy erklärte die ungarische Neutralität nicht vor dem 1. November, sondern erst als direkte Erwiderung auf die Interventionsdrohung und auch erst nach der sowjetischen Entscheidung zur Intervention. Morde gab es tatsächlich, besonders an Mitgliedern der Truppen der Staatssicherheit, und die Nachricht von dem Blutbad vor der Budapester Parteizentrale kann die Moskauer Auffassungen beeinflußt haben. Aber der wirkliche Grund bestand darin, daß Chruschtschow nicht das Wagnis eingehen wollte, sich darauf zu verlassen, daß Nagy die Situation mit friedlichen Mitteln und einem Kompromiß mit den Kräften der Rebellion

stabilisieren könnte.
Der von Nagy vorgeschlagene Kompromiß, von ihm zuvor als »Rückzug, um die Situation unter Kontrolle zu behalten«, bezeichnet, erhielt keine Chance. Er hatte zum einen gehofft, ihn durch die bestehende kommunistische Partei realisieren zu können; aber die befand sich Ende Oktober in einem fortgeschrittenen Stadium der Auflösung. Viele Parteimitglieder hatten ihre Parteibücher verbrannt oder weggeworfen. Nach Auffassung eines späteren kommunistischen Historikers waren die unteren Einheiten der Partei »durch die revisionistischen Angriffe gelähmt ... sie wurden in einer komplexen Situation aufgrund des Verschwindens der übergeordneten Autorität handlungsunfähig«. Der neue kommunistische Führer János Kádár kam am 1. November zu dem Schluß, daß er die alte Partei auflösen und eine neue mit dem Namen »Ungarische Sozialistische Arbeiterpartei« gründen müsse. Deren Mission sollte, wie er sagte, darin bestehen, »einen neuen Typ des Kommunismus, den ungarischen nationalen Kommunismus« zu repräsentieren. Nur ein Teil der früheren Parteiopposition, darunter Nagy, Lukács, Kopácsi, Losonczy und Ferenc Donáth, wurde Mitglied. Um die Zeitung *Magyar Szabadság* formierte sich mit dem Ziel der Schaffung einer »nationalen, nichtkommunistischen, aber revolutionären sozialistischen Partei« eine rivalisierende Gruppe, der Miklós Gimes, Peter Kende und Miklós Molnár angehörten. Lukács, der marxistische Philosoph und Veteran von 1919, schätzte die Chancen der neugegründeten Partei vollkommen pessimistisch ein:

> »Die neue Partei kann auf keinerlei schnelle Erfolge rechnen, weil der Kommunismus in Ungarn vollständig kompromittiert ist ... Aber die Partei wird ihre Ideale auch künftig vertreten ... und in einigen Jahren oder vielleicht einem Dutzend Jahren, wer weiß?«[28]

Diese extreme Schwäche des Kommunismus im Kontext der ersten Novembertage bedeutete nicht, wie die Stalinisten der alten Garde behaupteten, das Herannahen der Anarchie, sondern öffnete vielmehr den Weg für eine Koalitionsregierung, in der die reformierte kommunistische Partei, die USAP, die Macht mit den Vertretern der Kleinbauernpartei, der Nationalen Bauernpartei und der Sozialdemokratischen Partei teilen würde. Diese Koalition sicherte sich in den folgenden Tagen die Unterstützung der Armee und der Polizei. Es war sogar möglich, die Rebelleneinheiten umzustimmen. Sie wurden der Kontrolle von General Pál Maléter, einem Offizier aus den Kilián-Kasernen, der am 26. Oktober zur Revolution übergetreten war und jetzt zum Stellvertretenden Verteidigungsminister ernannt wurde, unterstellt.
Unterdessen bereitete sich die Sowjetunion darauf vor anzugreifen: militärisch, indem ihre Armee allmählich in Ungarn einmarschierte, die Provinzstädte umringte und ausreichend Truppen für einen Frontalangriff auf Budapest in Stellung brachte; diplomatisch, indem die erwähnten Besuche in Osteuropa durchgeführt wurden, die in der, wenn auch widerwilligen Anerkennung der Notwendigkeit einer militärischen Intervention am 3. November durch Tito kulminierten; politisch, indem eine alternative Regierung gebildet wurde. Kádár und der Stalinist

Ferenc Münnich verließen Budapest am 1. November in einem sowjetischen Militärflugzeug, das in der Nacht in Uschgorod auf sowjetischem Territorium landete. Ihnen folgten am 2. November andere führende Kommunisten (wie György Marosán und Károly Kiss). Die Entscheidung, wer die künftige von der Sowjetunion auferlegte Regierung führen sollte, wurde in Wirklichkeit indirekt von Tito getroffen. Die sowjetischen Führer schlugen Münnich als Premierminister vor, aber die Jugoslawen machten deutlich, daß sie Kádár vorzogen, weil er zu der Zeit, als Münnich Botschafter in Moskau war, unter Rákosis Folterknechten gelitten hatte. Die politischen Vorbereitungen wurden am 4. November mit der Bekanntgabe des Bruchs mit Nagy und der Bildung der »Ungarischen Revolutionären Arbeiter- und Bauernregierung« unter Kádár abgeschlossen.

Die Anhänger Nagys in Ungarn (wenn auch vielleicht Nagy selber nicht, der - analog Dubcek 1968 - ein naives Vertrauen in die sowjetischen Versprechungen an den Tag legte) waren sich der drohenden Katastrophe bewußt. Ihre Reaktion bestand darin, aus dem Warschauer Pakt auszutreten und die ungarische Neutralität zu verkünden (1. November). Im übrigen entschieden sie, wie es Sándor Kopácsi, der zur Revolution übergegangene Budapester Polizeichef formulierte, »weiterzumachen als wäre alles in Ordnung«, die Rückkehr an die Arbeitsplätze zu organisieren, die Kampfgruppen aufzulösen, die Waffen an eine neue Ordnungstruppe, die Nationale Miliz, zurückzugeben, die nunmehr auf die Erhaltung eines neutralen und demokratischen Ungarn verpflichtet war.[29]

Es wurde eine neue Regierung der »demokratischen nationalen Einheit« gebildet (3. November). In dieser Koalition waren die Kommunisten in einer deutlichen Minderheit (nur Nagy selbst und Géza Losonczy waren Mitglied; Kádár wurde *in absentia* ernannt). Ferner waren darin: drei Mitglieder der Kleinbauernpartei (Zoltán Tildy, Béla Kovács und István Szabó), drei Sozialdemokraten (Anna Kethly, Gyula Kelemen und József Fischer) und zwei Vertreter der Nationalen Bauernpartei, die jetzt Petöfi-Partei hieß (István Bíbó und Ferenc Farkas). Pál Maléter wurde Verteidigungsminister. Die neue Nagy-Regierung betonte ihre Bindung an den Sozialismus, die Mitglieder der anderen Parteien betonten ebenfalls ihre Gegnerschaft gegen eine Rückkehr des Kapitalismus.

Gleichzeitig öffnete das Bestehen des politischen Pluralismus, der Pressefreiheit und der liberalen Demokratie den Weg zu Veränderungen im System, falls es die Bevölkerung wünschen sollte. Auf der Rechten des politischen Spektrums entwikkelte sich eine Anzahl kleiner Parteien. Sie alle, die Demokratische Volkspartei, die Ungarische Unabhängigkeitspartei, die Ungarische Radikale Partei, die Christlich-Demokratische Partei und die Katholische Volkspartei, hatten relativ konservative Standpunkte. Es gab sogar Leute, die das Horthy-Regime wieder herstellen wollten. Es erwies sich aber als unmöglich, die frühere faschistische Partei der Pfeilkreuzler neu zu bilden. Der einzige, der all diese ungleichartigen Kräfte vereinigen und einen Brennpunkt für die Reaktion hätte bilden können, war Kardinal József Mindszenty, der Primas der Ungarischen Katholischen Kirche, der am 31. Oktober aus dem Gefängnis entlassen worden war. Seine einziger öffentlicher Auftritt aber war eine ziemlich spät am Tag des 3. November gehaltene zweideutige Rede. Einige Kommentatoren haben sie als »sehr aggressiv und drohend« beschrieben[30], Isaac Deutscher nannte sie »den Höhepunkt des Antikommunismus«.[31] In Wirklichkeit war sie hauptsächlich deshalb bemerkenswert, weil sie den Wunsch zum Ausdruck brachte, sich nicht in die Politik einzumischen. Der Kardinal forderte die »Wiederherstellung der Institutionen und Gesellschaften der Katholischen Kirche« und bekräftigte seinen Glauben »an das Privateigentum, das nach Recht und Gesetz nur durch soziale Interessen begrenzt werden kann«. Er warnte seine Hörer davor, Rache an den Anhängern des »gefallenen Regimes« zu nehmen.[32]

Die Situation hätte sich mit Sicherheit in verschiedene Richtungen entwickeln können, aber die sowjetische Intervention am 4. November schloß diese Möglichkeiten aus. Während der kurzen, hektischen Periode der ungarischen Revolution entwickelten sich keine kraftvollen Trends zu einer Wiederherstellung des Kapitalismus. Das Programm der Revolution umfaßte überhaupt nur den Neutralismus, ein Mehrparteiensystem und die Beibehaltung der sozialistischen Basis von Wirtschaft und Gesellschaft, mit Ausnahme der Kollektivwirtschaften, die im November von der Bauernschaft schnell abgeschafft wurden (Sie traten sogar auch nach der Niederlage der Revolution noch auf, so daß sich Ende Januar 1957 nur noch neun Prozent der landwirtschaftlichen Nutzfläche in Produzentengenossenschaften befanden). Das war in jener Epoche gar nicht so ungewöhnlich. Es war schon in Jugoslawien geschehen, es geschah in Polen. Eine Periode der Verlangsamung des Kollektivierungsprozesses in Osteuropa gab es Mitte der 50er Jahre auch dort, wo keine dramatischen Ereignisse stattfanden.

Am Morgen des 4. November traten 2 000 Panzer, von 150 000 Soldaten unterstützt, gegen Budapest in Aktion. Im Morgengrauen wandte sich Imre Nagy im Rundfunk an die Nation:

> »Heute bei Tagesanbruch haben sowjetische Truppen in der offensichtlichen Absicht, die legale ungarische Regierung zu stürzen, unsere Hauptstadt angegriffen. Unsere Truppen sind im Kampf. Die Regierung steht auf ihrem Posten. Ich gebe diese Tatsache dem Volk unseres Landes und der ganzen Welt bekannt.«

Dieser ungleiche Kampf konnte nur mit der Niederlage enden. Nagy war auf jeden Fall überrascht worden. Bis zum letzten Augenblick hatte er Vorschläge zur Organisation von Widerstand abgelehnt. Auch in seiner Rundfunkansprache rief er nicht zum Widerstand auf, obwohl er zugab, daß Widerstand geleistet wurde. Die Koordinierung wurde erschwert, da in der vorhergangenen Nacht unvorsichtige ungarische Verhandlungsführer unter der Leitung von Verteidigungsminister Maléter in eine KGB-Falle gerieten.

Während der nächsten fünf Tage (außerhalb der Hauptstadt länger) fanden jedoch vereinzelte Kämpfe statt. Daran beteiligten sich in allerester Linie die Arbeiter aus Budapest und den Industriestädten der Provinzen. In den Arbeiterbezirken von Budapest wurden die größten Zerstörungen an Gebäuden angerichtet, und dort gab es auch die meisten Toten. Nachdem das Stadtzentrum bezwungen

war (was drei Tage dauerte), konnten die Panzer und Truppen nach Norden in die Außenbezirke von Ujpest und nach Csepel im Süden vorrücken. Die Arbeiter der Munitionsfabrik von Csepel hielten sich am längsten, bis zum 11. November. Die militärische Niederlage war aber nicht das Ende der Angelegenheit. Die Arbeiter (mit beträchtlicher Unterstützung durch jugendliche Intellektuelle) bildeten jetzt Revolutionsräte, die als Zentren der Opposition gegen das neue Regime agierten. Anders als die Arbeiterräte Ende Oktober, die sich in erster Linie für die Arbeiterselbstverwaltung eingesetzt hatten, waren diese neuen Räte auf Bezirks- und weniger auf Fabrikebene organisiert, und ihr Ziel bestand darin, die Errungenschaften der Revolution mit der Waffe des Generalstreiks zu bewahren. Dieser Kampf, der bis Anfang Dezember weiterging, war ein ungewöhnlich tapferes Rückzugsgefecht, konnte nach Lage der Dinge jedoch auch nicht mehr sein.
Er hatte aber vorübergehend eine Wirkung auf die Kádárregierung. Kádár war bereit, eine Delegation des Zentralen Arbeiterrates von Großbudapest, kurz nach dessen Gründung am 14. November, zu empfangen. Er stimmte den meisten der Forderungen, wie Aufnahme von Imre Nagy in die Regierung, Abhaltung demokratischer Wahlen und Abzug der sowjetischen Truppen, prinzipiell zu. Aber er wollte, daß zuerst der Generalstreik beendet wird, und er bot für die Realisierung der Forderungen keine Garantien. Unter diesen Bedingungen konnte keine Übereinstimmung erreicht werden. Die Arbeiterräte hatten jedoch keine Reserven im Rücken, die es ihnen ermöglicht hätten, einen langen Streik zu führen. Sie mußten einige Tage später (am 19. November) einfach an die Arbeit zurückkehren. Dennoch wurden zwei 48stündige Streiks ausgerufen, der erste am 21. November gegen die Entsendung sowjetischer Panzer, die die Bildung eines Nationalen Arbeiterrates verhindern sollten, der zweite am 8. Dezember als Protest gegen die Schüsse sowjetischer Truppen auf demonstrierende Bergleute in der Provinzhauptstadt Salgotarjan.
Die Kádárregierung entschloß sich nun, etwas gegen den Zentralen Arbeiterrat zu unternehmen und ordnete seine Auflösung an. Es wurde das Kriegsrecht erklärt, alle verbliebenen Arbeiterräte oberhalb der örtlichen Ebene aufgelöst und öffentliche Ansammlungen für einen Monat verboten. Der Zentrale Arbeiterrat erwiderte mit der Organisierung eines Generalstreiks am 9. und 10. November. Aber mit der Verhaftung seiner Mitglieder, einschließlich seines Vorsitzenden Sándor Rácz und des Sekretärs Sándor Bali, wurde das Rückgrat des Widerstandes gebrochen. Örtliche Arbeiterräte, deren Rechte mit dem Dekret vom 5. Januar stark beschnitten wurden, überlebten bis zu ihrer endgültigen Abschaffung am 17. November 1957. Mit der Auflösung des Zentralen Arbeiterrates hatte die Regierung das letzte Hindernis ihrer Macht beseitigt. Viele der anderen Arbeiterräte folgten dem Beispiel von Csepel, dessen Arbeiterrat am 8. Januar seine Selbstauflösung bekanntgab.
Kádár war nun, da er das Land fest unter Kontrolle hatte, bestrebt, einen mittleren Kurs zwischen den »Revisionisten« der Gruppe Nagy-Losonczy und den Stalinisten der Clique Rákosi-Gerö zu steuern. Das ZK der neuen Partei versuchte, zwischen

den »Konterrevolutionären« und der »Mehrheit der Massen, die an den Ereignissen teilnahm« und die »gute Patrioten und ehrliche Arbeiter« waren, zu unterscheiden (Resolution vom 5. Dezember). Kádár sicherte, daß die alten Stalinisten nicht wieder hohe Posten bekamen. Zwölf frühere Mitglieder des ZK, unter ihnen Gerö und Hegedüs, wurden von Partei- oder Staatsämtern ausgeschlossen (14. November). Das bedeutete nicht, daß es keine Unterdrückung geben würde, aber anfangs wurde sogar die Unterdrückung begrenzt. Es ist möglich, daß Kádár in guter Absicht handelte, als er der Gruppe Nagy, die während der Nachwirkungen des Sturzes ihrer Regierung in der jugoslawischen Botschaft Zuflucht genommen hatte, sicheres Geleit anbot. Unglücklicherweise wurden sie beim Verlassen der Botschaft von einem sowjetischen Militärkommando entführt und nach Rumänien gebracht (22. November).

Auf sowjetische Forderung wurde bald eine schärfere Linie eingeschlagen. Anfang Januar trafen Chruschtschow und Malenkow in Budapest ein und schärften Kádár ein, daß nachdrücklicheres Handeln notwendig wäre. Bald danach wurde für Streiks oder Anstiftung zum Streik die Todesstrafe eingeführt (15. Januar). Die Schriftsteller- und Journalistenverbände wurden suspendiert (17. Januar). Eine Anzahl führender revisionistischer Intellektueller wurde unter Arrest gestellt (Sie erhielten am Ende schwere Strafen, von der Todesstrafe bis zu langjähriger Gefängnishaft). Die während der Revolution gebildeten Arbeitergarden wurden aufgelöst (Februar 1957). Die »Fehler« von Nagy wurden nunmehr als »Volksverrat« bezeichnet. 45 Prozent der Rechtsanwälte in Budapest wurden aus dem Anwaltsstand ausgeschlossen. Im öffentlichen Dienst, der Armee und den Grenztruppen wurden strenge Säuberungen durchgeführt. An der Grenze zu Österreich wurden die elektrischen Zäune und Minenfelder wieder hergestellt (allerdings erst, als 200 000 Ungarn geflohen waren). In dem einen Jahr zwischen November 1956 und November 1957 wurden 20 000 Menschen inhaftiert, 2 000 Todesurteile vollstreckt und einige Tausend Menschen in die Sowjetunion deportiert.[33]

Dennoch war Kádár auf lange Sicht in der Lage, den mittleren Kurs zu verfolgen, für den er berühmt geworden ist. Er lehnte den Stalinismus weiterhin ab und konnte einen gefährlichen Angriff von Révai, dem einzigen Stalinisten, der aus dem sowjetischen Exil zurückkehrte, abwehren. Révai führte im März 1957 in der Parteizeitung *Népszabadság* einen scharfen Angriff gegen Kádárs gemäßigte Politik. Er sagte: »Der Antistalinismus ist nur die Maske des Antikommunismus.« Während Nagy »ohne Vorbehalt und Berufungsmöglichkeit zu verurteilen« sei, verdienten Rákosi und Gerö Zustimmung, weil sie »die Diktatur des Proletariats niemals durch ein Bündnis mit der Konterrevolution verraten« hätten. Und er fügte hinzu: »Ihre Bilanz der letzten zwölf Jahre war im wesentlichen positiv.«[34]

Révais Angriff war wegen seiner Verbindungen zu der kompromißlosen Fraktion von Molotow, Malenkow und Kaganowitsch in Moskau besonders gefährlich. Der Sieg Chruschtschows über diese Gruppe im Juni war daher eine Erleichterung für Kádár. Danach ging Révais Einfluß rapide zurück. Der Parteitag der USAP

Ende Juni 1957 akzeptierte seine Kritik nicht und bekräftigte, daß die Partei, obwohl gegen den Revisionismus ein ideologischer Kampf zu führen sei, wo immer möglich die Parteilosen zur Zusammenarbeit auffordern müsse. So konnte sich das Kádárregime als Regime des Kompromisses etablieren und einen Kurs der Konsolidierung verfolgen.

Die ungarische Erhebung von 1956 zeigte einen der Wege, den ein Land, das aus dem Stalinismus kommt, gehen kann: die kompromißlose Betonung der nationalen Unabhängigkeit, die volle Wiederherstellung der Demokratie und die Zersetzung der Führungsposition der kommunistischen Partei, was zur Katastrophe führt. Es gab zwei weitere Wege. Die herrschende Partei konnte die Wahl treffen, einen großen Teil des stalinistischen Systems zu erhalten und Veränderungen auf das absolute Minimum zu beschränken. Beim Ausbleiben öffentlichen Drucks war dies der natürliche Kurs, und er wurde im übrigen Osteuropa eingeschlagen. Es gibt eine Ausnahme. Polen bewies die Möglichkeit, einen Weg des Kompromisses und der Reform unter Führung der Partei zu gehen und die Katastrophe ausländischer Invasion dadurch zu vermeiden, daß man einen ausreichenden Teil des bisherigen Systems erhielt und damit die Sowjetunion beruhigte. Wir wenden uns nunmehr Polen zu.

DER POLNISCHE WEG AUS DEM STALINISMUS

Nach dem Tode Stalins war die polnische Situation durch eine Reihe Besonderheiten gekennzeichnet, die es den Herrschenden dort erlaubte, sowohl weitreichende Veränderungen der Politik vorzunehmen als auch die Katastrophe zu vermeiden, die sich in Ungarn ereignete. Erstens geht es um den Charakter der Parteiführung der PZPR. Während in jedem anderen osteuropäischen Land eine starke stalinistische Fraktion am Ruder war, daran interessiert, Maßnahmen der durch Malenkow unter der Losung des »Neuen Kurses« eingeleiteten Liberalisierung zu widerstehen oder sie wenigstens zu sabotieren, führten in Polen die früheren stalinistischen Führer selbst den Neuen Kurs ein. Bierut verkündete ihn auf dem Neunten ZK-Plenum im Oktober 1953. Er wurde auf dem Zweiten Parteitag im März 1954, der eine 20prozentige Steigerung des Lebensstandards versprach, verkündet. Daher hatte der Fall Malenkows (Februar 1955) nicht die verheerenden Auswirkungen wie in Ungarn, er wurde in Polen kaum bemerkt.

Niemand war fähig, den Neuen Kurs umzukehren (obwohl Minc und Nowak das gern getan hätten), so daß er einfach bis 1956 weiterging, während Rákosi in Ungarn, Novotny in der Tschechoslowakei und Ulbricht in der DDR eben diese Fähigkeit besaßen und dem Neuen Kurs nach kurzen Fraktionskämpfen ein Ende bereiteten. Als Bierut starb (März 1956), übernahm einfach sein langjähriger Gefährte und ebenfalls »Moskauer«, Edward Ochab, das Amt und trieb die Dinge voran, indem er (April 1956) eine Demokratisierung der Partei ankündigte und bekanntgab, daß Gomulka von den ungerechtfertigten Behauptungen subversi-

ver Tätigkeit entlastet wurde. Und als die Dinge schließlich für ihn zu heiß wurden, trat er im Oktober würdevoll zurück und ließ Gomulka übernehmen.
Zweitens war die Rolle der Parteiintelligenz in Polen größer als anderswo, weil es in der Parteiführung eine Gruppe gab, die schon mit der Entwicklung größerer Liberalisierung und Unabhängigkeit von der Sowjetunion begonnen hatte. Die ZK-Sekretäre Morawski, Matwin und Albrecht waren die ersten Befürworter liberaler Reformen. Bis zum Sommer 1956 waren Ochab, Cyrankiewicz, Zambrowski und Staszewski aus der höchsten Führung zu demselben Standpunkt gelangt.[35]
Ein weiteres, einmalig polnisches Merkmal war die vergleichsweise milde Anwendung stalinistischen Terrors in Polen in den 50er Jahren. Die PZPR wurde vom Stalinismus nicht eingeschüchtert oder demoralisiert, weil die Säuberungen gegen Gomulka und seine Gefährten halbherzig und widerwillig durchgeführt worden waren. Daher war es möglich, der Geheimpolizei schon recht früh, im Jahr 1954, die Flügel zu stutzen.
Dennoch wurde die Situation 1955 durch ein schwankendes Gleichgewicht zwischen zwei Fraktionen der Partei gekennzeichnet, in dem bisher keine das Übergewicht hatte. So war es einerseits möglich, daß Leon Kruczkowski in der theoretischen Zeitschrift der Partei *Nowe Drogi* eine »große offene Diskussion, die bis an die Wurzeln geht« forderte (März 1955), und daß andererseits das Haupt des Schriftstellerverbandes Jerzy Putrament zu etwa der gleichen Zeit forderte, die »bourgeoise Rückfälligkeit zurückzuweisen«, und hinzufügte, daß »jegliche Schwäche im Verständnis des sozialistischen Realismus zu beseitigen« sei (Juni 1955). Mit dem Eintreffen der Details von Chruschtschows Geheimrede gegen Stalin aus Moskau im März 1956 endete dieser Balanceakt.
Drittens kam die Unzufriedenheit der Arbeiterklasse zur richtigen Zeit (Juni 1956) zum Ausbruch (in Posen). Wäre das früher geschehen, hätte es die Umkehrung des Reformkurses erzwungen. Aber jetzt (nach Chruschtschows Aussöhnung mit Tito, vor allem aber seiner Geheimrede auf dem 20. Parteitag der KPdSU) waren die internationalen Vorzeichen wieder günstig. Der Aufruhr von Poznan gab einen mächtigen Schub nach vorn und förderte den Druck in Richtung Reformen. Daher brauchten die sowjetischen Führer nicht direkt zu intervenieren (wie in Ungarn), um eine wahrhaft zu Reformen entschlossene Parteiführung zu garantieren. Man kann in diesem Sinne Brus[36] kaum zustimmen, wenn er sagt, daß »der ursprüngliche Anstoß für einen Wandel eher aus der Sowjetunion als von nationaler Seite« kam. In Polen war in Wirklichkeit das Gegenteil der Fall. Wenigstens dreimal kamen sowjetische Führer nach Polen, um eine Bewegung, die außer Kontrolle zu geraten schien, aufzuhalten (Chruschtschow im März 1956[37], Bulganin und Schukow im Juli 1956, die gesamte sowjetische Führung im Oktober 1956). Es ist schwer zu sagen, ob diese Interventionen Erfolg hatten oder nicht. Ein völliger Fehlschlag hätte militärisches Eingreifen erforderlich gemacht, und das passierte nicht; aber ein teilweises Mißlingen, im Sinne erzwungener Konzessionen an die entschiedenen polnischen Gesprächspartner, kann nicht ausgeschlossen werden. Ochab kommentierte später:

»Ich habe die Möglichkeit einer Intervention in Betracht gezogen: Weder früher noch seither hat irgendjemand gegenüber unseren sowjetischen Freunden mit Tricks gearbeitet, wie sie sie von uns einstecken mußten.«[38]

Das bringt uns zu der vierten Besonderheit der polnischen Situation, dem starken nationalistischen Element in all diesen Verhandlungen. Während das nationalistische Element in Ungarn so lange unterdrückt war, daß es die Grenzen der Vernunft - zumindest der Staatsräson - überschwemmte, bestand in Polen eine bemerkenswerte Bereitschaft aller Führer - ob stalinistisch oder nicht -, die größtmögliche Autonomie für ihr Land herauszuholen. Die einzige Ausnahme war vielleicht der Verteidigungsminister Konstantin Rokossowski, aber er hatte die meiste Zeit seines Lebens in der Sowjetunion verbracht und war zum sowjetischen Marschall aufgestiegen; daher sahen die Polen ihn als Russen an.

Wir wollen jetzt den Verlauf der Ereignisse im einzelnen betrachten. Die Anfangsphase bestand in Teilreformen von oben ohne Veränderungen in der Führung. Bierut verkündete im Oktober 1953 eine Kopie von Malenkows Neuem Kurs, die auf dem Zweiten Parteitag im März 1954 bestätigt wurde. Er räumte Fehler in der Landwirtschaft ein, die auf eine übereilte Kollektivierung zurückzuführen seien. Seine Gegenmaßnahme lautete: verlangsamen. In Wirklichkeit war die Kollektivierung in Polen nie sehr schnell gewesen: Zwischen 1950 und 1953 waren sieben Prozent der landwirtschaftlichen Nutzfläche kollektiviert, in den nächsten zwei Jahren kamen weitere vier Prozent hinzu. Investitionen würden, so fügte Bierut hinzu, von der Schwerindustrie weg in die Konsumgüterindustrie, den Wohnungsbau und die Landwirtschaft gelenkt werden. Der Lebensstandard würde in den nächsten zwei Jahren um 20 Prozent steigen.

Wenn man bedenkt, daß der Sechsjahrplan noch galt, war letzteres Versprechen sehr unrealistisch. Dennoch wurde von 1953 an das industrielle Wachstum nach unten korrigiert, wobei der Anteil des materiellen Nettoproduktes, der für die Akkumulation bereitgestellt wurde, von 28 Prozent 1953 (höher als irgendwo sonst, außer in Rumänien) auf 23 Prozent 1954, 22 Prozent 1955 und 21 Prozent 1956 sank. Das Niveau des Realeinkommens, das 1953 mit 84 seinen Tiefpunkt erreicht hatte, stieg auf 94,8 im Jahr 1954, 100 (die Basiszahl dieser Serie) 1955 und 111,5 1956. Auch die Rate des Wohnungsbaus wurde gesteigert (die für je 1 000 Einwohner gebaute Anzahl Wohnungen betrug 1950 = 2,7; 1955 = 3,3; 1956 = 3,3).[39]

Einen weiteren Aufschwung erfuhr der Reformprozeß durch das Bekanntwerden eines größeren politischen Skandals. Oberst Józef Swiatlo, ein ranghoher Mitarbeiter der Staatssicherheit, der in den Westen übergetreten war, machte eine Reihe äußerst belastender Enthüllungen, die im September 1954 durch den Sender Freies Europa aus München gesendet wurden.

Er konnte, da er für die geheimen Personalakten des Politbüros verantwortlich gewesen war, sowohl die Methoden der Geheimpolizei als auch die Korruption in der Partei - tatsächliche oder angebliche - enthüllen. Es erwies sich als unmöglich, diese Rundfunksendungen zu ignorieren (die Senderstörungen scheinen nicht wirksam gewesen zu sein). Obwohl sie behaupteten, daß die Darstellungen unwahr wären, entschieden die Parteiführer, die wichtigsten der Betroffenen, wie Radkiewicz, den Minister für Öffentliche Sicherheit (Dezember 1954), und seinen Stellvertreter Roman Romkowski ihrer Ämter zu entheben und einen der Missetäter, Jacek Rozanski, zu fünf Jahren Gefängnis zu verurteilen (Januar 1955). Das Ministerium wurde abgeschafft und Fragen der Staatssicherheit einem Komitee für Staatssicherheit zugewiesen, das dem Ministerrat gegenüber verantwortlich war. Auf dem Dritten Plenum im Januar 1955 gab Bierut zu, daß die Staatssicherheit ein »Staat im Staate« gewesen war und die Partei versäumt hatte, eine angemessene Kontrolle auszuüben.

In der nunmehr freieren Atmosphäre war es den Intellektuellen möglich, sich hervorzuwagen. Adam Wazyk, der in den frühen 50er Jahren ein führender Exponent des sozialistischen Realismus gewesen war und ein schmeichlerisches Poem auf Stalin veröffentlicht hatte, publizierte jetzt sein »Poem für Erwachsene«, in dem die Realität des Lebens in Polen den offiziellen Behauptungen gegenübergestellt (August 1955) und eine neue Politik der »reinen Wahrheit« und »brennenden Vernunft« gefordert wurde. Dafür war es vielleicht etwas zu früh. Wazyk wurde scharf gerügt und diejenigen, die sein Poem veröffentlicht hatten (die Herausgeber der Zeitschrift *Nowa kultura*), wurden entlassen.

Der wirkliche Wendepunkt in bezug auf Meinungsfreiheit waren der 20. Parteitag und insbesondere die Publikation (wenn auch nicht ganz legal) des Textes der Geheimrede Chruschtschows mit den Angriffen gegen Stalin im März 1956. Das war »der große Stein, der eine Lawine in Bewegung bringt« (Mond).[40] Gomulka sagte hinterher, daß dank dem 20. Parteitag »ein elektrisierender, gesunder Strom durch die Massen der Parteigenossen pulsierte«. Die Wirklichkeit war weniger romantisch. Bestimmte Führer der PZPR mittleren Ranges (Staszewski, Morawski, Matwin), die durch den Stalinismus weniger kompromittiert waren als ihre Vorgesetzten, beschlossen, einige prominente Führer der frühen 50er Jahre zu opfern (Berman und danach Minc) und ihre Macht über die Presse zur Beeinflussung der öffentlichen Meinung zu nutzen. So wurden die Parteiintellektuellen von der Leine gelassen, was einen Aufschwung der freien Meinungsäußerung besonders unter jungen Menschen - an der vordersten Front der Polnische Jugendverband - erlaubte. Die Zeitschrift des ZMP, *Po Prostu* (Offen Gesagt), wurde zur lebendigsten und freimütigsten Zeitschrift in Polen mit einer Auflage von 200 000 Exemplaren. Sie druckte im März 1956 einen Brief ab, in dem die Frage gestellt wurde: »Und was ist mit dem Zentralkomitee? Wem gegenüber ist es verantwortlich?«. Darin hieß es, blinder Glaube müsse durch eine durch die individuelle Person erarbeitete Weltsicht ersetzt werden. Man beschränkte sich auch nicht auf die Theorie, sondern legte den Kontrast zwischen den Privilegien der herrschenden Gruppe und den schwierigen Lebensbedingungen der Massen dar.

Auch die Schriftsteller kamen auf den Angriff nach dem 20. Parteitag zurück. Im März 1956 griff Antoni Slonimski im Rat für Kultur und Kunst die Doktrin des sozialistischen Realismus an, mit der »Schriftsteller vom positiven Helden und dem Typischen gequält wurden«. Er forderte, daß der Schriftstellerverband »seine Trommelei und öffentlichen Bekenntnisse unterlasse«, und verlangte eine »wahre Demokratisierung des öffentlichen Lebens ... und eine Rückkehr zu vernünftigem und ungebundenem Denken«. Er sagte: »Wir müssen die ganze Mythologie der Ära der Furcht aus dem Wege räumen«.[41] Mit der Entlassung von Kulturminister Wlodzimierz Sokorski im April war der Weg für die Blüte einer witzigen, lebendigen und kühnen polnischen Presse und Literatur frei.

Polnische Ökonomen leisteten in dieser Hinsicht einen zentralen Beitrag. Der 2. Kongreß der Ökonomen im Juni 1956 war Schauplatz einer »gnadenloseren und gründlicheren Prüfung des Wirtschaftssystems als irgendwo sonst im Osten, einschließlich Jugoslawien«.[42] Oskar Lange klagte, »die tyrannische Herrschaft des Dogmas töte das polnische ökonomische Denken ab«. Fabierkiewicz sagte:

> »Das Sowjetsystem paßt zu einem Land mit immensen natürlichen Ressourcen, ist aber schädlich, wenn es anderswo angewandt wird.«

Kurowski forderte die Einführung freier, marktabhängiger Preise. Brus wollte eine Kombination von Dezentralisierung und orientierender Planung. Andere forderten ausländische (westliche) Investitionen und die Wiederherstellung der Privatindustrie (den sogenannten dritten Sektor). Es handelte sich um Empfehlungen; ihre Einführung in die Praxis würde von den politischen Ereignissen abhängen.

Die Temperatur wurde durch die rebellische Haltung der Industriearbeiter weiter angeheizt. Fünfzehntausend in den Stalinwerken in Poznan, dem größten Industriebetrieb Polens, beschäftigte Leute waren wegen einer Erhöhung der Produktionsnormen, die mit einer Lohnsenkung von 3,5 Prozent seit 1954 gleichbedeutend war, und wegen des Steuerabzugs von insgesamt elf Millionen Zloty von ihrem Überstundeneinkommen in Aufruhr. Die Weigerung des Ministers für die Motorenindustrie, Julian Tokarski, das entscheidende Zugeständnis einer zwanzigprozentigen Lohnerhöhung zu machen, führte - zusammen mit Befürchtungen wegen der Sicherheit der nach Warschau zur Verhandlung dieser Forderungen entsandten Arbeiterdelegation - am 28. Juni zu explosiven Demonstrationen. Das Stadtgefängnis wurde besetzt, das UB-Gebäude (Staatssicherheit) angegriffen. Die aufgestellten Losungen waren eher politisch als ökonomisch, darunter z.B. »Nieder mit den Russen«, »Wir wollen Freiheit«, »Weg mit der sowjetischen Besatzung« und »Nieder mit dem gefälschten Kommunismus«. Die örtlichen Truppen wurden mit der Lage nicht fertig (einige Soldaten weigerten sich sogar zu schießen), und aus Warschau wurden Verstärkungen geschickt. Als der Kampf endete, nannten die offiziellen Zahlen 53 Tote und 300 Verwundete. Diese Angaben waren zu niedrig. Nach 1981 veröffentlichten Zahlen gab es in Wirklichkeit 75 Tote und 900 Verwundete.[43]

Diese Ereignisse waren für die Partei ein schwerer Schock. Der anfängliche Versuch, feindliche Agenten für die Angelegenheit verantwortlich zu machen, wich einer Welle offizieller Selbstkritik. Am 6. Juli gab die Tageszeitung der Partei, *Trybuna Ludu*, zu, daß »die Streikaktion von Posen in beträchtlichem Ausmaß von bürokratischen Verzerrungen des proletarischen Staates verursacht« war. Auf dem 7. Plenum des ZK im Juli 1956 griff Edward Ochab, seit März Erster Sekretär der PZPR, das Thema »bürokratischer Verzerrungen« und der »verlorenen Verbindung mit den Massen« auf. Und Cyrankiewicz verkündete ein »zweijähriges Notstandsprogramm zur Überwindung der schmerzhaftesten Mißstände für die Werktätigen«.

Die Opposition gegen diese Veränderung der Linie wurde von der sogenannten Natolin-Fraktion der Partei geführt, die sich um den sowjetischen Botschafter Ponomarenko formiert hatte und aus alten »Moskauern« bestand, darunter Zenon Nowak, Józwiak, Matuszewski, Verteidigungsminister Marschall Rokossowski und das Haupt der offiziellen Gewerkschaften, des CRZZ, Wiktor Klosiewicz. Das 7. ZK-Plenum im Juli 1956 demonstrierte, wie schwach diese konservative Fraktion der Partei trotz der sowjetischen Hilfe, mit der sie aufgepäppelt wurde, war. Der sowjetische Premierminister Bulganin kam nach Warschau, um die Führer der polnischen Partei einzuschüchtern. Er wies sie darauf hin, daß »die Politik der Liberalisierung und der Selbstkritik zu weit getrieben« wurde[44], und griff die »feindlichen und opportunistischen Elemente« später öffentlich an (22. Juli).

Das 7. Plenum entwarf trotz Bulganins Druck einen Kurs in Richtung weiterer Liberalisierung und »Demokratisierung« sowohl auf politischem als auch auf ökonomischem Gebiet. Unabhängige Bauern und Handwerker würden unterstützt, »exzessive Zentralisierung der Planung und Leitung« beseitigt, »die Vorrechte der sozialistischen Unternehmen vergrößert«, die Reallöhne um 30 Prozent erhöht. Die Veränderung der Arbeitsnormen wurde für unannehmbar erklärt, falls sie zu einer Lohnsenkung führt. Das politische Programm des 7. Plenums war weniger dramatisch. Die Stellung des *Sejm* (des polnischen Parlaments) wurde gehoben, Gomulkas Parteirechte wurden wieder hergestellt, Rapacki und Gierek in das Politbüro gewählt, Tokarski entlassen. Das war alles. Die Natolin-Gruppe blieb und konnte »der konsequenten Durchführung der Entscheidungen des 7. Plenums« widerstehen und damit »die Arbeit der Partei lähmen«.[45]

In dieser Situation ging die Initiative auf die unteren Ebenen der Partei über, besonders das Warschauer Stadtkomitee der Partei, wo die »revisionistische« oder »progressive« Richtung verwurzelt war. Lechoslaw Gozdzik, Parteisekretär in den Autowerken Zeran, erinnerte sich später:

> »Wir entschieden, es wäre nicht schlecht, in der Fabrik einen Arbeiterrat zu bilden, der sie leiten würde.«[46]

Die Rolle der Parteiaktivisten in dieser Zeit wurde von *Po Prostu* betont (5. August):

> »Die aktivsten Elemente der Massenbewegung der letzten Monate sind ohne Frage die ideologisch gerüsteten Kommunisten gewesen.«[47]

Es gab auch Spontaneität, aber sie war auf die Arbeiterräte beschränkt. Eine breite Front für Unabhängigkeit, Demokratisierung und Verbesserung der Lebensbedingungen entwickelte sich aus einer großen Anzahl von Strömungen des polnischen

Lebens: Katholiken (trotz des absoluten Schweigens der offiziellen Presse nahmen am 26. August eineinhalb Millionen Menschen an der Pilgerfahrt nach Tschenstochau teil), ehemalige Sozialdemokraten, ehemalige Angehörige der Heimatarmee, Bauern, die in die Kollektivwirtschaften gezwungen worden waren, Mitglieder der bisher zahmen nichtkommunistischen Parteien der Nationalen Front und - unter dem Druck der Arbeiter - die Gewerkschaften. Gomulka wurde im Oktober 1956 von dem Bündnis dieser verschiedenartigen Elemente an die Macht gebracht.

Bis zum 9. Oktober waren die Progressiven im Politbüro stark genug, um den Rücktritt von Minc zu erzwingen. Und am 15. Oktober war das Politbüro bereit, Gomulka zu berufen und Rokossowski zu entlassen sowie dem nächsten Plenum die Wahl eines neuen Politbüros unter Ausschluß der Natolinisten zu empfehlen. Die Progressiven lehnten auch eine Einladung Chruschtschows nach Moskau ab, da sie sich auf heimischem Grund stärker fühlten. Die sowjetischen Führer waren von diesen Entwicklungen, besonders von der vorgeschlagenen Entfernung Rokossowskis, beunruhigt. Auf dieser Stufe faßte die Natolin-Fraktion die Durchführung eines Putsches ins Auge und ging so weit, eine Liste von siebenhundert Menschen, die am Vorabend des 8. Plenums von der Armee eingesperrt werden sollten, aufzustellen.

Das wurde teilweise von General Komar, einem alten Gefährten Gomulkas, der im August an die Spitze der Korps für Innere Sicherheit berufen worden war, vereitelt. Er befahl seinen Truppen, die wichtigsten Gebäude Warschaus zu besetzen. Aber auch die Bevölkerung Warschaus spielte eine Rolle. Mond verweist auf die »quasirevolutionären Aktionen von Stefan Staszewski und dem Warschauer Stadtparteikomitee«, von denen die Arbeiter der großen Fabriken (besonders Zeran, wo Gozdzik seit Mai aktiv war), die Studenten und die Journalisten organisiert und zu einem Instrument politischen Drucks formiert wurden.[48] In der Nacht vom 18. zum 19. Oktober »bezog das arbeitende Warschau Wache, davon überzeugt, daß seine Stimme im ZK-Plenum gehört würde«[49], obwohl das übrige Land die Ereignisse passiv und voller Besorgnis beobachtete.

Die Eröffnung des 8. Plenums am 19. Oktober war der kritische Moment. Das Plenum hatte offiziell die Aufgabe, die vom Politbüro schon beschlossenen Veränderungen zu verabschieden. Aber es wurde sofort von der unerwarteten Ankunft einer Spitzendelegation sowjetischer Führer mit Chruschtschow und Molotow unterbrochen. Sie wurden von dem gleichzeitigen Vormarsch sowjetischer Truppen nach Warschau unterstützt. Die Diskussionen mit den sowjetischen Führern dauerten den ganzen Tag. Es fanden jetzt gespannte Diskussionen mit den sowjetischen Führern statt. Gomulka behauptete später, daß seine Unnachgiebigkeit die Sache gerettet habe (»Wenn Ihre Panzer nicht sofort anhalten, werde ich dem polnischen Volk die ganze Wahrheit sagen«), aber in Wahrheit konnte er die sowjetischen Führer überzeugen, daß er ein annehmbarer Ersatz für Ochab wäre und daß er die Grundlagen der kommunistischen Herrschaft und die Freundschaft mit der Sowjetunion nicht untergraben werde. Auch die Chinesen legten ein Wort für ihn ein. Ochab erzählte später:

> »Die sowjetischen Führer dachten wahrscheinlich, daß Gomulka das Land in Ordnung bringen würde und man also auf ihn setzen sollte.«[50]

Die Berufung Gomulkas war kaum ein »Erfolg« (Sakwa), aber sie war auch kein Fehlschlag. Er bot die Garantie, daß die Partei die Wogen der Demokratisierung und des neuen Denkens, die das Land überschwemmten, würde glätten können. Das 8. Plenum trat am 20. Oktober wieder zusammen. Es wählte ein neues Politbüro, das von Gomulka geführt wurde, und schloß Rokossowski und die anderen Natolinisten aus. Die neue Führung kündigte schnell eine Reihe von Reformmaßnahmen an. Die sowjetischen Truppen verließen den Stadtrand von Warschau und kehrten am 23. Oktober in ihre Basen zurück. Das Wahlgesetz wurde revidiert und erlaubte die Entscheidung zwischen mehreren Kandidaten. Klosiewicz trat als Chef der Gewerkschaften zurück (26. Oktober). Die Sonderläden für Parteifunktionäre wurden abgeschafft (27. Oktober). Kardinal Wyszynski, der Primas der römisch-katholischen Kirche wurde aus dem Gefängnis, wo er seit 1953 festgehalten wurde, freigelassen. General Spychalski wurde an Stelle von Rokossowski Chef der Streitkräfte (28. Oktober). Die sowjetischen Berater in der polnischen Armee und Polizei kehrten nach Hause zurück (30. Oktober). Diese Maßnahmen wurden vor einem Hintergrund dauernder Straßendemonstrationen, in denen häufig antisowjetische Losungen erklangen, durchgeführt, die aber von der Regierung durch Überzeugungsarbeit und nicht durch Gewalt eingedämmt wurden. Die Arbeiter des Zeran-Werkes und die Parteijournalisten spielten bei dieser Selbstbeschränkung der polnischen Revolution im Oktober 1956 eine bedeutende Rolle. Der entscheidende Faktor hierbei waren die Nachrichten aus Ungarn, die als Omen dessen angesehen wurden, was auch in Polen geschehen konnte. Das bedeutete überhaupt keinen Mangel an Sympathie mit den Ungarn, verstärkte aber das Argument »polnischer *raison d'état*«, womit gemeint war, daß Polen sich keinen Streit mit der Sowjetunion leisten konnte, angeblich wegen der »Bedrohung durch den westdeutschen Revanchismus«, in Wirklichkeit aber wegen der Gefahr einer sowjetischen Invasion. In den Worten des ZK am 2. November:

> »Hier und da sind Stimmen zu hören, die den Abzug sowjetischer Armeeinheiten aus Polen fordern ... Solche Forderungen widersprechen in der gegenwärtigen internationalen Situation den grundlegenden Lebensinteressen unserer Nation und der polnischen *Staatsräson*.«[51]

Gomulka sah die Wiederherstellung der Macht der Partei als seine Hauptaufgabe an. Das bedeutete Beschränkung der Konzessionen auf ein Minimum. Es bestand die Gefahr, daß der spontane Druck der Parteibasis gegen ehemalige Stalinisten, wodurch im Oktober der Rücktritt von elf der neunzehn Provinzparteikomitees erzwungen wurde, wie in Ungarn zum völligen Zerfall der Partei führen würde. Dem gebot Gomulka Einhalt, indem er im November sagte:

> »Ich bezweifle, daß es möglich ist, Aktive zu finden ... die man nicht beschuldigen könnte, Fehler gemacht zu haben, wenn man ihre Arbeit heute bewertet.«[52]

Es würde keine großangelegten Säuberungen gegen Stalinisten geben. Der Enthusiasmus, mit dem die meisten Polen Gomulkas Ernennung begrüßten, beruhte auf einem Mißverständnis. Die Illusion, daß die polnische Partei von innen heraus reformiert werden könnte, dauerte bis Mitte der 60er Jahre. Durch den fortschreitenden Abbau der Ergebnisse der Liberalisierung vom Oktober 1956 wurde sie allmählich zerstört. Aber es gab einige wichtige Ausnahmen: die polnisch-sowjetischen Beziehungen, die Landwirtschaft und in gewissem Maße die religiösen Angelegenheiten. Wenn die Herrschaft der Partei wieder hergestellt werden sollte, waren Konzessionen auf diesen Gebieten unerläßlich.
Gomulka konnte mit der Deklaration vom 18. November 1956, die nach fünf Verhandlungstagen in Moskau erzielt wurde, eine günstige Regelung der polnisch-sowjetischen Beziehungen erreichen. Die Sowjetunion bestätigte mit dieser Deklaration die Gleichberechtigung der beiden Länder, annullierte die Schulden Polens, die sich aus Kompensationszahlungen für außerordentlich billige Kohlelieferungen zwischen 1948 bis 1953 ergeben hatten, machte eine Schenkung von 1,4 Millionen Tonnen Getreide, stellte Kredite von 700 Millionen Rubel für den Warenkauf in der Sowjetunion bereit, begann mit der Repatriierung der noch festgehaltenen Polen und beorderte sowjetische Armee- und Sicherheitsberater zurück. Später (18. Dezember) wurden sowjetische Truppenbewegungen innerhalb Polens ohne vorherige polnische Zustimmung untersagt. Es muß hinzugefügt werden, daß Gomulka sich der Unmöglichkeit völliger polnischer Unabhängigkeit bewußt war. Seine Antwort auf Probleme der Außenpolitik bestand in der engen Freundschaft mit Chruschtschow und dem Vertrauen auf die Unterstützung Moskaus gegen westdeutsche Ansprüche auf die Westgebiete.
In der Landwirtschaft wurde der Versuch der Beseitigung der privaten Produktion aufgegeben. Die Kollektivwirtschaften durften sich stillschweigend auflösen. Bis März 1957 waren 83 Prozent von ihnen verschwunden. 1959 bearbeiteten sie nur noch ein Prozent der landwirtschaftlichen Nutzfläche (eine Fläche von 220 000 Hektar). Die Kollektivierung blieb das Endziel. Wie Ochab, jetzt Minister für Landwirtschaft, auf dem 3. Parteitag (März 1959) sagte, »gehört die Zukunft allein den Produzentengenossenschaften, aber das Prinzip der Freiwilligkeit wird gewahrt«. Die Staatsgüter (PGR) wurden jedoch erhalten, und der Anteil des auf diese Weise bearbeiteten Landes blieb in etwa konstant (1955 13 Prozent, 1960 12 Prozent). Sie wurden reorganisiert und direkt dem Landwirtschaftsministerium unterstellt (anstatt wie bis dahin dem Ministerium für Staatsgüter). Die detaillierte Planung der Produktion wurde abgeschafft und das System dezentralisiert. 1960 kam ihre Wirtschaftlichkeit der der privaten Bauernhöfe gleich. Das hat vielleicht die Ökonomen beeindruckt, aber die Bauern beeindruckte es nicht.[53]
Die Politik der kommunistischen Partei wurde weiterhin durch Mißtrauen gegenüber der privaten Landwirtschaft gekennzeichnet. Gomulka hoffte, die Bauern statt mit der Peitsche mit dem Zuckerbrot zum Wiedereintritt in die Kollektive bewegen zu können. Die wenigen überlebenden Kollektive erhielten Steuervorteile und profitierten von einer 25prozentigen Senkung der Preise für das Ausleihen

von Maschinen aus den staatlichen Maschinen-Traktoren-Stationen (POM), die im Interesse der Kollektive erhalten wurden, als im Oktober 1956 die GOM (kommunale Maschinen-Traktoren-Stationen) aufgelöst wurden. Als dieser Anreiz nicht wirkte, versuchte die Partei einen anderen Weg: Sie bildete Agrarzirkel (*kolka rolnicze*). Die Maschinen wurden den Zirkeln übergeben. Sie konnten auch von Nichtmitgliedern gemietet werden, aber zu einem 20prozentigen Aufschlag. Darüberhinaus bekamen die Zirkel fast den gesamten »Fonds für Landwirtschaftliche Entwicklung« von 25 Milliarden Zloty, der im Juni 1959 geschaffen und aus dem Ablieferungssoll der Bauern finanziert wurde. Die Bauern ließen sich auch nicht von den Zirkeln beeindrucken, obwohl die Partei der Meinung war, daß sie »das Dorf zur sozialistischen Entwicklung geleiten« würden. Bis 1960 waren den Zirkeln erst 600 000 Menschen beigetreten: etwa 15 Prozent der privaten Bauern. Die polnische Landwirtschaft litt auch weiterhin unter der Unfähigkeit, die Dominanz der privaten Landwirtschaft im guten anzuerkennen.

Einen Wandel der Politik gab es nach 1956 auch auf dem Gebiet der religiösen Angelegenheiten. Der Freilassung von Kardinal Wyszynski folgte eine Vereinbarung zwischen der Regierung und dem Episkopat (8. Dezember 1956), das die Aufhebung des Dekrets vom 9. Februar 1953 vorsah und infolgedessen die Wiedereinführung des Religionsunterrichts an den Schulen, die Anerkennung der Jurisdiktion der Kirche über die Berufung von Bischöfen und anderem kirchlichem Personal, die Rückkehr von Pfarrern und Nonnen in die Westgebiete und die Berufung von fünf ortsansässigen Bischöfen in den Westgebieten. Boleslaw Piaseckis Organisation *Pax* verlor das Monopol über die katholischen Laien, und die Kontrolle über die Krakauer Wochenzeitung *Tygodnik Powszechny* ging von Piasecki wieder an eine Gruppe von Stanislaw Stomma geführter katholischer Intellektueller über, die der Hierarchie nahestanden, aber bereit waren, mit Gomulka einen *modus vivendi* zu erreichen. Die Regierung versprach, »die Hindernisse, die in der vorangegangenen Periode der Verwirklichung des Prinzips der völligen Freiheit des religiösen Lebens entgegenstanden, zu beseitigen«.[54]

Trotz all dessen hatte die Beziehung zwischen Kirche und Staat auch weiterhin ihre Höhen und Tiefen. 1958 machte die Polizei eine Razzia auf das Kloster von Jasna Góra in Tschenstochau mit dem Schrein der Schwarzen Madonna und beschlagnahmte Druckereiausrüstungen und Broschüren. 1959 wurde die Besteuerung der Kirche wieder eingeführt, und im April 1960 fand in Nowa Huta, der Stahlhüttenstadt, wo die Behörden hartnäckig den Bau einer neuen Kirche verweigerten, ein gewaltsamer Aufruhr statt. Aber das waren relativ geringfügige Verstimmungen. Bis 1965 bestand zwischen Staat und Kirche eher ein Verhältnis unsicherer Koexistenz als des Konflikts.

Auf anderen Gebieten der Politik zeigte sich ein unterschiedliches Bild. Gomulka hatte in seiner Rede vom 29. November 1956 die Grenzen von Reformen dargelegt. Die Existenz von Oppositionsparteien würde nicht gestattet sein, sagte er. Er rechtfertigte das mit dem Hinweis auf ein sowjetisches Veto:

»Möchten die Leute, die uns dafür kritisieren, daß wir nicht die Freiheit für alle Parteien in unser Programm aufnehmen, vielleicht vorschlagen, daß wir die geopolitische Lage Polens verändern und das Land in einen anderen Teil des Globus oder gar auf einen anderen Planeten verlegen?«. Außerdem »würde der Grad demokratischer Freiheiten durch die Umstände, die den Aufbau des Sozialismus begleiten, bestimmt«.[55]

In den Augen Gomulkas war die Periode von 1956 bis 1957 eine Periode des teilweisen und vorübergehenden Rückzugs der Partei. Wenn die Zeit gekommen wäre, würde man verlorenen Boden zurückgewinnen. Die Geschichte der Bewegung für Arbeiterkontrolle ist ein Beweis dafür. Die Arbeiterkontrolle hatte sich im Oktober 1956, von den Journalisten der *Po Prostu* angespornt, rapide ausgebreitet. Das 9. Plenum des Zentralrats der Gewerkschaften (CRZZ), das zwischen dem 16. und 18. November abgehalten wurde, forderte die Einführung der Arbeiterselbstverwaltung in das wirtschaftliche und gesellschaftliche Leben. Auch die Ökonomen Oskar Lange und Wlodzimierz Brus waren Verfechter der Selbstverwaltung durch Arbeiterräte. Sie erarbeiteten den ersten umfassenden Plan für Wirtschaftsreformen unter der Ägide eines von der Regierung im Dezember 1956 als beratendes Organ geschaffenen Wirtschaftsrates. Entsprechend ihren Vorschlägen sollte die zentrale Planung mittels Marktmechanismen und direkter industrieller Demokratie durchgeführt werden.
Dieser erste umfassende ökonomische Reformplan in Osteuropa wurde im April 1957 vorgelegt. Er wurde ignoriert. Obwohl Gomulka auf dem 9. Plenum im Mai 1957 erklärte, daß der spezifisch polnische Weg zum Sozialismus durch Arbeiterräte charakterisiert werde, griff er es als »anarchistische Utopie« an, mit ihnen die »zentralisierte Verwaltung ersetzen« zu wollen. Und er unterstrich, »die Parteiorganisationen in den Fabriken müssen nach wie vor die führende politische Kraft bleiben«. Das Gesetz vom Dezember 1957 schrieb die Zusammenarbeit der Gewerkschaften bei der Vorbereitung und Durchführung von Wahlen zu den Arbeiterräten vor. Darin hieß es ferner:

»Im Falle einer notorischen Nichterfüllung der Planaufgaben und fehlerhaften Wirksamkeit soll der Arbeiterrat durch das zuständige Ministerium im Einverständnis mit dem betreffenden Gewerkschaftspräsidium aufgelöst werden können.«[56]

So hatten die Arbeiterräte, als sie 1958 - zusammen mit den Betriebspartei- und Gewerkschaftskomitees, der Jugendorganisation und der Organisation der technischen Mitarbeiter - den vierteljährlich tagenden Konferenzen der Selbstverwaltung (KSR) einverleibt wurden, viel von ihrer Autonomie verloren. Das war gleichbedeutend mit ihrer Abschaffung.[57]
Auch die Reform des politischen Systems war, wie die Wahlen zum *Sejm* im Januar 1957 zeigten, in ihrer Reichweite streng begrenzt. Obwohl - anders als 1952 - mehr Kandidaten aufgestellt werden konnten als Sitze vorhanden waren und damit die Möglichkeit des Wettbewerbs zwischen der ZSL, der SD und der PZPR gegeben war, wurde er durch das System der Einheitsliste entwertet. Die Wähler konnten jedoch durch wohlüberlegte Streichungen den Platz der Kandidaten auf

der Einheitsliste der Front der Nationalen Einheit (FJN) beeinflussen. Daher am 19. Januar 1957 Gomulkas dramatische Rede:

> »Die Streichung von Kandidaten unserer Partei bedeutet, die Unabhängigkeit unseres Landes zu streichen, bedeutet, Polen von der Landkarte der europäischen Staaten zu streichen.«[58]

Er genoß in diesem Stadium noch ein beträchtliches Ansehen bei den Polen. Die Wähler reagierten mit großer Selbstdisziplin. Nur ein Parteimitglied wurde durch die Streichung des Namens besiegt. Das Resultat (durch das System der Einheitsliste im wesentlichen im voraus bestimmt) lautete: PZPR 52%, ZSL 26% und SD 9%. Die anderen erfolgreichen Kandidaten waren Unabhängige. Die Zusammensetzung der neuen Regierung war überwiegend kommunistisch. Zenon Nowak, einer der wichtigsten Träger der Natolin-Fraktion wurde Premierminister. Der Ex-Sozialist Cyrankiewicz wurde Premierminister.

Auch in der kulturellen Sphäre erfolgte eine schnelle Umkehr zum Konservatismus. Im Jahr 1957 wurde das Herausgebergremium der Tageszeitung der Partei, *Trybuna Ludu*, entlassen; die *Po Prostu* ging allmählich ein, zunächst aufgrund der Entfernung ihres Herausgebers Eligius Lasota im April und dann durch ihre vorübergehende Suspendierung während des Sommers 1957. Die Zeitschrift wurde schließlich im Oktober eingestellt, zehn ihrer Herausgeber wurden wegen »Verbreitung von Zweifeln am sozialistischen Aufbau« und wegen ihres »unfruchtbaren und negativen Standpunktes« aus der Partei ausgeschlossen. In Wirklichkeit hatten sie auf die Prosperität des kapitalistischen Europa verwiesen und in der Ausgabe vom 30. September 1957 gefragt:

> »Wie konnte es geschehen, daß die kapitalistischen Länder entgegen unseren Erwartungen fähig waren, eine Wirtschaftskrise zu vermeiden?«[59]

Die Hoffnungen der führenden polnischen Schriftsteller Adam Wazyk, Jerzy Andrzejewski und Jan Kott, mit der von ihnen vorgeschlagenen Zeitschrift *Europa* zwischen der polnischen und der allgemeinen europäischen Kultur eine Brücke schlagen zu können, wurden enttäuscht. Die Genehmigung wurde im November 1957 verweigert, und sie alle traten aus der Partei aus. Sie wären in der von der PZPR im Oktober 1957 eingeleiteten Massensäuberung oder »Verifikation« ohnehin hinausgeworfen worden. Bis Ende 1958 waren 28 000 Mitglieder entweder wegen »Revisionismus« oder »Dogmatismus« ausgeschlossen worden. Gomulka hat auf den Kampf gegen den Revisionismus immer eine stärkere Betonung gelegt. Er sagte dem 10. Plenum im Oktober 1957: »Der revisionistische Flügel muß von der Partei abgetrennt werden.« Die »Dogmatiker« waren eine Gefahr, aber keine so ernste. Er sagte, die Revisionisten wären für die Partei wie eine »Tuberkulose«, die Dogmatiker nur wie eine »Grippe«. Unter den Revisionisten war Professor Kolakowski sein *bête noire*. Dessen »revisionistische Sehnsüchte« hätten die Aufmerksamkeit »der bürgerlichen und trotzkistischen Presse« gewonnen. Kolakowski ließ sich von diesen Angriffen nicht schrecken, sondern wurde eher kühner, griff den historischen Determinismus an und bestand auf der

hervorragenden Rolle des moralischen Urteils autonomer Individuen. Er wurde 1959 als Chefherausgeber der polnischen philosophischen Zeitschrift *Studia Filozoficzne* entlassen, weil er den »Liberalismus« des jungen Marx gegen die orthodoxen kommunistischen Interpretationen seines Werkes ausgespielt hatte. Es folgten weitere Akte kultureller Unterdrückung. Ab Herbst 1957 wurden Literaturzeitschriften wie *Nowa Kultura* und *Przeglad Kulturalny* der Zensur unterworfen; die *Nowa Kultura* verlor im Mai 1958 fast das gesamte Herausgebergremium.[60] Die Schriftsteller, die 1956 die Freiheit der Meinungsäußerung kennengelernt hatten, mußten jetzt aufpassen, daß sie nicht zu weit gingen. Dissidenten überhaupt mußten die Reorganisation der Sicherheitspolizei unter General Mieczyslaw Moczar, einem ehemaligen kommunistischen Partisanen »mit einem Ruf von Robustheit« im Jahr 1959 berücksichtigen.[61]
In den folgenden Jahren vollzog sich eine zunehmende Einengung der Handlungsfreiheit polnischer Intellektueller. 1962 schlossen die Behörden den Klub des Schiefen Kreises, seit sieben Jahren ein Zentrum revisionistischer Diskussionen. 1963 wurde die *Przeglad Kulturalny* gezwungen, die Publikation einzustellen, weil sie »ideologische Konfusion verursache«. Im Juli 1963 rechtfertigte Gomulka auf einem ZK-Plenum den härteren Kurs mit der Begründung, daß Künstler und Schriftsteller »durch die bürgerliche Ideologie korrumpiert« worden seien. Er fügte hinzu:

> »Die Partei wird die Propagierung antisozialistischer Ansichten, die kritiklos aus der kapitalistischen Welt importiert wurden, niemals zulassen.«[62]

Die Dissidenten gaben nicht kampflos nach. Gomulkas Aktionen verstärkten die Erregung in den intellektuellen Kreisen, besonders in Anbetracht seiner Bemühungen, immer noch einen Kurs der Mitte zu verfolgen und eine Rückkehr zu den heftigen Unterdrückungsmaßnahmen der Stalin-Ära zu vermeiden. Daher führte 1964 der Brief der Vierunddreißig, ein von führenden Angehörigen der akademischen und kulturellen Elite unterzeichneter Protest gegen die Pressezensur, für die Unterzeichner zu einem Verlust von Privilegien und Publikationsmöglichkeiten, jedoch nicht zu einem Parteiausschluß, und nur einer der Vierunddreißig kam vor Gericht. Gegen Jacek Kuron und Karol Modzelewski wurden 1965 härtere Maßnahmen ergriffen, aber ihr Vergehen war auch bedeutender. Sie hatten ihrer Ortsparteiorganisation einen *Offenen Brief an die Partei* übergeben, in dem sie - nach einer vernichtenden Analyse der aktuellen polnischen Situation - schlußfolgerten, die einzig mögliche Lösung bestehe im »Sturz des herrschenden Systems. Entwicklung braucht Revolution«. Sie würde unvermeidlich eine proletarische Revolution sein. Die Arbeiterklasse würde jedoch nicht notwendigerweise zu den Waffen greifen müssen, da der Zwangsapparat aufgrund seiner Minderheitsposition geschwächt sein würde. Sie wurden im Juli 1965 wegen des Eintretens für den »gewaltsamen Sturz des politischen und sozialökonomischen Systems der Volksrepublik Polen« verurteilt. Kuron bekam drei Jahre, Modzelewski drei Jahre und sechs Monate.[63]

Die durch diesen Prozeß geschaffene düstere Stimmung wurde 1966 vertieft, und zwar erstens durch den Parteiausschluß Leszek Kolakowskis wegen einer Rede an der Warschauer Universität, in der er allseitig das Abgehen der Herrscher Polens von den Versprechungen im Oktober 1956 darstellte, und zweitens durch den Parteiausschluß von zweiundzwanzig führenden polnischen Schriftstellern aufgrund ihres an das Zentralkomitee gerichteten Protestes gegen die Behandlung von Kolakowski. 1966 war von Polens »intellektuellem Oktober« wenig übriggeblieben.

Auch in der Ökonomie verlief der Reformimpuls von 1956 ziemlich schnell im Sand. Zunächst spiegelte sich die starke Position der Arbeiter nach dem Oktober 1956 in einer jährlichen Wachstumsrate der Reallöhne von 15 Prozent im Jahre 1956 und 12 Prozent 1957 wider. Das war zum einen ein Ergebnis der Beibehaltung der aufgrund der Einführung effizienterer Maschinen längst überholten Arbeitsnormen von 1953, zum anderen ein Ergebnis der Tendenz der Industriemanager, aufgrund der Arbeitskräfteknappheit höhere Löhne als im Plan vorgesehen zu zahlen. Darüberhinaus führte die ungenügende Leistung der Landwirtschaft im Ergebnis der Dürre von 1958 zu einer ernsten Fleischknappheit. Die Regierung erhöhte daher 1959 die Fleischpreise um 25 Prozent. Sie steigerte auch die Arbeitsnormen. Obwohl dagegen einige Streiks durchgeführt wurden, genoß Gomulka noch genügend Unterstützung, um seine härtere Politik durchzusetzen.

Die Wirtschaftspolitik kehrte nach 1959 in vieler Hinsicht zu dem zentralisierten und produktionsorientierten System der frühen 50er Jahre zurück. Zwei der 1956 entlassenen Mitglieder der alten stalinistischen Garde, Eugeniusz Szyr und Julian Tokarski, wurden im November 1959 wieder berufen, und zwar als Stellvertretende Premierminister. Die Zahl der von den Betrieben einzuhaltenden Produktionskennziffern wurde von sechs oder acht auf neunzehn erhöht. Die Investitionen wurden enorm gesteigert (1959 17,2%). Die Reallöhne sanken 1959/60, womit der Durchschnitt für die erste Fünfjahrplanperiode auf 5,1 Prozent sank. Während der nächsten fünf Jahre (1961-65) stiegen die Reallöhne nur um 1,5 Prozent jährlich, während das materielle Nettoprodukt um 6,2 Prozent jährlich wuchs. Das ist ein Maßstab des Wandels der Politik seit 1956.[64]

So hatte Gomulka bis zur Mitte der 60er Jahre erfolgreich erreicht, was man die »kleine Stabilisierung« nannte. Polen war, mit den von uns angemerkten Ausnahmen, auf das Niveau der Tschechoslowakei, Bulgariens und der anderen zurückgerutscht. Wie im Fall Ungarns begann die durch die Ereignisse von 1956 scheinbar eingeleitete abweichende Politik sich wieder anzunähern. In der Sowjetunion trat an die Stelle der Schwankungen und Unsicherheiten während der Mitte der fünfziger Jahre die endgültige Entscheidung, die Politik des Blocks zu koordinieren und zu integrieren, und zwar militärisch durch den Warschauer Pakt, ökonomisch durch den RGW und politisch durch eine Folge von Konferenzen der »sozialistischen Gemeinschaft«. Dafür gab es deutliche Zeichen: die gemeinsame Entscheidung, nach 1958 ökonomisch einen »großen Sprung vorwärts« zu machen, die wachsende Integration der osteuropäischen Volkswirtschaften, die größere Rolle der blockübergreifenden Planung durch den RGW, der allgemeine Rückschlag gegenüber den optimistischen Wachstumsplänen Anfang der 60er Jahre und schließlich die gemeinsame Reaktion auf Fehlschläge, die es erlaubte, grünes Licht für die ökonomischen Reformen Ende der 60er Jahre zu geben.

6 Die ruhigen Jahre, 1957-1968

Nachdem die gewaltigen sozialpolitischen Bewegungen, die 1956 Ungarn und Polen bis an die Wurzeln erschüttert hatten, abgeklungen waren, beginnt eine Periode ruhiger, scheinbarer Stabilität Osteuropas. Die Herrschenden herrschen, die Beherrschten gehorchen und arbeiten. Die Wirtschaft setzt das geplante Voranschreiten zum Ziel des »entwickelten Sozialismus« fort. Mit der vollen Kollektivierung befinden sich fast alle Sektoren der Wirtschaft unter staatlicher Kontrolle. Schritte zur ökonomischen Integration der Mitgliedsländer des RGW sind in Gang gebracht. Es gibt natürlich politische Ereignisse, aber kaum solche von Bedeutung. Diese Periode dauert etwa vier bis fünf Jahre. Am Ende dieser Zeit ziehen Wolken am Horizont auf. Sogar auf der ökonomischen Ebene nähert sich die »extensive« Entwicklung der ganzen Periode nach 1948 (die in Anbetracht des Fehlens jeglicher realer Wirtschaftsreformen nach 1956 als relativ homogen angesehen werden kann) dem Ende ihrer Effektivität. Bis Anfang der 70er Jahre reichte der ständig steigende Einsatz von Kapital und Arbeit zur Sicherung der industriellen Entwicklung aus. Aber »in dem Maß wie das Potential für ein weiteres Ansteigen der Arbeitsleistung sank, fielen auch die Wachstumsraten der Produktion und der Arbeitsleistung je Arbeiter«.[1] Nach offiziellen statistischen Angaben fiel die Wachstumsrate des materiellen Nettoprodukts (MNP) nach konstanten Preisen berechnet in der Tschechoslowakei von 7,0% p.a. 1956/60 auf 1,9% 1961/65; entsprechende Zahlen sind für die DDR 7,1 und 3,4; Ungarn 6,0 und 4,1; Polen 6,5 und 6,2.[2]

Auf die Balkanländer trifft dieser Punkt weit weniger zu, so daß - wie schon erwähnt - der historische Unterschied zwischen dem ehemals rückständigen Südosten und dem schon entwickelten Zentrum und Norden durch die ökonomische Entwicklung eher betont als verringert wurde. Rumäniens jährliche durchschnittliche Wachstumsrate des MNP betrug zwischen 1956 und 1960 6,6% und stieg zwischen 1961 und 1965 auf 9,1%. Die entsprechenden Zahlen lauten für Bulgarien 9,6% und 6,6%, für Albanien 7,0% und 5,8%. Hier erschien das Stalinsche Modell des extensiven Wirtschaftswachstums weiterhin als angemessen und erfolgreich. Anderswo sprachen die wirtschaftlichen Schwierigkeiten der frühen 60er Jahre ihre eigene Sprache und waren in der Tat ein Faktor der Vorbereitung des Versuchs nach 1962, das zu Problem von Wirtschaftsreformen erneut anzugehen.

Es wäre falsch, die Schwierigkeiten, denen die zentral geplanten Volkswirtschaften in den 60er Jahren gegenüberstanden, zu übertreiben. Abgesehen von der Tschechoslowakei, wo die Leistung der Wirtschaft in bezug auf das Wachstum mehrere Jahre äußerst ungenügend war (1962 Anstieg des MNP um 1,4%, 1963 Absinken um 2,2%, 1964 Anstieg um 0,6%)[3], wuchs sie weiterhin in respektablen Raten; auch das Konsumtionsniveau stieg. Aber an der Spitze der kommunistischen Parteien entwickelte sich aufgrund der Anzeichen von Stagnation oder wenigstens reduzierten Wachstums und zusammen mit den Argumenten der Ökonomen sowie dem Vergleich mit dem Westen ein Gefühl, daß Reformen notwendig würden.

Wie gewöhnlich war die sowjetische Zustimmung zu ökonomischen Reformen eine Voraussetzung für ihre Durchführung anderswo. Diese schien mit der Publikation eines Reformen befürwortenden Artikels des führenden sowjetischen Ökonomen Professor Yevsai Liberman in der *Prawda* im September 1962 implizite gegeben. Das erlaubte der Regierung der DDR, 1963 eine »zweite Welle ökonomischer Reformen« zu beginnen. Im Juli wurden von der SED die »Leitlinien für das Neue Ökonomische System« gebilligt. Die Tschechoslowakei folgte im Januar 1965, und Ungarn begann mit der Vorbereitung einer Reform, die 1968 auslief. Die Reformen umfaßten die folgenden drei Schlüsselelemente: (1) Reduzierung der zentral geplanten obligatorischen Produktionskennziffern (In der Tschechoslowakei wurden sie zum Beispiel von 1 300 auf 52 reduziert); (2) stärkere Betonung von Einkommen und Profit als Erfolgskriterien; (3) Verstärkung ökonomischer Anreize und eine höhere Entlohnung in effektiveren Betrieben; (4) Preisreformen; drei Preiskategorien, und zwar feste, kontrollierte und freie Preise (in der Tschechoslowakei sollten 7 Prozent der Preise freigegeben werden, 29 Prozent innerhalb einer zentral vorgegebenen Bandbreite fluktuieren und 64 Prozent festgelegt bleiben); (5) Konzentration der Betriebe in größeren Einheiten (in der DDR sollten 90 Vereinigungen Volkseigener Betriebe oder VVB gebildet werden); schließlich (6) Dezentralisierung und Delegierung von ökonomischen Entscheidungen an diese größeren Einheiten.

Sowohl in den Reformen selbst als auch bei ihrer Umsetzung gab es viele Schwächen. Sie wurden nicht den wirklichen Problemen des geringen technologischen Fortschritts und des Fehlens einer vernünftigen Preisstruktur gerecht. Sie waren für die inzwischen vollständig kollektivierte Landwirtschaft irrelevant, außer in Bezug auf Vorteile, die sich für Staatsgüter aus den Punkten 2 und 3 über finanzielle Anreize ergaben. Die Zuweisung von Produktionsmitteln wurde fortgesetzt. Da die Veränderungen von denselben Funktionären durchgeführt werden sollten, die das alte System praktiziert hatten, trafen die Reformen auf die Sabotage einer eingewurzelten Bürokratie. Sie wurden halbherzig durchgeführt, weil der Parteiapparat gegen Reformen war. Es handelte sich um einen Versuch, ökonomische Probleme zu lösen, ohne die Politik anzutasten. Von der ersten

Reformwelle 1956/57 unterschieden sie sich dadurch, daß den Arbeitern keine Mitwirkung zugebilligt wurde. Arbeiterräte, die in den Reformkonzepten einer früheren Ära eine Rolle gespielt hatten, waren jetzt ausgeklammert.

Schließlich wurden die Reformen in allen Fällen nur eine kurze Zeit durchgeführt, bevor die Zentralisierung wieder einsetzte. In der DDR dauerte das Neue Ökonomische System von 1963 bis 1968 oder bis spätestens Dezember 1970 (Das 14. ZK-Plenum der SED beschloß, die Rechte der VVB einzuschränken und die Zahl der vorgeschriebenen Plankennziffern zu erhöhen); in der Tschechoslowakei von 1965 bis Juli 1969; in Ungarn von 1968 bis 1972; in Polen wurde der erste Teil der Reformen 1970 von dem Arbeiteraufstand durchkreuzt, und der zweite Teil von 1972 endete 1975 mit dem Entzug der Elemente an Autonomie, die den »Großen Ökonomischen Organisationen« oder WOG zugestanden worden waren. Zu den Gründen für das Mißlingen gehören das politische Hindernis in Gestalt des Widerstandes der herrschenden Elite, ungünstige ökonomische Bedingungen, durch die die Reformgegner gestärkt wurden, und vor allem die technische Schwierigkeit, vielleicht sogar der Widerspruch, der darin lag, die zentrale Kontrolle der Ökonomie beizubehalten und einen Marktmechanismus einzubauen.[4]

Politisch schien die Wiederherstellung vieler Aspekte des Stalinschen Modells in den späten 50er Jahren zunächst erfolgreich. Nach einem Intervall der Unsicherheit bis 1957 wurde die Alleinherrschaft der einzelnen Parteiführer wieder hergestellt. Sie alle - Gomulka in Polen, Kádár in Ungarn, Novotny in der Tschechoslowakei, Shiwkow in Bulgarien, Gheorghiu-Dej in Rumänien und Ulbricht in der DDR - konnten die Angriffe auf ihre Autorität abwehren und eine ähnliche Macht ausüben wie ihre Vorgänger, obwohl sie stärker als vorher von der Zustimmung ihrer Kollegen abhängig waren. Nur Enver Hoxha in Albanien blieb in den Wechselfällen der Ära nach Stalin und während des Bruchs mit der Sowjetunion unangefochten. Da ein umfassender stalinistischer Terror nicht mehr möglich war, mußten diese Herrscher, um an der Macht zu bleiben, häufig auf demagogische nationalistische Manöver zurückgreifen. Das brachte entweder die Regierungen selbst in Mißkredit (z.B. die antizionistische Kampagne in Polen 1967/68) oder weckte nationalistische Gefühle bei den ethnischen Minderheiten, die eine Menge Unannehmlichkeiten für die Zukunft ansammelten. Die Ungarn reagierten auf diese Weise in Rumänien und der Tschechoslowakei, die Türken in Bulgarien, die Albaner in Jugoslawien und die Slowaken in der Tschechoslowakei.

Zwei unlösbare Probleme bestanden auf kulturellem und intellektuellem Gebiet. Erstens bedeutete die Beendigung der stalinistischen Methoden der Machtausübung, daß die Bevormundung durch die Partei eher als ein Ärgernis betrachtet wurde denn als eine übermächtige, alles beherrschende Präsenz, die absolute Unterwerfung erforderte (auch hier sind Rumänien, Bulgarien und Albanien Ausnahmen). Zweitens konnte unter den Bedingungen der erhöhten Komplexität der Ökonomie, der Notwendigkeit des Transfers fortgeschrittener westlicher Technologie und dem daraus folgenden Abbau von Barrieren gegen den freien

Fluß von Informationen das Eindringen westlicher Ideen nicht länger vollständig verhindert werden. Vergleiche waren unvermeidlich. Die Situation hätte durch ein gewisses Maß der Befriedigung materieller Bedürfnisse der Menschen erträglich gestaltet werden können. Aber wie Matejko 1974 in einem ebenso klugen wie prophetischen Kommentar schlußfolgerte,

> »führt die fortschreitende Nichtübereinstimmung zwischen den Bedürfnissen der Massen und ihrer bescheidenen Befriedigung zu einem Ungleichgewicht, das in bedeutendem Maße die Zukunft Europas beeinflussen wird.«[5]

Schließlich hatte ein Erfolg kommunistischer Politik, das Heranwachsen einer gebildeten, zunehmend städtischen Öffentlichkeit, die aus der Arbeiterklasse und anderen Gruppen bestand, paradoxe Folgen. Indem die Tendenz, ihre Berechtigung in Frage zu stellen, gefördert wurde, wurden die Grundlagen der kommunistischen Herrschaft selbst unterminiert. Die ruhige Dekade der 60er Jahre ist daher von einem Anwachsen vielfältigen Drucks gekennzeichnet. Im Ergebnis kam es am Ende des Jahrzehnts in zwei Ländern, in denen verschiedenartige Zwänge zusammentrafen, zu einer tiefgreifenden politischen Krise. Im Falle Polens folgte auf eine erneuerte intellektuelle Gärung eine Explosion der Unzufriedenheit der Arbeiterklasse (1968-71); im Fall der Tschechoslowakei leiteten die Herrschenden selber eine breite, jedoch im wesentlichen prophylaktische Reformbewegung (1968) ein, die aber durch eine sowjetische Invasion im Keim erstickt wurde. Wir wollen zuerst die Länder betrachten, die am Ende der 60er Jahre eine ernste Krise vermeiden konnten.

Die Deutsche Demokratische Republik scheint auf den ersten Blick genau wie Polen und die Tschechoslowakei Objekt der oben erwähnten Zwänge zu sein. Es wird manchmal behauptet, daß die Möglichkeit der Emigration ein Sicherheitsventil für Unzufriedene gewesen sei. Damit läßt sich aber nicht das Ausbleiben einer Krise nach dem Bau der Berliner Mauer 1961, durch die das Verlassen des Landes ohne Genehmigung unmöglich gemacht wurde, erklären; andererseits wird so das Fehlen einer wirksamen Opposition gegen Walter Ulbricht in den 50er Jahren verständlich. Ulbrichts politisches Können und seine Entschlossenheit, in der DDR den »Sozialismus aufzubauen«, sind hier bedeutende persönliche Faktoren. Er säuberte die Partei nach dem Aufruhr vom 17. bis 18. Juni 1953 von der Basis bis zur Spitze (62,2 Prozent der Mitglieder der Bezirksleitungen der SED wurden zwischen 1952 und 1954 ausgewechselt). Er gab ein Lippenbekenntnis zum »Neuen Kurs« ab und verkündete dann abrupt dessen Ende, indem er 1955 behauptete: »Es war niemals unsere Absicht, einen derartig falschen Kurs zu wählen. Und wir werden ihn nie wählen.« 1956 vermied er trotz Chruschtschows Geheimrede jegliche Diskussion der Fehler Stalins. Er wählte den richtigen Augenblick (sofort nach der ungarischen Erhebung 1956), um den »Revisionisten« einen Schlag zu versetzen, und ignorierte den Rat der »weicheren« Mitglieder der Führung, wie Schirdewan, Wollweber und Oelßner. Wolfgang Harich wurde für zehn Jahre eingesperrt; Ernst Bloch wurde aus seinen Leipziger Vorlesungen verstoßen (1957). Außerdem setzte Ulbricht sich über die Einwände seiner Kollegen Selbmann, Oelßner und Leuschner hinweg, als er auf dem 35. ZK-Plenum im Februar 1958 eine neue Kampagne für die Kollektivierung der Landwirtschaft, die Abschaffung des privaten Handels und schnelles Industriewachstum einleitete. Das Ergebnis waren ein materieller Erfolg (1958 ein Industriewachstum um 11 Prozent, 1959 um 12 Prozent) und ein ansteigender Flüchtlingsstrom, von 144 000 im Jahr 1959 auf 199 000 1960 und 155 000 allein im ersten Halbjahr 1961. Die DDR wäre ausgeblutet, wenn das so weitergegangen wäre. Der Strom der Flüchtlinge mußte eingedämmt werden.

Ulbrichts Lösung des Problems war der Bau der Berliner Mauer. Die SED hatte seit November 1960 auf eine derartige Lösung gedrungen. Anfang August 1961 gaben die Parteisekretäre der Staaten des Warschauer Paktes schließlich trotz des in Aussicht stehenden Prestigeverlustes für das ganze »sozialistische Lager« ihre Zustimmung zu der Idee. Am 13. August 1961 wurde in Berlin der offiziell so genannte »antifaschistische Schutzwall« errichtet. Die SED konnte nun den Aufbau ihrer Version des Sozialismus hinter sicheren Schranken fortsetzen. Das tat sie, bis die ungarischen Kommunisten in ihrem Reformenthusiasmus begannen, die Tür nach dem Westen halb offen zu lassen (September 1989). In der Zwischenzeit war die DDR das industriell am weitesten entwickelte Mitglied des RGW geworden, mit dem höchsten Lebensstandard und dem höchsten Produktivitätsniveau. Sie rangierte 1970 als Wirtschaftsmacht an neunter Stelle in der Welt und erlebte zwischen 1960 und 1964 eine durchschnittliche jährliche Wachstumsrate der Industrie von 5,8 Prozent und von 6,4 Prozent zwischen 1964 und 1970. Das Pro-Kopf-Wachstum des Lebensstandards betrug zwischen 1970 und 1975 4,9 Prozent; es war das höchste im »sozialistischen Block«. Die Bürger der DDR konnten Fernsehapparate (1970 69% der Haushalte), Kühlschränke (56%) und Waschmaschinen (54%) kaufen. Viele hatten sogar Autos (16%). Die Löhne stiegen von 555 Mark monatlich im Jahr 1960 auf 755 Mark 1970, während die Preise in jener Periode um 0,1% fielen.[6]

Die DDR war als politische Formation offensichtlich so stabil und effektiv, daß Walter Ulbricht 1967 in gewisser Weise »von Erfolg schwindlig« geworden war. Er sagte, der Sozialismus sei schon errichtet. Die Aufgabe bestehe nunmehr in der »Vollendung des Sozialismus«. Die »entwickelte sozialistische Gesellschaft« sollte auf der »wissenschaftlich-technischen Revolution« beruhen.[7] Dieser Versuch, auf einem anderen Weg als die Sowjetunion voranzugehen (wenigstens in der Theorie), führte zu Beschwerden aus Moskau, und so entschied das Politbüro, daß Ulbricht nicht länger Erster Sekretär sein könne (Mai 1971). Er wurde von dem nüchternen und vorsichtigen Erich Honecker abgelöst, der mehr als Kapitän eines Teams und weniger als mächtiger Einzelleiter traditionellen Typs handelte. Die Idee von der »entwickelten sozialistischen Gesellschaft« wurde fallengelassen, und von 1973 an wurde die DDR bescheidener als Land des »real existierenden Sozialismus« bezeichnet. Die Botschaft war klar: Die DDR sollte keinen ideologischen Sonderweg gehen, sondern treu dem sowjetischen Denken folgen. Der VIII.

Parteitag im Juni 1971 proklamierte als Aufgabe der Partei

> »die Erhöhung des materiellen und kulturellen Lebensniveaus des Volkes auf der Grundlage eines hohen Entwicklungstempos der sozialistischen Produktion und des Wachstums der Arbeitsproduktivität«.[8]

Die ökonomischen Ideen der Reformer der 60er Jahre wurden also abgelehnt. Die Entscheidung vom Dezember 1970, zum Zentralismus zurückzukehren und die direkte staatliche Kontrolle über die VVB zu verstärken, haben wir schon erwähnt. Günter Mittag, der Hauptverfechter des Neuen Ökonomischen Systems, wurde aus dem Staatsrat (1971) und dem Sekretariat des ZK (1973) entfernt. Er wurde als Sekretär für Wirtschaft durch Werner Krolikowski, einen Mann ohne ökonomische Ausbildung ersetzt. Statt eine Erhöhung der Preise als Widerspiegelung der Kosten zuzulassen, wurde eine Von-der-Hand-in-den-Mund-Politik von Sondersubventionen, Sparmaßnahmen (z.B. Straßenbeleuchtung) und Erhöhung der Arbeitsintensität eingeführt. Die Ölpreissteigerungen von 1973 führten zwischen 1970 und 1974 zu einer Steigerung der Importpreise für Rohstoffe um 170 Prozent. Das wurde nicht in Preiserhöhungen innerhalb der DDR umgesetzt.

Die SED-Führung hatte entschieden, daß die Sicherung eines steigenden Niveaus materiellen Wohlstandes der einzige Weg war, um an der Macht zu bleiben. Daher wurde »die weitere Steigerung des materiellen und kulturellen Lebensniveaus des Volkes« als Hauptaufgabe des Fünfjahrplans für 1971-75 dargestellt. Hohe Wachstumsraten waren zweitrangig und sollten nicht durch Investitionen, sondern durch die »Intensivierung der Produktion« erreicht werden. Die Qualität und Quantität der Konsumgüter sollte verbessert werden. Außerdem wurde eine großzügige Sozialpolitik konzipiert.[9] Wenn man die Massen zufriedenstellte, konnte man auch den Intellektuellen einen gewissen Grad von Freiheit gestatten. So leitete Honecker 1972, indem er erklärte, daß es »auf dem Feld von Kunst und Literatur keine Tabus« geben könne, einen »literarischen Frühling« ein. Der dauerte nicht lange. 1976 wurde Wolf Biermann die Staatsbürgerschaft der DDR aberkannt; Schriftsteller, die dagegen protestierten, wurden auf unterschiedliche Weise bestraft. Die Grenzen freier Meinungsäußerung blieben eng. Die Entwicklung einer Dissidentenbewegung wurde teilweise durch ein Netzwerk von Informanten für die *Stasi* verhindert und teilweise durch das Sicherheitsventil der Emigration. Viele Schriftsteller gingen fort und arbeiteten in Westdeutschland weiter. Es bleibt eine Tatsache, daß ein Parteitag dem anderen folgte, ohne daß sich Anzeichen einer Krise zeigten, dafür aber alle Zeichen einer auf ökonomischem Erfolg begründeten Stabilität. Die Risse, die sich in den 80er Jahren in diesem beeindruckenden Gebäude entwickelten, werden in unserem Schlußkapitel behandelt.

Auch für Ungarn waren die 60er und 70er Jahre ruhige Jahre. Nach einer Periode des Zögerns zwischen 1957 und 1962, die hauptsächlich durch Druck von außen verursacht war, verfolgte Kádár einen Kurs des Kompromisses. Das Wiederaufleben des Dogmatismus in der Sowjetunion nach 1957, dadurch bedingt, daß Chruschtschow die chinesische Kritik an seinem »Revisionismus« abwehren

mußte, führte in Ungarn zu einer erneuten rapiden Kollektivierung in der Landwirtschaft, einem erneuten Zwang zur Orthodoxie auf kulturellem Gebiet und einer Ablehnung ökonomischer Reformen.
Wir werden zuerst die Wiederaufnahme der Kollektivierung betrachten. Dem Verlassen der Kollektivwirtschaften im Jahre 1956 wurde 1957 Einhalt geboten. Aber das neue Regime hatte anfangs keine Eile, die »sozialistische Transformation der Landwirtschaft« zu vollenden. Als jedoch Kádár im Januar 1959 von einem Besuch in Moskau zurückkehrte, verkündete er als große Lehre aus dem kürzlichen 21. Parteitag der sowjetischen Partei die Notwendigkeit, daß Ungarn in der Kollektivierung aufschließen müsse. Das Land falle bedenklich hinter die Tschechoslowakei (1959 75 Prozent) und Bulgarien (92 Prozent) zurück. Entsprechend leitete im März 1959 eine Resolution des Zentralkomitees erneut die Kollektivierung in die Wege. Sie wurde rapide vorangetrieben, so daß sich bis 1962 75 Prozent der werktätigen Bauern in den Kollektiven befanden und 18 Prozent auf den Staatsgütern beschäftigt waren. Zweitens, zur Kultur. Im Juli 1958 erließ das ZK kulturelle Leitlinien, die »Parteilichkeit« forderten sowie die »effektive Verbreitung der marxistisch-leninistischen Weltanschauung, die Niederlage und Verdrängung bürgerlicher Anschauungen«. Später im Jahr wurde György Lukács scharf wegen »Idealismus und Revisionismus« kritisiert und bis 1964 gehindert zu publizieren. 1959 wurde als Teil einer Kampagne zur Kontrolle der Gläubigen und der Behinderung religiöser Betätigung das Büro für Kirchenangelegenheiten wiederbelebt. Drittens, zur ökonomischen Reformpolitik. 1957 wurde der Bericht der Varga-Kommission, der die Dezentralisierung empfohlen hatte, abgelehnt. In den nächsten fünf Jahren wurden keine weiteren Versuche einer Wirtschaftsreform unternommen.
Auf dem 8. Parteitag der USAP im November 1962 kam der Wendepunkt. Veränderungen in der Sowjetunion waren ein entscheidender Faktor der Veränderung der politischen Atmosphäre. Chruschtschow hatte auf dem 21. Parteitag der KPdSU im Oktober 1961 ein zweite Welle der Entstalinisierung anlaufen lassen, und Kádár konnte sich das zunutze machen. Er kündigte im November 1962 Schritte zur Gewinnung jener Ungarn - und das war die überwältigende Mehrheit - an, die sich außerhalb der Partei befanden. Die Parteimitgliedschaft, die sich auf 499 000 belief, war nicht auf das Niveau der frühen 50er Jahre zurückgekehrt. Das würde auch nie wieder geschehen. Der Leitgedanke seiner Rede - und auch die Losung, in der sich der Kádárismus zusammenfassen läßt - hieß, »wer nicht gegen uns ist, ist für uns«. Technisches Können statt Parteimitgliedschaft sollte von nun an das Kriterium für die Besetzung von Schlüsselpositionen sein. Kandidaten für die höhere Bildung würden nach ihren Fähigkeiten und nicht nach der Klassenzugehörigkeit ausgewählt. Die Partei selbst wurde leicht demokratisiert: Parteimitglieder konnten in ihren Basisorganisationen abweichende Meinungen äußern. Aus dem Politbüro wurden zwei der berüchtigtsten Veteranen der Rákosiära, György Marosán und Karoly Kiss, entfernt, während der Wirtschaftsreformer Rezsö Nyers hineingenommen wurde.[10]

Es war Kádárs Ziel, ein »wohlwollender Monarch, statt ein tyrannischer Despot« zu werden (Hankiss).[11] Das hieß nicht Abschaffung der Einparteienherrschaft. Aber es bedeutete eine Verringerung der Zensur, besonders für ökonomische Publikationen, und vor allem eine Rückkehr zu Wirtschaftsreformen. Das ZK billigte 1966 das Nyers-Modell der Wirtschaftsreform; es wurde 1968 unter dem Titel »Der Neue Wirtschaftsmechanismus« eingeführt. Die Verzögerungen bei der Durchführung lassen sich teilweise durch den Widerstand von Dogmatikern innerhalb der USAP, besonders der Vertreter der Gewerkschaften, und teilweise durch die Unsicherheit über die sowjetische Haltung nach dem Fall Chruschtschows erklären.

Breschnew hielt sich zurück und unterstützte Kádárs heimische Gegner nicht; er ließ das Ingangkommen der Reformen zu. Sie enthielten die oben erwähnten Elemente: Lockerung der zentralen Planung, Autonomie der Unternehmen, wiederholte Anpassungen der Preise, um sie mit den Weltmarktpreisen in Übereinstimmung zu bringen, Aufgabe der traditionellen Betonung der Förderung der Schwerindustrie, Unterstützung der privaten Landwirtschaft.[12] Sie kamen vier Jahre lang reibungslos voran, stießen dann aber auf die typischen Hindernisse einer verfestigten Staatsbürokratie, die sich durch den Verlust ihres Monopols über die Wirtschaft bedroht fühlte, und auf zunehmende wirtschaftliche Schwierigkeiten. Wir werden die Frage, ob die ungarische Wirtschaftsreform in dem härteren Klima der 70er Jahre überlebte, später untersuchen. Auf jeden Fall ist sicher, daß Ungarn das liberalste der osteuropäischen kommunistischen Länder blieb, wenn man von Jugoslawien absieht. Ungarn war auch das stabilste.

Weiter südlich schienen auch die Balkanländer Rumänien, Bulgarien und Albanien nach 1956 gegenüber politischen oder ökonomischen Krisen immun zu sein. Nachdem der ursprüngliche Schwung der Entstalinisierung nachgelassen hatte, vollzog sich ihre Entwicklung reibungslos auf den gebahnten Wegen. Die Sache hat zwei Seiten: zunehmendes Wirtschaftswachstum unter einer modifizierten Kommandowirtschaft und erfolgreiche Manipulation durch die höchsten Parteiführer, um den Erhalt ihrer persönlichen Macht zu sichern. Permanente Merkmale der Situation waren die Kontrolle durch die Partei, die Macht der Polizei und die Uniformität des kulturellen und intellektuellen Lebens. In Bulgarien entfernte der Erste Sekretär der BKP, Todor Schiwkow, seine Rivalen Tscherwenkow (1961) und Jugow (1962) und sicherte seine Position als Alleinherrscher während der nächsten zwei Jahrzehnte. Gheorghiu-Dej in Rumänien hatte keine Rivalen, weil Pauker, Luca und Georgescu schon 1952 den Säuberungen zum Opfer gefallen waren. Er behauptete mit atemberaubender Heuchelei, daß sie wegen ihres Stalinismus beseitigt worden waren und daß daher in Rumänien keine Notwendigkeit für eine weitere Entstalinisierung bestand. 1956 versuchte die Chisinevsk-Constantinescu-Fraktion in der Parteiführung, die Enthüllungen des 20. Parteitages zu nutzen, um Dej loszuwerden. Dagegen gelang es ihm auf einem Parteiplenum im Juni 1957, diese neuen Opponenten auszuschalten. Er war auch in der Lage, die Macht im Verlauf der 60er Jahre problemlos an seinen Nachfolger Nicolae Ceausescu zu übergeben. Letzterer wurde 1965 Parteiführer und 1967 Staatsoberhaupt. So folgte Rumänien dem Standardmuster des Kommunismus auf dem Balkan. Das Land besaß aber zwei ganz besondere Merkmale, die eine kurze Betrachtung verdienen: einen extremen Nationalismus und eine unabhängige Außenpolitik. Gheorghiu-Dejs Nationalismus zeigte sich im Zusammenhang der Zerstörung der Autonomie der ungarischen Minderheit in Transsylvanien und der wachsenden Betonung der rumänischen kulturellen Hegemonie in diesem Gebiet. Überdies wurden der russischsprachige Unterricht an den Schulen stillschweigend abgeschafft und die Verbreitung der sowjetischen Kultur in den 60er Jahren zum Stillstand gebracht. Die Unabhängigkeit auf dem Gebiet der Außenpolitik wurde durch den Abzug der sowjetischen Garnison 1958 erleichtert. Dies war vielleicht eine Geste der Dankbarkeit Chruschtschows für Dejs zuverlässige Unterstützung während der sowjetischen Intervention in Ungarn 1956. Ersten wirklich unabhängigen Widerstand leistete Rumänien 1962, als Gheorghiu-Dej sich Chruschtschows Versuch widersetzte, den RGW in ein echtes Instrument wirtschaftlicher Integration zu verwandeln. Rumänien sollte im Rahmen der vor-geschlagenen »internationalen sozialistischen Arbeitsteilung« die Rolle des Lieferanten von Agrarprodukten für die entwickelteren Länder des RGW zugewiesen werden. Das würde die Aufgabe des Programms zur Entwicklung der Schwerindustrie bedeuten. Und das wollte Dej nicht. Auf der RGW-Beratung im März 1963 widersetzte er sich öffentlich dem sowjetischen Druck. Die anderen RGW-Mitglieder stimmten mit diesem Herangehen nicht überein, und Rumänien erhielt keinerlei Unterstützung bei der Entwicklung seiner Wirtschaft. Dej hoffte, stattdessen die erforderlichen Maschinen und Ausrüstungen von Ländern außerhalb des Ostblocks besorgen zu können. Der Anteil der nichtkommunistischen Welt am Außenhandel Rumäniens wuchs von 20 Prozent 1955 auf 33 Prozent 1964.[13] Bis 1970 waren es 55 Prozent.[14] 1972 trat Rumänien dem IWF und der Weltbank bei. Es war das erste kommunistische Land, das diesen Schritt unternahm.

Die ökonomische Unabhängigkeit ging mit der politischen Unabhängigkeit Hand in Hand. Im Zusammenhang mit der chinesisch-sowjetischen Auseinandersetzung 1964 nahm Rumänien eine entschieden neutrale Haltung ein, und die RAP proklamierte das »ausschließliche Recht jeder Partei, ihre politische Linie selbst zu bestimmen«.[15] Dieses Herangehen wurde von Ceausescu weiterentwickelt; er weigerte sich 1967, mit Israel zu brechen, nahm mit Westdeutschland diplomatische Beziehungen auf und prangerte 1968 die Invasion des Warschauer Paktes in die Tschechoslowakei an, und zwar mit den Worten:

> »Es ist undenkbar, daß ein sozialistisches Land ... die Freiheit und Unabhängigkeit eines anderen Staates mit Füßen tritt.«[16]

Im Innern Rumäniens bestand ein ganz anderes Bild. Sowohl Dej als auch Ceausescu bestanden auf der Ausübung einer absoluten persönlichen Herrschaft mittels der Rumänischen Kommunistischen Partei (wie die Rumänische Arbeiterpartei

1965 umbenannt wurde). Das wurde durch das praktische Fehlen einer rumänischen Dissidentenbewegung erleichtert. Ceausescu ging nach 1971 immer mehr in eine autoritäre Richtung und bemühte sich, durch eine Politik extremer Vetternwirtschaft eine dynastische Form des Sozialismus zu schaffen. Seine Frau Elena (seit 1973 Mitglied des ZK), sein Sohn Nicu (seit 1982 Mitglied des ZK) und andere Verwandte erhielten Machtpositionen. Ein »Personenkult« wurde um ihn herum entwickelt. Auf dem ZK-Plenum im November 1971 wurde der Liberalismus angegriffen und die Doktrin des »sozialistischen Realismus« in der Kultur rehabilitiert. Ceausescu kehrte damit zu den auf dem Höhepunkt des Stalinismus charakteristischen Herrschaftsmethoden zurück. Es gab in dieser Situation aber auch ein atavistisches Element. Auf dem 11. Parteitag 1974 wurde Ceausescu als »die Verkörperung des Geistes des rumänischen Volkes« dargestellt, und in den 80er Jahren begann er in offensichtlicher Nachahmung des rumänischen Diktators General Antonescu aus der Vorkriegszeit den Titel »conducator« anzunehmen. Er wurde mit Julius Cäsar, Peter dem Großen und Napoleon Bonaparte verglichen. Die Errichtung der Ceausescu-Dynastie war eine wirklich einzigartige Entwicklung im osteuropäischen Kommunismus.

Auf ökonomischem Gebiet wurden im stalinistischen Kommandosystem keine wesentlichen Veränderungen durchgeführt. Der Plan sollte unter den Direktiven von 1967 sogar noch umfassender sein. Es wurde behauptet, daß »jegliche Tendenz des Ausschlusses eines Wirtschaftszweiges aus der Planung schädlich« ist, sie führe »anarchistische Marktelemente in die Produktion und die Verteilung« ein.[17]

Das Beharren auf einer autarken Entwicklung der Schwerindustrie, besonders der Stahl- und der Werkzeugmaschinenindustrie, führte zu einer gewaltigen Konzentration der Investitionen in diesen Zweigen und in der Industrie überhaupt, und zwar auf Kosten der Landwirtschaft. Der Anteil der Landwirtschaft an den Gesamtinvestitionen lag Ende der 70er Jahre bei 14 Prozent, während in diesem Zweig 35 Prozent der Arbeitskräfte beschäftigt waren. Die rumänische Regierung unternahm nichts, um das ernste Problem der Stagnation der Landwirtschaft zu lösen. Rumänien wurde von ökonomischen Reformen überhaupt nicht berührt. Sogar die Maschinen-Traktoren-Stationen, die in den 50er Jahren entsprechend dem sowjetischen Modell überall in Osteuropa eingerichtet und in den 60er Jahren gemäß sowjetischem Beispiel wieder abgebaut worden waren, blieben bestehen und wurden einfach in »landwirtschaftliche Mechanisierungsunternehmen« umbenannt.[18] Die Kollektivwirtschaften und Staatsgüter blieben mit einem Anteil von 92 Prozent der gesamten Landfläche die allgemein beherrschende Form landwirtschaftlicher Tätigkeit.

Im Ergebnis einer Kombination aus Vernachlässigung und überkommener Rückständigkeit betrug der Anteil der Landwirtschaft am Nationaleinkommen 1979 bloße 16 Prozent. Die Mechanisierung war geringer entwickelt als irgendwo sonst in Osteuropa, außer in Albanien. In Rumänien kam ein Traktor auf 102 Hektar, in der Tschechoslowakei auf 50 Hektar. 170 kw Elektroenergie pro Hektar standen in Rumänien zur Verfügung, 381 kw in der Tschechoslowakei. Die Weizenernte betrug in Rumänien 2,8 Tonnen pro Hektar, verglichen mit 4,0 Tonnen in Bulgarien. Die Zahlen für weitere landwirtschaftliche Produkte bieten ein ähnliches Bild.[19]

Rumänien war wie eine Katastrophe kurz vor dem Ausbruch, erweckte aber in den 60er und 70er Jahren den Anschein eines Modells der Stabilität. Dasselbe läßt sich von Bulgarien und Albanien sagen. Alle drei Länder wurden durch eine schwache Dissidentenbewegung oder ihr Fehlen charakterisiert, durch die Herrschaft einer einzelnen Person, die Ablehnung ökonomischer Reformen, die Aufrechterhaltung eines Schemas rapiden Industriewachstums mit Priorität auf der Schwerindustrie, Fortsetzung hoher Wachstumsraten bis in die späten 70er Jahre, aber nicht darüber hinaus. Wie wir später sehen werden, waren die 80er Jahre, das letzte Jahrzehnt des Kommunismus in Osteuropa, in bezug auf das Wachstum allgemein ein Wendepunkt.

Zwischen den drei Ländern bestanden auch wesentliche Unterschiede. Auf dem Balkan gab es ein ganzes Spektrum der Außenpolitik; es reichte von der engen Identifikation Bulgariens mit der Sowjetunion über die unabhängige Position Rumäniens bis zum vollständigen Bruch Albaniens mit der Sowjetunion und seiner Orientierung auf China (späte 60er Jahre), dem der Bruch (1979) und schließlich die totale Isolation unter der Losung der »Selbständigkeit« folgte.

Ökonomisch war Bulgarien dank seiner Bereitschaft zur Beteiligung an der ökonomischen Integration mit den anderen RGW-Ländern (anders als Rumänien oder Albanien) in den 60er und 70er Jahren effektiv erfolgreicher (die rumänischen Zahlen werden für ziemlich aufgebläht gehalten). Es bildete sich ein Schema heraus, wonach Bulgarien vorwiegend aus der Sowjetunion Rohstoff- und Energielieferungen erhielt und selber hauptsächlich Maschinen, Elektroausrüstungen und verarbeitete Nahrungsmittel exportierte. Im Zusammenhang mit der fortgesetzten Betonung der Entwicklung des bulgarischen Maschinenbaus fiel der Anteil der Lebensmittelindustrie an der bulgarischen Industrieproduktion zunehmend von 34 Prozent 1960 auf 23 Prozent 1977, während der Maschinenbau von 12 auf 28 Prozent stieg. Dennoch blieben Nahrungsgüter eine bedeutende Komponente des Exports, sowohl in den Osten wie in den Westen. Zum Erfolg in der Landwirtschaft trug die Flexibilität gegenüber der privaten Landwirtschaft bei. Obwohl Bulgarien zwischen 1956 und 1958 schnell zur vollständigen Kollektivierung schritt, wurde den Genossenschaftsbauern gestattet bis 0,5 Hektar Land als Privateigentum zu behalten. Nach 1970 war ein gemischtes System verbreitet, in dem gigantische »Agrar-Industrie-Komplexe« mit Flächen über 10 000 Hektar mit kleinen privaten Landstücken koexistierten. Letztere umfaßten 1975 13 Prozent der landwirtschaftlichen Nutzfläche und erbrachten 25 Prozent der Agrarproduktion, einschließlich 53 Prozent der Kartoffeln und 41 Prozent des Obstes.[20]

Auf dem Gebiet der Politik paßte Bulgarien in das Balkanmodell. Es gelang Todor Schiwkow, aus den Fraktionskämpfen der Periode nach 1956 unversehrt hervorzugehen. Auf die Degradierung des Erzstalinisten Tscherwenkow im Jahre 1956 folgte ein Machtkampf zwischen Schiwkow und Anton Jugow, der 1956 als Premier auf Tscherwenkow folgte, aber im November 1962 schließlich wegen angeblicher »Unterminierung der Einheit der Partei« und »Verletzung der sozialistischen Gesetzlichkeit« entlassen wurde. Diese verworrene und widersprüchliche Beschuldigung konnte den im wesentlichen persönlichen Charakter des Konflikts kaum verhüllen. Jugow war auch der Sündenbock für das teilweise Mißlingen und die Preisgabe des »Großen Sprunges nach vorne« auf dem Gebiet der Industrie im Jahre 1960. Schiwkow hatte 1959 behauptet, daß sich das Nationaleinkommen in drei Jahren verdoppeln würde. Das Ziel war offensichtlich unrealistisch. Aber einer der Anklagepunkte gegen Jugow 1962 war, daß er Zweifel an dem Großen Sprung nach vorne geäußert hatte.

Die Stellung Schiwkows war nach 1962 unangefochten. Er führte eine geschlossene Gesellschaft, die auf der Beschränkung von Informationen auf ein Minimum beruhte und die gegen die wenigen Dissidenten, die zu sprechen wagten, harte Maßnahmen ergriff. Der berüchtigste Fall war die Ermordung des in der Emigration lebenden Schriftstellers George Markow 1977. In der Wirtschaftspolitik wurde die alte Mischung fortgesetzt. Erst 1979 (in der Industrie 1982) wurde mit einer Wirtschaftsreform begonnen, mit der Einführung eines Neuen Ökonomischen Mechanismus, die äußerst vorsichtig war.

Man kann zusammenfassend sagen, daß die Jahre nach Stalin die Entwicklung einer beträchtlichen Differenzierung und Diversität in den Ländern Osteuropas sahen, die auf der geographischen Lage, der überkommenen Rohstoffbasis, den kulturellen Traditionen, aber auch auf spezifischen politischen Tendenzen innerhalb der herrschenden kommunistischen Parteien beruhten. Im Block der nördlichen Länder hatte der Versuch der Kombination ökonomischer Reformen mit der Beibehaltung der vollen Kontrolle durch die kommunistischen Parteien in politischer Hinsicht zu offensichtlichen Widersprüchen geführt. Diese brachen in der Tschechoslowakei 1968 und in Polen 1970 und 1980 aus, während die Probleme im südlichen Block noch nicht einmal aufgeworfen worden waren. Wir werden nunmehr den Versuch betrachten, in der Tschechoslowakei eine viel tiefergehende und weiterreichende Umgestaltung des kommunistischen Systems von oben zu garantieren, der von der sowjetischen Intervention schnell durchkreuzt wurde.

7 Die Tschechoslowakei 1968: Höhepunkt und Niederlage des Reformkommunismus

Der in der Tschechoslowakei unternommene Versuch, das kommunistische System von oben zu reformieren, war weitreichender und hatte bessere Erfolgsaussichten als jemals vorher oder nachher irgendwo sonst in Osteuropa. Um die Tiefe der Bewegung für einen Wandel selbst in der Partei erklären zu können, darf man nicht vergessen, daß die Tschechoslowakei am Ende der 50er Jahre kaum irgendwelche Reformen zur Entstalinisierung unternommen hatte. Der gründliche und dramatische Charakter der Veränderungen in der Dubcek-Ära ergab sich aus ihrer Verspätung.

Das Fehlen von Reformen nach 1953 ist teilweise durch persönliche Bedingungen zu erklären. Der liberalere Antonín Zápotocky, einer der rivalisierenden Anwärter auf das Erbe des 1953 verstorbenen Klement Gottwald, wurde durch den stalinistischen Apparatschik Antonín Novotny besiegt. Es gab natürlich auch gewichtigere Gründe. Die Säuberungen in der Tschechoslowakei hielten länger an, und sie waren strenger. Da Osvald Závodsky gehängt wurde und Gustáv Husák lebenslänglich erhielt (1954), war der Protest verständlicherweise durch Furcht gedämpft. Außerden hatten die Tschechoslowaken im allgemeinen nicht das Gefühl, der Stalinismus sei etwas von außen Aufgezwungenes, so daß nicht wie in Ungarn und Polen der Nationalismus ins Spiel kam. Immerhin hatte die KPTsch in Böhmen 1946 43,3 Prozent der Stimmen errungen. Der Kommunismus war nicht durch die Rote Armee aufgezwungen worden.

Auch materielle Faktoren spielten eine Rolle. Trotz Novotnys Entschlossenheit, die traditionelle stalinistische Betonung der Schwerindustrie und Rüstungsproduktion fortzusetzen (die Wachstumsrate der Schwerindustrie stieg von 4% 1954 auf 10% 1957 und 13% 1959), war es auf dieser Stufe möglich, Kanonen und Butter zu kombinieren. Der persönliche Konsum stieg 1955 um 6%, 1956 um 8% und 1957 um 8%. Die Streiks vom Mai 1953 wiederholten sich nicht. Die Arbeiter blieben passiv, da sich ihre materielle Situation nach dem Tiefpunkt von 1953 stetig verbesserte. Die Reallöhne stiegen 1954 um 9%, 1955 um 11% sowie zwischen 1956 und 1960 um durchschnittlich 4,6% jährlich. Zweifellos erregte die Wiederaufnahme der rapiden Kollektivierung nach 1953 die Bauern, aber ihre einzige Zuflucht waren die Städte, und dorthin gingen sie in großer Anzahl. Die Landwirtschaft

verlor zwischen 1948 und 1960 40% ihres Arbeitskräftereservoirs. Die Produktion stagnierte in der Periode von 1956 bis 1960 bei einer jährlichen Wachstumsrate von 1,7%. Aber es gab keinen Widerstand.
Die Intellektuellen wurden von Novotny entschieden in die Schranken gewiesen. Die Schriftsteller, die 1956 erklärt hatten, sie seien »das Gewissen der Nation«, wurden 1957 wegen dieser »imperialistischen Propaganda« zurechtgewiesen. Ein von Novotny groß angelegter »Kampf gegen den Revisionismus« führte 1958 zur Entlassung von 8 000 »unzuverlässigen Funktionären«. 1962 wurde Innenminister Rudolf Barák angeklagt und angeblich wegen Unterschlagung, aber in Wirklichkeit deswegen verurteilt, weil er versucht hatte, die Entstalinisierungsmaßnahmen des 22. Parteitages zu nutzen und Novotny aus dem Amt zu entfernen. Eine vorsichtige Reform im Jahr 1958 wurde ein Jahr später aufgegeben, weil sie von einem leichten Rückgang der Rate des Wirtschaftswachstums begleitet wurde (von 8 auf 6 Prozent). Dieses aus quantitativem Wirtschaftswachstum und politischer und kultureller Stagnation zusammengesetzte Gebäude wurde 1960 durch die Verkündung der Verfassung von 1960 gekrönt, die die Tschechoslowakei zur »sozialistischen Republik« und nicht länger einfach zur »Volksdemokratie« erklärte. Als der Wandel kam, unter dem Panzer der autokratischen Herrschaft Novotnys, reifte er am Anfang der 60er Jahre allmählich und zunächst kaum wahrnehmbar.
Im allgemeinen waren die zugunsten von Veränderungen wirkenden Kräfte dieselben wie anderswo in Osteuropa: der Impuls, der von der zweiten Welle der Entstalinisierung durch Chruschtschow in der Sowjetunion ausging (1961 auf dem 22. Parteitag der KPdSU proklamiert), die psychologische Notwendigkeit der Aufdeckung der elenden Wahrheit über die Unterdrückung und die Säuberungen am Anfang der 50er Jahre, die durch die Stagnation der frühen 60er Jahre enthüllten offensichtlichen Grenzen des Wirtschaftswachstums der Kommandowirtschaft, das wachsende Selbstvertrauen und die Unabhängigkeit der kulturellen Intelligenz. In der Tschechoslowakei gab es den besonderen Faktor der slowakischen Frage[1], der in den 60er Jahren eine doppelte Wirkung hatte.
Die Zentralisierungspolitik Antonín Novotnys, die in der Abschaffung des Slowakischen Büros der Kommissare kulminierte, bewirkte einen wachsenden Groll gegen das Diktat aus Prag. Die Säuberungen der frühen 50er Jahre hatten eine Anzahl führender slowakischer Mitglieder der kommunistischen Partei betroffen, die wegen ihres »bürgerlichen Nationalismus«, das heißt ihrer Bemühungen zur Verteidigung der slowakischen Autonomie verurteilt wurden. Daher wurden Forderungen sowohl nach Wiederherstellung der slowakischen Autonomie als langfristiges Ziel - da es dazu einer Revision der Verfassung von 1960 bedurfte - als auch nach einer sofortigen Überprüfung der Säuberungsprozesse erhoben. Die letztere Forderung wurde teilweise durch die Kolder-Kommission erfüllt. Diese Kommission wurde 1962 berufen und berichtete im April 1963. Obwohl der Kolder-Bericht durch die Leitungen der Partei nicht veröffentlicht wurde, handelten sie danach. Vladimír Clementis wurde postum rehabilitiert, Gustáv Husák

wurde zusammen mit etwa 400 weniger bedeutenden Funktionären wieder in die Partei aufgenommen.
Davor hatte der 12. Parteitag (Dezember 1962) bestimmte terminologische Veränderungen vorgenommen und den Marxismus-Leninismus in Übereinstimmung mit den Aussagen aus der Sowjetunion modifiziert. Es wurde erklärt, daß der Klassenkampf nicht länger die Haupttriebkraft der gesellschaftlichen Entwicklung sei. Daher müsse die Diktatur des Proletariats in einen »Staat des gesamten Volkes« umgewandelt werden. Das erlaubte eine gewisse Bewegungsfreiheit in der Theorie, aber es wäre falsch, deren Bedeutung zu übertreiben. Tschechoslowakische Reformer charakterisierten 1968 den 12. Parteitag als Zenit einer »Verschmelzung von Partei und Staat«, die die »enge Zentralisation der Leitung von Partei und Gesellschaft« einschloß.[2] Es besteht jedoch kein Zweifel, daß etwas später - in der Periode von 1963-64 - eine qualitativ neue Phase beginnt.
Zwei Ereignisse im Jahr 1963 kennzeichnen den Beginn der neuen Phase: die Wahl Alexander Dubceks zum Ersten Sekretär der Slowakischen Kommunistischen Partei als Nachfolger des diskreditierten Stalinisten Karol Bacílek und die Kafka-Konferenz in Liblice. Daß Dubcek in der Slowakei an die Macht kam, bedeutete, daß Ideen, die in Prag als zu weit fortgeschritten galten, in Bratislava schon publiziert werden konnten. Die Wochenzeitung *Kultúrny zivot* des Slowakischen Schriftstellerverbandes war in den Jahren 1963-64 die einzige öffentliche Tribüne für tschechische und slowakische Schriftsteller und Historiker, die ansonsten keine Möglichkeit hatten, kritische Artikel zu publizieren. Evzen Löbl schrieb über Ökonomie, Pavol Stefcek über Literatur, Miroslav Kusy über Sozialphilosophie und Gustáv Husák über das slowakische nationale Problem. So ging der Frühling von Bratislava dem Prager Frühling voraus. Und als Novotny 1967 den tschechischen Schriftstellern die Zeitschrift *Literární noviny* nahm, öffnete ihnen *Kultúrny zivot* ihre Seiten.
Die Kafka-Konferenz von 1963, die implizierte, daß Kafkas Erkundung des Lebens eines im Netz der Bürokratie gefangenen imaginären Menschen nunmehr offen diskutiert werden konnte, hatte symbolische Bedeutung. Sie zeigte die Aufgabe des Versuchs an, die Literatur zu kontrollieren, und den Beginn einer beträchtlichen Lockerung der Zensur, wodurch es möglich wurde, unorthodoxe Ideen auf den Gebieten der Kultur und der Wissenschaft offen auszusprechen. 1963 beginnt das goldene Zeitalter des tschechoslowakischen Theaters, des Kinos, der Literatur und Historiographie. Die nächsten vier Jahre sahen die Entfaltung der Romanciers Mnacko, Skvorecky und Kundera, der Filmproduzenten Forman und Menzel, der Dramatiker Pavlícek und Havel. Philosophen (Kosíks *Dialektik des Konkreten* erschien 1963), Rechtstheoretiker (Mlynár veröffentlichte 1964 *Der Staat und das Individuum*), Soziologen (Radovan Richtas Gruppe veröffentlichte 1964 *Zivilisation am Kreuzweg*) und Ökonomen (Sik und Selucky) - sie alle schritten die von den Zensoren gesetzten Grenzen aus. Der begriffliche Rahmen aller dieser Theoretiker war jedoch marxistisch; das Ziel bestand nicht darin, die 1948 geschaffene Struktur niederzureißen, sondern sie von stalinistischen Verzerrungen

zu reinigen. Die Führer der Reformtendenz waren vorwiegend reuige Stalinisten, die selber an der Errichtung des Systems der Volksdemokratie maßgeblich beteiligt waren.
Die theoretischen Diskussionen waren das eine. Würden Taten folgen? Das hing vom Kurs des innerparteilichen Kampfes zwischen den eingefleischten Anhängern Novotnys und den Befürwortern von Reformen ab. Das traf insbesondere auf die ökonomische Sphäre zu. Siks Reformplan war schon 1964 vorgeschlagen worden; er war eine Antwort auf eine Krise in der Wirtschaft, die sich schon 1962 bemerkbar machte. Aber er wurde erst im Januar 1967 in die Praxis umgesetzt. Sik selbst erklärte 1966 den Grund. Er sagte, ökonomische Reformen könnten nicht ohne eine Demokratisierung des politischen Systems durchgeführt werden. Das konnte wiederum Novotny nicht akzeptieren. Seine Haltung wird in einer Erklärung vom Oktober 1965 deutlich zum Ausdruck gebracht:

> »Nein, Genossen, wir werden liberalisierende - und schon gar kapitalistische - Einflüsse in unserer Ökonomie nicht zulassen.«[3]

Obwohl das Versagen und die Preisgabe des Dritten Fünfjahrplans 1962 der Ausgangspunkt für die Reformbestrebungen der Ökonomen waren, ist festzuhalten daß die Wirtschaftskrise um 1966 offenbar überwunden worden war. Die tschechoslowakische Wirtschaft nahm ihren Aufwärtstrend nach den vier mageren Jahren von 1962-65 (als die Wachstumsrate des Nationaleinkommens 1%, -2%, 1%, 3% betrug) wieder auf. Das Nationaleinkommen stieg 1966 um 5,7% und 1967 um 7,5%. Sogar die Landwirtschaft verbesserte sich. Zwischen 1961 und 1965 hatte sie eine negative Wachstumsrate von etwa -0,6% jährlich. Jetzt machte sie plötzlich einen Sprung nach vorn und erzielte 1966 eine Produktionssteigerung von 18%. Die Wachstumsrate des materiellen Nettoprodukts, die während der Jahre 1961-65 jährlich nur um 1,9% betragen hatte, stieg in den Jahren 1966-70 auf einen Durchschnitt von 6,9%.[4]
Die Spannung in der Partei erwuchs nicht aus einer akuten Krise des ökonomischen Systems, sondern aus einem chronischen, teilweise psychologischen Unbehagen. Die Verwaltungsbeamten und Techniker waren der uninformierten bürokratischen Eingriffe in ihre Angelegenheiten müde. Sie wollten eine Bezahlung entsprechend ihrer Leistung und waren daher gegen die Gleichmacherei, durch die die Lohnstruktur am Anfang der 60er Jahre charakterisiert wurde. Die Intellektuellen wollten die Abschaffung der Zensur und die gründliche Untersuchung der Verbrechen der Stalin-Ära. Und die Slowaken hatten eigene spezifische Gründe für ihre Unzufriedenheit, die teilweise einen weit zurückliegenden historischen Charakter trugen.
Die Reform vom Januar 1967 wurde durch die Bürokraten, die dem ökonomischen System vorstanden, matt gesetzt. Im Ergebnis wurde die beabsichtigte technisch-ökonomische Reform politisiert. Es entwickelte sich ein scharfer Konflikt zwischen den Vertretern persönlicher bürokratischer Interessen, wie Novotny, Hendrych, Kolder und Lenárt, die immer noch das Präsidium beherrschten, und

einer heterogenen Koalition von Reformökonomen (Sik, Selucky), gekränkten Slowaken und Mähren (Dubcek, Spacek) und rehabilitierten Rückkehrern (Husák, Smrkovsky, Pavel). Der Konflikt zwischen den Fraktionen wurde durch verschiedene Ereignisse im Jahre 1967 verschärft. Der Sechstagekrieg vom Juni 1967 führte zu einer Polarisation zwischen progressiven Auffassungen, die für Israel eintraten, und der offiziellen Politik, die der von der Sowjetunion vorgegebenen proarabischen Linie folgte. Der 4. Kongreß des Tschechoslowakischen Schriftstellerverbandes wurde zum Schauplatz gespannter Auseinandersetzungen über diesen Gegenstand und über eine Resolution des Verbandspräsidiums, in der die Zensur verurteilt und die fortgesetzte Einmischung der Partei in Belange der Kunst und Literatur kritisiert wurde. Während die Konservativen in der Partei das Dokument kritisierten, wollten Radikale, wie Václav Havel und Ludvík Vaculík, viel weiter gehen und für eine demokratische Gesellschaft und die Abschaffung des Machtmonopols der kommunistischen Partei kämpfen. Der Kongreß selbst war geneigt, den Radikalen zu folgen und nominierte Havel und Vaculík für das Zentralkomitee des Verbandes. Die Parteiführer lehnten diese Nominierungen ab.

Nach dem Kongreß wurden gegen die Schriftsteller disziplinarische Maßnahmen ergriffen. Vaculík, Antonín Liehm und Ivan Klíma wurden aus der Partei ausgeschlossen. Die Zeitschrift *Literární noviny* wurde der Kontrolle des Schriftstellerverbandes entzogen und dem Ministerium für Kultur und Information unterstellt. Die Schriftsteller waren überhaupt nicht eingeschüchtert. Das zeigt die Schwäche der Position Novotnys; seine Kollegen waren nicht bereit, strengere Maßnahmen anzuwenden. Außerdem trafen die brutalen Schlägereien der Polizei gegen protestierende Studenten, die mit den schlechten Lebensbedingungen in den Wohnheimen in Strachow unzufrieden waren (31. Oktober 1967), innerhalb des Zentralkomitees auf Kritik. Die Opposition gegen Novotny wurde seinerzeit aber auch durch die Furcht vor dem, was er tun *könnte*, gestärkt. Smrkovsky (ein inzwischen rehabilitiertes Opfer der 50er Jahre) sagte auf dem Dezemberplenum des ZK:

> »Viele Genossen fürchten - und nicht ohne Grund -, daß es zu einem Rückfall in die 50er Jahre kommen könnte, zu strengen Maßnahmen gegen die Opposition in der Partei, und daß die Logik eines solchen Kampfes wieder zum Einsatz der Sicherheitsorgane für die Lösung innerparteilicher Probleme führen könnte.«

Novotny bemühte sich, all die klassischen Machtinstrumente anzuwenden, aber sie zerbrachen in seinen Händen. Er appellierte an Breschnew in Moskau. Der machte auch einen Besuch in Prag (8. Dezember), sagte aber: »Das ist Ihre Angelegenheit.« Dafür gab es auch persönliche Gründe: Novotny war immer Chruschtschows Mann gewesen und hatte versäumt, Breschnew zu dessen Absetzung 1964 zu gratulieren. Er versuchte auch, die Unterstützung der Armee zu erlangen, aber General Václav Prchlík, der Chef der Politischen Hauptverwaltung, behinderte erfolgreich die Vorbereitungen für einen Coup durch die Generäle Sejna und Janko sowie den Sicherheitschef der Partei, Miroslav Mamula.

Der Höhepunkt kam im Januar, als eine im Dezember vertagte Plenartagung fortgesetzt wurde. Das ZK-Plenum wurde zum Schauplatz einer »Kritik der Politik der Partei, wie sie bisher noch kein Zentralkomitee erlebt hatte oder künftig jemals erleben würde.« (Tigrid)[5] Vor allem unter dem Eindruck der machtvollen Reden von Sik und Smrkovsky gegen die »Anhäufung von Funktionen« (das heißt Novotnys gleichzeitige Position als Staatsoberhaupt und Chef der KPTsch), von Dubcek über die von der Slowakei erduldeten Nachteile und von Josef Spacek aus Mähren über die Notwendigkeit der Reform des politischen Systems wurde Novotny gezwungen, als Erster Sekretär der Partei zurückzutreten, wenngleich er Präsident der Republik blieb. Wer sollte ihm nachfolgen? Smrkovsky und Sik waren für die Konservativen unannehmbar, Lenárt und Martin Vaculík waren für Novotnys Gegner nicht annehmbar. Als Kompromißkandidat tauchte, von Novotny persönlich vorgeschlagen und einstimmig akzeptiert (5. Januar 1968) Alexander Dubcek auf. Die Diskussionen wurden geheimgehalten; daher wirkte die Ersetzung Novotnys durch Dubcek wie ein bloßer Personalaustausch. Smrkovsky war mit der Weigerung der anderen Parteiführer, zu den Problemen eine öffentliche Erklärung abzugeben, unzufrieden.[6]
Aufgrund der Reden Dubceks im Januar und Februar entstand allmählich der Eindruck, daß er ein zurückhaltender und gemäßigter Reformer wäre. Er schlug ein »Aktionsprogramm« vor, das die »progressiven Kräfte unserer Gesellschaft« widerspiegeln würde, bestand aber darauf, daß die allgemeine Linie richtig blieb und nicht geändert würde (Rede vom 1. Februar). Mlynár vermerkte später, daß drei Monate »ohne jegliche klar konzipierten politischen Erklärungen der Führung der KPTsch« vergingen.[7] Erst im März 1968 begann die Parteizeitschrift für organisatorische Fragen, *Zivot strany*, sich für eine aktivere Beteiligung der Parteimitglieder an der Ausarbeitung der Politik einzusetzen.[8]
Hinter den Kulissen nahm das versprochene »Aktionsprogramm«, das von beinahe hundert Parteifunktionären und Akademikern zusammengestellt wurde, Gestalt an. Aber aufgrund der Lockerung der Zensur begann sich im Februar die Atmosphäre der öffentlichen Diskussion zu verändern. Die Zensoren hatten Anfang März aufgehört, eine wirksame Kontrolle über die Presse auszuüben. Das Organ des Schriftstellerverbandes durfte am 1. März wieder erscheinen, und viele andere Publikationsorgane (einschließlich reiner Parteiorgane) begannen mit der Veröffentlichung kühner Artikel. Das freimütigste war *Student*: In dieser Zeitschrift schrieben der Philosoph Ivan Sviták und seine Kollegen, was sie wollten. Sviták deckte peinliche Erinnnerungen an die kommunistische Machtergreifung auf und deutete sogar an, daß der Tod von Außenminister Jan Masaryk 1948, der allgemein für Selbstmord gehalten wurde, ein von den sowjetischen Sicherheitsorganen begangener Mord gewesen sein könnte.[9] Das führte zu einem offiziellen Protest aus Moskau.
Mitte März begann die Durchführung öffentlicher Veranstaltungen, an denen Tausende von Menschen teilnahmen und Redefreiheit forderten und praktizierten. Neue Organisationen entstanden, wie der Akademische Studentenrat in Prag,

K231 (für ehemalige Häftlinge, die gemäß Paragraph 231 des Gesetzes zum Schutze des Staates von 1948 eingesperrt waren) und KAN (Der Klub Engagierter Parteiloser), der von den radikalen Intellektuellen Sviták, Havel und Cerny gegründet wurde. Die Sozialistische und die Volkspartei, zahme Überlebende des politischen Systems vor 1948, deren Existenz im Rahmen der Nationalen Front zugelassen war, begannen Lebenszeichen zu geben. Schließlich begannen sich auf den Bezirksparteikonferenzen selbst kritische Stimmen zu regen (Mitte März). Es gab auch einige konservative Stimmen von der Basis, aber sie waren ganz in der Minderheit.

Das Aktionsprogramm war zum Zeitpunkt seines Erscheinens (10. April 1968) mehr ein »Reaktionsprogramm« geworden, das die Ansichten der Parteiführung über den Erneuerungsprozeß im Lande im allgemeinen darlegte. Die Herausgabe des Programms wurde von der vollständigen Kapitulation Novotnys und seiner Anhänger begleitet. Er wurde auf dem Aprilplenum des ZK aller seiner Ämter enthoben (als Präsident war er schon im März durch General Svoboda ersetzt worden). Vier seiner engsten Partner wurden aus dem Präsidium entlassen, und drei weitere (Hendrych, Strougal und Koucky) wurden aus dem Sekretariat entfernt. Die radikalen Reformer Smrkovsky und Kriegel wurden neu aufgenommen. Im allgemeinen aber bestand das Dubcek-Team aus Leuten, die die Kontinuität mit den gemäßigten Reformen seit 1966 verkörperten. Sie mißtrauten den radikalen Kräften, die mit der Abschaffung der Zensur und der Medienexplosion aufgetaucht waren; aber sie blieben der Pressefreiheit verpflichtet. Es war typisch für die neue Atmosphäre, daß die Debatten auf dem Aprilplenum des ZK vollständig im Parteiorgan *Rudé právo* veröffentlicht wurden.

Das Aktionsprogramm der KPTsch war ein ziemlich gemäßigtes und harmloses Dokument, voller vager und nebulöser Formulierungen.[10] Ivan Sviták kommentierte es seinerzeit: »Ihr Maximalprogramm ist unser Minimalprogramm.« Radoslav Selucky fügte hinzu, daß es das Maximum dessen sei, das von dem bestehenden Zentralkomitee zu erwarten war.[11] Das Aktionsprogramm behandelte viele Bereiche, aber sie laufen auf folgende sechs hinaus: die Rolle der Partei; die Organisationen, die außerhalb der Partei bestehen; die Rechte der Individuen; die Beziehungen zwischen Tschechen und Slowaken; die Wirtschaftspolitik und die Außenpolitik.

Das Programm schlug zwar nicht die Abschaffung der führenden Rolle der Partei vor, aber einen anderen Weg ihrer Realisierung. Im folgenden einige ausgewählte Auszüge:

> »Die Partei kann ihre Autorität nicht erzwingen. Autorität muß durch die Tätigkeit der Partei immer wieder errungen werden. Die Partei kann ihre Linie nicht durch Direktiven erzwingen.«

Die »falsche These«, daß die Partei das Instrument der Diktatur des Proletariats sei, wurde abgelehnt. Nach dem Programm war

> »das Ziel der Partei nicht, ein universeller Aufseher der Gesellschaft zu werden ... [sondern] sozialistische Initiative anzuregen und alle Arbeiter durch systematische Überzeugung und persönliches Beispiel für den Kommunismus zu gewinnen«.

Dies war als Ziel äußerst unrealistisch. Wenn man den Menschen die Möglichkeit gab, sich der Partei zu widersetzen, würden sie es wahrscheinlich auch tun. Dann würde man, um die führende Rolle der Partei zu sichern, die Kräfte des Zwangs anwenden müssen. Die Alternative wäre der Verzicht. Dieser bitteren Schlußfolgerung wollten die Verfasser des Programms nicht ins Auge sehen.

Stattdessen schlossen sie im Abschnitt über die außerhalb der Partei bestehenden Organisationen den freien Wettbewerb zwischen den Parteien zugunsten einer allgemeinen Anleitung der respektablen kleinen Parteien der Nationalen Front durch die kommunistische Partei aus. Die Feststellung, »sozialistische Staatsmacht kann nicht von einer einzelnen Partei monopolisiert werden«, war entweder Heuchelei oder Selbstbetrug. Tatsächlich würde die Macht auch weiterhin von der KPTsch monopolisiert werden, aber »die Nationale Front ... und die gesellschaftlichen Organisationen« (d.h. die Gewerkschaften und der Jugendverband) würden »an der Gestaltung der Politik teilnehmen«.

Hinsichtlich der Rechte der Individuen war das Programm überzeugender. Es enthielt Garantien der Versammlungs-, Rede- und Organisationsfreiheit. Eine vorbeugende Zensur würde es nicht geben. Kommunistische und nichtkommunistische Opfer der Säuberungen der 50er Jahre würden politisch und staatsbürgerlich rehabilitiert werden. Die Rolle der Staatssicherheit würde sich nicht auf die Lösung innenpolitischer Fragen, sondern auf die Verteidigung gegen äußere Feinde erstrecken.

Zwischen Tschechen und Slowaken sollte volle Gleichheit bestehen, die - in ein neues Verfassungsgesetz gefaßt - zwischen den beiden Nationen »symmetrische Arrangements« herstellen würde. Die Slowakei würde in Bratislava ihre eigene Exekutive und Legislative haben; in der Zentralregierung in Prag würden die Slowaken gleiche Rechte haben.

Der Abschnitt über die Wirtschaftspolitik enthielt eine retrospektive Kritik »der übereilten Ausdehnung der Schwerindustrie, der teuren Investitionen und der überhöhten Anforderungen von Arbeitskräften und Rohstoffen«, betonte aber, »diese einseitige Entwicklung könne nicht über Nacht verändert werden«. Die Demokratisierung, die schon hinsichtlich der Verbesserung des innerparteilichen Lebens nicht besonders originell als der Schlüssel bezeichnet worden war, sollte auch auf die ökonomischen Angelegenheiten angewandt werden. Den Unternehmen

> »muß gestattet werden, in schöpferischer Weise auf die Erfordernisse des Marktes zu reagieren. Der ökonomische Wettbewerb muß der grundlegende Stimulus für die Verbesserung der Produktion und die Senkung der Kosten sein«.

Teilweise Arbeiterkontrolle, von vorsichtigen Beschränkungen umgeben, wurde vorgesehen. In den Unternehmen würde es »demokratische Organe« geben, denen gegenüber der Direktor verantwortlich wäre. Aber die »unteilbare Autorität und Kompetenz« der leitenden Funktionäre würde nicht verändert werden. Die Außenpolitik der Tschechoslowakischen Sozialistischen Republik schließlich würde nicht verändert werden. Das Bündnis mit der Sowjetunion und den anderen sozialistischen Staaten würde »grundlegend« bleiben. Dennoch würde die Tschechoslowakei von nun an eine »aktivere Rolle« in der Außenpolitik spielen. Es wurde nicht erläutert, was das bedeutete.

In der Mäßigung des Aktionsprogramms spiegelten sich sowohl Meinungsverschiedenheiten innerhalb der KPTsch als auch Umsicht im Umgang mit der Sowjetunion wider. Nachdem Novotny selbst von der Bühne abgetreten war, kam es in der Anti-Novotny-Koalition zu einer scharfen Spaltung: Einige Parteiführer sahen seine Absetzung als bloßen Personalwechsel an, der nur leichte Korrekturen des bisher verfolgten Kurses erforderte. Konservative wie Indra, Bilak und Jakesch begannen nach Schutz aus Moskau Ausschau zu halten. Es lag an ihrer Opposition, daß von April bis Juni nur sehr wenig getan wurde, um das Programm zu verwirklichen.

Die Wirtschaftsreformen, die im Aktionsprogramm dargelegt und in dem von Cerník am 24. April der Nationalversammlung vorgelegten Regierungsprogramm detaillierter ausgearbeitet waren, stießen auf drei Hindernisse. Da war zuerst der tief verwurzelte Konservatismus der - wie Sik sie nannte - »linkssektiererischen Kräfte, die immer noch an die Wiederkehr des bürokratischen sozialistischen Systems glauben«.[12] Zweitens bestanden die der ökonomischen Situation innewohnenden Schwierigkeiten. Der durch die Reformer geförderte Trend zu mehr Demokratie bedeutete, daß die Arbeiter nun Lohnerhöhungen von bis zu 20 Prozent fordern und diese Forderungen gelegentlich auch durch Streiks durchsetzen konnten.[13] Die weitere Freigabe der Preise (1967 wurden 13 Prozent der Preise ganz oder teilweise freigegeben und 1968 28 Prozent)[14] führte im ersten Quartal 1968 zu einer Steigerung der Unternehmenseinnahmen um 25 Prozent, während die Industrieproduktion nur um 6,2 Prozent anstieg. Die Konservativen sprachen sich dafür aus, im Namen der ökonomischen Disziplin das Zentrum zu stärken. Die Reformer hielten dem entgegen, daß der Markt die Unternehmen, sobald sie erst einmal von dem toten Gewicht der administrativen Kennziffern befreit wären, dazu zwinge, von sich aus ökonomische Disziplin zu üben.

Das dritte Hindernis war das Fehlen jeglicher treibender Kraft in Richtung ökonomischer Reformen von seiten der Arbeiter selbst. Sie waren weiterhin hinsichtlich der Auswirkungen ökonomischer Reformen auf ihren Lebensstandard und ihre allgemeine Situation skeptisch. Diese Befürchtungen machten sich Konservative wie Novotny und Oldrich Svestka demagogisch zunutze. Novotny sagte im Februar: »Wenn konservativ sein heißt, sich der Senkung des Lebensstandards der Arbeiter zu widersetzen, dann bin ich stolz, ein Konservativer zu sein.« Viele Arbeiter nahmen dieses Argument wohlwollend auf. Sie hatten sich in den vergangenen zwanzig Jahren angewöhnt, den Staat als »guten Onkel« anzusehen. Der Schriftsteller Ludvík Vaculík stellte folgende »typische« Reaktion der Arbeiterklasse fest:

»Die Intellektuellen sind gemein, denn sie haben zu den Verlusten beigetragen. Das sogenannte neue ökonomische System ist ein Schwindel, der auf der Annahme beruht, daß dieselben Leute an der Spitze bleiben werden.«[15]

Das Ergebnis dieser Hindernisse war das Unternehmensstatut. Es sollte die Autonomie der Unternehmen einführen, die Schaffung neuer kleiner Privatunternehmen erlauben und Vertreter der Arbeiter in Gestalt von Arbeiterräten in das Management einführen. Das Statut wurde der Nationalversammlung erst im Januar 1969, nach dem sowjetischen Einmarsch, vorgelegt. Kurz danach wurde die ganze Idee ad acta gelegt.[16]
Auch auf anderen Gebieten, die im Aktionsprogramm enthalten waren, wurden keine Fortschritte gemacht. Im Ergebnis fiel die Dubcek-Führung zunehmend hinter die Entwicklung der öffentlichen Meinung, oder zumindest hinter die Gruppe von Journalisten und Intellektuellen, die sich selbst zu Vertretern dieser Meinung ernannt hatten, zurück. Dubcek befand sich in der Parteiführung immer noch in einer Minderheitsposition. Skilling nimmt an, daß noch im Juni die Spitze der Parteiführung (er definiert sie als das Präsidium plus Sekretariat) aus elf »Konservativen« bestand (Lenárt, Kolder, Kapek, Bilak, Piller, Rigo, Barbírek, Svestka, Sádovsky, Indra und Voleník), aus sieben »gemäßigten Reformern« (Dubcek, Cerník, Simon, Císar, Mlynár, Erban und Slavík) und drei »energischeren Reformern« (Spacek, Kriegel und Smrkovsky). Dubcek brachte diese gemäßigte Linie im April deutlich in *Rudé právo* zum Ausdruck:

»Demokratie schließt Disziplin ein. Eine Situation, in der jeder nach Belieben über alles redet - das ist etwas, das mit Demokratie nichts gemein hat.«[17]

Die Gemäßigten kämpften an zwei Fronten - oder, wenn man Moskau mitrechnet, an drei. Dubcek wurde, als er am 4. Mai dort war, heftig kritisiert. Sechs Tage später wurde von Truppenbewegungen in Richtung der tschechoslowakischen Grenze berichtet, und es gab Gerüchte von einer bevorstehenden Intervention. Zu Hause unterstützte das Parteipräsidium den konservativen Herausgeber von *Rudé právo*, Svestka, gegen seine Opponenten in der Zeitung und rief die Presse auf, »gegen antisozialistische Kräfte aufzutreten«. Inzwischen behauptete der neue Innenminister, Josef Pavel, am 8. Mai, daß »westliche Spionagezentren« ihre Aktivitäten in der Tschechoslowakei verstärkten. Die Gemäßigten dagegen versuchten diese Behauptungen und Befürchtungen zu widerlegen, reagierten jedoch auf den wachsenden Druck von Kräften außerhalb der Partei mit der Betonung ihres Engagements für die Erhaltung des sozialistischen Systems. Sogar der eindeutig radikale Reformer Smrkovsky schrieb im Mai:

»Möge niemand denken, daß wir aufgeben werden, was wir im Kampf errungen haben, und daß wir alles preisgeben, wofür wir die Revolution gemacht haben. Ganz sicher nicht.«[18]

Er bekräftigte das, indem er am 12. Mai persönlich in Ostrau eingriff, um einen Versuch lokaler Progressiver einzudämmen, »sich selbständig zu machen« und eine separate KPTsch von Böhmen und Mähren zu gründen. Gustáv Husák, der

sich in diesem Stadium noch im Lager der Gemäßigten befand, verurteilte »Opposition um der Opposition willen« (9. Mai).
Auf dem ZK-Plenum vom 29. Mai bis 1. Juni triumphierte der gemäßigte Kurs. Dubcek brachte eine Resolution durch, daß die Partei »alle Kräfte unseres Volkes und des sozialistischen Staates mobilisieren« würde, um einen »Angriff auf die historische Realität« der Führung der Gesellschaft durch die KPTsch zu unterdrücken. Das war der konservative Teil der Resolution. Gleichzeitig aber wurde für den 9. September, einen Monat früher als geplant, ein Parteitag gefordert, der den offensichtlichen Zweck hatte, die Konservativen so schnell wie möglich aus dem ZK abzuwählen. Novotnys Parteimitgliedschaft wurde ausgesetzt (teilweise auf Husáks Drängen, obwohl er selber immer noch außerhalb des ZK war). Martin Vaculík, der Novotny unterstützt hatte, wurde aus dem Präsidium entfernt. Zdenek Mlynár wurde Leiter der Rechtskommission des ZK. Die Schaffung von Unternehmensräten als Organe der Arbeiterselbstverwaltung wurde prinzipiell akzeptiert.
Die ersten Reformmaßnahmen folgten Ende Juni. Die Nationalversammlung erließ eine begrenzte Anzahl von Gesetzen, und zwar über die Rehabilitation der Opfer der 50er Jahre, die Bestrafung schuldiger Funktionäre, die Beendigung der Zensur von oben (die Selbstzensur durch die Herausgeber wurde beibehalten) und die Schaffung eines Tschechischen und eines Slowakischen Nationalrates, die gemeinsam ein Gesetz zur Umwandlung des Landes in eine Föderation ausarbeiten sollten. Andere wichtige Maßnahmen (wie die Einführung von Unternehmensräten) standen in diesem Stadium nur »zur Diskussion«.
Der Sieg der Gemäßigten auf dem Mai/Juni-Plenum beendete die politische Gärung im Lande nicht. Trotz der Reformmaßnahmen vom Juni fühlten viele Progressive, daß bestimmte Vorzeichen in eine ganz andere Richtung wiesen. Svestka, immer noch Herausgeber von *Rudé právo*, unternahm am 23. Juni einen scharfen Angriff gegen »antisozialistische Versuche« und bemühte sich, die Bewegung seit Januar als »von den Positionen des Marxismus-Leninismus ausgehende Wiedergeburt der sozialistischen Revolution« zu interpretieren. Führende Progressive, wie Edward Goldstücker, Ludvík Vaculík und Pavel Kohout bekamen beleidigende anonyme Briefe, manchmal in antisemitischer Diktion. Schließlich setzte wieder die sowjetische Pressepolemik ein. Am 20. Juni begannen auf tschechoslowakischem Territorium Manöver des Warschauer Paktes. Das war aufgrund der Mitgliedschaft der Tschechoslowakei in jener Organisation nicht ungewöhnlich, aber viele Menschen im Lande fanden den Zeitpunkt verdächtig. Die Progressiven reagierten auf diese Entwicklungen mit einer Gegenoffensive, bekanntgeworden als die Zweitausend Worte. Die von Ludvík Vaculík entworfene Erklärung wurde von etwa sechzig Leuten, hauptsächlich Wissenschaftlern und Künstlern und vereinzelten CKD-Arbeitern unterschrieben und erschien am 27. Juni. Ihr Inhalt spiegelte die Kombination aus der Angst vor sowjetischem Eingreifen und vor dem einheimischen Konservatismus wider, durch den diese Aktion ausgelöst worden war. Es wurde auf die doppelte Gefahr, vor der das

Land stand, Bezug genommen. Erstens gäbe es »fremde Kräfte«, die »in unsere Entwicklung einzugreifen« drohten. Das Volk würde der Regierung, »wenn nötig bewaffnet«, gegen sie beistehen. Zweitens gab es den inneren Konservatismus, der die weitere Demokratisierung verhinderte. Man würde ihm durch das Gewicht der öffentlichen Meinung begegnen. Leute, die ihre Machtpositionen mißbraucht hatten, würden durch »öffentliche Kritik, Resolutionen, Demonstrationen, demonstrative Arbeitsbrigaden ... einen Streik oder einen Boykott vor ihrer Tür« zum Rücktritt gezwungen werden. Kurz, das Manifest forderte die Menschen auf, selber, auf örtlicher Ebene die Initiative zu ergreifen.[19]
Die Zweitausend Worte waren ein ausschließlich tschechisches Manifest. Man hatte die Slowaken weder um Rat noch um Unterschriften gebeten; Novomesky sprach seine Verärgerung darüber später aus.[20] Aber man hatte die Slowaken nicht absichtlich ignoriert, die Kritik aus Bratislava war in Wirklichkeit ein Zeichen des demagogischen Umgangs mit dem slowakischen Nationalismus durch eher konservative Elemente (Novomesky und Husák), die die Tschechen als zögerlich gegenüber der Föderalisierung darstellen wollten.
Das Manifest der Zweitausend Worte rief eine gewaltige Reaktion hervor. Die Progressiven begrüßten es im allgemeinen, aber die Gemäßigten waren über diese aus ihrer Sicht verantwortungslose Tat entsetzt. Dubcek verurteilte es implizit, indem er verneinte, daß »Streiks und Demonstrationen« mit ungelösten Problemen fertigwerden könnten. Císar und Sik verurteilten es explizit. Smrkovsky charakterisierte es als einen Akt »politischer Romantik«, Pithart zufolge »wurde er hysterisch und drohte mit Panzern«. Tschechoslowakische Konservative und sowjetische Kommentatoren beriefen sich auf das Manifest als Beweis dafür, daß die KPTsch nicht länger die führende Kraft der Gesellschaft wäre. Ein Artikel in der kommunistischen Moskauer Tageszeitung *Prawda* nannte es »eine organisatorische Vorbereitung der Konterrevolution«.[21]
In der Tschechoslowakei beruhigte sich der durch die Zweitausend Worte entfachte Streit allmählich, aber anderswo in Osteuropa und in der Sowjetunion lief es etwas anders. Der Kreml und seine konservativen Verbündeten, besonders Ulbricht und Gomulka, waren jetzt davon überzeugt, daß eine gefährliche Situation entstanden war, die ein Eingreifen - nicht notwendigerweise militärisch, aber durch die Androhung von Gewalt gestützt - erforderte. Breschnew entschied, daß die tschechoslowakischen Parteiführer zu einem gemeinsamen Treffen aller Staaten des Sowjetblocks nach Warschau einzuladen seien, um auf diese Weise sehr starken Druck auszuüben. Trotz der theoretischen Mehrheit der Konservativen in dem höchsten Gremium der Partei folgte das KPTsch-Prädidium dem Rat Dubceks und weigerte sich, nach Warschau zu gehen (12. Juli). Kolder wollte im ZK Widerspruch gegen diese Entscheidung einlegen, wurde aber niedergestimmt. Daher fand das Warschauer Treffen der fünf Parteien (der ostdeutschen, polnischen, ungarischen, bulgarischen und sowjetischen) ohne tschechoslowakische Beteiligung statt und verfaßte den drohenden Warschauer Brief vom 15. Juli.
Der Brief enthielt im wesentlichen zwei Beschwerden und ein Versprechen.

Beschwerde wurde erstens darüber geführt, daß »feindliche Kräfte« innerhalb des Landes die »Gefahr heraufbeschwören, daß die Tschechoslowakei aus der sozialistischen Gemeinschaft herausbricht« und daß zweitens »die KPTsch die Kontrolle über die Entwicklung der Ereignisse verliert und unter dem Druck antikommunistischer Kräfte immer mehr zurückweicht«, wie die Agitation um die Zweitausend Worte, die eine »Plattform der Konterrevolution« sei, beweise. In der ersten Beschwerde ging es um die außenpolitische Brisanz der Situation, in der zweiten um den angeblichen Zusammenbruch der kommunistischen Autorität im Lande, und insbesondere um die gewachsene Unabhängigkeit der Medien von der Kontrolle durch die Partei. Das »Versprechen« war in Wirklichkeit eine Drohung. Der Warschauer Brief stellte fest, daß es in der Tschechoslowakei Kräfte *gäbe*, die das sozialistische System stützen und antisozialistische Elemente besiegen können; die tschechoslowakische Partei solle diese »gesunden Kräfte« zusammenrufen. Dann könne sie auch »auf die Solidarität und Unterstützung der Parteien der sozialistischen Bruderländer rechnen«. Auf diese Weise wurde die ideologische Begründung für die Intervention des Warschauer Paktes gegen die Dubcek-Führung geschaffen.
Das war ein gut durchdachtes Programm, es fehlte nur eins: eine entschlossene und starke konservative Fraktion in der KPTsch, die eine alternative Parteiführung stellen konnte. Die Wirkung des Warschauer Briefes enttäuschte die Erwartungen seiner Autoren. Die Reihen schlossen sich um Dubcek und den bisher verfolgten gemäßigten Kurs. Das KPTsch-Präsidium wies die Behauptungen aus Warschau sofort zurück und verneinte jeglichen Wandel der tschechoslowakischen Außenpolitik. Man verwies auf die Manöver des Warschauer Paktes als »konkreten Beweis der getreuen Erfüllung unserer Bündnisverpflichtungen« und wies die Anschuldigung, daß »die politische Rolle der KPTsch« von »reaktionären, konterrevolutionären Kräften« bedroht sei, zurück. Die Erklärung des Präsidiums vom 18. Juli räumte zwar ein, daß es bestimmte »negative Aspekte« und »extremistische Tendenzen« gebe, sah aber die Entscheidungen des Mai/Juni-Plenums als einen Weg zu ihrer politischen Überwindung an. Es wies darauf hin, daß es seinerzeit das Manifest der Zweitausend Worte verurteilt hatte und fügte als schlagendes Argument hinzu, daß sich trotz der darin enthaltenen Appelle an das Volk, »anarchistische Akte« auszuführen, »in unserem Land keinerlei Kampagnen dieser Art ereigneten«.[22]
Das Präsidium stellte zusammenfassend fest, »der Rat der fünf Parteien erfolge ohne Zweifel in ernster Absicht«, machte aber klar, daß er unangemessen wäre, da er nicht »die ganze Kompliziertheit der dynamischen gesellschaftlichen Bewegung ... oder die Komplexität der vom Mai-Plenum angenommenen Schlußfolgerungen« berücksichtige.
Dubcek berief sofort nach diesem Treffen ein Plenum des ZK ein (19. Juli), um die Wirkung der Erklärung des Präsidiums zu unterstützen und zu verstärken. Die einstimmige Billigung der Resolution von Dubcek zeigte, daß es sogar in dieser konservativeren Körperschaft keine starke konservative Fraktion gab. Von den

107 Mitgliedern erschienen nur 88. Die Konservativen kamen einfach nicht, wie Hejzlar feststellte.[23] Das slowakische ZK hatte der Haltung des Präsidiums schon zugestimmt (18. Juli).
Aber nicht nur die Partei, sondern das ganze Volk schloß sich um Dubcek zusammen. Der Warschauer Brief leitete eine Periode der Verzerrung der natürlichen Entwicklung der Ereignisse mittels Drucks von außen ein. Aus diesem Grund kann man nicht, wie es Hejzlar tut, mit der Entwicklung in der Periode von Juli bis August beweisen, daß der Prozeß der gesellschaftlichen Wiedergeburt in der Tschechoslowakei dem von Dubcek und seinen Kollegen vorgezeichneten gemäßigten, allmählichen Weg gefolgt wäre. Der Warschauer Brief hatte eine doppelte Wirkung. Er verlieh der KPTsch in der Bevölkerung allgemein ein Kreditguthaben. Eine öffentliche Meinungsumfrage vom Juli zeigte, daß 57 Prozent der Bevölkerung Vertrauen zur Partei hatten, gegenüber nur 16 Prozent, die kein Vertrauen hatten. Der Brief gab Dubcek auch ein wirksames Argument, um die Radikalen zu bändigen. Die politischen Klubs KAN und K231 beendeten im August ihre Aktivitäten freiwillig; die Sozialdemokraten ließen sich von dem Versuch, eine politische Partei zu gründen, abbringen. Von den Radikalen in der Zeitschrift *Literární lísty* des Schriftstellerverbandes wurde am 26. Juli eine überwältigende Manifestation der Unterstützung für die Dubcek-Führung organisiert. Die Botschaft der Bürger an das Präsidium, gleichzeitig Dank für seine innere Kraft, faßte die Ziele des Volkes in vier Worte: Sozialismus, Bündnis, Souveränität, Freiheit. Die Botschaft wurde in der Folge von über einer Million Menschen unterzeichnet.
Dubcek versuchte, Entschiedenheit mit Verhandlungsbereitschaft zu verbinden. Um das zu demonstrieren, machte er den Konservativen eine Reihe von Zugeständnissen in Personalangelegenheiten. Am 25. Juli wurde General Prchlík wegen angeblicher »Preisgabe von militärischen Geheimnissen über den Warschauer Pakt« entlassen (er hatte einfach nur die sowjetische Hegemonie über die Streitkräfte des Warschauer Paktes kritisiert). Der Staatssicherheitsdienst wurde der Kontrolle von Innenminister Josef Pavel entzogen und Viliam Salgovic, einem Konservativen, der später mit dem Einmarsch des Warschauer Paktes kollaborierte, unterstellt.
Diese Kombination erschien anfangs wirkungsvoll. Die sowjetischen Führer stimmten einem bilateralen Treffen auf tschechoslowakischem Territorium zu und gingen damit auf die beiden von Dubcek geforderten Punkte ein. Die zwischen dem 29. Juli und 1. August in Cierna nad Tisou geführten langen und stürmischen Verhandlungen ergaben scheinbare Übereinstimmung. Das nichtssagende Kommunique verbarg den Umfang der ungelösten Meinungsverschiedenheiten. Entsprechend dem Kommuniqué »hatte auf dem Treffen ein breiter kameradschaftlicher Meinungsaustausch über beiderseitig interessierende Fragen stattgefunden«. Zumindest der Form nach hatte die tschechoslowakische Delegation wichtige Zugeständnisse gemacht: Sie stimmte der Teilnahme an einem Treffen der Fünf am nächsten Tag in Bratislava zu. Sie wurde aber in Bratislava

nicht auf die Anklagebank gesetzt, vielleicht weil sie eine von der sowjetischen Seite vorgelegte höchst orthodoxe Deklaration akzeptierte (4. August). Die Erklärung von Bratislava enthielt Formulierungen, wie: »unerschütterliche Treue zum Marxismus-Leninismus«, »Erziehung der Massen im Geiste des proletarischen Internationalismus«, der »unversöhnliche Kampf gegen die bürgerliche Ideologie« und »die unbeirrbare Entschlossenheit zur Entwicklung und Verteidigung der sozialistischen Errungenschaften«. Sie beschwor auch »die gemeinsame internationale Pflicht aller sozialistischen Länder zur Unterstützung, Verteidigung und Festigung dieser Errungenschaften«. Ein tschechoslowakischer Versuch, eine Klausel über die »Achtung der Souveränität und nationalen Unabhängigkeit jedes Landes» einzufügen, wurde abgewiesen.[24]

Es ist schwer zu erkennen, warum Dubcek diese Erklärung als Erfolg ansah. Vielleicht hielt er die dargelegte Phraseologie für bedeutungslos und unverbindlich. Tatsächlich öffnete die Erklärung von Bratislava der sowjetischen Seite die Möglichkeit zur Kritik mit der Begründung, daß die Tschecholowaken keine Schritte zu ihrer Verwirklichung unternommen hätten. Das stimmte. Die tschechoslowakischen Führer glaubten, die Vorbereitungen für den 14. Parteitag einfach fortsetzen zu können, als wäre nichts geschehen. Und das trotz der deutlichen Warnung durch den ungarischen Parteiführer Kádár während eines Besuchs in Prag am 17. August, daß Moskau »zu den äußersten Maßnahmen greifen« würde, falls die Vereinbarung von Bratislava nicht sofort verwirklicht würde.[25]

Im August gab es keine Anzeichen, daß die KPTsch-Führer bereit wären, ihren Kurs zu mäßigen. Das Präsidium lehnte einen Vorschlag Mlynárs für ein dreimonatiges Verbot jeglicher Publikation von Material, das Prags außenpolitische Beziehungen beeinträchtigen könnte, ab. Das am 10. August veröffentlichte neue Parteistatut enthielt beträchtliche Einschränkungen des leninistischen Prinzips des demokratischen Zentralismus.

> Die »Minderheit hat das Recht, ihre Standpunkte zu formulieren und zu fordern, daß sie dokumentiert werden, sowie auf ihrer Ansicht zu beharren und von der zuständigen Parteiorganisation auf der Grundlage neuer Informationen eine erneute Einschätzung ihres Minderheitsstandpunktes zu fordern«.

Das war nicht mit einer vollständigen Absage an das Fraktionsverbot von 1921 gleichzusetzen, da es

> »unzulässig [blieb] Anhänger von Minderheitsforderungen außerhalb des Rahmens des Statuts zu organisieren oder Gruppierungen von Parteimitgliedern mit eigener Fraktionsdisziplin aufzubauen«.[26]

Aber es bedeutete doch eine beträchtliche Freiheit für abweichende Auffassungen und Kritik. Überdies sollten alle Parteiorgane in geheimer Abstimmung gewählt werden, und Funktionären wurde nur eine begrenzte Amtszeit zugestanden.[27]

Der beunruhigende Eindruck, den diese organisatorischen Veränderungen in der Sowjetunion hervorriefen, wurde durch die Ergebnisse der ersten Runde der Wahlen zum 14. Parteitag der KPTsch noch verstärkt. Nur 10 Prozent der gewählten Delegierten gehörten zum konservativen Flügel, während 10 Prozent Radikale und 80 Prozent Anhänger der Linie Dubceks waren. Es war klar, daß vier Fünftel des alten ZK auf dem bevorstehenden Parteitag nicht wiedergewählt würden.[28] Die Konservativen mußten jetzt handeln, oder sie waren am Ende.

Die sowjetische Entscheidung zur Intervention wurde irgendwann Mitte August getroffen, entweder auf der Politbürositzung am 17. August oder auch davor. Es ist manchmal behauptet worden, daß die Treffen von Cierna nad Tisou und Bratislava nur eine Tarnung für die Invasionsvorbereitungen waren, aber Mlynár, Tigrid, Golan, Skilling und Dawisha stimmen in der Ansicht überein, daß die endgültige Entscheidung zum Einmarsch sehr kurzfristig getroffen wurde. Die sowjetische Seite hoffte, ihr militärisches Vorgehen mit der politischen Offensive einer alternativen Parteiführung innerhalb des Landes koordinieren zu können (wie es 1956 in Ungarn geschah). So sollte der dem Präsidium am 20. August von Kolder und Indra vorgelegte höchst pessimistische »Bericht über die Gegenwärtige Politische Situation in der CSSR« als Teil eines Planes der politischen Vorbereitung auf den Einmarsch in letzter Minute den Sturz der Dubcek-Gruppe herbeiführen. Während eines geheimen Treffens von Indra, Kolder, Kapek und anderen Konservativen Mitte August wurde eine Liste von verläßlichen Leuten aufgestellt, die Dubcek abwählen würden. Diese potentielle Mehrheit bestand aus Bilak, Kolder, Svestka, Rigo, Barbírek und Piller. Aber die Sache ging schief. Barbirek und Piller unterstützten Kolder nicht, und während noch erbittert gestritten wurde, kam die Nachricht, daß die Truppen von fünf Ländern des Warschauer Paktes die Grenzen der Tschechoslowakei überschritten hatten und sich Prag näherten (23.40 Uhr).

Das war, nicht zuletzt für Dubcek, ein großer Schock; er sagte:

> »Ich erkläre bei meiner Ehre als Kommunist, daß ich nicht die leiseste Ahnung hatte ... daß jemand vorschlug, derartige Maßnahmen gegen uns zu ergreifen ... Ich habe mein ganzes Leben der Zusammenarbeit mit der Sowjetunion gewidmet. Jetzt tun sie mir das an! Das ist die Tragödie meines Lebens!«

Warum wurde die Invasion durchgeführt? Diese Frage kann immer noch nicht definitiv beantwortet werden. Galia Golan gibt eine knappe Darstellung einer Auffassung:

> »Es waren die demokratische Natur und der Inhalt des tschechoslowakischen Experiments, durch die die Invasion beschleunigt wurde, und nicht irgendeine fabrizierte 'Gefahr' des Neutralismus oder prowestliche Tendenzen.«[29]

Hier muß jedoch ein Vorbehalt gemacht werden. Golan betont den drohenden Verzicht der Partei auf ihre »führende Rolle«. Aber angesichts dessen, was wir über das neue Parteistatut wissen, lautet die maßgebliche Formulierung eher »Furcht vor Verzicht«. Die führende Rolle sollte nicht aufgegeben werden, aber die sowjetischen Führer fürchteten, daß dies die logische Folge des Reformprozesses sein würde. Die kommunistische Partei würde am Ende die Macht verlieren. In diesem Punkt hatten sie vermutlich recht.

Ungefähr zwei Stunden nach dem Eintreffen der Nachricht von dem Einmarsch (am 21. August um 1.00 Uhr) gab das KPTsch-Präsidium eine Erklärung ab, in der es diesen als »im Gegensatz zu den fundamentalen Prinzipien der Beziehungen zwischen sozialistischen Staaten stehend und als Negierung der Grundnormen internationalen Rechts« verurteilte. Es wurden nur vier Gegenstimmen abgegeben, und zwar durch Bilak, Kolder, Rigo und Svestka. Außerdem verhielt sich die Minderheit trotz der Versicherung sowjetischer Unterstützung merkwürdig zögernd und unentschlossen. Der Gedanke einer »Arbeiter- und Bauernregierung« nach dem Modell der unter Kádár 1956 in Ungarn geschaffenen wurde fallengelassen, nachdem Präsident Svoboda klargemacht hatte, daß er die Zusammenarbeit mit einer solchen Körperschaft verweigern würde. Die Verhaftung Dubceks und anderer durch die StB auf Befehl von Salgovic, der seit Juni deren Chef war, in den Morgenstunden des 21. August war die einzige entschlossene Aktion von konservativer Seite. Aber selbst die meisten dieser Verhaftungen wurden von sowjetischen und nicht von tschechoslowakischen Sicherheitsorganen ausgeführt. In den tschechoslowakischen Sicherheitsdiensten waren die Konservativen durch Innenminister Josef Pavel, der einhundertfünfzig der am engsten mit den sowjetischen Organen assoziierten Mitarbeiter in den vorzeitigen Ruhestand versetzt hatte, geschwächt worden.[30]
Die Ereignisse des 21. August leiteten eine Periode ein, in der die gesamte tschechoslowakische Bevölkerung auf der einen Seite stand und Dubcek und seine Gruppe unterstützte, während sich die Kräfte des Warschauer Paktes und eine kleine Zahl von Konservativen auf der anderen Seite befanden. Militärisch war die Operation zweifellos ein Erfolg. Es gab keinen gewaltsamen Widerstand (Dubcek hatte einen solchen ausdrücklich ausgeschlossen), jedoch eine Kombination aus inoffiziellem und offiziellem Widerstand, der hauptsächlich darin bestand, die Eindringlinge zu ignorieren und das Leben fortzusetzen, als wäre nichts geschehen. Der offizielle Widerstand begann an der Spitze, beim Präsidenten Svoboda, dem Staatsoberhaupt, und setzte sich nach unten über die Nationalversammlung, die Regierung, das Parteipräsidium, die Nationale Front und besonders bis in den Parteitag fort.
Der 14. Parteitag, der ursprünglich im September vorgesehen war, wurde eilig auf den 22. August vorgezogen und im geheimen in der CKD-Sokolovo-Fabrik in der Prager Vorstadt Vysocany durchgeführt. Die meisten tschechischen Delegierten (etwa 150) gelangten dorthin; aber es kamen nur 50 Slowaken, angeblich weil Gustáv Husák die übrigen überzeugte, in Bratislava zu bleiben und ihren eigenen slowakischen Parteitag abzuhalten.[31] Nach einigem Zögern lehnten die Delegierten den Gedanken, sich »Tschechische Kommunistische Partei« zu nennen, ab und erklärten sich stattdessen einstimmig zum 14. Parteitag der Kommunistischen Partei der Tschechoslowakei (KPTsch). Sie wählten dann ein neues Zentralkomitee ohne ein einziges konservatives Mitglied, aber mit einer angemessenen Anzahl slowakischer Mitglieder, darunter Dubcek und Husák. Darauf verurteilte der 14. Parteitag die sowjetische Intervention als Bruch der tschechoslowakischen Souve-

ränität, forderte den Abzug der ausländischen Truppen und die Verteidigung der bisher verfolgten Reformpolitik der KPTsch. Ein Vorschlag für einen unbefristeten Generalstreik wurde abgelehnt, dafür aber ein einstündiger Generalstreik als Protest gegen die Besetzung ausgerufen (23. August).
Während sich die kommunistischen Delegierten des 14. Parteitages hinter geschlossenen Türen trafen, stürzte sich die Bevölkerung des Landes in eine äußerst wirkungsvolle Kampagne passiven Widerstandes. Die Besatzungstruppen wurden durch die Entfernung von Straßenschildern, Hausnummern und -tafeln desorientiert. Wände und Straßenpflaster wurden mit Graffiti bedeckt. Die Massenmedien (Radio, Fernsehen, Zeitungen) arbeiteten im Untergrund weiter. Alle Massenorganisationen verurteilten den Einmarsch (wenngleich die slowakische kommunistische Reaktion etwas zweideutig war).[32]
Das Patt zwischen Besatzung und Widerstand wurde durch die Nachricht des Moskauer Kompromisses vom 27. August gebrochen. Man hatte die dem Präsidium angehörenden Reformer sofort nach dem Einmarsch verhaftet und auf sowjetisches Territorium verbracht. Da Präsident Svoboda sich weigerte, ohne sie zu verhandeln, wurden sie nach Moskau gebracht, wo sie mit den sowjetischen Verhandlungsführern und auch einer Anzahl von gemäßigten und konservativen Präsidiumsmitgliedern, die ohne Verhaftung nach Moskau eingeladen worden waren, zusammentrafen. Nach mehrtägigen harten Verhandlungen in Moskau mit fast dem ganzen Präsidium (nur Kolder und Kriegel fehlten, wenn auch aus sehr verschiedenen Gründen) entschieden die sowjetischen Führer schließlich, daß die Reformer formell die Kontrolle über ihr Land behalten durften. Dubcek, Cerník und Smrkovsky machten ihrerseits Zugeständnisse: die Beschränkung der bisherigen Publikationsfreiheit der Medien; ein Verbot, außerhalb der Nationalen Front politische Parteien zu gründen; personelle Veränderungen zur Entfernung einzelner Progressiver, die der sowjetischen Seite besonders zuwider waren; die Ungültigerklärung des 14. Parteitages; und den allmählichen Abzug der Besatzungstruppen »entsprechend der Normalisierung der Lage«.[33]
Es war nicht ganz leicht, dem tschechoslowakischen Volk diesen Kompromiß, den es als Kapitulation ansah, schmackhaft zu machen. Aber die Bemühungen Dubceks und seiner Kollegen, zusammen mit der Bereitschaft der kommunistischen Führer im Lande, ihre Argumente zu akzeptieren, wurden von Erfolg gekrönt. Während beispielsweise die Prager Wochenzeitung *Student* am 27. August die Vereinbarung als eine »Hochverrat gleichkommende Kapitulation« bezeichnet hatte, brachte es das Herausgebergremium bis zum 31. August fertig, diese Position zu leugnen.
Das Moskauer Protokoll war auf seiten Dubceks und seiner Kollegen sicher eine Kapitulation; die einschlägigen Institutionen aber wurden nacheinander dazu gebracht, es als eine Notwendigkeit anzuerkennen und die ersten Schritte zur Erfüllung der sowjetischen Forderungen zu machen. Man sollte aber nicht denken, daß die Konservativen zu der Zeit oben schwammen. Sie verhielten sich ziemlich ruhig und konzentrierten sich darauf, ihr Verhalten in den Tagen unmittelbar

nach dem Einmarsch zu verteidigen. Auf dem ZK-Plenum am 31. August erhob allein General Rytir seine Stimme gegen die Reformen aus der Zeit nach dem Januar. Überdies erhob sich nur eine radikale Stimme gegen die Annahme des Moskauer Kompromisses, die des Parteisekretärs von Brünn, Jaroslav Sabata, der die Moskauer Position, daß »Normalisierung die Voraussetzung für den Abzug der Truppen« ist, geschickt umkehrte. Er sagte, der »Truppenabzug sei [im Gegenteil] die Voraussetzung für die Normalisierung«. Gustáv Husák gab die naheliegende Antwort:

> »Wenn das deine Meinung ist, geh zu deinen Partnern und handle sie aus. Solltest du aber erkennen, daß wir nicht stark genug sind, erspare uns diese abenteuerliche Lösung.«

Dubcek formulierte die schließlich vom ZK einstimmig angenommene Linie: Das Moskauer Protokoll würde angenommen, die »Normalisierung« würde stattfinden, die Partei würde aber weiter auf dem im Januar begonnenen und im Aktionsprogramm umrissenen Weg sozialistischer Reformen vorangehen. Den 14. Parteitag würde man weder annullieren noch bestätigen, das alte ZK aber durch Kooptierung einiger der auf jenem Parteitag Gewählten erweitern.[34]
Es begann jetzt eine Übergangsperiode, die von September 1968 bis April 1969 dauerte. Die Reformkommunisten versuchten in dieser Zeit, das Wesen des Aktionsprogramms hinsichtlich der inneren Angelegenheiten zu bewahren, wobei sie die Versicherung ihrer Loyalität gegenüber der Sowjetunion und dem Warschauer Pakt wiederholten. Der unrealistische Charakter eines derartigen Kurses wurde immer offensichtlicher. Zdenek Mlynár war einer der ersten, das zu erkennen; er legte im November 1968 alle Parteifunktionen nieder und zog sich ins Privatleben zurück. Die massenhafte Unterstützung der Bevölkerung für das Reformprogramm machte die Dinge für Dubcek jetzt schwer. Die massenhafte Mobilisierung der Gesellschaft, die bis zum sowjetischen Einmarsch fehlte, war ein Produkt der sieben Tage nach dem 21. August. Jetzt wurde jeder Schritt, den die Dubcek-Führung unter sowjetischem Druck zurückging, von öffentlichen Protesten begleitet, die diesen Druck wiederum verstärkten (die Anti-Normalisierungs-Demonstrationen vom 28. Oktober und 7. November, der Proteststreik tschechischer Studenten vom 18. bis 21. November, der Selbstmord Jan Palachs aus Protest gegen die fortgesetzte Zensur am 16. Januar 1969, die darauf folgenden Massendemonstrationen vom 18. bis 20. Januar).
Die Situation wurde dadurch kompliziert, daß weit über den August hinaus immer neue Bedeutungen aus dem Aktionsprogramm hervorgeholt wurden. Die Arbeit an der tschechoslowakischen Verfassung war immer noch im Gange, am 28. Oktober wurde die Schaffung eines föderalen Systems angekündigt, das am 1. Januar 1969 in Kraft treten sollte. Die Rehabilitierungen wurden fortgesetzt. Die Gründung von Interessengruppen ging weiter (mit Ausnahme von K231 und KAN, die tatsächlich verboten waren). In vielen Unternehmen wurden trotz Anweisung der Regierung, die Neugründungen untersagte, Arbeiterräte gebildet.

Wenn man von ihrem ursprünglich geringen Interesse ausgeht, war die von den Industriearbeitern bei der Verteidigung des Reformprogramms gezeigte Militanz bemerkenswert. Sie fand sowohl ein offizielles Ventil durch die von der Partei gelenkte Gewerkschaftsstruktur, die Revolutionäre Gewerkschaftsbewegung (ROH), als auch ein inoffizielles durch die nach dem Einmarsch aus dem Boden geschossenen Arbeiterräte. Der Zentralrat der ROH gab sich im September 1968 ein neues Statut, in dem das Recht der Verteidigung der »politischen und ökonomischen Interessen der Mitglieder« und der Verfolgung einer »vom Staat und den politischen Parteien unabhängigen Politik« betont wurde. Es ließ zum erstenmal auch die Schaffung autonomer Gewerkschaften zu. Im Ergebnis wurde eine Zwischenstufe von Industriegewerkschaften, wie die 900 000 Mitglieder umfassende Tschechische Metallarbeitergewerkschaft unter Führung des Radikalen Vlastimil Toman geschaffen. Die ROH und ihre jetzt autonomen Einzelgewerkschaften führten eine Reihe von Kampagnen gegen die »Normalisierung« durch. Sie protestierte unter ihrem Vorsitzenden Karel Polácek gegen das Verbot der Bildung neuer Arbeiterräte; und tatsächlich bildeten sich auch nach dem Verbot solche Räte (am 24. Oktober existierten 113, im März 1969 500). Sie führte eine Kampagne gegen die Preissteigerungen von 1969. Sie forderte, daß Smrkovsky Vorsitzender der Föderalen Versammlung bliebe (die Metallarbeiter gingen weiter und drohten mit einem Streik). Zur Unterstützung des Studentenstreiks im November 1968 wurde eine spontane Arbeitsunterbrechung durchgeführt. Schließlich wählte der im März 1969 abgehaltene 7. Kongreß der ROH seine Delegierten in geheimer Wahl und trat für die ökonomische und politische Anwendung der Waffe des Streiks ein. Polácek hielt eine, angesichts der Tatsache seiner einen Monat später durch Husák vorgenommenen Beförderung in das Präsidium, überraschend freimütige Rede. Er reflektierte offensichtlich die Ansichten des Kongresses und nicht seine eigenen, als er erklärte, daß die ROH nie wieder eine der Partei untergeordnete Rolle akzeptieren würde. Er verteidigte den »Geist des Nach-Januar«, betonte das »Recht der sozialistischen Länder auf Selbstbestimmung und Souveränität« und lehnte damit indirekt die Doktrin der begrenzten Souveränität ab.

Die Reaktion der tschechischen Arbeiter auf die Invasion 1968 war derjenigen der ungarischen Arbeiter zwölf Jahre vorher analog. In beiden Fällen war die Radikalisierung ein Ergebnis der sowjetischen Intervention und spiegelte eine Kombination nationaler und spezifischer Klassenziele wider. Die tschechische Bewegung unterschied sich jedoch hinsichtlich ihres weniger militanten Charakters, ihres Vertrauens in Resolutionen und Proteste statt in die Waffe eines umfassenden Generalstreiks. Sie entwuchs zu keiner Zeit ihrer defensiven Rolle, die im Bemühen um eine Stärkung des Rückgrats der Dubcek-Führung gegen den sowjetischen Druck bestand. Darum konnte sie auch nicht wirkungsvoll reagieren, als Dubcek der Widerstandsbewegung durch seine wiederholten Kapitulationen den Boden unter den Füßen wegzog.[35]

Die von uns beschriebenen Phänomene konnten nur kurzlebig sein, wenn man

den ständigen Druck durch die Sowjetunion in Betracht zieht, der sowohl von sowjetischen Abgesandten, wie dem Ersten Stellvertretenden Außenminister W.W. Kusnezow, der sich zwischen September und Januar längere Zeit in Prag aufhielt, als auch durch häufige Besuche der tschechoslowakischen Parteiführer in Moskau ausgeübt wurde. Ein besonders eklatantes Beispiel dieses Drucks war die Standpauke, die Breschnew einer dreiköpfigen Delegation (aus Dubcek, Cerník und Husák bestehend) bei deren Besuch in Moskau am 4. Oktober hielt: Er sagte ihnen, daß die KPTsch bei der Erfüllung des Moskauer Protokolls völlig versagt hätte. Die Tschechoslowaken müßten »lernen zu tun, was man ihnen aufgebe«. Sie hätten insbesondere notorische Revisionisten in der Parteiführung belassen.[36] Die drei Männer kapitulierten angesichts dieser Attacke, Cernik vornean. Sie stimmten der weiteren, zeitlich nicht begrenzten Anwesenheit sowjetischer Truppen im Lande und der Verschiebung des Parteitages zu und sagten sich im Wesen vom Aktionsprogramm los.
Auf diese Weise wurde Dubceks Position im Lande allmählich untergraben. Er wurde gezwungen, nach und nach seine politischen Freunde zu opfern. Mlynár, Prchlík, Pavel, Spacek, L. Vaculík und Goldstücker fielen der vergeblichen Jagd nach dem Wunder der »Normalisierung« zum Opfer. Die Preisgabe Smrkovskys am 4. Januar war für Dubceks Stellung und seine Popularität ein schwerer Schlag. Für die Kampagne zur Verteidigung Smrkovskys war eine gewaltige Unterstützung der Gewerkschaften mobilisiert worden. Aber das KPTsch-Präsidium verurteilte die Streikandrohung (3. Januar), und Smrkovsky selbst bat die Arbeiter, nicht zu seiner Unterstützung anzutreten. Dubcek wurde in der Folge dafür kritisiert, daß er die ihm zur Verfügung stehende öffentliche Unterstützung nicht genutzt habe. So schrieb zum Beispiel Ivan Sviták:

> »Dubceks Vorgehen nach dem August 1968 war ein meisterhafter Betrug des Vertrauens der Bevölkerung.«[37]

Und Jan Kavan erinnerte sich später, daß »die Parteiführer größere Angst vor den Konsequenzen des Widerstandes als vor einer Kapitulation hatten.«[38]
Hatte Dubcek eine Alternative? Er hatte sein Leben der Kooperation mit der Sowjetunion verschrieben und lehnte eine Politik der Konfrontation mit ihr ab. Die einzige andere Option war der Rücktritt und die Aufgabe von Hoffnungen, die sich ohnehin schon als nichtig erwiesen hatten. Der letzte Nagel zu seinem politischen Sarg war die »Eishockeykrise« im März 1969. An zwei aufeinanderfolgenden Wochenenden suchten die Tschechoslowaken beim Feiern der Siege ihres Eishockeyteams, das zweimal nacheinander gegen die Sowjetunion gewonnen hatte, eine Ersatzbefriedigung. Die zweite dieser Demonstrationen führte zur Zerstörung des Prager Büros der sowjetischen Fluggesellschaft Aeroflot (28. März). Auf diese Gelegenheit hatten Dubceks Gegner gewartet. Marschall Gretschko und der Stellvertretende Außenminister Wladimir Semjonow präsentierten ein sowjetisches Ultimatum mit der Forderung nach sofortiger Wiederherstellung der Ordnung bei Strafe einer erneuten Intervention des Warschauer Paktes. Dies alles war

Unsinn. Die Ordnung war schon wieder hergestellt. Das Versagen der Polizei beim Schutz des Aeroflot-Büros war wahrscheinlich sowieso eine Provokation durch die Sicherheitskräfte selber. Das wahre Ziel war die Entfernung Dubceks und die Beförderung des »realistischen« Flügels der Partei, der, von Husák und Lubomír Strougal geführt, so argumentierte: »Entweder wir unternehmen sofort etwas oder die sowjetischen Genossen werden es für uns tun.« Das war mit »realistischen« Argumenten kaum zu widerlegen. Ein ZK-Plenum nahm am 17. April Dubceks Rücktritt an, wählte Husák zum Ersten Sekretär der KPTsch und bildete ein neues Präsidium, aus dem alle Reformer außer Dubcek ausgeschlossen waren.[39]

Die Tschechoslowakische Kommunistische Partei wurde von da ab durch eine Gruppe dirigiert, die aus »Realisten« bestand, d.h. aus früheren gemäßigten Reformern, die sich entschieden hatten, den Reformkurs insgesamt aufzugeben, und aus »Konservativen« wie Bilak, der Reformen ohnehin nie unterstützt hatte. Der »lange schmerzliche Weg der Kompromisse und Rückzüge«[40] hatte das Ende erreicht. Jetzt würde Husák in derselben Richtung weitermachen, aber freiwillig und enthusiastisch.

Der Wandel der Atmosphäre nach dem April zeigte sich in einer Kaskade von Maßnahmen. Sie betrafen die Wirtschaft, Kultur, Personalpolitik und andere Gebiete des tschechoslowakischen Lebens. Ein Gefühl der Depression senkte sich auf die Menschen herab. Im April wurde durch den tschechischen Nationalrat das Unternehmensstatut, der zentrale Teil der mikroökonomischen Reform, begraben. Im Mai wurde die Idee der Arbeiterräte offiziell zurückgewiesen. Für 1970 wurden obligatorische Planziele gestellt. Im Juli wurden wieder zentrale Lohnkontrollen eingeführt. Im Mai wurden die Zeitschriften *Listy* und *Reportér* verboten. Im Juli wurde der Konservative Miroslav Bruzek als neuer Kulturminister berufen und im August ein neuer Bildungsminister (Jaromír Hrbek). Das Mai-Plenum des ZK entfernte Sik, Kriegel und Vodslon; Kriegel wurde auch aus der Partei ausgeschlossen. Am 20. August, dem Jahrestag des sowjetischen Einmarsches, den die geheime Opposition zum »Tag der Schande« erklärt hatte, fanden neue Straßendemonstrationen statt. Auch ein hochwirksamer Boykott aller öffentlichen Institutionen und des Transportwesens wurde durchgeführt. Zur gleichen Zeit zirkulierte ein von mehreren führenden Intellektuellen - unter ihnen Sik, Havel, Kohout, L. Vaculík und der Schachgroßmeister Ludek Pachmann - unterzeichnetes Zehn-Punkte-Manifest. Es verurteilte in gedrängter Form die Demontage des Aktionsprogramms und rief die Arbeiter auf, dem neuen Regime die Unterstützung zu verweigern. Das veranlaßte Husák zu einer weiteren Kampagne gegen die Ideen und Vertreter des Prager Frühlings. Im September 1969 wurde Dubcek aus dem Präsidium entfernt. Sieben Leute wurden aus dem ZK ausgeschlossen, dafür wurden die Konservativen Svestka, Kolder und Kapek befördert. Die sowjetische Intervention wurde zur »brüderlichen Hilfe« und der 14. Parteitag für illegal und gegen die Partei gerichtet erklärt.

Nun war der Weg für eine gründliche Säuberung der Partei- und Staatsorgane frei. Im Januar 1970 initiierte das ZK eine allgemeine »Verifikation« der Parteimitglieder mit dem Ziel der Entfernung von »Rechten«. Der Untersuchungsprozeß erstreckte sich über das ganze Jahr 1970 und ging natürlich mit einer gründlichen Säuberung der Vertretungskörperschaften und der staatlichen Institutionen einher. 82 Mitglieder des tschechischen Nationalrates mußten gehen, 25 000 Mitglieder der örtlichen Räte, 20 Prozent des Zentralrates der Gewerkschaften (URO), 40 Prozent aller Manager, 900 Universitätslehrer, einschließlich 65 Prozent aller Mitarbeiter der Abteilungen für Marxismus-Leninismus, 40 Prozent aller Journalisten, ein Drittel der Armee- und Polizeioffiziere.

Das Ausmaß der Säuberungen war mit dem der 1948 gegen Nichtkommunisten durchgeführten Säuberungen vergleichbar.[41] Die Überprüfung führte bis September 1970 zum Ausschluß von 387 000 Parteimitgliedern oder 22 Prozent; weitere sechs Prozent verließen die Partei aufgrund ihrer eigenen Entscheidung. Damit blieben etwa 1 200 000 Mitglieder oder 72 Prozent der bisherigen Gesamtmitgliedschaft in der Partei.[42] Die Mitgliederzahlen erholten sich bald; es gab starke opportunistische Gründe für einen Beitritt. Und Ende 1971 war die KPTsch mit 2 320 000 Mitgliedern größer als jemals zuvor. Die folgende Beschreibung des Überprüfungsprozesses ist den Erinnerungen Milan Simeckas entnommen.[43]

Es wurden drei Kategorien eingeführt: der »gesunde Kern«, die »Rechtsorientierten« und die »auf die Rechten Hereingefallenen«. Der gesunde Kern sollte letztere dazu bringen zuzugeben, daß sie übertölpelt worden waren; »Parteiintuition« würde dann entscheiden, wer wieder aufgenommen wird. Diese Intuition erkannte unfehlbar, wer geeignet war, indem sie im allgemeinen jene disqualifizierte, die »geistige Unabhängigkeit, Großzügigkeit, Toleranz, umfassende Bildung, hohe moralische Prinzipien, Mut usw.« zeigten. Viele Mitglieder kamen nicht einmal bis zu dieser Hürde. Sie brauchten nur zu dem zu stehen, was sie 1968 gesagt und getan hatten, und sie waren automatisch ausgeschlossen. Das Ergebnis dieses Verfahrens war eine Partei, die aus hörigen Mittelmäßigkeiten bestand.

Warum ist das tschechoslowakische Experiment gescheitert? Die Reformkommunisten (z.B. Hejzlar und Mlynár) meinten seinerzeit und auch später, daß die Haltung der Sowjetunion und ihrer Verbündeten, die im August 1968 zur Intervention führte, das einzige Hindernis ihres Erfolges war. Gordon Skilling teilt in seiner umfassenden Studie mit dem Titel »Die unterbrochene Revolution der Tschechoslowakei« diese Ansicht auch. Er schrieb 1976:

> »Die Erfahrung von 1968 zeigte nur zu deutlich die engen Grenzen, die Moskau gegen Reform und Unabhängigkeit zog.«[44]

Man kann schwerlich anderer Meinung sein. In einer Ansicht, die den internationalen Rahmen 1968 zum alleinigen und bestimmenden Faktor macht, liegt jedoch eine bestimmte Enge. Viele nachfolgende Autoren sind im Ergebnis einer Untersuchung der inneren Probleme, die bei der Reform eines kommunistischen Systems auftreten, zu dem Schluß gelangt, daß das Experiment in jedem Fall scheitern mußte. Die Reformkommunisten haben den Einmarsch verurteilt und erklärt, daß

er buchstäblich unnötig war, weil der Kommunismus in der Tschechoslowakei 1968 nicht in Gefahr war. Damit unterscheiden sie sich sowohl von den »Dogmatikern« der Husák-Epoche als auch von der Strömung der nichtkommunistischen Autoren, wie Tigrid, Pithart und Ostry, die die Chancen der KPTsch, einen geordneten Übergang zu einem »Sozialismus mit menschlichem Antlitz« zu führen, mit größerer Skepsis beurteilen.
In der Rückschau neigen die Reformkommunisten dazu, die innere Dynamik der Situation, die Art und Weise, wie die KPTsch von der Gesamtbewegung der Gesellschaft überflügelt wurde, zu unterschätzen. Wir haben gezeigt, daß die radikalen Reformer gerade durch die Drohung der sowjetischen Invasion (eine Drohung, die Dubcek nicht zu sehen schien) zur Mäßigung ihrer Aktivitäten nach dem Juli veranlaßt wurden. Wenn man zum Zweck der Analyse die sowjetische Invasion außer Acht läßt, wie es die Reformkommunisten möchten, dann muß man die Invasion aber auch als Faktor der Gesamtsituation unberücksichtigt lassen. Dann bleibt uns nur die Atmosphäre des Frühjahrs 1968: eine spontane Explosion von Forderungen aus allen Sektoren der tschechoslowakischen Gesellschaft, die nur zum Zerfall des kommunistischen Systems führen konnte.
Die Reformkommunisten hatten viele Illusionen, aber man sollte ihre Absichten nicht in so ungemein dunklen Farben malen, wie Tigrid und Pithart. Pithart behauptete 1987, daß die Reformkommunisten niemals wirklich die Absicht hatten, die Wünsche der übrigen tschechoslowakischen Gesellschaft zu respektieren, daß sie sogar ohne die sowjetische Intervention eingegriffen und den Prozeß, dessen unaufhaltsame Entwicklung ihnen die Macht entwunden hätte, gebremst hätten.[45] Die konservative Fraktion hätte das bestimmt getan. Aber im Juli hatte sie sowieso keine Macht mehr, und sie gab das auch zu, indem sie am 19. Juli nicht in Erscheinung trat, um den Warschauer Brief zu unterstützen. Die Reformkommunisten hätten sich vielleicht genauso verhalten wie jene späteren Reformer, die ungarischen Kommunisten Ende der 80er Jahre, die so lange abwarteten, bis Kádár sicher aus dem Wege war und dann freiwillig ihre eigene Macht in der Hoffnung zu demontieren begannen, daß die Öffentlichkeit sich in Dankbarkeit wieder ihnen zuwenden würde. Aber das ist bloße Spekulation.
Eins ist sicher: Der Einmarsch der Fünf hat alle künftigen Entwicklungen dieses Charakters verhindert. Die Reformkommunisten hatten keine Möglichkeit, wieder die Führung der Partei zu übernehmen, und wenn sie es getan hätten, wären sie von der Öffentlichkeit nie wieder so toleriert worden wie 1968. Jirí Pelikan schrieb im Exil:

> »Selbst der Begriff 'Kommunist' wurde bei den Völkern Osteuropas diskreditiert. Sie assoziieren ihn mit der Idee der Einparteienherrschaft und der Diktatur des Apparates, der sich auf die Hegemonie der Sowjetunion stützt.«[46]

Als die Dissidentenbewegung Ende der 70er Jahre wieder auflebte und nach vielen Wechselfällen ihren triumphalen Abschluß erreichte, waren die früheren Reformkommunisten in ihr, wie Zdenek Mlynár, politische Gespenster, Leute, die aufgrund eines unbegreiflichen Atavismus immer noch eine Schlacht kämpften, die schon verloren war. In der Zwischenzeit hatten sich die Bedingungen der politischen Auseinandersetzung verändert. Die Geschichte war zu neuen Aufgaben übergegangen.

8 Die Breschnewjahre: Zaudern an der Spitze und Revolte von unten

Der Einmarsch in die Tschechoslowakei kam einem Veto der Sowjetunion gegen jegliche radikale Reformen in Osteuropa gleich. Die Grenzen der Souveränität der osteuropäischen Länder waren damit klar umrissen. Am 26. September 1968 stand in der *Prawda* eine offizielle Erklärung über die »Souveränität und Internationale Verpflichtungen der Sozialistischen Länder«. Darin wurde die Doktrin der Nichteinmischung in die inneren Angelegenheiten anderer Staaten als »legalistischer Formalismus« angegriffen und hinzugefügt, daß man »Souveränität nicht abstrakt verstehen« dürfe. Die Unabhängigkeit der Volksdemokratien schloß nicht das Recht zur Abschaffung des Sozialismus ein. Jede kommunistische Partei war vor ihrem Volk für die Bewahrung der Errungenschaften des Sozialismus verantwortlich.

> »Die Schwächung irgendeines Gliedes im Weltsystem des Sozialismus ... würde alle sozialistischen Länder direkt treffen, die dem nicht indifferent zusehen können.«[1]

Das war, kurz gesagt, die »Breschnew-Doktrin« der begrenzten Souveränität der sozialistischen Länder. Im November 1968 erklärte der sowjetische Führer, die Intervention in der Tschechoslowakei sei nicht die Ausnahme, sondern ergebe sich aus allgemeinen Prinzipien und könne anderswo durchaus wiederholt werden:

> »Wenn dem Sozialismus feindliche Kräfte die Entwicklung eines sozialistischen Landes zu verzerren und die Restauration des Kapitalismus zu erzwingen versuchen und wenn in einem Lande die Sache des Sozialismus in Gefahr ist, so ist das nicht nur ein Problem für ein Land, sondern für alle Länder.«

Breschnew selber leugnete später die Existenz einer Doktrin »begrenzter Souveränität« und nannte sie eine »Erfindung unserer Feinde« (1971). Aber wiederholte Anspielungen auf »die internationale Pflicht« der Kommunisten und die Darstellung der Intervention in der Tschechoslowakei in der sowjetischen Presse als »Triumph der Prinzipien des proletarischen Internationalismus« verdeutlichten, daß ein Recht zur Intervention in Ländern, in denen der Sozialismus »in Gefahr« war, nunmehr ein festes Prinzip der sowjetischen Politik war.[2]

Wie sich herausstellte, war dies das letzte Mal, daß in Osteuropa die marxistisch-leninistische Orthodoxie wiederhergestellt wurde. Auf dem Gebiet der Wirtschaftspolitik waren es Jahre der Vorsicht, von Brus als »Kollaps der zweiten Welle ökonomischer Reformen« bezeichnet.[3] In der Tschechoslowakei und der DDR machte man einen Rückzug von Reformen zur zentralen Planung. Wie wir in Kapitel 6 feststellten, wurde in der DDR im Dezember 1970 die Entscheidung zur Änderung des Kurses und zur Aufgabe der Reformen der vergangenen Jahre getroffen. Der 8. Parteitag der SED (Juni 1971) führte die zentralen Entscheidungsprozesse und Kontrollen wieder ein, und 1972 wurden die letzten gemischten Unternehmen nationalisiert. In der Tschechoslowakei folgte der Wiedereinführung obligatorischer Planvorgaben im Juli 1969 am 1. Januar 1970 ein Dekret, das Preissteigerungen im Einzelhandel verbot. Der 14. Parteitag (Mai 1971) verurteilte die Preisreform von 1968.[4]

In Ungarn war das Bild bunter. Während der freieren Jahre vor 1968 war vorsichtig ein Modell ökonomischer Reformen vorbereitet worden, das 1966 mit einer knappen Mehrheit vom ZK gebilligt und am 1. Januar 1968 als Neuer Ökonomischer Mechanismus eingeführt wurde. Die Ereignisse von 1968 brachten Kádár in eine schwierige Lage, aber er konnte, indem er die notwendigen Ergebenheitserklärungen gegenüber der sowjetischen Außenpolitik abgab, Ungarns Wirtschaftsreformen bewahren. Ungarische Truppen beteiligten sich in »Erfüllung ihrer internationalen Pflicht« und »um die ungarische Minderheit in der Slowakei zu schützen« an der Intervention im August 1968. Die UdSSR war zwar wegen der den ungarischen Reformen innewohnenden Gefahren besorgt, aber die Reformer konnten auf den unmittelbaren Erfolg des NÖM verweisen (Steigerung der Wachstumsrate des Nationaleinkommens von 4,5 Prozent 1968 auf 6 Prozent 1969 und eine 14prozentige Steigerung des Außenhandels). Die sowjetischen Warnungen wurden nur in vertraulichen Diskussionen mit den ungarischen Parteiführern geäußert. Es gelang Kádár, Breschnew dazu zu bewegen, im November 1970 zum 10. Parteitag der USAP zu kommen und dort seine Billigung der von der ungarischen Partei ergriffenen Maßnahmen »zur Lösung der wichtigsten Probleme der Entwicklung der sozialistischen Gesellschaft« auszusprechen.[5] So gestärkt, dehnte die ungarische Regierung ihre Liberalisierungspolitik auf weitere Gebiete aus. Eine Wahlreform ermöglichte in den meisten Wahlkreisen die Aufstellung mehrerer Kandidaten (obwohl in den Wahlen 1971 98,8 Prozent für die Nationale Front abgegeben wurden). Es wurden Schritte zu einer Aussöhnung mit der römisch-katholischen Kirche unternommen (Kardinal Mindszenty durfte die US-Botschaft verlassen, die seit November 1956 seine Zuflucht war, und ausreisen). Reisebeschränkungen ins Ausland wurden gelockert. Es wurden umfangreiche Importe westlicher Technologie und von Konsumgütern durchgeführt, um die Bevölkerung zufriedenzustellen und die Qualität der Produktion zu erhöhen.

Diese Maßnahmen führten jedoch zu einer Verschlechterung der Handelsbilanz. So beschloß ein ZK-Plenum im November 1972 ein Paket »außerordentlicher Maßnahmen«, um die »Schwierigkeiten der Reformen« zu korrigieren. Einundfünfzig große Unternehmen, die zusammen 55 Prozent der Industrieproduktion des Landes erzeugten, wurden wieder direkter Kontrolle der Ministerien unterstellt. Über Einkommen, Preise und den Außenhandel wurden strengere Kontrollen ausgeübt. Das war umso mehr angebracht, als die Sowjetunion die Steigerung der Weltölpreise im Oktober 1973 als Rechtfertigung für die Verdoppelung ihrer Ölpreise für RGW-Kunden benutzte. Ungarn hatte angesichts seiner Importabhängigkeit besonders zu leiden. Die Unternehmen wurden durch die Anwendung von Budgetsubventionen vor der Inflation geschützt. Die einheimischen Preise wurden niedrig gehalten und die Staatskontrolle wieder eingeführt. Rezsö Nyers, der »Vater der Wirtschaftsreform«, wurde im März 1974 entlassen und 1975 aus dem Politbüro entfernt. Jenö Fock, seit 1967 Premierminister und ein weiterer starker Befürworter von Reformen, wurde 1975 wegen seines »Versagens, den Menschen ihre Verantwortung für die Wirtschaft als Ganzes bewußt zu machen«, entlassen. Dennoch wurden einige Züge des Neuen Ökonomischen Mechanismus beibehalten.[6] Der 11. Parteitag, der 1975 zusammentrat, bestätigte das »Recht der Handwerker und Händler auf Privateigentum und den Erwerb von Wohlstand ... innerhalb bestimmter Grenzen«.[7]

In Polen versuchte man, die Wirtschaftsreform nach 1968 fortzusetzen, traf aber auf heftigen Widerstand der polnischen Arbeiter, nicht jedoch auf sowjetisches Veto. Die notwendigen Reformen des kommunistischen Wirtschaftssystems konnten im allgemeinen nur mit Duldung der Werktätigen durchgeführt werden, die auch zuerst die Leidtragenden sein würden. In Polen ging das nicht, und die sich daraus ergebende Krise, die wir nun untersuchen werden, war in ihren Auswirkungen für Osteuropa ebenso entscheidend wie das Mißlingen des tschechoslowakischen Reformexperiments.

DIE ZWEITE POLNISCHE KRISE

Man sollte die polnischen Ereignisse von Dezember 1970, die zum Austausch Wladislaw Gomulkas gegen Edward Gierek als Erster Sekretär der PZPR führten, nicht allein als Fallstudie für Fraktionskämpfe in der Partei betrachten, wenngleich auch das sicherlich der Fall war. Sie waren zuallererst ein Protest der Arbeiterklasse gegen die Politik Gomulkas. Diesem Protest war die allmähliche Ansammlung einer Serie tiefer Risse in seiner Position vorausgegangen, die ihn gegenüber der Gesellschaft insgesamt und innerhalb der Partei im besonderen schwächten.

Sein Nachfolger stand für eine wirklich andere Politik, die auf Technokratie, importgestütztem wirtschaftlichen Fortschritt und gleichzeitig steigender Konsumtion beruhte. Gierek häufte Schwierigkeiten für die Zukunft an, beglückte aber alle für den Augenblick. Während Gomulka für Wirtschaftswachstum eintrat, die erforderlichen Ressourcen aber durch Austerität und Beschränkung des Massenkonsums bereitstellen wollte, glaubte Gierek, daß ein hohes Investitions- und Wachstumsniveau und ein höherer Lebensstandard und persönlicher Verbrauch gleichzeitig zu erreichen wären, indem man langfristige Kredite zum Kauf westlicher Maschinen einsetzte. Der Unterschied zwischen Gomulkas und Giereks Politik läßt sich aus der rückblickenden Analyse der Fehler Gomulkas erschließen, die auf dem 8. ZK-Plenum im Februar 1971 gegeben und in der Folge in einer beschränkten Spezialauflage der Parteizeitschrift *Nowe Drogi* veröffentlicht wurde.

Professor Pajestka, Stellvertretender Vorsitzender der Plankommission, sagte auf jenem Treffen, daß Gomulka unrecht gehabt habe anzunehmen, »das Problem des Fortschritts könne durch eine Erhöhung der Lasten der Gesellschaft gelöst werden«.

> »Die Beschränkung des Wachstums der Konsumtion«, fügte er hinzu, »unterstützt nicht immer den ökonomischen Fortschritt und kann ihn unter bestimmten Bedingungen hindern.«[8]

Ein ähnliches Argument wurde von einem weiteren Mitglied des ZK und Herausgeber der *Polityka*, Mieczyslaw Rakowski, gebraucht. Er bezeichnete die im Dezember getroffene Entscheidung, die Preise zu erhöhen, als »den Höhepunkt des puritanischen Sozialismuskonzeptes«, das von der Gomulka-Führung vertreten wurde.[9]

So gab es zwischen den Regimes vor und nach 1970 einige echte Unterschiede. Es gab auch Fraktionskonflikte. Seit 1965 war aufgrund der Annahme, daß Gomulka in den Ruhestand gezwungen werden könnte, ein Wettkampf um seine Nachfolge im Gang. Der Kampf fand anfangs zwischen den Partisanen und den Technokraten statt. Innenminister Mieczyslaw Moczar, Haupt der Veteranenvereinigung ZBoWiD, war der Leiter der »Partisanen«-Fraktion, die wegen ihrer Betonung des polnischen Widerstandskampfes im Zweiten Weltkrieg so genannt wurde, worin eine wohlwollendere Bewertung der Widerstandskämpfer der Heimatarmee im Krieg enthalten war. Edward Gierek, Parteichef von Katowitz in Schlesien, ein praktischer, pragmatischer, entschlossener Technokrat war Moczars Hauptgegner. Moczar bevorzugte in der Auseinandersetzung mit der immer mächtigeren Gegenbewegung einen demagogischen polnischen Nationalismus, eine Art sicheren Nationalismus, der die polnische Vergangenheit verherrlichte, aber jegliche Kritik der Sowjetunion vermied. In Gestalt der jüdischen Minderheit war auch ein Sündenbock für Polens Schwierigkeiten vorhanden. Für die »Partisanen« ergab sich 1967 eine geeignete Gelegenheit, als Gomulka durch den Ausbruch des Sechstagekrieges aus außenpolitischen Gründen gezwungen war, sich hinter die Sowjetunion zu stellen und die arabischen Länder zu unterstützen. Er entschied sich auch für eine antizionistische Kampagne im Lande und warnte die jüdischen Bürger polnischer Herkunft am 19. Juni 1967 vor der Formierung einer »fünften Kolonne« der Zionisten in Polen. Diese antizionistische Agitation führte zu einer »Verifikationsaktion« im November und Dezember 1967, in deren Ergebnis viele Juden aus der PZPR ausgeschlossen wurden. Sie wurden gewöhnlich proisraelischer Erklärungen beschuldigt und als Zionisten »demaskiert«.[10]

Diese Kampagne fiel mit einem Aufschwung der Dissidentenbewegung in Polen zusammen, der teilweise durch die Nachricht vom Fall Novotnys in der Tschechoslowakei stimuliert wurde. Das Ausgangsproblem war die Zensur. Im Januar 1968 wurde das Stück »Der Vorabend der Vorväter« des polnischen Schriftstellers Mickiewicz, der im 19. Jahrhundert lebte, abgesetzt. Im »Vorabend der Vorväter« wird der Kampf polnischer Patrioten gegen die zaristische Besetzung dargestellt, und natürlich waren antirussische Zeilen enthalten, die von den Zuschauern lebhaften Beifall erhielten. Obwohl das Stück unter Stalin verboten worden war, war es seit 1955 wiederholt ohne unangenehme Konsequenzen gespielt worden. Aus diesem Grunde sahen einige Leute das Verbot im Jahr 1968 als Provokation durch die Anhänger Moczars an. Es gab Studentenproteste, die einige Monate dauerten und im März 1968 mit Straßenkämpfen zwischen Studenten und Polizei ihren Höhepunkt erreichten. In der Presse wurden ideologische Angriffe sowohl gegen den Zionismus als auch gegen die ökonomischen Reformer in der Partei, von denen einige jüdisch waren, intensiviert. Viele derer, die frühere Attacken gegen Abweichungen überstanden hatten, verloren jetzt ihre Stellung und mußten im allgemeinen auch das Land verlassen. So wurde beispielsweise Professor Brus als »Hauptträger des tödlichen Bazillus des ökonomischen Revisionismus« gebrandmarkt und entlassen. Der Philosoph Leszek Kolakowski, der Soziologe Zygmunt Bauman und viele andere wurden zur gleichen Zeit entlassen (März/April 1968). Ganze Universitätsabteilungen wurden aufgelöst. Der Sekretär der Warschauer Stadtparteiorganisation, Kepa, gab jüdischen Studenten, die von Juden in der Parteiführung, wie Zambrowski und Staszewski, manipuliert worden seien, die Schuld an den Studentenunruhen. Gomulka distanzierte sich im Juli von diesen extremen Ansichten und zog es vor, den Dauerbrenner »Revisionismus« verantwortlich zu machen, aber der Schaden war groß. Zwei Drittel der 30 000 Juden, die noch in Polen lebten, verließen bis Jahresende mit Hilfe der von Gomulka selber angebotenen Ausreisegenehmigungen das Land.
An diesem Punkt schien Moczar dem Sieg nahe. Aber gerade seine Abhängigkeit von der nationalistischen Demagogie war die verborgene Schwäche in seiner Position. Der Kreml sah in Moczars »Nationalkommunismus« eine Gefahr, und so konnte Gomulka Breschnews Unterstützung erlangen und ihn besiegen. Auch die Beteiligung Polens am Einmarsch des Warschauer Paktes in die Tschechoslowakei im August 1968 stärkte die Position des Ersten Sekretärs. Auf dem 5. Parteitag im November 1968 wurde Moczar in seinem Lauf gebremst. Er blieb einfacher Kandidat des Politbüros, obwohl sein Anhänger Stefan Olszowski in das Sekreteriat gewählt wurde. Die Entfernung von Juden, »Liberalen« (27 insgesamt) und früheren Sozialisten aus dem Zentralkomitee waren ein weiteres Hauptergebnis des 5. Parteitages. Nur 52 der 91 Mitglieder des neuen ZK hatten diesem schon vorher angehört.[11]
Der Konflikt zwischen den rivalisierenden Parteifraktionen wurde durch diese Säuberung nicht beendet. Zwischen Gierek und Boleslaw Jaszczuk, den Gomulka zum Vorsitzenden der Staatlichen Plankommission ernannt hatte, flammte eine

Auseinandersetzung auf. Giereks Vorschläge für eine bedeutende Steigerung der Investitionen in den hochindustrialisierten Regionen und in den extraktiven Industrien wurden abgelehnt. Stattdessen nahm der Parteitag die Vorschläge Jaszczuks für eine Konzentration der Investitionen auf modernere Zweige, wie den Maschinenbau, die Elektro- und die Chemieindustrie an. Der Plan Jaszczuks enthielt auch ein neues System von Prämien und Vergünstigungen, um die Produktivität zu stimulieren, und einen Bruch mit der extensiven Methode ökonomischer Entwicklung.

Das wurde in der Folge als Strategie des »selektiven Wachstums« bezeichnet, weil Jaszczuk die Absicht hatte, einige Industrien zu bevorzugen und andere abzubauen. Er wollte Investitionen in die traditionelle Schwerindustrie, besonders in den Schiff- und Flugzeugbau, einschränken. Er wollte den Flugzeugbau sogar ganz einstellen lassen, weil er »in einem kleinen Land wie Polen absurd« sei.[12]

Die Durchführung dieses Planes schwächte den alternden Parteiführer in zweierlei Hinsicht. Erstens verärgerte er die Sowjetunion, weil er einen Angriff auf die traditionell mit ihr verbundenen Industrien darstellte. Gomulkas Bemühungen, den RGW davon zu überzeugen, daß Polen einfach seine Spezialisierungsrichtung änderte und sich auf der Basis modernerer Industrien mit dem übrigen Block äußerst gut integrieren konnte, hatten keinen Erfolg (April 1969). Breschnew betrachtete ihn von da an, trotz seiner Loyalität mit dem »sozialistischen Lager« im Jahr 1968, mit Mißtrauen. Zweitens gab es interne Auswirkungen, die ernster waren. Maßnahmen in Richtung »selektiven Wachstums« bedeuteten die Entlassung von überzähligen Arbeitern. Aufgrund eines Dekrets von 1970 wurden 200 000 entlassen. 1970 wurde auch ein Lohnstop veranlaßt. Damit wurde der Boden für eine Explosion der Unzufriedenheit der Arbeiterklasse bereitet. Sie erreichte den Höhepunkt mit der gegen den Einspruch Giereks getroffenen Entscheidung des Politbüros vom 9. Dezember 1970, ab 13. Dezember die Preise bestimmter Grundnahrungsmittel zur erhöhen.

Den Hintergrund dieser Preissteigerung bildete nicht die Industrie, sondern die Landwirtschaft. Die Agrarproduktion war 1969 um 5,5 Prozent und 1970 um 4,1 Prozent zurückgegangen. 1970 war besonders die Weizenernte um 22 Prozent niedriger. Die Gesamtleistung der Landwirtschaft während der sechs Jahre von 1965 bis 1970 war sehr schlecht: Die Wachstumsrate der Produktion war negativ (-0,3 Prozent).[13] Teilweise war das Wetter schuld. Der Winter 1969/70 war außerordentlich streng. Es wirkten auch langfristige strukturelle Faktoren: die Fortsetzung der Verkleinerung des Landbesitzes und teilweise aus diesem Grund die dauernde Furcht der Bauern, daß ihr Land wieder kollektiviert würde. Wenige Bauern hatten größeren Grundbesitz, denn in dem Fall wurden sie wie Kulaken behandelt, d.h. zu steil ansteigenden progressiven Steuern und einem hohen Niveau der Pflichtablieferung veranlagt. Überdies begann die Partei auf dem 5. Parteitag, über eine Restauration der kollektiven Landwirtschaft zu reden. Das war vielleicht eine Reflektion der intellektuellen Sklerose Gomulkas in dessen späteren Jahren. Aber es war keinerlei Opposition der Partei gegen diesen Gedanken zu erkennen. Landwirtschaftsminister Jagielski sagte, der Fortschritt der Mechanisierung könne nur durch das gesellschaftliche Eigentum an Landmaschinen gewährleistet werden, und er betonte nachdrücklich das Interesse der Regierung an den Landwirtschaflichen Zirkeln als »Keimzellen des Sozialismus auf dem Lande«. Das Defizit in der Agrarproduktion von 1969/70 war teilweise eine Reaktion der Bauern auf diese Drohung der Partei mit weiteren Eingriffen auf dem Lande. 1970 wurden zusätzliche 3,5 Millionen Tonnen Weizen gebraucht. Gomulka wollte sie nicht im Westen kaufen, weil das eine Beschneidung der Maschinenimporte Polens um 15 Prozent bedeutet hätte. Er wollte aber auch nicht den Fleischexport einschränken, der eine wertvolle Deviseneinnahmequelle war. Die Alternative bestand in der Reduzierung der Nachfrage durch Preiserhöhungen. Die Preiserhöhungen vom 13. Dezember 1970 betrugen insgesamt 17,6%, darunter 33,4% für Fett, 36,8% für Marmelade, 92% für Kaffee, 16% für Mehl und 38% für die billigeren Rindfleischsorten. Man versuchte, den Schlag durch Preissenkungen bei Luxusgütern abzuschwächen. Fernsehapparate wurden um 13% gesenkt, Kühlschränke um 16%, Nylonstrümpfe um 41%, Tonbandgeräte um 21%, falls man diese Waren überhaupt bekam. Es lohnt sich, das Urteil von Eugeniusz Szyr (später stellvertretender Premierminister) in Erinnerung zu rufen:

> »Allgemeiner Ärger wurde durch die Tatsache hervorgerufen, daß die Preissenkungen für Industriewaren Produkte betrafen, die entweder auf dem Markt nicht zu bekommen waren oder nicht mehr produziert wurden ... Die Preiserhöhungen sollten zu einer Veränderung der Konsumtionsstruktur führen. Aber sie führten in Wirklichkeit ... zu einer Reduzierung der Realeinkommen, insbesondere der am schlechtesten bezahlten Familien.«[14]

Darüberhinaus wurden die Preiserhöhungen im ungeeignetsten Augenblick, direkt vor Weihnachten, angekündigt. Die Partei war zugegebenermaßen in einer schwierigen Situation, und alle ökonomischen Reformer stimmten über die Notwendigkeit von Preiserhöhungen überein. Aber der Monat Dezember war nicht der richtige Zeitpunkt. In Wirklichkeit war die Entscheidung schon im Januar getroffen, aber ihre Durchführung aus einer Reihe leichtsinniger Gründe aufgeschoben worden, als da waren: die Notwendigkeit, den Vertrag mit Westdeutschland auszuarbeiten; die Notwendigkeit, den Fünfjahrplan zu erarbeiten; die Sommerferien; und schließlich das Festival der schlesischen Bergarbeiter. Die Preiserhöhungen im Dezember waren das Ergebnis reiner Inkompetenz und keine absichtliche Provokation.

Die Arbeiter reagierten heftig und sofort. Am 14. Dezember marschierten 3 000 Menschen zum Verwaltungsgebäude der Gdansker Schiffswerften und stießen mit der Miliz zusammen. Am 15. Dezember kam es in Gdansk zum Generalstreik; Zenon Kliszko befahl der Polizei, auf die Arbeiter zu schießen, und eine Menge griff das Gdansker Parteigebäude an und brannte es nieder. In der ganzen Stadt entbrannten Kämpfe. Am 16. Dezember kamen Truppen in die Stadt, Arbeiterkomitees entwarfen eine Liste mit Forderungen, darunter Lohnerhöhungen von 30 Prozent, Steuersenkungen, Preisstop, Abzug der Armee und Bestrafung der für

den Zustand der Wirtschaft Verantwortlichen. Diese Forderungen wurden abgelehnt. Am 18. Dezember bat Gomulka um sowjetische Hilfe bei der Wiederherstellung der Ordnung. Breschnew lehnte ab und riet zu einer »politischen Lösung« des Konflikts. Es gab schon 46 Tote und 1 165 Verwundete; das erschwerte eine politische Lösung. Gomulka war von da an am Ende. Er wurde am 19. Dezember aufgefordert zurückzutreten. Das tat er am nächsten Tag vom Krankenhaus aus, nachdem er bei seinem Versuch, seine Politik zu verteidigen, einen Herzinfarkt erlitten hatte. Sein Nachfolger Edward Gierek verkündete prompt, daß die »Arbeiterklasse... über das Maß des Erträglichen herausgefordert« worden war, und versprach Lohnerhöhungen. Mehrere Anhänger Gomulkas, unter ihnen Jaszczuk, der Sündenbock für den ökonomischen Mißerfolg, wurden aus dem Politbüro und dem Sekretariat entfernt.
Das Ausmaß und die Tiefe der Explosion vom Dezember 1970 lassen sich an den Januarereignissen erkennen. Giereks erste Maßnahmen waren eine Reihe ökonomischer Konzessionen: Er fror für zwei Jahre die Normen ein, hob den Lohnstop auf, erhöhte die Minimallöhne um 17,6 Prozent und die Familienzulagen um 25 Prozent. Das reichte nicht aus, um die Welle der Unzufriedenheit einzudämmen. Auf spontanen Massenversammlungen wurden die Ereignisse diskutiert, und es wurden Forderungen erhoben, die über die Ökonomie hinausreichten. Die Arbeiter forderten jetzt die Bestrafung jener, die im Dezember den Schießbefehl gegeben hatten, sie forderten die Freilassung inhaftierter Demonstranten und die Umwandlung der Gewerkschaften und Arbeiterräte in Organe, die in der Lage wären, die Bedürfnisse der Arbeiter wirklich zum Ausdruck zu bringen.
Eine Serie von Streiks im Januar 1971 unterstrich diese Punkte. Am 5. Januar streikten die Gdansker Werftarbeiter und forderten das persönliche Erscheinen Giereks. Am 18. Januar streikten sie wieder und gaben eine unfassende Liste mit Forderungen heraus, darunter auch die Forderung nach Entlassung von Leuten wie Cyrankiewicz, Kociolek und Moczar, die alle als zu eng mit dem alten Regime assoziiert angesehen wurden. Am 23. Januar gab es einen Generalstreik in Stettin. Ein Streikkomitee übernahm drei Tage lang die Stadt. Während dieser Zeit (24. Januar) kamen tatsächlich Gierek, Jaruzelski (Verteidigungsminister) und Jaroszewicz (Premierminister) nach Szczecin, um mit den Streikenden zu sprechen. Der Vorsitzende des Streikkomitees, Edmund Baluka, ließ die künftige Taktik Lech Walesas vorausahnen; er überzeugte die Arbeiter, die Werft zu besetzen und trug zwölf Forderungen vor, deren wichtigste die folgenden waren:
(1) Wiederherstellung des Preisniveaus wie vor dem 13. Dezember, (2) sofortige legale und demokratische Wahlen in den Gewerkschaften und zu den Arbeiterräten und den Partei- und Regierungsorganisationen, (3) volle Arbeitslöhne für die Streikperiode, (4) keine Repressalien, (11) Garantie der persönlichen Sicherheit des Streikkomitees, (12) keine weiteren Schikanen der Sicherheitsdienste gegen Arbeiter, (6) ehrliche Informationen über die politische und ökonomische Situation in den Werften und im gesamten Lande.[15]
Die Delegation Giereks diskutierte neun Stunden lang mit den Arbeitern über

diese Punkte. Es muß als großer persönlicher Erfolg angesehen werden, daß der neue Führer der Partei sich fähig zeigte, praktisch nichts zuzusagen und doch die Unterstützung der Arbeiter zu erhalten. Sein Satz »Wollt ihr uns helfen?« und die Antwort der Arbeiter »Ja, das wollen wir« wurden die unterschwellige Losung des Gierekregimes. In Wirklichkeit wurde ihnen Sand in die Augen gestreut. Auf die Forderung nach ehrlicher Information wurde geantwortet: »Davon hat es in letzter Zeit schon zu viel gegeben.« Es kam »nicht in Frage, die Agitation unter den Arbeitern durch die Veröffentlichung dieser Forderungen noch zu fördern«. Es gab »keine Möglichkeit, zu den Preisen vor Dezember zurückzugehen«. »Fordert von uns nicht Demokratie für alle.« »Die einzige Lösung besteht darin, daß ihr immer mehr arbeitet, so daß unsere Wirtschaft ein Maximum produziert.« Die Angebote Giereks bestanden in moralischen Ermahnungen und dunklen Andeutungen über die »Gefahren des Antisowjetismus«. Trotz der Verärgerung, die ein Delegierter über die »neue Aristokratie, die alles stehlen wird«, aussprach (eine richtige Voraussage, wenn man die Korruption der Gierekjahre bedenkt), wurde die Bedeutung des Treffens von einem Arbeiter in den Worten zusammengefaßt:

> »Wir alle wissen, wie man arbeitet ... Genosse Edward [Gierek] ist der richtige Mann. Wir wollen ihm wenigstens ein oder zwei Jahre geben und dann die Ergebnisse sehen.«

Der Streik in Stettin war vorbei. Prompt ging Gierek nach Gdansk (23. Januar) und führte denselben Zaubertrick vor. Auch der römisch-katholische Episkopat spielte mit und rief am 27. Januar zu Ruhe und Ordnung als »besten Garanten der Unabhängigkeit« auf.

Die Textilarbeiterinnen aus Lodz haben als einzige Gruppe der Schönrednerei des Regimes widerstanden. Am 12. Februar begannen dort sieben Textilfabriken zu streiken und forderten Lohnerhöhungen von 20-25 Prozent und die Rücknahme der Preiserhöhungen vom Dezember. Auch die Ursus-Traktorfabriken in der Nähe Warschaus traten in den Streik. Jaroszewicz bemühte sich, durch einen Besuch in Lodz am 14. Februar mit Gierek zu wetteifern und fragte die Frauen: »Werdet ihr uns helfen?«. Darauf antworteten sie: »Nein, zuerst müßt ihr uns helfen.« Der Streik ging weiter, bis die Behörden kapitulierten, die Preise auf das Niveau vor Dezember zurückschraubten und am 15. Februar die örtliche Parteiführung wegen Inkompetenz entließen. Damit endete die große soziale Erhebung von 1970/71 schließlich, und die kommunistische Partei konnte wieder zur Sache kommen und das Land regieren.

Das Regime Giereks unterschied sich in verschiedener Hinsicht von dem Gomulkas. Giereks Stil war mehr populistisch, weniger streng, und er stützte sich anfangs auf persönliche Begegnungen, um den einfachen Menschen seine Politik zu vermitteln. Er führte im Jahr 1971 mindestens zweihundert derartige Treffen durch. In jener Zeit ging in Warschau die scherzhafte Frage um: »Warum haben wir diese Woche eine Milchknappheit?« Die Antwort lautete: »Weil Gierek vergessen hat, an einem Treffen mit den Kühen teilzunehmen, und nun wollen sie keine Milch

geben.[16]
Das Wesen der Politik Giereks bestand darin, ökonomische Reformen durch Wachstum zu ersetzen und politische Veränderungen durch Lohnerhöhungen. Die Ereignisse von 1970/71 hatten gezeigt, daß die Arbeiter in der Lage sind, gegen die Wirtschaftspolitik ihrer Herrscher ein Veto einzulegen. Die Reformen von Jaszczuk wurden fallengelassen und die Empfehlungen der Szydlak-Kommission, die zur Modernisierung des Wirtschaftsablaufs und zur »Überholung des ganzen Systems der Wirtschaftsleitung« geschaffen worden war, ignoriert. Gierek hatte die innere Demokratisierung der Gewerkschaften zugesagt, beauftragte aber das reaktionärste Politbüromitglied, Wladyslaw Kruczek, mit ihrer Leitung. Wachstum ohne Reformen war kurzfristig möglich; der 6. Parteitag im Dezember 1971 beschloß diese Politik. Die ursprüngliche Version des Fünfjahrplans 1971-75 wurde drastisch revidiert, und die früheren ökonomischen Prioritäten wurden umgekehrt. Die individuelle und gesellschaftliche Konsumtion sollten um 38% steigen, die Reallöhne um 18%, die Ziele für den Wohnungsbau wurden um 25% erhöht, außerdem sollten 1 800 000 zusätzliche Arbeitsplätze geschaffen werden, um die Vollbeschäftigung zu sichern. Die Reallöhne stiegen zwischen 1971 und 1975 tatsächlich um 40%.
Die Betonung der Konsumtion bedeutete für die Industrie eine Verlagerung des Schwergewichts von der Gruppe A (Produktionsmittel) auf die Gruppe B (Konsumgüter). Während zwischen 1966 und 1970 die Gruppe A um 9,4% und die Gruppe B um 6,6% jährlich gewachsen waren, wuchsen im Zeitraum von 1971-75 Gruppe A um 10,6 und Gruppe B um 10,4%. Überdies fiel innerhalb der Gruppe A die Energieproduktion hinter den Maschinenbau und die Chemie zurück.[17]
Oberflächlich betrachtet, war Giereks Strategie oder sein »ökonomisches Manöver«, wie Fallenbuchl es nannte, außerordentlich erfolgreich. Der Anteil der Akkumulation am Nationaleinkommen erreichte 1974 das einmalig hohe Niveau von 38%. Es wurden 1 900 000 neue Arbeitsplätze geschaffen. Die Arbeitsproduktivität stieg um 7,6% jährlich, sie bewirkte 90% des Produktionswachstums. Aber es gab verborgene Schwierigkeiten. Die Produktivität des Kapitals stagnierte weiterhin. Das Produktionswachstum war allein durch einen gewaltigen Kapitalzufluß erreicht worden. Daher war die Produktivität der festen Anlagen, d.h. das Verhältnis des Nationaleinkommens zum Gesamtkapital bis 1975 im Vergleich mit dem Basisindex von 100 im Jahr 1970 nur auf 108,8% gestiegen.[18]
Ein Grund dafür war die unzureichende Leistung der Landwirtschaft. Die Produktivität der festen Anlagen betrug in der Landwirtschaft 1975 nur 76,8% (1970 = 100). Das war teilweise auf das schlechte Wetter zurückzuführen. Aber wesentlicher war, daß die Umstellung der Politik gegenüber der Landwirtschaft nach 1970 nicht konsequent durchgeführt wurde. Giereks Politik gegenüber der Landwirtschaft war anfänglich vielversprechend. Er schaffte die Pflichtablieferung ab (1972). Er erhöhte die Aufkaufpreise für Fleisch und Milch. Er dehnte die Krankenversicherung auf die Landwirtschaft aus. Er schaffte die Restriktionspolitik auf dem Gebiet des Viehbestandes ab. Er erlaubte dem Staatlichen Bodenfonds (in

den aufgegebene Bauernhöfe überführt wurden), mehr Land an Privatpersonen zu verkaufen (das Verhältnis stieg von 24 Prozent 1970 auf 39 Prozent 1973). Die Bauern reagierten positiv: Sie investierten in Landmaschinen (der Verkauf stieg 1971 um 45 Prozent), statt die höheren Profite einfach zu konsumieren.

Die Parteiführer jedoch träumten von ihrem traditionellen Ziel, der Kollektivierung. Nach 1973 gab es eine weitere Veränderung der Politik. Wieder wurde die vergesellschaftete Landwirtschaft betont in Form von Staatsgütern, Genossenschaften und Landwirtschaftlichen Zirkeln. In der Folge stieg die Produktion in diesem Sektor der Landwirtschaft. Sein Anteil am landwirtschaftlichen Gesamtprodukt stieg von 15 Prozent 1970 auf 23 Prozent 1980. Gegen die private Landwirtschaft wurden diskriminierende Maßnahmen durchgeführt, wie die Reduzierung des Landverkaufs aus dem Staatlichen Bodenfonds von 39 Prozent 1973 auf 5,5 Prozent 1975. Dennoch produzierte der vergesellschaftete Sektor viel weniger effektiv als der private Sektor. Das schlechtere Verhältnis von Kapital und Ertrag ist ein Maßstab: Es war fünf Mal so hoch wie das des privaten Sektors.[19]

Im Ergebnis der Politik der Behinderung privater Bauern nach 1973 wurde Polen von einem Netto-Exportland landwirtschaftlicher Produkte (im Wert von 650 Mio. Dollar in den 60er Jahren) zu einem Importland (4,5 Mrd. Dollar in den 70er Jahren). Nahrungsmittel machten 1978 23 Prozent der polnischen Importe aus. Der Erfolg der Politik Giereks auf anderen Gebieten vergrößerte das Problem der Nahrungsmittelbereitstellung. Da die Arbeiter mehr Geld bekamen, stieg ihr Konsum. Der Fleischverbrauch betrug 1970 118 Pfund pro Kopf und stieg bis 1975 auf 156 Pfund. Die Landwirtschaft konnte mit dieser aufblühenden Nachfrage nicht Schritt halten.

Das Versagen der Landwirtschaft wurde durch Polens emporschnellende Auslandsverschuldung verschlimmert, teilweise auch verursacht. Sie stieg von 700 Mio. Dollar 1971 auf 6 Mrd. Dollar 1975. Eine schwere Auslandsverschuldung war die natürliche Konsequenz der Gierekschen Strategie des »importabhängigen Wachstums«. Anfang der 70er Jahre waren Kredite billig, und es schien eine perfekte Methode, Wachstum zu erreichen, ohne den Lebensstandard zu senken. Polen importierte nicht einfach westliche Maschinen, sondern auch westliche Rohstoffe und Bauteile. Die Exporte stiegen im Zeitraum 1971-75 um 153 Prozent, aber die Importe um 196 Prozent. Ein kleiner Zahlungsbilanzüberschuß 1971 hatte sich bis 1975 in ein Defizit von 2 Mrd. Dollar verwandelt. Das war das Schema für den Rest des Jahrzehnts. Gierek und seine Mannschaft hatten gehofft, eine massive westliche Technologiespritze würde zu Wachstum in den fortgeschrittenen Wirtschaftssektoren führen. Es geschah das Gegenteil. Vorteile zogen nicht die »fortgeschrittenen Sektoren«, sondern die altmodische Eisen- und Stahlindustrie. Das Stahlwerk von Katowitz, in Giereks eigener schlesischer Domäne gelegen, war ein Beispiel ungeeigneter Investitionen. Dort wurde Stahl niedriger Qualität, der schon reichlich im Angebot war, statt hochwertigen Stahls, der immer noch importiert werden mußte, produziert. Fünf Milliarden Dollar Investitionen wurden in den 70er Jahren in dieses Projekt gesteckt. Eine Rolle spielte hierbei der

Druck des RGW und der Sowjetunion, da das Projekt mit dem Bau einer speziellen Breitspureisenbahn, die Katowitz mit der Sowjetunion verbinden sollte, parallel lief.

Das Gierekregime hatte nicht nur ökonomische Mißerfolge. Es war unfähig, mit der Intelligenz oder der römisch-katholischen Kirche einen modus vivendi zu erreichen. Gierek machte der Kirche zwar am Beginn des Jahrzehnts eine Anzahl Konzessionen. Die Geistlichkeit und ihr Eigentum wurden teilweise von der Einkommenssteuer befreit. Besitztitel auf Kirchen und anderes Eigentum in den früher deutschen Gebieten wurden zwischen 1971 und 1973 der Kirche als Institution übereignet. Im Gegenzug konzedierte der Papst einen Punkt in der langen Auseinandersetzung über die westlichen Gebiete, indem er in Polen ansässige Bischöfe ernannte und damit zum erstenmal die volle päpstliche Anerkennung der polnischen Souveränität über diese Gebiete aussprach. All das aber war im Vergleich mit dem Mißlingen von Fortschritten auf den Gebieten der Bildung und des Baus von Kirchen sehr wenig. Die Miliz griff weiterhin ein, um provisorische Kirchen und Schreine niederzureißen. Der Entwurf des Bildungsgesetzes von 1973 wurde durch den Episkopat als »allein auf atheistischen Prinzipien beruhend, die jeglichen Einfluß der Kirche ausschließen«, verurteilt. Religionsunterricht blieb weiterhin vom Stundenplan der Schulen ausgeschlossen.

Das Mißlingen einer Aussöhnung mit der Kirche war ein bedeutender Faktor, der sowohl die Opposition der Intelligenz stärkte (große Teile waren katholisch) als auch die Arbeiter zur Erweiterung des Rahmens ihrer Forderungen anregte, so daß sie sich auf Menschen- und Bürgerrechte erstreckten. Der Episkopat hatte schon 1970 vom »gerechten Kampf der polnischen Arbeiter« gesprochen. Die Kirchenführer gingen über die traditionelle Betonung der Rechte der Geistlichkeit und des Kircheneigentums hinaus und nahmen sich umfassenderer Fragen an. Die Versuche der aufeinander folgenden kommunistischen Regierungen, die Kirche zu schwächen, hatten nur dazu geführt, ihr »eine neue Jungfräulichkeit zu verleihen« (Singer) und sie in ein Symbol des Widerstandes gegen die Unterdrückung und nicht eine Verbündete der Reaktion umzuwandeln.[20]

Die abweichlerische Intelligenz ihrerseits ließ 1975 nach einer durch die Repressionsmaßnahmen von 1968 bewirkten Periode der Fügsamkeit wieder die Muskeln spielen. Sie begann mit Protesten gegen die neue polnische Verfassung, die die Abhängigkeit Polens von der Sowjetunion festschrieb und ausdrücklich auf die »führende Rolle der Partei im Staat« verwies. Neunundfünfzig führende Intellektuelle richteten eine Petition an den *Sejm* und forderten die Aufnahme demokratischer Rechte in die neue Verfassung. Die Partei wich zurück, ein Zeichen der Schwäche, das sich in Zukunft immer wieder wiederholte. Die Redewendung von den »unzerreißbaren brüderlichen Banden mit der Sowjetunion« verschwand. Die führende Rolle der Partei wurde nicht mehr so emphatisch betont. Die PZPR wurde daher jetzt als »die führende Kraft der Gesellschaft beim Aufbau des Sozialismus« bezeichnet. Diese Konzession brachte die Stimmen des Protestes jedoch nicht zum Verstummen, und so wurde die Atmosphäre für die Krise von

1976 vorbereitet.
Die Regierung entschied sich 1976, in den sauren Apfel zu beißen und den wachsenden Kaufkraftüberhang durch Preissteigerungen anzugehen. Das würde auch ermöglichen, die Nahrungsgütersubventionen zu kürzen und die Preise, die die Bauern für Industriewaren bezahlen mußten, zu erhöhen. Am 24. Juni 1976 kündigte Premierminister Piotr Jaroszewicz neue, höhere Preise an, die am 28. Juni wirksam werden sollten. Die Steigerungen hätten die Lebenshaltungskosten insgesamt um 16 Prozent und die Fleischpreise um 69 Prozent erhöht. Es läßt sich schwer sagen, ob dies auf seiten Giereks ein Zeichen von übersteigertem Selbstbewußtsein oder von Verzweiflung war. Er hatte inzwischen seine Strategie direkter Gespräche mit den Arbeitern aufgegeben. Die einzigen Leute, die er vorher konsultierte, waren Vertreter der Partei in ausgewählten Großbetrieben. Die Reaktion jedenfalls war unmittelbar und vernichtend. Die Traktorenarbeiter von Ursus bei Warschau blockierten die Eisenbahnlinien, einschließlich der Expresslinie Paris-Moskau. In Radom streikten die General-Walter-Rüstungswerke, veranlaßten weitere Fabriken dazu, marschierten zum Parteihaus und plünderten es. Die Miliz schlug diese Revolten nieder, aber der Streik begann sich über das ganze Land auszubreiten. Der Premierminister zog die Preiserhöhungen am nächsten Tag einfach zurück und erklärte, »in den Fabriken wären viele Fragen aufgeworfen« worden.
Das Regime zog aus dieser Krise eine politische und eine ökonomische Lehre. In politischer Hinsicht entschloß es sich zu einer Entfernung der »Rädelsführer« unter den Arbeitern. Auf Prozesse in Radom und Ursus folgte eine große Säuberung. Tausende Arbeiter wurden entlassen und auf schwarze Listen gesetzt. Hunderte wurden eingesperrt und geschlagen. Aber es war nicht mehr 1970. Die Dissidentenintelligenz, schon durch die Kampagne von 1975 gegen die Verfassung aktiviert, griff jetzt mit der Kraft, die ihr fünf Jahre lang gefehlt hatte, die Sache der Arbeiter auf. Einer sofortigen Erklärung der »Solidarität mit den Arbeitern Polens« (Juni 1976) folgte die Gründung von KOR (Komitee für die Verteidigung der Arbeiter), das im September 1976 einen Appell erließ, der von zwanzig führenden Intellektuellen, die ein Kaleidoskop verschiedener Generationen und Richtungen repräsentierten, unterzeichnet war. Darunter waren Sozialisten aus der Vorkriegszeit, wie Edward Lipinski, ehemalige Mitglieder der Heimatarmee, Historiker, Ökonomen, Romanciers, Literaturkritiker und eine neue Generation ehemaliger Studenten, die in den 60er Jahren aktiv gewesen waren, wie Adam Michnik. Ein Pfarrer und eine Schauspielerin vervollständigten die Liste.[21]
KOR stellte sich anfangs die Aufgabe, die Arbeiter, die wegen ihrer Beteiligung an den Ereignissen des Juni 1976 gelitten hatten, zu verteidigen, materiell zu unterstützen und für sie eine Amnestie zu erwirken. Wieder trat das Regime den Rückzug an. Zuerst wurde eine Teilamnestie erklärt (Februar 1977), dann - als KOR diese für unannehmbar erklärte - wurden alle Inhaftierten entlassen (Juli 1977). Das war erst der Anfang. Es wurde bald klar, daß Jaroszewiczs gescheiterte

Preiserhöhung eine politische Erregung entzündet hatte, die sich nicht ersticken ließ. Im September 1977 dehnte KOR seinen Gegenstand auf umfassendere Menschenrechtsprobleme aus und wurde zum Komitee für Soziale Selbstverteidigung - Komitee zur Verteidigung der Arbeiter (KSS-KOR). Es gab auch das Periodikum *Robotnik* heraus, das sich an die Arbeiter wandte. Die Krise brachte andere, kleinere Organisationen hervor, die weniger Unterstützung durch die Arbeiterklasse hatten, aber wegen ihrer mehr nationalistischen Einstellung von Bedeutung waren. ROPCiO, oder Bewegung zur Verteidigung von Menschen- und Bürgerrechten, und KPN, oder Konföderation für ein Unabhängiges Polen, richteten ihren Blick auf ein höheres Ziel: die sowjetische Macht und die Position der Partei. Entsprechend dem Standpunkt von KSS-KOR, der sich letztlich durchsetzte, konnte das Regime von innen heraus durch Druck auf die Partei transformiert werden; die Sowjetunion würde nichts anderes zulassen.
1978 tauchte eine für das Regime noch bedrohlichere Entwicklung auf: von den Arbeitern selbst gegründete embryonale Gewerkschaften, die sowohl die offizielle Gewerkschaftsbewegung (CRZ) als auch die praktisch eingegangenen Selbstverwaltungskonferenzen (KSR) umgingen. Im Februar 1978 wurde in Katowitz ein Komitee für Freie Gewerkschaften gegründet, im April folgte ein Komitee für Freie Gewerkschaften an der Küste. Letzteres wurde von einer Gruppe, in der sich der Ingenieur Andrzej Gwiazda und der Elektriker Lech Walesa befanden, gegründet. Es gab seine eigene Zeitung, den »Arbeiter an der Küste« *(Robotnik Wybrzeza)*, die an den Fabriktoren und nach der Messe verteilt wurde, heraus. Die Bewegung der Arbeiter unterschied sich jedoch nicht völlig von den Aktivitäten von KOR. Ash weist darauf hin:

> »Man kann den eigenen, autonomen politischen Lernprozeß der Arbeiter nur schwer von dem direkten Einfluß von KOR trennen.«[22]

So wurde der Versuch der Partei, das Feuer politischer und gewerkschaftlicher Aktivitäten zu löschen, ein vollständiger Mißerfolg. Gierek machte jedoch einen Versuch, eine neue ökonomische Strategie aufzubauen, den wir kurz untersuchen werden. Die Endfassung der Fünfjahrplanes 1976-80 berücksichtigte das Veto der Arbeiter gegen die Preissteigerungen von 1976. Sie enthielt »die Beendigung der Investitionsoffensive, um eine größere Scheibe des Kuchens für die Konsumtion zu behalten«. Die geplanten jährlichen Bruttoinvestitionen wurden auf die sehr niedrige Ziffer von 2,3 Prozent festgelegt. Das wirkliche Wachstum fiel dahinter weit zurück. Es betrug während der Jahre 1976-79 jährlich 0,07 Prozent.[23]
Einschnitte wurden im Transport und in der Energieerzeugung gemacht, auf Gebieten, die die Wirtschaft - wie sich herausstellte - am wenigsten entbehren konnte. Der strenge Winter von 1978/79 brachte das Land zum Stillstand. Das spiegelte sich darin wider, daß die tatsächliche Produktion noch weit geringer ausfiel als die bescheiden angesetzten Ziele. Der Plan hatte ein jährliches Wachstum des materiellen Nettoinlandsprodukts oder »produzierten Nationaleinkommens« um 7,3 Prozent angesetzt. Die jährlich erreichten Ziffern lauteten: 1976

6,8%; 1977 5%; 1978 3%; 1979 -2,3%, 1980 -6%. Die Landwirtschaft blieb weiterhin ein Problem, weil nach 1976, abgesehen von geringfügigen Zugeständnissen, keine ernsthafte Revision der Politik durchgeführt wurde. Der private landwirtschaftliche Sektor verringerte sich von 75% der landwirtschaftlichen Nutzfläche 1970 auf 68,8% 1977. Die Staatsgüter dehnten sich weiterhin aus und schluckten den Hauptanteil der Düngemittel und des Viehfutters. Sie waren auch weiterhin viel weniger leistungsfähig als die privaten Bauernhöfe (die Zahlen für das Nettoeinkommen pro Hektar im Jahr 1979: privates Bauernland 13 666 Zloty, Staatsgüter 1 700 Zloty).[24] Die Landwirtschaft brachte in der zweiten Hälfte der 70er Jahre schlechte Leistungen. Das Produktionsergebnis sank 1975 um 2,1% und 1976 um 1,1%, stieg 1977 (1,4%) und 1978 (4,1%) vermutlich als Reaktion auf die Preissenkungen für Konsumgüter leicht an, fiel dann 1979 leicht (-1,5%) und 1980 katastrophal (-10,7%).

Der Außenhandel bot ein ähnlich klägliches Bild. Für 1976-80 war ein Exportwachstum von jährlich 11,8% geplant, das tatsächliche Wachstum betrug (in konstanten Preisen) 6,2%. Die einzige Möglichkeit, die Balance zu halten, bestand in der rigorosen Kürzung der Importe, was wiederum schädliche Auswirkungen auf die inländische Produktion hatte. Die Bürde der Auslandsschulden wuchs Ende der 70er Jahre weiter an, von 12 Milliarden Dollar 1977 auf etwas unter 18 Milliarden Dollar im Dezember 1979. 1980 betrugen allein die Zinszahlungen 2 Milliarden Dollar.

1979 war das Gefühl, daß sich etwas ändern müsse, nahezu allgegenwärtig. Die jeweilige unterschiedliche Popularität von Kirche und Partei wurde nicht in erster Linie durch die Wahl eines polnischen Kardinals zum Papst 1978 oder durch seinen Besuch Polens im folgenden Sommer, bei dem er von sehr großen Menschenmengen begrüßt wurde, sehr deutlich.[25] Johannes Paul II. hat auf dieser Reise eine Diskussion der Probleme diskret vermieden. Es war vielmehr so, daß sich gerade diese Probleme selber immer höher auftürmten. Nicht nur die oppositionellen Intellektuellen vervielfältigten ihre Aktivitäten - und es gab wenige ernsthafte Versuche zu ihrer Unterdrückung -, es bestand innerhalb der Partei eine Gruppe, die - aus dem Bestreben, die kommunistische Herrschaft zu reformieren und nicht zu unterminieren - unter dem Titel »Die Erfahrungen und die Zukunft« (DiP) eine vernichtende Studie der Lage anfertigte. Obgleich dieses Projekt als halboffizielle Berichterstattung begonnen wurde, waren die Schlußfolgerungen so unwillkommen, daß die offizielle Publikation nicht gestattet wurde. Die im Untergrund publizierende Gruppe *Nowa* brachte die Studie im Oktober 1979 heraus. Der DiP-Bericht zog ganz schön vom Leder. Er sprach von allgemeiner Unzufriedenheit über ein Lohndifferential von 1:20, von wachsender öffentlicher Enttäuschung, die an offenen Konflikt grenzte, von der tiefen Kluft zwischen der Partei und der Gesellschaft, von eklatanten Verletzungen der Normen sozialer Gerechtigkeit, von einem System absoluter Geheimhaltung im öffentlichen Bereich, von einer erschreckenden Tendenz der Manipulation der Kultur »in den letzten Jahren«, von privilegierten Gruppen mit einem »Zugang zu einer

zweiten Wirtschaft« und von der »Gefahr einer Explosion«.[26]
Es sollte in der Tat sehr bald eine Explosion geben. Die von uns skizzierten Probleme lieferten den Hintergrund. Aber in Wirklichkeit wurde 1980 die Explosion der Unzufriedenheit durch die Entscheidung der Partei ausgelöst, nur den Teil des DiP-Berichtes durchzusetzen, der ihr paßte, und zwar in der engstmöglichen Interpretation: Steigerung der ökonomischen Leistung. Das bedeutete im Verständnis der Parteiführer einfach: Preissteigerungen. Wir werden die verfrühte polnische Revolution von 1980/81 im nächsten Kapitel untersuchen.

9 Die verfrühte Revolution: Polen 1980-81

Der DiP-Bericht hatte ein vernichtendes Bild der Probleme und der Zukunft Polens gezeichnet. Seine konkreten Vorschläge waren gemäßigt, aber auch vage. Wenn man den halboffiziellen Status der Gruppe berücksichtigt, kann das nicht überraschen. Im Bericht wurden folgende »drei Hauptlehren« gezogen: die Notwendigkeit, »eine nationale Identität zu erhalten, so daß die Nationalkultur ohne Fesseln gedeihen kann«; die Notwendigkeit, »die Fertigkeiten und Talente demokratischer Zusammenarbeit und Selbstregierung« zu entwickeln; die Notwendigkeit, »die ökonomische Effektivität der Gesellschaft zu entwickeln«.[1]

Es gab von Gierek keinerlei Anzeichen einer Reaktion auf die Vorschläge im DiP. Auf dem 8. Parteitag im Februar entledigte er sich einiger Kollegen, nahm aber keine Veränderungen an der Politik vor. Jaroszewicz wurde zum Sündenbock für den ökonomischen Mißerfolg gemacht und als Premierminister durch Edward Babiuch ersetzt. Kruczek blieb nicht länger Chef der offiziellen Gewerkschaften; sein Ersatz war Jan Szydlak. Liberale und Hardliner wurden in gleicher Proportion aus dem Politbüro entlassen und im gleichen Verhältnis durch Hardliner und Liberale ersetzt.

Die eigentliche Antwort des Regimes, die sich als ernsthafter Fehler erwies, wurde im April von Babiuch gegeben. Er sagte, Polens Probleme mit der Nahrungsmittelbereitstellung machten eine Austeritätspolitik erforderlich. Die Versorgung des Inlandsmarktes würde um 15 Prozent gekürzt. Die Preise würden entsprechend steigen müssen. Daß die Arbeiter das wohl nicht akzeptieren würden, hatte sich schon im Dezember 1979 gezeigt, als die Arbeiter des Polkowicer Kupferbergwerkes in Lublin in den »größten Streik in Polen seit 1976« getreten waren, um den gleichen Lohn wie die Kohlebergarbeiter zu erhalten. Sie gewannen. Das war ein Zeichen der Dinge, die kommen würden.[2] Im Januar 1980 streikte die Lenin-Werft in Gdansk, um die Rückkehr der Kranfahrerin Anna Walentynowicz zu erzwingen, die als Unruhestifterin versetzt worden war. Die Verantwortlichen mußten sie zurückholen. Der Spielraum der Regierung verengte sich schnell.

Aus den Ereignissen von 1970 und 1976 hatte sie gelernt, daß sich Preiserhöhungen nicht direkt durchsetzen ließen. Daher wurde ein raffinierteres Vorgehen gewählt. Am 1. Juli 1980 wurde die Fleischmenge, die im Netzwerk der kommerzi-

ellen Läden doppelt so teuer wie in den staatlichen Geschäften verkauft wurde, um 2,5 Prozent erhöht. Das war eine klug verschleierte Preiserhöhung. Aber niemand fiel darauf herein. Das riesige Traktorenwerk Ursus streikte sofort. In vielen anderen Orten folgten begrenzte Streiks. Wiederum war die Antwort der Partei offensichtlich geschickter als bei früheren Gelegenheiten. Am 11. Juli wurden die Manager bedeutenderer Fabriken vom ZK aufgefordert, durch Verhandlungen auf örtlicher Basis sozialen »Frieden zu kaufen« und den Forderungen, wenn nötig, nachzugeben. Ein Element der Farce machte sich breit: Wo immer ein Streik ausbrach, wurden eilig Kühlwagen mit Fleisch und Wurst hingefahren.
Aber selbst das reichte nicht mehr. Die Streikenden in den Lastwagenwerken von Lublin, in denen 10 000 Menschen beschäftigt waren, gingen zu einer neuen Taktik über: Besetzungsstreiks. Sie blieben in ihrer Fabrik und stellten eine Liste von fünfunddreißig Forderungen auf, die ein Vorbote jener waren, die einen Monat später in Gdansk gestellt wurden. Die Verantwortlichen konnten den Streik durch partielle Zugeständnisse beenden, aber das Streikkomitee weigerte sich anschließend, sich aufzulösen; ein weiterer Vorbote der Zukunft.
Schließlich verlagerte sich der Schauplatz nach Gdansk. Am 9. August wurde Anna Walentynowicz von der Leitung der Lenin-Werft erneut entlassen. Fünf Tage später brach der Streik aus. Die Hauptforderungen waren ihre Wiedereinstellung und eine Lohnerhöhung um zweitausend Zloty. Die Führung des Streiks wurde schnell von einem Mann übernommen, der 1976 aus derselben Werft entlassen worden war: Lech Walesa. Die neue und sicherere Taktik eines Besetzungsstreiks statt eines Marsches durch die Straßen war bald offensichtlich. Andere Werften entlang der Küste machten mit. Das taten auch Fabrikarbeiter in Gdansk. Am 16. August beschloß das Streikkomitee der Lenin-Werft, sich auf 1 500 Zloty zu einigen. Das war vielleicht der Wendepunkt, der das Wachsen von Solidarität förderte. Streikende aus anderen Werften und Fabriken lehnten diesen rein finanziellen Vergleich ab. Das und die Ermutigung durch die Menge vor den Werfttoren veranlaßten Walesa, den Kurs zu ändern und sich auf einen »Solidaritätsstreik« mit weitergehenden Forderungen einzustellen. Die Formierung des Zwischenbetrieblichen Streikkomitees (MKS) mit einem von Walesa geführten Präsidium und das Erscheinen der Einundzwanzig Forderungen (17. August) kennzeichneten einen historischen Durchbruch.
Ein Vergleich der Forderungen von Gdansk im August 1980 mit den Forderungen von Stettin im Januar 1971 zeigt eine Anzahl bemerkenswerter Veränderungen. Statt »demokratischer Wahlen in den Gewerkschaften« (1971) forderten sie »freie, von der Partei unabhängige Gewerkschaften« (Forderung Nr. 1 von 1980). Statt »keine Repressalien gegen Streikende« zu fordern (1971), wollten sie eine Garantie des Streikrechts (Forderung Nr. 2). Statt von den Sicherheitskräften »die Beendigung der Schikanierung und Verhaftung von Streikteilnehmern« zu fordern (1971), verlangten sie die Freilassung aller politischen Gefangenen (Forderung Nr. 4). Die Forderung nach »ehrlicher Information über die politische und ökonomische Situation« wurde 1980 wieder aufgegriffen (Forderung Nr. 6), aber jetzt

wurden »Rede- und Publikationsfreiheit« und »Zugang zu den Massenmedien für Vertreter aller Religionen« hinzugefügt (Nr. 3). Publikation der Forderungen der Streikenden war ein gemeinsames Merkmal. Lohnerhöhungen wurden naturgemäß in beiden Fällen gefordert.

Aber die Liste von 1980 enthielt darüber hinaus das ganze Spektrum der Unzufriedenheit in Polen, von den Privilegien für Parteimitglieder (das System der *Nomenklatura*) über den unzureichenden Schwangerschaftsurlaub (Nr. 18) bis zur Sonnabendarbeit (Nr. 21). Vier Hauptgebiete waren in diesen Forderungen nicht enthalten: die Landwirtschaft, die Außenpolitik, die Kommunalwahlen und die Beendigung der Zensur. Die letzten drei hielt man in Anbetracht der »geopolitischen Lage« Polens für gefährlich. Erstere wurde später von den MKS-Verhandlungsführern selbst aufgenommen, indem sie den Punkt 6 um die Forderungen nach »sicherer Perspektive für die Entwicklung bäuerlicher Familienbetriebe«, »gleichem Zugang zu allen Produktionsmitteln, einschließlich Land« und »Wiedergeburt der ländlichen Selbstverwaltung« erweiterten.

Sowohl die immense Reichweite als auch der tiefe Realismus der einundzwanzig Forderungen spiegelten den Einfluß der oppositionellen Aktivisten, die im KOR und im Komitee für Freie Gewerkschaften versammelt waren, wider. Aber würden die in Polen Herrschenden sie akzeptieren? Gierek versuchte zuerst, mit einigen kosmetischen Gesten davonzukommen. Am 24. August wurde Premierminister Babiuch durch Józef Pinkowski ersetzt und sechs der achtzehn Politbüromitglieder entfernt. Am 26. August gestand Jagielski ein, daß die alten Gewerkschaften versagt hatten, bot aber keinerlei neue Ideen an.

Es verging eine Woche, bis die Parteiführer kapitulieren mußten. Als sie das taten, geschah es aus zwei Gründen. Erstens aufgrund des gewaltigen Drucks, den die Arbeiter im ganzen Land ausübten. Die drei Küstenstädte blieben nicht allein. Im Westen von Gdansk war Stettin in Bewegung. Im Süden bildete Breslau am 26. August ein MKS, am 27. August geschah dasselbe in Walbrzych, am 29. August streikten Jastrzebie und die Stahlwerke von Katowitz. Diese Ereignisse bedeuteten, daß die Partei »harte Maßnahmen« würde ergreifen müssen, um die Kontrolle zu behalten. Hier kam ein zweiter Faktor ins Spiel, der diese Möglichkeit ausschloß: Die Sowjetunion wollte, daß die Polen eine »politische Lösung« erreichten. Breschnew wollte nicht, daß Polen Feuer fing, während er selber intensiv mit dem Problem Afghanistan beschäftigt war.

Die Kapitulation der Regierung vollzog sich in Form dreier lokaler Vereinbarungen, die am 30. August mit dem MKS von Stettin, am 31. August mit dem MKS von Gdansk und am 3. September mit dem MKS von Jastrzebie (Oberschlesien) unterzeichnet wurden. Zwischen den drei Protokollen gab es bedeutende Unterschiede. In der Stettiner Vereinbarung wurde die »führende Rolle der Partei« nicht erwähnt, obwohl es den »sozialistischen Charakter« der neuen selbstverwalteten Gewerkschaften vorsah. Die Gdansker Vereinbarung war die längste. Statt einfach die zweiundzwanzig Forderungen anzunehmen, waren in ihr detalliert die Wege ihrer Durchführung beschrieben und eine Reihe Termine für die Einfüh-

rung der notwendigen Maßnahmen durch die Regierung enthalten.[3]
Die Gdansker Vereinbarung machte die Anerkennung unabhängiger und selbstverwalteter Gewerkschaften davon abhängig, daß sie »die führende Rolle der PZPR im Staat« anerkannten und jegliche Absicht verneinten, »die Rolle einer politischen Partei zu spielen«. Die Forderungen wurden eine nach der anderen geprüft und versprochen, daß in Zukunft jede einzelne umgesetzt würde. Es blieb abzuwarten, wie weit die Regierung wirklich bereit war, sie durchzuführen. In den folgenden sechzehn Monaten hingen die meisten Konflikte mit den Bemühungen der Arbeiter zusammen, die Gdansker Vereinbarungen nach Geist und Buchstaben gegenüber einer widerwilligen Partei und Regierung durchzusetzen.
Der erste Schritt bestand in der in den Vereinbarungen vorgesehenen Errichtung der »unabhängigen, selbstverwalteten Gewerkschaften«. Die spontanen Gründungen führten über die Zwischenstufe der Zwischenfabriklichen Gründungskomitees (MKZ) natürlich in die Richtung einer Dachorganisation. Am 17. September gründeten in Gdansk Delegierte von 38 MKZ in einer Versammlung, in der intellektuelle Oppositionelle der 60er Jahre, wie Modzelewski und Kuron Seite an Seite mit jungen, von der Bewegung hervorgebrachten Arbeiterführern, wie Marian Jurczyk aus Stettin und Zbigniew Bujak aus den Ursus-Traktorwerken, saßen, die unabhängige selbstverwaltete Gewerkschaft Solidarität. Die Gewerkschaft hatte schon von 3 000 000 Menschen aus 3 500 Fabriken Zusagen über die Mitgliedschaft.[4] Bis November hatte Solidarität 7 500 000 Mitglieder, und bis Juni 1981 waren es 9 486 000, das heißt 70 Prozent aller Arbeiter im sozialistischen (d.h. staatlichen) Wirtschaftssektor.[5] Anders als die alten kommunistisch geleiteten Gewerkschaften war Solidarität äußerst dezentralisiert. Die Nationale Koordinierungskommission (KKP) befand sich an der Spitze der Struktur, aber sie konnte nicht mehr tun, als die Aktivitäten der regionalen Komitees von Solidarität, der MKZ, zu koordinieren.
Die Regierung hatte, obwohl sie die Vereinbarungen von August/September unterzeichnet hatte, nicht die Absicht, sie einzuhalten, falls sich das vermeiden ließ. Schon am 3. Oktober rief Solidarität angesichts des Versäumnisses der Regierung, die einen Monat vorher abgeschlossenen Vereinbarungen zu realisieren, zu einem einstündigen Warnstreik auf. Die Lohnerhöhungen waren nicht erfolgt, und die Gewerkschaften hatten keinen Zugang zu den Massenmedien erhalten. Der Streik vom 3. Oktober gab ein Beispiel, er wurde in ganz Polen befolgt und führte offensichtlich zu Konzessionen. Am 4. Oktober nahm das 6. Plenum seine im September unterbrochenen Sitzungen wieder auf. Man löste sieben führende Mitglieder von Giereks Mannschaft ab (Gierek selbst war schon am 6. September durch Stanislaw Kania ersetzt worden), schlug einen außerordentlichen Parteitag zur Erneuerung des ZK vor und bekräftigte die »Sozialvereinbarungen« vom August.
Die Partei stellte sich in den folgenden sieben Monaten nicht weniger als sieben Mal zunächst auf die Hinterbeine, bevor sie (wenigstens dem Anschein nach) aufgrund von Streikandrohungen einen Rückzieher machte. Es ging zuerst um

den »Registrierungskonflikt«. Am 24. Oktober wurde Solidarität vom Provinzialgericht von Warschau registriert, das aber Redewendungen von der »führenden Rolle der Partei« und »dem sozialistischen System und Polens internationalen Bündnissen«, die sich nicht im eingereichten Text der Statuten befanden, hinzufügte. Die Reaktion war die Androhung eines Streiks für den 12. November, sollten die anstößigen Sätze nicht entfernt werden. Die Krise wurde beigelegt und ein Streik durch den Kompromiß vermieden, in dem sich beide Seiten bereit erklärten, sich einer Entscheidung des Obersten Gerichts zu beugen. Das Gericht trat am 10. November zusammen, entfernte die Einfügungen, fügte sie aber als Anhang bei. Die nächste Krise war die Affäre Narozniak. Jan Narozniak war ein Drucker, der wegen des Versuchs, die Informationsfreiheit durchzusetzen, inhaftiert wurde (20. November). Er hatte eine geheime Anweisung über die Verfolgung antisozialistischer Aktivitäten fotokopiert, die ihm von einem Angestellten im Büro des Staatsanwalts übermittelt wurde. Wieder wurde mit Streik gedroht. Wieder wurde er im letzten Moment (27. November) durch die Freilassung Narozniaks und seines Informanten abgewendet. Dann kamen die Auseinandersetzungen über freie Sonnabende oder die Länge der Arbeitswoche. In Polen galt die 46-Stunden-Woche, aber die Vereinbarung von Jastrzebie sah eine 40-Stunden-Woche vor. Die Regierung bot zwei freie Sonnabende pro Monat an (Dezember 1980). Solidarität reagierte, indem sie einfach alle Sonnabende zu freien Tagen erklärte. Nach zwei derartig freien Sonnabenden am 10. und 24. Januar und der Androhung eines Streiks für den 3. Februar wurde ein Kompromiß geschlossen (30. Januar), wonach es im Jahr 1981 drei freie Sonnabende im Monat geben würde und die Regierung ihre Absicht erklärte, nach Möglichkeit die 40-Stunden-Woche einzuführen. Eine vierte Krise wurde (nach einem Streik) mit der Registrierung des Unabhängigen Studentenverbandes am 17. Februar beendet. Es gab zu der Zeit auch zwei lokale Krisen. In der Provinz Bielsko-Biala fand zwischen dem 27. Januar und dem 6. Februar ein Streik statt, um die Entlassung von zwanzig leitenden Funktionären wegen Veruntreuung zu erzwingen. Und am 9. Februar zwang ein Streik in Jelenia Gora die Behörden zur Übergabe eines Sondersanatoriums der Polizei an das öffentliche Gesundheitswesen.[6]

Eine äußerst ernste Krise entlud sich schließlich im Zusammenhang mit der Frage einer »Landsolidarität«. Aktivisten auf dem Lande hatten monatelang versucht, die Anerkennung eines ländlichen Gegenstücks der städtischen Solidarität zu erlangen. Schon am 29. Oktober 1980 hatte das Warschauer Provinzialgericht die Registrierung verweigert. Dieser Entscheidung widersetzten sich am 14. Dezember jene, die die Landsolidarität ins Leben gerufen hatten, und gingen dazu über, mit einem Besetzungsstreik in Rzeszów (2. Januar bis 18. Februar 1981) Druck auszuüben. Am 19. März erreichten die Ereignisse in Bromberg mit einer Polizeiattacke auf örtliche Aktivisten, die das Parteihaus der Vereinigten Bauernpartei (ZSL) in der Absicht besetzt hatten, die Anerkennung der Landsolidarität durchzusetzen, einen Höhepunkt. Die von der Polizei ausgeteilten Schläge waren schwer genug, um Jan Rulewski mit einer Gehirnerschütterung ins Krankenhaus zu bringen. Er war der Regionalleiter von Solidarität, und Solidarität war auf nationaler Ebene der Auffassung, daß es sich um eine Provokation der Hardliner in der Partei und den Sicherheitsdiensten handelte. Die wütende Reaktion der einfachen Mitglieder von Solidarität war verständlich; Walesas Berater Geremek und Mazowiecki hatten Schwierigkeiten, ihrem mehr vorsichtigen Vorgehen Gehör zu verschaffen.

Die Nationale Koordinierungskommission kam mit knapper Not an der Ausrufung eines sofortigen Generalstreiks wegen dieser Angelegenheit vorbei, die sich inzwischen auf zwei Bereiche erweitert hatte, sowohl die Registrierung der Landsolidarität und die Bestrafung der Verantwortlichen für den Befehl, auf die Aktivisten von Bromberg einzuschlagen. Walesa, der während dieser Monate dauernd einen mäßigenden Einfluß auf seine Kollegen ausgeübt hatte, konnte stattdessen die Zustimmung zu einem vierstündigen Warnstreik erwirken, dem - falls keine Einigung erreicht werden sollte - ein unbefristeter Streik folgen sollte. Der am 27. März durchgeführte Streik war absolut geschlossen. Auch viele Kommunisten nahmen teil, was insofern bemerkenswert war, als der Streik entgegen den Weisungen des Politbüros der PZPR ausgerufen wurde. Aber er veränderte die Haltung der Parteiführer nicht. Drei Tage später wurde die Entscheidung getroffen, den geplanten Generalstreik abzusagen, da es Walesa unter Umgehung der Nationalen Koordinierungskommission gelungen war, mit Regierungsvertreter Mieczyslaw Rakowski einen Kompromiß auszuhandeln. Modzelewski warf Walesa vor, sich in einen mittelalterlichen Monarchen zu verwandeln und trat als Sprecher von Solidarität zurück. Es muß aber hinzugefügt werden, daß Walesa in diesem Zusammenhang in Übereinstimmung mit seinen engsten Beratern Geremek und Mazowiecki und mit dem Repräsentanten des Primas, Professor Kukulowicz, handelte. Das Wesen des Kompromisses vom März 1981 bestand darin, daß Solidarität registriert und der Zwischenfall von Bromberg »untersucht« werden sollte.

Der Zwischenfall von Bromberg war für sich genommen kein bedeutender Wendepunkt. Es hatte schon vorher gelegentlich ein Hin und Her bezüglich Streiks gegeben; auch vorher war es zwischen der Gewerkschaft und der Regierung zu Kompromissen gekommen. Es gibt für die Zeit nach dem März auf keiner der beiden Seiten Beweise für einen Sinneswandel. Aber es begann eine Periode der Unsicherheit, die bis Juli dauerte, in der alle Seiten tastend nach einer annehmbaren Position suchten. Was die Partei und die Regierung anbetrifft, so gab es verschiedene Empfehlungen. Die Kania-Führung geriet ins Feuer der extremen Hardliner (Die Deklaration des Katowitzer Forums vom Mai griff Kania wegen seiner mangelhaften Bekämpfung »trotzkistisch-zionistischer, nationalistischer, klerikalistischer Ansichten« usw. an), der Sowjetunion (Der Brief vom 5. Juni griff Kania wegen der Preisgabe »einer Position nach der anderen« an, wegen »mangelnder Korrektur der Politik von Konzessionen und Kompromissen« und wegen der ungehinderten Möglichkeit, daß »dem Sozialismus feindliche Kräfte den Ton des Wahlkampfes bestimmen«, der in Vorbereitung des nächsten Parteitages geführt wurde) sowie von Tadeus Grabski, einem Mitglied des Politbüros, der auf dem 11. Plenum des ZK (9. bis 10. Juni 1981) offen die Ablösung Kanias forderte. Diese Drohungen kamen aus dem bürokratischen Apparat. Aber zum erstenmal seit vielen Jahren begegnete den Parteiführern auch ein Druck von unten. Es handelte sich um die Bewegung der »horizontalen Strukturen«, die aus der Krise von Bromberg hevorging. Die begann damit, daß sich die Basis am 27. März dem Politbüro widersetzte. Am 15. April forderten 750 Delegierte aus 13 Provinzen, die eine Million Parteimitglieder repräsentierten, auf dem Forum in Torun die Wahl der Parteifunktionäre in freier, geheimer Wahl. Das war an manchen Orten schon der Fall. Die Parteiführer wollten dieser Bewegung eine Niederlage bereiten. Ihnen half die Tatsache, daß die Arbeiter, die eine demokratische Erneuerung Polens wollten, weniger auf die Partei als auf die Solidarität blickten: Es war nicht mehr 1956. Auf dem 10. Plenum (29. bis 30. April) erfolgte eine Bekräftigung der »leninistischen Struktur der Partei«, aber gleichzeitig die Billigung einer demokratischen Wahl der Delegierten zum bevorstehenden Parteitag, mit der Möglichkeit zur Auswahl von Kandidaten und einer geheimen Wahl. Diese Kombination funktionierte. Es gelang den »horizontalen Aktivisten« nicht, die Hürde der Parteiwahlen vom Mai 1981 zu überwinden. Dafür gab es verschiedene Gründe. Ein Faktor bestand in dem Erfordernis, daß erfolgreiche Kandidaten mehr als 50 Prozent der Stimmen erhalten mußten. Das nützte gesichtslosen Gemäßigten, die niemandem etwas getan hatten. Ein weiterer Faktor war die erkennbare Bedeutungslosigkeit der Partei: 1,5 Millionen ihrer Mitglieder waren der Solidarität beigetreten und bevorzugten jene Gewerkschaft als ihr Tätigkeitsfeld. Versuche, zwischen der Bewegung in der Partei und Solidarität Verbindungen herzustellen, blieben weitgehend erfolglos. Nur in Lódz und Torun wurde einiger Kontakt geschaffen. Die Arbeiter verließen lieber die Partei, als zu bleiben und für die Abschaffung des alten Apparates zu kämpfen. Schließlich bestand der Hauptzweck derer, die an den Wahlen teilnahmen, darin, gründlich mit der aus der Gierek-Ära überkommenen Mannschaft aufzuräumen. Ihre Stimmen waren eher negativ als positiv. Ende Mai räumte Zbigniew Iwanów, der Führer der »horizontalen Strukturen«, die Niederlage ein.

Es war unwahrscheinlich, daß der 9. Parteitag (14. bis 20. Juli) nach dem Ende der Bewegung für eine Regeneration der Partei von unten irgendwelche radikalen Initiativen hervorbringen würde. Der Anschein täuschte jedoch. Der Parteitag wählte ein Zentralkomitee, dem nur 18 der 142 Mitglieder des vorangegangenen ZK angehörten. Nur vier Mitglieder des alten Politbüros gelangten in das neue. Und nur neun von 49 möglichen Bezirkssekretären *(województwo)* wurden wiedergewählt. Was jedoch die Fraktionsstruktur betrifft, so bestand die gleiche Mischung wie vorher. Die neue Führung war eine Mischung aus Konservativen (z.B. Olszowski und Siwak) und gemäßigten Zentristen (z.B. Rakowski). Die Partei behielt die traditionelle demokratisch-zentralistische Struktur bei. Die Parteispitze blieb zutiefst gespalten. Die überlebenden Hardliner konnten sichern, daß radikale politische Reformen nicht auf die Tagesordunug kamen, obwohl die vom

Parteitag angenommenen Wirtschaftsreformen zumindest im Prinzip weitreichend waren. Das unterschied Polen 1981 von der Tschechoslowakei 1968 und ist der Grund, warum eine direkte sowjetische Intervention unnötig war. Die Wahl von Zofia Grzyb, eines Mitglieds von Solidarität in das Politbüro war eine rein symbolische Geste. Der einzige Redner auf dem Parteitag, der »die Mitbeteiligung von Gewerkschaften an strategischen Entscheidungen« in Aussicht stellte, was eine partnerschaftliche Zusammenarbeit mit Solidarität implizierte, war Tadeusz Fiszbach, und er gelangte nicht in das neue Zentralkomitee.

Der 9. Parteitag eröffnete eine Periode, in der die Verantwortlichen ihre Lähmung überwanden, während Solidarität, die sich im März vom Abgrund zurückgezogen hatte, damit begann, in Reaktion auf die katastrophale ökonomische Lage und den Druck von unten radikalere Forderungen zu stellen. Diese beiden Entwicklungen führten unvermeidlich zum Konflikt. General Jaruzelski, der seit Februar Premierminister war, begann vermutlich zu diesem Zeitpunkt mit Vorbereitungen für einen Militärputsch. Die zivilen Parteiführer leisteten ihren Beitrag, indem sie eine Verleumdungskampagne gegen die Gewerkschaft begannen, deren allgemeines Thema der Vorwurf war, sie wäre antisowjetisch und gegen die Partei gerichtet und vergifte mit ihrer Propaganda über die Nahrungsmittelknappheit die Atmosphäre. Ein Versuch zu Verhandlungen zwischen den beiden Seiten (3. bis 6. August) scheiterte in einer Atmosphäre gegenseitiger Beschuldigungen. Die Regierung stellte unannehmbare Bedingungen, indem sie im Effekt von Solidarität die Einstellung aller gewerkschaftlichen Aktivitäten forderte sowie eine Orientierung auf die »gesellschaftliche Unterstützung der Preisreform«, d.h. die Anpreisung des wirtschaftlichen Reformprogramms der Regierung gegenüber ihren Mitgliedern. Da die Wirtschaftsreform eine Verdoppelung der Preise einiger Lebensmittel, die Rationierung und eine größere Arbeitsintensität umfaßte und 1,2 Millionen Arbeitslose einplante, war das eine Zumutung. Solidarität begann ihre Forderungen höherzuschrauben und forderte die Kontrolle über die »Produktion und Verteilung von Nahrungsmitteln«. Der Verhandlungsführer der Partei, Rakowski, bezeichnete dies - zwar unzutreffend, aber vielsagend - als ein »Programm der Machtübernahme«.

Solidarität hatte eine dreifache Antwort auf die sozialen und ökonomischen Probleme von 1981: Sie sah »eine demokratische Rekonstruktion der örtlichen Organe« vor, einschließlich demokratischer Wahlen zu den örtlichen Räten bis hin zum *Sejm*; die Einführung der Arbeiterselbstverwaltung; und: Mitglieder von Solidarität sollten an ihren freien Sonnabenden arbeiten und Waren herstellen, die über die Fabrikkommissionen von Solidarität den Bauern zum Tausch gegen Lebensmittel angeboten würden.[7]

Dieses Programm ging sehr wesentlich über die Vereinbarungen von August 1980 hinaus; sogar die neue Parteiführung konnte es nicht akzeptieren. Nur bezüglich der Arbeiterselbstverwaltung gab es Fortschritte. Schließlich führten die schwierigen Verhandlungen zwischen Solidarität und einer parlamentarischen Kommission zu einem Kompromiß. Danach sollten entweder die Arbeiterräte oder die staatlichen Leitungen das Recht zur Berufung von Betriebsleitern haben. Im Konfliktfall zwischen beiden aber sollten die Seiten sich an ein Tribunal wenden, das eine bindende Entscheidung zu treffen hätte. Dieser Kompromiß wurde am 25. September vom *Sejm* verabschiedet.[8]

Im allgemeinen aber weigerte sich die Regierung, Solidarität als Partner anzuerkennen. Das stellte die Gewerkschaft vor die Wahl, entweder direkt nach der Macht zu greifen oder ihre Forderungen abzuschwächen. Sie tat keins von beiden. Auf ihrem ersten Nationalkongreß, der sich über zwei Sitzungen - zwischen dem 5. und 10. September sowie 27. September und 7. Oktober - erstreckte, kam es zu heftigen Auseinandersetzungen zwischen den Verfechtern unterschiedlicher Strategien. Die politischen Trennungslinien zwischen »Radikalen« und »Gemäßigten«, »Fundamentalisten« und »Pragmatikern«, »ökonomischen Liberalen« und »sozialistischen Ökonomen«, »Wahren Polen« und dem Rest gaben dem Kongreß von Solidarität Ähnlichkeit mit einem polnischen Parlament aus dem 17. Jahrhundert. Walesa wurde als Vorsitzender wiedergewählt, bekam aber nur 55 Prozent der Stimmen. Die anderen Stimmen verteilten sich auf radikalere Kandidaten. Der Kongreß erarbeitete ein ökonomisches Programm, das im wesentlichen dem jugoslawischen Modell folgte. Es enthielt das »gesellschaftliche Eigentum an den Produktionsmitteln« zusammen mit »Selbstverwaltung und Markt«. Es würde freie Parlamentswahlen geben, Gleichheit vor dem Gesetz, Informationsfreiheit, keine privaten Plätze in Krankenhäusern und eine Steigerung der Einkommen auf das »soziale Minimum«. Das Programm schloß, der »einzige Weg, Polen vor dem Ruin zu bewahren«, bestünde darin, »den Staat und die Wirtschaft auf der Basis von Demokratie und allgemeiner gesellschaftlicher Initiative neu zu errichten«. Wie sollte dies Programm verwirklicht werden? Das blieb unklar, aber klar war, daß man die Regierenden nicht umgehen konnte, und so bot der Kongreß ihnen »ehrliche und loyale Gespräche« an.

Jaruzelski hatte jedoch seine eigenen Pläne für die Lösung der Krise, und darin tauchte Solidarität nur als zu beseitigendes Hindernis auf. Die weiteren Verhandlungen mit der Gewerkschaft Mitte Oktober wurden vor einem Hintergrund von Presseangriffen durch die Regierung geführt. Der Vorschlag von Solidarität, aus Personen »unanfechtbarer moralischer Autorität« einen »Gesellschaftlichen Rat der Nationalen Wirtschaft« zu bilden, der »mit der Regierung in Wahrnehmung wirtschaftspolitischer und wirtschaftsleitender Funktionen zusammenarbeiten« würde, wurde nicht ernstgenommen. Einem Angebot vom 17. November, als Gegenleistung für eine Beteiligung an der Macht harten Wirtschaftsmaßnahmen zuzustimmen, folgten weitere - wie im Jahr zuvor - halbherzige Gespräche (17. bis 26. November), und sie scheiterten, als die Regierung forderte, daß der vorgeschlagene Gesellschaftliche Rat »ein reines Beratungsorgan innerhalb der staatlichen Struktur« sein müsse. Solidarität bestand auf der Unabhängigkeit des Rates »von allen staatlichen Institutionen.[9]

Die am 18. Oktober erfolgende Ersetzung des Ersten Sekretärs Kania, die vorsichtige Verkündigung der Paralyse der Partei durch General Jaruzelski, der die

Entschlossenheit der Armee zur Überwindung der Krise vertrat, kennzeichnet den Beginn einer Periode der Beschleunigung militärischer Vorbereitungen, während gleichzeitig gegen Solidarität eine Propagandaoffensive inszeniert wurde, die die Gewerkschaft als Verantwortliche für die Welle der Proteste und Streiks, die Polen im Herbst 1981 überflutete, darstellte. Das war als allgemeine Darstellung wahr: Ohne die Existenz von Solidarität hätte es diese Aktivitäten nicht gegeben. Unter den besonderen Umständen des Herbstes 1981 jedoch war es falsch. Solidarität bemühte sich, das Feuer der Unzufriedenheit zu dämpfen, aber der Niedergang der Wirtschaft war derart, daß »die Menschen in den Schlangen ihre Geduld und die Arbeiter ihre Selbstdisziplin zu verlieren begannen«.[10]

Der Kontrollverlust der Gewerkschaft sollte aber auch nicht übertrieben werden. Es gab Ende Oktober eine Anzahl Streiks, an denen 250 000 Menschen beteiligt waren. Die Führung von Solidarität senkte die Zahl bis November aber auf ein Zehntel. Zu der Zeit waren nur zwei bedeutende Streiks im Gange, und zwar der Kohletransportarbeiter und der Erdöl- und Gaswerker, insgesamt 20 000 Menschen.[11] Eine Ende Oktober fertiggestellte Umfrage zeigt, daß die einfachen Arbeiter sich gegen Streiks aufzulehnen begannen. Nur 12 Prozent »hielten die kürzlichen Streiks für notwendig«. Sollten Streiks verboten werden, würden sich nur 45 Prozent an einem Proteststreik beteiligen.[12]

Die Regierung dagegen behauptete, um eine propagandistische Rechtfertigung für die militärische Zwangslösung, die nun allen Ernstes geplant wurde, zu haben, daß das Land in das ökonomische Chaos abgleite. Sie konnten diese Behauptung aufstellen, weil bestimmte, nicht in der Solidarität organisierte Gruppen entgegen den Appellen der Gewerkschaft ihre Sonderinteressen mit Besetzungsstreiks vertraten. Das trifft auf die Studenten zu (Besetzungsstreik der Ingenieurstudenten in Radom am 26. Oktober, der bis 13. Dezember dauerte; Streik der Unabhängigen Studentengewerkschaft am 20. November), auf die Bauern (die Besetzung der Kommunalverwaltung in Siedlce zur Erlangung von Garantien für die Unverletzlichkeit des Privateigentums) und die Feuerwehrlehrlinge (Besetzung der Warschauer Offiziersakademie der Feuerwehr, die am 2. Dezember mit einem Sturm der Bereitschaftspolizei auf das Gebäude endete). Nur in diesem Sinn hatte Solidarität die Kontrolle über die Lage verloren.[13]

Jaruzelskis schrittweises Vorangehen zu seinem Staatsstreich läßt sich einfach darstellen. Am 25. Oktober schickte er Armeepatrouillen ins Land, »um bei der Lebensmittelverteilung zu helfen«, in Wirklichkeit aber, um Informationen einzuholen. Am 22. November drang man in Jacek Kurons Wohnung ein, um »Beweise« dafür zu liefern, daß Solidarität die Rolle einer politischen Partei anstrebe. Am 23. November befahl Jaruzelski seinen Armeepatrouillen, sich vom Lande zurückzuziehen und in die Städte zu gehen. Am 28. November forderte das ZK ihn auf, Notstandsvollmachten zu übernehmen. Am 11. Dezember kam Marschall Kulikow aus Moskau, um die letzten Details des Coups zu besprechen. Am 13. Dezember erließ Jaruzelski das Kriegsrecht und internierte führende Mitglieder von Solidarität.

Die Gewerkschaftsführer reagierten ziemlich zögerlich auf diese Herausforderung. Niemand dachte an Machtergreifung. Das äußerste, das sie erwogen, war anläßlich des Treffens in Radom am 3. Dezember. Es wurde von Regierungsagenten auf Tonbänder aufgenommen. Dort sagte Walesa, »Konfrontation ist unvermeidlich«, fügte aber hinzu, daß ein Generalstreik dumm wäre. Zbigniew Bujak schlug die einseitige Bildung des »Gesellschaftlichen Rates für die Nationale Wirtschaft« vor. Er würde »so etwas wie eine provisorische Regierung« sein, fügte er hinzu. Grzegorz Palka forderte die Schaffung einer »mit Helmen und Schlagstöcken bewaffneten Arbeitermiliz«.[14]
Das alles war nicht sehr bedrohlich. Überdies war es inoffiziell. Nur in Lodz wurde (lokal) die Entscheidung getroffen, am 21. Dezember einen aktiven Streik zu führen, der »ein solides Fundament für die Forderung freier Wahlen bieten« sollte.[15] Diese Ideen wurden von der Nationalen Kommission von Solidarität auf dem Treffen vom 11. bis 12. Dezember in Gdansk nicht beachtet. Angenommen wurde eine Resolution, daß die Notstandsvollmachten im Falle ihrer Anwendung durch die Regierung mit einem Generalstreik beantwortet würden. Im übrigen bestätigte sie die alten Forderungen nach demokratischen Wahlen zu den kommunalen Räten, freiem Zugang zu den Medien und Gewerkschaftskontrolle über die Lebensmittelverteilung. Man fügte hinzu, daß im Februar 1982 ein Referendum über die Jaruzelskiregierung abgehalten würde. Sollte sich ein Mißtrauensvotum ergeben, würde die Gewerkschaft ihre eigene provisorische Regierung organisieren. Das war natürlich eine Drohung, aber in drei Monaten konnte viel geschehen.
Als die Delegierten der Nationalen Kommission sich in ihre Hotelzimmer in Gdansk begaben, war der Plan für ihre Internierung schon an Ort und Stelle. Wenige Stunden später (am 13. Dezember) wurden die meisten von ihnen von der Polizei ergriffen. Der Widerstand gegen diesen Coup war weit geringer als erwartet, wenn man davon ausgeht, daß Solidarität zehn Millionen Mitglieder hatte. Er war auch unorganisiert. Die Gewerkschaft hatte keinen Plan für den Widerstand, was Norman Davies zu dem Kommentar veranlaßt: »Daraus ergab sich der nachhaltige moralische Sieg von Solidarität.«[16]
Wo immer die Menschen sich stark genug fühlten, leisteten sie Widerstand. In 199 Unternehmen fanden Streiks statt. Am 16./17. November gab es Straßenkämpfe, vor allem in Gdansk, Lódz und Warschau. Die dramatischsten Ereignisse gab es im Bergwerk von Wujek, wo in Zusammenstößen mit der mobilen Bereitschaftspolizei neun Menschen getötet wurden. Der hartnäckigste Widerstand kam von den Bergleuten von Piast in Schlesien, die bis zum 27. Dezember einen unterirdischen Besetzungsstreik aufrechterhielten und nicht bemerkten, daß der Widerstand andernorts zusammengebrochen war.
Das Jaruzelskiregime begann mit relativ harten Unterdrückungsmaßnahmen. 1 713 Menschen mußten ins Gefängnis, 34 000 wurden zu Geldstrafen verurteilt, Streikorganisatoren erhielten drei Jahre Gefängnis, 28 Menschen wurden im ersten Jahr des Kriegsrechts getötet. Aber man kann Jaruzelski weder mit Kádár im Jahrzehnt nach 1956 noch mit Husák nach 1969 vergleichen. Jaruzelskis Regime

hatte einen »nichtideologischen Charakter« und beruhte auf ökonomischem Druck, wie Entlassungen und Normsteigerungen für Unruhestifter, auf der Erhaltung guter Beziehungen mit der römisch-katholischen Kirche, auf der Vermeidung jeglicher Entfremdung von der Bauernschaft.[17]
Es gab keine systematischen Säuberungen, keine direkte Einbeziehung sowjetischen Personals, obwohl General Wiktor Dubynin, Befehlshaber der sowjetischen Truppen in Polen, später behauptete: »Wenn General Jaruzelski nicht gehandelt hätte, wären wir einmarschiert.«[18] Der Militärische Rat zur Nationalen Errettung (WRON) setzte die immense Macht, die er theoretisch besaß, nicht voll ein. Außerdem war es unmöglich, den Niedergang der Partei, der schon 1980 einsetzte, aufzuhalten. Die eine Million Menschen, die zwischen 1980 und 1984 austraten, waren hauptsächlich junge Arbeiter. Der Anteil der Parteimitglieder, die als »Arbeiter« klassifiziert wurden, fiel zwischen 1978 und 1986 von 46 Prozent auf 30 Prozent. Und der Anteil von Mitgliedern im Alter über 50 Jahre stieg von 17 Prozent 1954 auf 36,3 Prozent 1986. Aus der Altersgruppe der 18- bis 29jährigen gehörten 1986 nur 2,2 Prozent der Partei an. Gleichzeitig traten auch Fachleute, die keine Leitungsfunktionen innehatten, in großer Zahl aus. Alle kommunistischen Parteien waren Parteien der Apparate und der *Nomenklatura;* aber die PZPR war jetzt nur noch das und nicht viel mehr. 900 000 der 1 200 000 Leitungsfunktionen in Polen wurden 1987 von Parteimitgliedern eingenommen und das zu einer Zeit, als die Gesamtmitgliederzahl der Partei etwa 2 100 000 betrug.[19]
Auf dem Gebiet der Lösung von Problemen der öffentlichen Ordnung und der Eindämmung politischer Unzufriedenheit war das Jaruzelskiregime gut. Versuche von Solidarität, an wichtigen Jahrestagen (1. Mai und 31. August 1981) Unruhen zu organisieren, wurden von der Bereitschaftspolizei erfolgreich niedergeschlagen. Ende 1982 fühlte sich Jaruzelski stark genug, Solidarität »abzuschaffen« (Oktober), Walesa (November) und andere Internierte (Dezember) freizulassen und schließlich das Kriegsrecht aufzuheben (21. Juli 1983). Die Interims-Koordinierungskommission von Solidarität rief am 10. November 1982 einen Generalstreik gegen die Abschaffung der Gewerkschaft aus; er war ein »dramatischer Mißerfolg« (Smolar). Nach dem 13. Dezember 1981 kehrte die Mehrheit der Polen zu Ruhe und Ordnung zurück und zog sich aus dem öffentlichen Leben zurück. Das war es, was Jaruzelski erreichen wollte. Damit soll die Bedeutung der heroischen Minderheit (größer als in anderen kommunistischen Staaten), die weiterhin Widerstand leistete, nicht geleugnet werden.[20]
Die ökonomischen Probleme blieben. Es waren schließlich diese Probleme, verbunden mit der fortgesetzten Unzufriedenheit der Gesellschaft, die das Regime zu Fall brachten. Jaruzelski antwortete auf diesem Gebiet mit der Reform vom Januar 1982, die - der »ungarischen Linie« entsprechend - ökonomische Reform und politische Bevormundung in der Hoffnung zu kombinieren versuchte, daß ökonomische Erfolge die politischen Probleme aus dem Wege räumen würden. Unter dem neuen Regime sollten die Unternehmen unabhängig sein und sich selbst finanzieren (aber ohne Selbstverwaltung und Arbeiterräte). Die Produktionsziele wurden

nicht länger durch einen zentralen Plan eingeengt. Die zentrale Planung sollte nur indirekt durch Steuern und die Bereitstellung von Krediten wirksam werden. Die meisten Preise blieben jedoch festgeschrieben. 72 Prozent der Agrar- und 20 Prozent der Industriepreise wurden 1983 von der Regierung festgeschrieben. Die Unabhängigkeit der Leiter wurde durch die den Firmen auferlegte Verpflichtung eingeschränkt, Waren von nationaler Bedeutung anhand von Vorgaben der Regierung zu produzieren.

Die fehlende Konsequenz in Jaruzelskis Reformen war sicher eine Schwäche. Aber noch schlimmer war seine mangelnde Bereitschaft, den polnischen Arbeitern direkt gegenüberzutreten. Die Leiter, die die Freiheit bekamen, mit den Arbeitern Lohnverhandlungen zu führen, taten das, und so begann das Lohnniveau wieder zu steigen und damit die Wirkung der Sparmaßnahmen von 1982 auszuhöhlen. Jaruzelski suchte auch in der Politik den Kompromiß. Solidarität waren die Flügel beschnitten worden. Aber das schloß Verhandlungen zwischen Vertretern des Regimes und der polnischen Gesellschaft nicht aus. Wir werden später sehen, daß das der charakteristische polnische Weg war, zu dem der zeitweilige militärische Herrscher den Anstoß gegeben hatte: der Weg von Verhandlungen mit der nichtkommunistischen Opposition. Aber um damit zu beginnen, mußten zwei Bedingungen erfüllt werden. Erstens mußte sich die Atmosphäre in der Sowjetunion ändern, um der alten Garde in der PZPR die Unterstützung für ihren Widerstand gegen einen solchen Kurs zu entziehen. Zweitens mußte die Opposition selber, die Anfang der 80er Jahre noch entschlossen war, alles oder nichts zu fordern, sich auf eine weniger manichäische Weltsicht einlassen. Es war im wesentlichen das Verdienst von Adam Michnik, daß der Opposition Ende der 80er Jahre dieser Wandel gelang.

Die offensichtliche Niederlage der Bewegung von Solidarität im Jahre 1981 konnte nicht ohne Einfluß auf die wesentlich schwächeren Dissidentenbewegungen im übrigen Osteuropa bleiben. Sie gab außerdem der alten Garde kommunistischer Führer neue Hoffnung. Es folgte eine Periode offensichtlichen Stillstandes, die von der stillschweigenden Garantie der Sowjetunion getragen wurde, im Falle einer Gefährdung der »Errungenschaften des Sozialismus« zu intervenieren. Aber unter der Oberfläche reiften politische, ökonomische und kulturelle Tendenzen heran und drängten in dem Maße zur Oberfläche, wie das schwere Gewicht der UdSSR - wenn auch allmählich und widersprüchlich - durch den neuen sowjetischen Führer, Michail Gorbatschow, angehoben wurde.

10 Niedergang und Fall

Die Unterdrückung der Bewegung von Solidarität in Polen schien Osteuropa in die Uniformität zurückgestoßen zu haben. Es gab jedoch zwei Gruppen von Differenzierungen; bei der einen handelte es sich um eine tiefgreifende Divergenz der historischen Entwicklung, bei der anderen um ein Ergebnis kurzfristiger politischer Entscheidungen. Die tiefe Spaltung zwischen dem »östlichen Mitteleuropa« und den Balkanländern blieb bestehen und damit der Kontrast zwischen den noch relativ unentwickelten Ländern, in denen die kommunistische Modernisierung nicht in die Krise geraten war (Rumänien, Bulgarien, Albanien), und dem fortgeschritteneren Norden, wo die Notwendigkeit radikaler Veränderungen des ökonomischen Systems immer offensichtlicher wurde (die DDR, Polen, die Tschechoslowakei, Ungarn).[1]

Es bestand auch eine für die achtziger Jahre typische Trennwand zwischen Regimen, die aufgrund eines Gefühls der Unsicherheit, das sich aus Erfahrungen früherer gesellschaftlicher Umwälzungen ergab, zu relativer Toleranz gegenüber Abweichungen und Versuchen ökonomischer Reformen bereitfanden (Polen, Ungarn), und jenen, die weiterhin auf reiner Unterdrückung begründet blieben (die DDR, die Tschechoslowakei, Rumänien, Bulgarien, Albanien). Jugoslawien paßt in keine Kategorie, stand aber in bezug auf Toleranz und Reformbereitschaft Polen und Ungarn näher.

Diese fundamentalen Unterschiede hatten für die Art und Weise und den Grad des schließlichen Zusammenbruchs der kommunistischen Herrschaft bedeutende Konsequenzen. Die toleranten und reformbereiten Regime waren in der Lage, mit ihren Opponenten in den Dialog zu treten und einen reibungslosen Übergang in die postkommunistische Ära zu sichern. Wir werden das in Polen und Ungarn sehen. Repressive Regime lehnten den Dialog ab und versuchten bis zum letzten Moment, ihre Macht zu erhalten. Und dann hatten sie die Wahl zwischen einem Blutbad im Stil der Ereignisse auf dem Tienanmen-Platz und der vollständigen Aufgabe ihrer Position. In den zum ersten Typ gehörenden (fortgeschrittene Wirtschaftsysteme) wurde die Entscheidung zugunsten der Aufgabe der Macht getroffen (DDR, Tschechoslowakei). Länder des zweiten Typs (Bulgarien, Rumänien, Albanien), in denen kommunistische Eliten ihre Kampfmoral behielten und es

nur schwache Dissidentenbewegungen gab, konnten den Zusammenbruch etwas, wenn auch nicht auf immer, hinausschieben. Die Episode des Sturzes von Ceausescu in Rumänien kann, trotz ihrer hochdramatischen Züge, diese Typologie nicht entkräften, da es sich dem Wesen nach um eine von öffentlichen Protesten gestützte Palastrevolte innerhalb der Elite selbst handelte.
Der einzige einigende Faktor in den 80er Jahren war die bedrohliche Präsenz der Sowjetunion und der von ihr untermauerten gemeinsamen Institutionen des RGW und des Warschauer Paktes. Der Tod Leonid Breschnews 1982 und die kurzen Amtsperioden seiner Nachfolger Andropow und Tschernenko schienen keine Änderung der sowjetischen Politik hinsichtlich einer Intervention zur Sicherung einer gemeinsamen Politik der osteuropäischen Länder zu bringen. 1984 wurden sowohl Honecker als auch Schiwkow durch sowjetischen Druck gezwungen, Staatsbesuche in Westdeutschland abzusagen. Sogar die Wahl Michail Gorbatschows an die Spitze der sowjetischen kommunistischen Partei im März 1985 brachte anscheinend wenig Veränderung. Sie war natürlich von gewaltiger langfristiger Bedeutung. Aber Gorbatschows direkte Wirkung war viel geringer als man sich vorstellen kann. In den ersten zwei Jahren (1985-1987) verhielt sich der Kreml hinsichtlich seiner Beziehungen mit Osteuropa ruhig.[2] So konnte V.V. Kusin 1986 schreiben:

> »Gorbatschow neigt eher zur Feinabstimmung als zum Durchpeitschen. Kein osteuropäischer Führer wurde gestürzt und keine etablierte Regierung ausgewechselt. Die Ungarn setzen ihre Reformen fort, und die Tschechoslowaken setzen ihre Politik, keine Reformen durchzuführen, fort.«

Noch im August 1987 war sich eine Gruppe Oppositioneller aus Polen und der Tschechoslowakei der Politik Gorbatschows so wenig sicher, daß sie in einem Aufruf forderten, er möge »konkrete Aktionen« unternehmen und »einen tieferen Respekt für die unabhängigen Interessen und Traditionen anderer Länder« zeigen.[3]
1987 begann sich Gorbatschows Haltung zu ändern, und bis Mitte 1988 war er zu der Ansicht gekommen, daß man die osteuropäischen Regierungen regieren lassen sollte, wie sie wollten und ohne von außen einzugreifen. Mit anderen Worten, die Breschnew-Doktrin der eingeschränkten Souveränität wurde schließlich über Bord geworfen. Vorzeichen in dieser Zeit waren die Entscheidung im Mai 1988, mit dem Abzug der Truppen aus Afghanistan zu beginnen, und ebenfalls im Mai die Erklärung in den Thesen für die 19. Parteikonferenz, daß »andere Länder ihr gesellschaftliches System frei wählen« können. Es kann sein, daß Gorbatschow auf die Breschnew-Doktrin schon längst verzichten wollte. Aber seine Handlungsfreiheit wurde genau wie in der Innenpolitik durch die konservativen Kräfte im Politbüro eingeschränkt. Die 19. Parteikonferenz (Juni/Juli 1988) kennzeichnete die Niederlage jener Kräfte. Sie wurde durch die Entlassung Gromykos und anderer führender Angehöriger der alten Garde Breschnews auf dem September-Plenum des ZK bestätigt. Das Plenum schaffte auch die »ZK-Abteilung für die

Verbindungen mit den kommunistischen Parteien der sozialistischen Länder«, die die sowjetische Politik gegenüber Osteuropa geleitet hatte, ab. Von da an war klar, daß die Perestroika in Fragen der Innen- und der Außenpolitik weitergehen würde. Wie Gorbatschow im Februar 1989 sagte:

> »Das neue Herangehen beruht auf bedingungsloser Unabhängigkeit, vollständiger Gleichberechtigung, konsequenter Nichteinmischung in die inneren Angelegenheiten anderer und der Wiedergutmachung früheren Unrechts.«

Als der ungarische Premierminister Miklos Németh im März 1989 Moskau besuchte, sagte man ihm, »jede regierende kommunistische Partei arbeitet in souveräner Weise ihre Politik aus«.

Das hieß aber auch, daß der sowjetische Führer allen Versuchen eine Abfuhr erteilte, seine Reformen zu exportieren. Das hätte wiederum nur die Anwendung der »Breschnew-Doktrin andersherum« bedeutet. Er besuchte im April 1987 Prag und hatte angeblich eine »offene« Diskussion mit Husák. Aber sie hatte keine erkennbaren Auswirkungen. Husák trat im Dezember in den Ruhestand, wurde aber durch Milos Jakesch, der das ererbte System ohne wesentliche Veränderungen erhalten wollte, ersetzt. Gorbatschow äußerte sich zum Problem der Intervention des Warschauer Paktes 1968 gegen die Tschechoslowakei in keiner Weise. Eine Verurteilung hätte in Prag eine politische Krise hervorgerufen. Man argumentierte, vielleicht mit übertriebenem Feingefühl, daß auch dies eine Art Intervention darstellen würde.

Dennoch fühlten sich die Machthaber in Osteuropa von 1988 ab bedroht. Ihre Macht war 1956, 1968 oder 1981 entweder mit Gewalt wiederhergestellt oder erhalten worden. Jetzt würden sie sich auf ihre eigenen Ressourcen verlassen müssen. Wir haben uns zu der unterschiedlichen Reaktion der kommunistischen Machthaber auf diese Lage schon geäußert. Einige von ihnen erkannten die Zeichen und leiteten Strategien einer defensiven Liberalisierung ein (Ungarn und Polen). Die übrigen lehnten den Gedanken an Zugeständnisse vollkommen ab und hielten an dem System, an das sie gewöhnt waren, fest (Honecker in der DDR, Schiwkow in Bulgarien, Jakesch in der Tschechoslowakei, Ramiz Alia in Albanien, Ceausescu in Rumänien).

Für die Machthaber in Osteuropa ergab sich die Bedrohung nicht allein aus der veränderten Haltung der Sowjetunion. Es gab in den 80er Jahren auch innere Schwächen von wachsender Bedeutung, Risse in dem äußerlich imposanten Gebäude des »real existierenden Sozialismus«. Deren Untersuchung werde ich mich jetzt zuwenden. Ich werde von langfristigen strukturellen Schwächen absehen, als da sind die behauptete Unmöglichkeit der Planung einer Volkswirtschaft in allen Einzelheiten, desgleichen das angebliche menschliche Bedürfnis nach Freiheit und Demokratie, der Mangel an Legitimität der kommunistischen Regimes, wenn man ihre erzwungene Schaffung nach 1945 und ihr Versagen, später öffentliche Zustimmung zu erwerben, bedenkt. Solche Erklärungen können aufgrund ihres allgemeinen Charakters nicht erklären, warum das kommunistische System in

Osteuropa 1989 und nicht zu einem anderen Zeitpunkt zusammenbrach. Ich werde stattdessen das Jahrzehnt der achtziger Jahre, ein Jahrzehnt des Niedergangs, betrachten.

Zuallererst geht es um den ein wenig unberechenbaren Faktor Moral. Häufig ist Revolutionen ein Zusammenbruch der Moral der Herrschenden, der sie zu entschiedenem Handeln unfähig macht, vorausgegangen. 1989 war keine Ausnahme. Der ehemalige ostdeutsche Dissident Jens Reich erinnert sich an eine wachsende Tendenz der Mitglieder der herrschenden Partei, Diskussionen zu vermeiden:

> »Wenn es in den fünfziger Jahren im Betrieb eine politische Diskussion gab, sprang immer ein Genosse ein und verteidigte die Position der Partei. In den siebziger und achtziger Jahren vermied man ideologische Arbeit und zog es vor, die Kantine zu verlassen oder den Gesprächsgegenstand zu wechseln.«[4]

Dieses Beispiel ist besonders aufschlußreich, weil Erich Honeckers SED die Dinge bis zum Ende der 80er Jahre sehr fest in der Hand hatte. Es gab einen schleichenden ideologischen Zusammenbruch, d.h. ein Unvermögen sogar von Parteiideologen, ihr Vertrauen in den Marxismus-Leninismus aufrechtzuerhalten. Das war in Polen besonders ausgeprägt, wo ein Schriftsteller 1987 in der Parteizeitschrift *Nowe Drogi* offen zugab, daß während 40 Jahren Sozialismus die »Ausbeutung des Menschen durch den Menschen oder die soziale Ungerechtigkeit nicht abgeschafft« wurden. Er fügte hinzu, »jene, die gegen die Veränderungen sind, setzen Sozialismus mit der Konservierung der gegenwärtigen Machtstrukturen gleich«.[5] Selbst die Phrase vom »real existierenden Sozialismus«, in den 80er Jahren eine populäre Selbstdarstellung des osteuropäischen Systems, enthält nicht nur das Eingeständnis, daß das Ideal des Sozialismus nicht erreicht war, sondern auch die Bereitschaft, sich mit dem Bestehenden, einfach weil es vorhanden ist, zufriedenzugeben - kein sehr begeisterndes Programm. Boris Kagarlitsky zitiert die scharfen Kommentare der ungarischen Dissidenten Bence und Kiss, die 1979 schrieben:

> »Die Anforderungen der Ideologie waren inzwischen vollkommen negativ: nicht die Vorherrschaft der offiziellen Ideologie anzweifeln oder auch: eine rituelle Zelebrierung (nur bei seltenen Gelegenheiten) der Bereitschaft, sich dieser Ideologie zu unterwerfen.«[6]

C.S. Maiers prägnante Zusammenfassung ist hier angebracht: »Die autoritären Herrscher glaubten nicht mehr an ihre eigene ursprüngliche politische Vision.«[7] Die herrschende Ideologie verlor ihre Panzerung.

Auch auf ökonomischem Gebiet gab es zahlreiche Warnzeichen. Das Anwachsen der »zweiten Wirtschaft«, ein Begriff, der für eine Vielzahl von privatunternehmerischen, teils legalen, teils illegalen Aktivitäten steht, die Seite an Seite mit der offiziellen staatlich kontrollierten Wirtschaft bestanden, war besonders in Ungarn und Polen ein Merkmal der späten 80er Jahre. Der ungarische Ökonom János Kornai, der die zweite Wirtschaft als »eine besondere Art zivilen Ungehorsams« bezeichnete[8], schätzte, daß darin Mitte der 80er Jahre ein Drittel der Gesamtarbeitszeit der Ungarn abgeleistet wurde.[9] Eine beträchtliche Menge an Ressourcen und Arbeitskraft versickerte in dieser Sphäre, und die Bürokraten der *Nomenklatura* waren stark daran beteiligt. Das veranlaßte westliche Autoren wie Winiecki zu der Vorhersage eines allmählichen inneren Zerfalls des kommunistischen Wirtschaftssystems. Das war eine pikante und ziemlich marxistische Idee: Die Revolution gegen den Kommunismus würde sich als Transformation der Produktionsverhältnisse vollziehen, und dann würden die politischen Veränderungen folgen.[10]

Man sollte die Ausdehnung der zweiten Wirtschaft aber auch nicht überbetonen. Sie stand bis zum Ende nicht nur an zweiter Stelle, sondern war auch zweitrangig. Sie war sogar in Ungarn, wie R. István Gábor schrieb, »eine wichtige, aber nicht dominierende Aktivität in der Volkswirtschaft«.[11] Die Effektivität der offiziellen Wirtschaft, der ersten Wirtschaft, blieb der entscheidende Faktor. Die kommunistischen Regime Osteuropas hatten ihre Berechtigung und Legitimation immer mit der Behauptung begründet, daß ihre Methode der Wirtschaftsführung rapides Wachstum garantiere. Viele Jahre lang schienen die Statistiken sie zu bestätigen. Ganz allgemein gesagt gab es folgenden Trend. In den 50er Jahren betrug das jährliche Wachstum des materiellen Nettoprodukts 6 bis 7 Prozent. Nach der allgemeinen Wirtschaftskrise des Sowjetblocks Anfang der 60er Jahre, als das Wachstum auf 2 bis 3 Prozent jährlich sank, setzte wieder eine Erholung ein. Sie dauerte bis etwa 1975. Aber von da an ging es die ganze Zeit bergab. Dieser Abwärtstrend der Wachstumsrate gab Reformforderungen innerhalb der herrschenden Elite zusätzliche Dringlichkeit. In Polen und Ungarn wurden Anfang der 80er Jahre denn auch Reformen eingeführt. Sie hielten den Niedergang nicht auf. Die Zahlen für 1985-89 sind sogar noch schlechter als jene für die voraufgegangenen Jahre. Brus erkannte 1985 »eine fortschreitende Tendenz der Stagnation« in den kommunistischen Ländern.[12] Man sollte jedoch zugeben, daß die Beständigkeit dieses Trends umstritten ist. C.S. Maier meinte 1991 rückschauend, daß »das prozentuale Wachstum der Leistungsfähigkeit Osteuropas anerkennenswert« war.[13]

Das ergibt sich teilweise, wenn auch nicht vollständig, aus unterschiedlichen Verfahrensweisen der Messung des Wachstums von Nationaleinkommen. In der Beurteilung nach westlichem Standard, d.h. Rate des Wachstums des Bruttoinlandsprodukts (BIP), worin Dienstleistungen enthalten sind, im Unterschied zum Materiellen Nettoprodukt (MNP), ist die Leistung Osteuropas weniger eindrucksvoll. Das jährliche Wachstum des BIP in konstanten Preisen betrug 1985-89 insgesamt 0,7%; und die Zahlen reichen von 1,5% in der Tschechoslowakei bis zu 0,2% in Polen.[14] Das MNP sieht besser aus als das BIP, ist aber auch schlecht: Tschechoslowakei 2%, Ungarn 0,8%, Rumänien -1,3%, Polen, die DDR und Bulgarien grob gerechnet 3%.[15] Welchen Maßstab man auch anlegt, Ende der 80er Jahre gab es einen eindeutigen Rückgang. Das *Economic Survey of Europe* schlußfolgerte in seinem Jahresbericht für 1989: »die schlechtesten Produktionsergebnisse seit 1947«. Außerdem sind die Maßstäbe des Wachstums rein quantitativ. Qualität und Struktur der Produktion werden als selbstverständlich vorausgesetzt.

Warum gingen die Wirtschaften Osteuropas in den 80er Jahren zurück? Ein entscheidender Faktor war die zunehmende Integration Osteuropas in das kapitalistische Weltsystem. Sie nahm zwei Formen an: Handel und Schulden. Der Handel orientierte sich zunehmend nach dem Westen. 1989 wurde über die Hälfte des Handels Polens (56%), Ungarns (53%) und der DDR (50%) mit entwickelten kapitalistischen Ländern abgewickelt. In der Tschechoslowakei stieg er von 28% 1980 auf 34% 1989. Nur Bulgarien und Rumänien bewegten sich in die andere Richtung, wobei der Westhandel Bulgariens 1989 auf 18% und Rumäniens auf 14% sank. Das bedeutete, daß die enormen Steigerungen der Ölpreise von 1973 und 1979 durch ihre Auswirkungen auf die Preise für andere Importgüter indirekt nach Osten verlagert wurden. Erdöl selbst konnte man bis 1985 relativ billig von der Sowjetunion kaufen, aber dann änderte sich das. Die Sowjetunion weigerte sich, ihre Preise im Gleichklang mit den stark sinkenden Ölpreisen auf dem Weltmarkt zu senken, so daß die osteuropäischen Ölimporteure zwischen 1986 und 1988 tatsächlich den doppelten aktuellen Weltmarktpreis bezahlten.
Sie waren aufgrund der heftigen Konkurrenz der Niedriglohn- und Niedrigkostenländer, »der aufsteigenden Industrieländer« Asiens und Lateinamerikas nicht in der Lage, ihre Importe mit höheren Exporten zu bezahlen. Aber sie brauchten aufgrund ihrer Unfähigkeit, die auf der Mikroelektronik beruhende »dritte industrielle Revolution« der 70er und 80er Jahre nachzuvollziehen, die Produkte der westlichen Technologie (Die östliche Rückständigkeit in dieser Hinsicht ergab sich teilweise aus dem 1951 eingeführten US-Embargo für den Export fortgeschrittener Technologien, das durch ein Koordinierungskomitee in Paris aufrechterhalten und erst im Juni 1990 gelockert wurde). Sogar die Beschaffung der veralteten technologischen Produkte, die importiert werden durften, ging mit einer bis 1987 wachsenden Auslandsverschuldung einher. Sie belief sich bis dahin für die sechs osteuropäischen Mitglieder des RGW auf 76 Milliarden Dollar. Fast die Hälfte - 36 Milliarden Dollar - entfiel auf Polen. Während der folgenden zwei Jahre blieb die Schuldenlast in etwa konstant, außer in Rumänien, das seine Schulden vollständig ablöste und 1989 einen Kredit von 1,5 Mrd. Dollar besaß, das alles aber auf Kosten gewaltiger Entbehrungen für die Massen.
Diese Schuldenzahlen sehen spektakulär aus, man sollte aber ein *caveat* einfügen. Lavigne hat herausgestellt, daß das *Schuldendienstverhältnis*, d.h. das Verhältnis zwischen den Tilgungszinsen plus jährlicher Amortisation und Exporten, während der gesamten 80er Jahre fiel. Es betrug 1981 67 Prozent und 1987 41 Prozent. Das andere wichtige Verhältnis, das Verhältnis der *Nettoverschuldung zu den Exporten*, befand sich 1987 nur in zwei Fällen über der OECD-Gefahrengrenze von 200 Prozent, und zwar im Fall Polens und Ungarns.[16] Dennoch hatte die Schuldenlast insofern eine Bedeutung, als westliche Kreditgeber wie der IWF als Bedingung für Umschuldungen Sparmaßnahmen fordern konnten und die kommunistischen Machthaber für derartige Maßnahmen verantwortlich gemacht wurden. Daher 1988 die Streiks in Polen, die nicht außerhalb des Zusammenhangs mit dem jährlichen Fall des polnischen Lebensstandards zwischen 1985 und 1989 um 0,6

Prozent gesehen werden können.
Außerdem erstarkten in den 80er Jahren eine Reihe gesellschaftlicher und politischer Kräfte. Einige Autoren, z.B. Elemér Hankiss, haben nicht nur eine »zweite Wirtschaft«, sondern auch eine »zweite Gesellschaft« herausgefunden, die mit der »ersten« oder offiziellen Gesellschaft parallel lief und von einer »zweiten Kultur«, die oft eine Jugendkultur war, untermauert wurde. Die Rock- und Jazzrebellion war in der Tschechoslowakei besonders wichtig. Ihre Entwicklung wurde in dem Buch »Über Moskauer Blues sprechen« des Romanciers Josef Skvorecky liebevoll nachgezeichnet. Polizeiaktionen der Behörden gegen Rockkonzerte führten zu blutigen Auseinandersetzungen mit den Fans. Die Popgruppe Plastic People of the Universe wurde 1976 eingesperrt, weil sie sang, daß ein bestimmter bedeutender Bürger »nicht Gott, sondern ein Stück Exkrement« sei. Die Hauptrichtung der Dissidentenbewegung, Charta 77, entstand im Zusammenhang mit dem Protest gegen deren Inhaftierung. Als sich Anfang der 80er Jahre das Punkphänomen von Westen her ausbreitete, schrien rebellische Gruppen, wie Lady Pank (Polen), Coitus Punk (Ungarn), Patent (Tschechoslowakei) und Pankow (DDR) ihre politisch oft subversiven Songs heraus und testeten damit die Grenzen der Toleranz der Herrschenden, enge Grenzen in der Tschechoslowakei und der DDR, weitere in Ungarn und Polen.[17]
Es gab auch weniger spektakuläre, aber dennoch nicht weniger reale Veränderungen im Bewußtsein, die das Wachsen oder die Belebung religiöser, populistischer, nationalistischer und liberaler Haltungen betrafen. Hankiss berichtet, »es war faszinierend zu sehen, wie 1987 und 1988 die Festung der offiziellen Ideologie und Weltanschauung in Stücke fiel«.[18] Die Stärke der zweiten Gesellschaft veranlaßte viele, von einem Wachsen der »Zivilgesellschaft« zu sprechen oder gar eine Opposition zwischen der »Gesellschaft« *tout court* und dem kommunistischen Staat zu postulieren. Die zweite Gesellschaft (eine passive Ablehnung des Systems) ging in die Dissidentenbewegung (ihre aktive Verneinung) über; die Dissidentenbewegung war nur die Spitze des Eisbergs oder zumindest die direkt politische Artikulation anfangs unpolitischer Trends.
Trotz der Warnzeichen auf all diesen Gebieten, dem ökonomischen, sozialen, ideologischen, kulturellen Gebiet, haben nur wenige Beobachter von außerhalb den Zusammenbruch der kommunistischen Herrschaft in den 80er Jahren vorausgesagt. Es lassen sich sehr leicht Beispiele des von den Kommentatoren über Osteuropa bis in das Jahr 1989 hinein gezeigten Mangels an Weitblick zusammenstellen. Der Historiker Joseph Rothschild behauptete noch 1988,

> »die sowjetische Hegemonie über das östliche Zentraleuropa kann nicht aufgegeben werden, ohne die sowjetische Legitimität zu gefährden. Diese Erwägungen werden sich über die sowjetische Erkenntnis hinwegsetzen, daß die Objekte jener Hegemonie mißmutig sind«.[19]

Die Politikwissenschaftler Lovenduski und Woodall schrieben 1987,

»Osteuropa bleibt fest in der sowjetischen Sphäre. Seine Aussichten auszubrechen sind dieselben wie die der westlichen Länder, aus der NATO, der EG oder dem IWF auszutreten«.

Außerdem fügten sie hinzu, »die erfolgreiche Durchsetzung sozialistischer Ideale« bilde einen »Rahmen für die Legitimation« von »staatsozialistischen Regimen«, wenn sie in der Lage waren die »versprochene soziale Gleichheit zu verwirklichen«.[20] Sogar Zbigniew Brzezinski, der 1988 und von einer feindseligeren Position als Lovenduski und Woodall schrieb, sah als wahrscheinlichstes Ergebnis »eine langwierige und unentschiedene Systemkrise, die möglicherweise in eine neue Stagnationsperiode ausläuft« kommen.[21] Ronald Asmus hielt es im August 1989 für »verfrüht anzunehmen, die Breschnew-Doktrin ist tot«.[22] Die Liste ließe sich fortsetzen.
Wir haben angedeutet, daß es in Osteuropa eine Fülle von Anzeichen des Niedergangs gab, aber nicht eines bevorstehenden Zusammenbruchs. Polizei und Armee schienen 1989 ausreichend zuverlässig. Nirgendwo, außer in Rumänien (ein Sonderfall), haben in den 80er Jahren die Sicherheitskräfte gemeutert oder den Befehl, Demonstrationen aufzulösen, verweigert. Das traf sogar auf Polen zu. Die Volkswirtschaften des Sowjetblocks funktionierten weiterhin und sorgten in den meisten Fällen für ein Ansteigen der Reallöhne und Exporte. Als das Ende kam, kam es für die meisten plötzlich und unerwartet.
Selbst der scharfsinnigste Beobachter wäre aus der Sicht des Jahresanfangs 1989 nicht in der Lage gewesen, die Geschwindigkeit des Zusammenbruchs des Kommunismus vorherzusagen. Als er kam, war es eine Art Kettenreaktion. Das schwächste Glied der Kette brach zuerst. Es war Polen. Der Übergang von der defensiven Liberalisierung zur Machtteilung, der einem Verzicht gleichkam, kann genau datiert werden - das 10. Plenum des ZK der PZPR im Januar 1989, auf dem man übereinkam, Gespräche mit Solidarität zu führen. Die übrigen osteuropäischen Länder folgten sehr schnell. Polen wies Ungarn den Weg. Hier wurden im Juni Gespräche mit der nichtkommunistischen Opposition begonnen. Ungarn dann unterminierte die DDR, indem es die Reisefreiheit über seine Grenzen gestattete: der 10. September 1989, ein entscheidendes Datum für den Fall des Kommunismus in Osteuropa. Das Schauspiel des Abbaus der Berliner Mauer löste die »samtene Revolution« in der Tschechoslowakei aus. Dann folgte, wenn auch ohne klaren inneren Zusammenhang, der Sturz Ceausescus in Rumänien. Die Rückwirkungen dieser Ereignisse zerstörten schließlich die kommunistischen Regime in Bulgarien und dem nördlichen Teil Jugoslawiens. Sogar Albanien blieb nicht immun. Das ist natürlich eine knappe Zusammenfassung. Wir werden die Ereignisse, mit Polen beginnend, jetzt etwas detaillierter betrachten.

POLEN UND UNGARN: EIN REIBUNGSLOSER ÜBERGANG AUS DEM KOMMUNISMUS

In Polen wurde der Weg der kleinen Schritte und des Kompromisses eingeschlagen. Das erforderte eine Art der Zusammenarbeit zwischen Regierung und Opposition, die für viele, die sich an den Coup von 1981 erinnerten, ein Greuel war. Aber es sprachen starke Gründe für einen solchen Kompromiß. Trotz der Unterdrückung der Bewegung der Solidarität und der offiziellen Verkündung ihrer Abschaffung (8. Oktober 1982) blieb Polen das Land, in dem die kommunistische Herrschaft dem Zusammenbruch am nächsten war. Die Situation in Polen wurde in den 80er Jahren durch drei Hauptelemente charakterisiert: die fortgesetzte Stärke der Opposition, General Jaruzelskis eigene tiefe Erkenntnis der Schwäche seines Regimes und das Problem der Wirtschaftsreform, das sich ohne eine Partnerschaft mit Solidarität als unlösbar erwies.

Die Stärke der polnischen Opposition wurde unter Jaruzelski durch seine Anfangserfolge bei der Unterdrückung der Proteste anläßlich verschiedener Jahrestage 1982 etwas verdeckt. Aber Solidarität blieb weiterhin eine Kraft im Untergrund. Die Reichweite der Aktivitäten der Dissidenten Mitte der 80er Jahre war für ein kommunistisches Land einmalig. Verlage der Dissidenten veröffentlichten 400 Zeitschriften im Jahr, durch die drei Millionen Menschen erreicht wurden. 500 Bücher erschienen pro Jahr über den »zweiten Kreislauf« unabhängiger Verlagstätigkeit. Diese Ergebnisse waren ein Beweis der Stärke der polnischen Dissidentenbewegung und, paradoxerweise, des toleranten Charakters des Jaruzelskiregimes. Der Kulturminister räumte 1987 ein:

> »Was den sogenannten zweiten Kreislauf betrifft, so unterstützen wir ihn nicht gerade, werden uns aber auch keine besondere Mühe geben, ihn zu verfolgen.«[23]

Die Amnestie von Aktivisten der Solidarität im September 1986 war ein Zeichen dafür, daß die Regierung die Opposition als permanenten Faktor der polnischen politischen Landschaft ansah, den man nicht unterdrücken oder ignorieren konnte. Sie war auch ein Zeichen dafür, daß das Regime nicht mehr totalitär war und daß es nicht das Selbstvertrauen besaß, in die Offensive zu gehen. In diesem Kontext war die Ermordung von Pater Popieluszko 1984 von geringerer Bedeutung als die Bereitschaft der Regierung, Angehörige der eigenen Sicherheitskräfte für die Durchführung dieses Verbrechens zu bestrafen (Sie erhielten 1985 Haftstrafen zwischen vierzehn und fünfundzwanzig Jahren). Der außenpolitische Kontext sollte nicht außer acht gelassen werden, aber es ist immer noch Gegenstand der Spekulation, inwieweit die relative Liberalisierung in Polen während der Jahre nach 1985 eine Reaktion der Parteiführung auf die gewandelte Atmosphäre in der Sowjetunion war. Es gibt keinen Beweis für direkten politischen Druck.

Schließlich, und das ist das Wichtigste, bestand eine sich ständig verschlechternde ökonomische Situation und das Dauerproblem ökonomischer Reformen. Polens

Wirtschaft verschlechterte sich trotz der Einführung des Kriegsrechts und der Beendigung der Streikbewegung weiterhin. Sie litt unter »der polnischen Krankheit«, einem Leiden, das, wie Jan Drewnowski gezeigt hat, nicht nur für Polen typisch war.[24] Die Symptome waren Überbeschäftigung in der Industrie, heimliche Sabotage durch die Arbeiter als Reaktion auf die Unterdrückung ihrer Gewerkschaften, relative Rückständigkeit der Landwirtschaft und wachsende Zahlungsunfähigkeit des Staates. Die Auslandsschulden betrugen 1988 39 Mrd. Dollar, die Reallöhne waren 1988 20 Prozent niedriger als 1980, das nationale Pro-Kopf-Produkt war 1988 13 Prozent niedriger als 1978. Dem katastrophalen Niedergang in der Periode von 1978 bis 1982 war zwar eine teilweise Erholung gefolgt, aber sie verlief zu langsam, als daß bis zum Ende des Jahrzehnts das frühere Niveau erreicht worden wäre. Nach einer Periode der Rezentralisierung zwischen 1978 und 1982 entschied die Regierung, sich dem Problem der Wirtschaftsreform zu widmen, diesmal aber in Zusammenarbeit mit der polnischen Öffentlichkeit. Die marktorientierte, auf Austerität basierende Reform von Professor Zbigniew Messner wurde im November 1987 zur Abstimmung gestellt. Ihre Niederlage (44 Prozent der Wahlberechtigten unterstützten sie) bedeutete, daß der einzige Reformplan der Regierung torpediert wurde. Man kehrte zu der Von-der-Hand-in-den-Mund-Politik früherer Jahrzehnte zurück. Die Krise von 1988 wurde durch einen Versuch, die Agrarproduktion zu stimulieren, ausgelöst. Im Januar 1988 wurden die landwirtschaftlichen Aufkaufpreise um durchschnittlich 48 Prozent erhöht. Um das zu finanzieren, wurden die Einzelhandelspreise um bis zu 40 Prozent erhöht. Das ist der ökonomische Hintergrund der Streiks von Mai und August 1988. Die Streikenden wollten ausgleichende Lohnerhöhungen von 15 000 bis 20 000 Zloty. Sie erweiterten ihre Kampfziele aber bald ähnlich wie in den Streiks von 1970, 1976 und 1980 auf die Wiederzulassung von Solidarität, die Freilassung politischer Gefangener und die Wiedereinstellung von Leuten, die aus politischen Gründen entlassen worden waren. Lohnerhöhungen wurden gewährt, aber die politischen Forderungen wie 1970 und 1976 ignoriert.

Diesmal endete die Geschichte jedoch anders. In den verschiedenen einander gegenüberstehenden Lagern hatte es seit 1986 heftige innere Gruppenkonflikte bezüglich der Frage eines Kompromisses gegeben. Viele Aktivisten der Solidarität vertraten einen »Alles-oder-nichts-Standpunkt«. Sie sagten, mit dem Bösen könne man keinen Kompromiß schließen. Aber Adam Michnik, der 1986 einen Kompromiß mit der Regierung zu befürworten begann, bekehrte die führenden Personen von Solidarität zu seinem Standpunkt. Es war eine schwierige Wahl, weil der Kompromiß eine Hinwendung zum Markt einschloß, die den Arbeitern in der staatlichen Industrie schweren Schaden zufügen würde. Radikale Veteranen der Solidarität, wie Andrzej Gwiazda, Marian Jurczyk, Jan Rulewski und Anna Walentynowicz, und auch die PPS (Polnische Sozialistische Partei), die von dem KOR-Veteranen Jósef Lipski gegründet wurde, lehnten das ab. Aber der von der Kirche beeinflußte Flügel der Bewegung, darin auch Bronislaw Geremek und Lech Walesa selbst, waren für einen, wie sie es nannten, »Antikrisenpakt« mit den

Behörden. Ähnlich waren auf der Regierungsseite Jaruzelski und Mieczyslaw Rakowski zuerst in einer Minderheit gegenüber Reformgegnern, wie Alfred Miodowicz, Chef der offiziellen Gewerkschaftsbewegung. Daher bestand hinsichtlich der Streiks von 1988 das Paradox, daß sie von Walesa und der Regierung[25] abgelehnt und von der PPS, der »Kämpfenden Solidarität« und den offiziellen Gewerkschaften unterstützt wurden. Jaruzelski bot »Diskussionen am runden Tisch« mit Walesa und anderen Führern von Solidarität an und zwang seine widerstrebenden Kollegen auf dem 10. Plenum des ZK im Januar 1989, indem er seinen Rücktritt androhte, dem zuzustimmen. Später rühmte Adam Michnik Jaruzelski öffentlich wegen des von ihm gezeigten »politischen Mutes« bei »der Abkehr von sieben Jahren Politik gegen Solidarität« (April 1989). Jaruzelskis Kompromißbereitschaft entsprach die von Walesa. Die Gespräche mit Solidarität am runden Tisch (Februar bis April 1989) führten im Effekt zur Kapitulation der PZPR, wenn es auch wie ein Kompromiß aussah. Man einigte sich, freie Wahlen zu einem wieder ins Leben gerufenen polnischen Senat oder Oberhaus und zu 35 Prozent der Sitze im *Sejm* durchzuführen. Achtunddreißig Prozent der Sitze im *Sejm* würden der PZPR garantiert, während die verbleibenden 27 Prozent an die bisherigen gehorsamen »Koalitionsparteien« und »katholischen Organisationen« gehen würden. Im Gegenzug stimmte die Opposition der Schaffung eines Präsidentenamtes mit Richtlinienkompetenz für die Armee und die Außenpolitik zu. Man wünschte, daß Jaruzelski in dieses Amt gewählt würde.
Das Ausmaß der Kapitulation der Regierung wurde in den Wahlen im Juni 1989 sichtbar. Wie vorauszusehen, gewannen die Kandidaten von Solidarität, die als Vertreter von »Bürgerkomitees« kandidierten, in beiden Wahlen haushoch. Sämtliche offenen Sitze im *Sejm* gingen an Solidarität, desgleichen 99 von 100 Sitzen im Senat. Das reichte streng numerisch nicht zur Regierungsbildung, aber der Sog der Opposition war so stark, daß die ehemaligen Koalitionspartner der PZPR, die Vereinigte Bauernpartei und die Demokratische Partei, über die Stränge schlugen und eine Koalition mit Solidarität bildeten. Damit wurde der Bildung der Regierung von Tadeusz Mazowiecki im August der Weg geebnet. Solidarität erhielt zwölf Kabinettssitze und damit die Majorität. Die PZPR bekam vier Sitze, die aber das Innen- und das Verteidigungsministerium einschlossen. Man nahm fälschlicherweise an, daß die Sowjetunion weniger nicht zulassen würde. So groß war die Unsicherheit über die Position Gorbatschows. Aber die nach außen sichtbare Schlüsselrolle war in Wirklichkeit nur Dekoration. Die wahre Macht in der Regierung hatte Solidarität. Das Programm kam von Solidarität. Und die Politik bestand in der fortschreitenden Demontage des kommunistischen Systems der Kontrolle über Staat und Wirtschaft.

In Ungarn wurde ein ähnlicher Weg des Kompromisses und der Versöhnung eingeschlagen. Aber während der Prozeß in Polen ziemlich plötzlich und unerwartet begann, war er in Ungarn lange gereift, hatte er dort wohl schon 1956 begonnen. János Kádárs Entscheidung, sein Regime durch einen Teilkompromiß auf der Basis des »Wer nicht gegen uns ist, ist für uns« zu festigen, schuf einen

Rahmen, der bis zum Ende der 80er Jahre hielt. Es gab natürlich Höhen und Tiefen. Der kurzlebigen Bewegung für größere ideologische Freizügigkeit und ökonomische Reform von 1966-73 folgte ein strafferes Regime mit der Hexenjagd gegen Hegedüs und seine Freunde (1973), der Entlassung von Rezsö Nyers (1974) und einer gewissen ökonomischen Rezentralisierung.
Die von der USAP Anfang der 70er Jahre eingeschlagene härtere Linie muß als Versuch angesehen werden, die fortgesetzte »Erosion der Macht« (Hankiss)[26] abzuwehren, von der Schritte zur Liberalisierung unvermeidlich begleitet wurden. Als die USAP sich 1977 wieder in der Lage fühlte, weitere Schritte, in erster Linie in Richtung ökonomischer Reformen, zu gehen, wurde die Erosion ihrer Macht beträchtlich beschleunigt. Das war natürlich nicht das, was die Partei mit der Durchführung der Reformen beabsichtigte. Auf politischem Gebiet wurden für die ungarischen Wahlen im Juni 1985 Mehrfachkandidaturen eingeführt; aber Kádár betonte, daß in Ungarn dennoch ein Einparteiensystem gelten würde. Die rivalisierenden Kandidaten wurden auf das Programm der Patriotischen Volksfront (HNF) verpflichtet (das sich vom Parteiprogramm der USAP nicht wesentlich unterschied). Dennoch war bemerkenswert, daß 43 Sitze (11 Prozent) von Unabhängigen errungen wurden.
Auf ökonomischem Gebiet waren bestimmte Restriktionen der privaten Landwirtschaft schon 1980 abgeschafft worden (Private Bauern durften Traktoren kaufen), was zu einem Anwachsen des Beitrags des privaten Sektors zur Agrarproduktion führte (von 31 Prozent 1980 auf 34 Prozent 1985), obwohl er nur über 13 Prozent der landwirtschaftlichen Nutzfläche verfügte. In der Industrie war ein Wandel schwerer durchzusetzen. Anfang der 80er Jahre gab es einige unbedeutende Liberalisierungsmaßnahmen, wie die Aufspaltung einiger großer Unternehmen in kleinere Einheiten und größere Freiheit für die Zulassung kleinerer Privatfirmen. Aber die Regierung stand vor dem nahezu unlösbaren Problem des Widerspruchs zwischen ihren Bindungen an die monopolistischen Produzenten und ihrem ökonomischen Ziel, zu sparen und zu stabilisieren. Das »Stabilisierungsprogramm« von 1979 begann mit rücksichtslosen Sparmaßnahmen und Preisreformen, um die einheimischen Preise mehr an die Weltmarktpreise heranzuführen. 1982 wurde Ungarn in den IWF und die Weltbank aufgenommen. Aber etwa 1985 hatte die Lobby der Industriemanager, die von Kádár persönlich unterstützt wurde, die ökonomischen Experten in der Partei besiegt. Letztere reagierten in ihrer Enttäuschung auf dem Parteitag 1985 mit dem Übergang auf die Positionen der dissidentischen Opposition. Der Verlust dieser ökonomischen Berater war ein Schlüsselelement im Niedergang der Vertrauensbasis der Partei.[27]
Indessen wurde in der bisher so gehorsamen HNF Unruhe spürbar. Ihr Vorsitzender, Imre Pozsgay, war selbst ein führender Parteireformer. Seine 1982 erfolgte Berufung an die Spitze der HNF oder Patriotischen Volksfront, seinerzeit noch ein typischer »Transmissionsriemen«, war eindeutig eine Degradierung. Aber er war unter den veränderten Bedingungen Ende der 80er Jahre fähig, sie in eine unabhängige Machtbasis umzuwandeln. 1986 veranlaßte die HNF eine Studie fünfund-

dreißig führender ungarischer Ökonomen mit dem Titel »Wendepunkt und Reform« (*Fordulat és Reform*), die in der Analyse der Situation ganz schön vom Leder zog. Der Bericht forderte »politische, organisatorische, institutionelle und soziale Reform«. Es solle eine »offene Gesellschaft« mit einer »dem Parlament verantwortlichen Regierung« und »einer pluralen Interessenvertretung« geschaffen werden. Der Bericht ging nicht so weit, ein Mehrparteiensystem zu fordern, aber erwähnte auch nicht die führende Rolle der Partei. In bezug auf die Wirtschaft konnten die Forderungen kaum radikaler sein: »Es ist Aufgabe der Regierung, Behinderungen des Marktes ständig und bewußt auszuschalten.«[28]

Die Tatsache, daß die Partei die Publikation dieses Reformprogramms in der offiziellen Zeitschrift der Ungarischen Akademie der Wissenschaften zuließ und gleichzeitig die Weglassung der »führenden Rolle« anprangerte, ist ein Ausdruck der seltsamen Formen partieller Liberalisierung, die Ende der 80er Jahre in Ungarn herrschten. Diese konfuse Reaktion spiegelte die »Führungsschwankungen«, ein auch in anderen kommunistischen Staaten zu beobachtendes Phänomen, wider[29], die von Fraktionskonflikten an der Spitze der Partei verursacht wurden. Nach den vielen Jahren der Machtausübung befand sich Kádárs Position nun im Niedergang und wurde von der Fraktion um Pozsgay in Frage gestellt. Im Zentrum, zwischen Pozsgay und Kádár, befand sich Károly Grósz, der im Juli 1987 Premierminister und im Mai 1988 Erster Sekretär der Partei wurde. Die »Palastrevolution« vom 22. Mai 1988, in der Kádár und viele seiner Kollegen im Politbüro aus ihren Positionen entfernt wurden, schien ein entscheidender Schritt in die Richtung eines Mehrparteiensystems zu sein. Aber Grósz enttäuschte schnell die in ihn gesetzten Hoffnungen. Er versuchte, die Reformdebatte in der Partei abzublocken. Das führte zu weiterer Desillusionierung.[30]

Dennoch, der Name des Spiels in Ungarn hieß auch weiterhin Kompromiß. Im September 1987 vereinigten sich die gemäßigte Opposition und die Reformer der Partei und gründeten das Ungarische Demokratische Forum (UDF). Imre Pozsgay persönlich sprach auf der Gründungskonferenz der UDF. Da er während der Umbildung im Mai 1988 in das Politbüro der USAP aufgenommen wurde, hatten seine Worte Gewicht. Es folgte eine Periode vorsichtiger Fortschritte, in der Grósz die Opposition auf Abstand zu halten versuchte, während er dem Reformflügel der Partei gleichzeitig die Fortsetzung der Einführung der ökonomischen Teile des Reformprogramms gestattete (Mihály Biharis »Programmkorb für Demokratie«, das im Juni 1988 dem Parlament vorgestellt und 1988/89 Punkt für Punkt durchgesetzt wurde). In der Zwischenzeit wurde von radikalen Elementen ein bestimmter Druck ausgeübt. Ihr Programm war der »Neue Gesellschaftsvertrag«, eine Reihe von Vorschlägen, die im Juni 1987 von der Gruppe Demokratische Opposition in dem *samizdat*-Periodikum *Beszélö* veröffentlicht wurde.[31] Sie forderte statt Kompromissen die Kapitulation der Partei: freie Wahlen, Wiederherstellung der kommunalen Selbstverwaltung und eine dem Parlament verantwortliche Regierung.[32] Gelegentlich, nachdem sie Anfang 1988 das Bündnis Freier Demokraten gegründet hatten, gingen die Radikalen auf die Straße. Es fand eine

Demonstration gegen die »Systematisierungspolitik« des rumänischen Führers Ceausescu statt (April 1988), die Auswirkungen auf die ungarische Minderheit in Transsylvanien hatte. Das war ein ziemlich harmloser Gegenstand. Aber es gab am 16. Juni auch eine Demonstration zum Gedächtnis an Imre Nagy und die ungarische Revolution von 1956. Damit sollte die Legitimität der USAP-Herrschaft in der Wurzel getroffen werden; die Demonstration wurde verboten.
Der Druck von unten und ohne Zweifel auch die Nachricht aus Polen, daß die Bewegung Solidarität als gleichberechtigter Partner an Diskussionen mit dem Regime teilnehmen würde, ermöglichten den Reformern, auf der entscheidenden ZK-Sitzung am 10. Februar 1989 die Opposition des konservativen Parteiflügels zu überwinden. Auf die Niederlage Grósz' folgte 1989 eine Reihe von Maßnahmen, die im Effekt die Herrschaft der Partei demontierten und mit ihrer Wirkung nach draußen die Kettenreaktion in Gang setzten, die die kommunistische Herrschaft auch anderswo zerstörte. Zuerst bekannte sich die USAP selbst zu einem Mehrparteiensystem (Februar 1989), dann verzichtete sie auf den demokratischen Zentralismus (April), dann schaffte sie das System der *Nomenklatura* ab (Mai); dann rehabilitierte sie die Revolution von 1956 und ließ ein Begräbnis Imre Nagys zu (Juni), dann unterzeichnete sie mit der Opposition eine Vereinbarung über freie Parlamentswahlen (13. September). Im Oktober demonstrierte das alte Parlament seine Unabhängigkeit und verbot Parteigruppen am Arbeitsplatz, schaffte die 60 000 Mann starke Arbeitermiliz ab und wandelte Ungarn aus einer Volksrepublik in eine Republik um. Am 7. Oktober schließlich löste sich die Partei selbst auf. Es tauchten zwei Rivalen für die Nachfolge der Kommunisten auf: die von den Reformern gegründete Ungarische Sozialistische Partei und die Ungarische Sozialistische Arbeiterpartei, die die konservativere Fraktion vertrat.
Die Situation war ungewöhnlich. Die Parteielite hatte ihre eigene Position zerstört. Warum? Von Szelény wird diese »erstaunliche Bereitschaft der Elite, sich und ihre Organisationen aufzulösen«, durch Bezugnahme auf das sich nach 1970 wandelnde Schema des Beitritts zur Partei und staatlichen Bürokratie erklärt. Die Loyalität der »fähigen jungen Fachleute«, die in den 70er und 80er Jahren in die *Nomenklatura* aufgenommen wurden, »liegt nicht beim Kommunismus«; sie wollten ganz natürlich für ihre eigenen Interessen sorgen. So entstand das Phänomen, das Hankiss »die Konversion der Macht« nennt:

> »Die herrschende Elite Ungarns gab ihre Macht auf ... weil sie begriff, daß sie gute Aussichten hatte, die Macht, die sie im alten System besessen hatte, in eine neue Art Macht zu *konvertieren*.«

So konnten staatliche Firmen in das Privateigentum ihrer früheren Manager umgewandelt werden. Dieses Herangehen wurde in ökonomischer und gesellschaftlicher, weniger in politischer Hinsicht in ganz Osteuropa angewandt.[33]
Aber die größten Auswirkungen nach außen hatte der Wandel der ungarischen Außenpolitik. Im Mai 1989 wurde der Stacheldrahtzaun an der österreichischen Grenze entfernt. Das war das Ende des »eisernen Vorhangs«. Ostdeutsche Urlau-

berströmten nach Ungarn, um das zu nutzen. Im August mußte die westdeutsche Botschaft in Budapest schließen, weil ihr Gelände mit ostdeutschen Flüchtlingen überfüllt war. Am 10. September schließlich öffnete die ungarische Regierung die Grenze zu Österreich und erlaubte 12 000 Ostdeutschen, innerhalb 72 Stunden zu gehen. Das war ein Bruch einer seit langem gültigen Vereinbarung mit der DDR und führte unausweichlich zu deren Zusammenbruch.

DIE DDR, DIE TSCHECHOSLOWAKEI UND DER REST: ZUSAMMENBRUCH ALS KETTENREAKTION

Bis zum Einwirken äußerer Kräfte hatte die herrschende Partei die Situation in Ostdeutschland gut unter Kontrolle. Während der 70er und 80er Jahre erfolgte eine zunehmende internationale Anerkennung. Man begann die Deutsche Demokratische Republik als den Staat zu bezeichnen, der »aus der Kälte kam«. Die westdeutsche Strategie seit 1973 bestand darin, »Wiedervereinigung überflüssig zu machen« durch eine »Politik der Wiederannäherung«. 1983 und 1984 wurden der DDR aufeinanderfolgende Kredite von 2 Milliarden Mark eingeräumt. Die Sowjetunion versuchte zunächst, gegen die allmähliche Verbesserung der Beziehungen zwischen den beiden Ländern zu opponieren. Honecker wurde von Tschernenko an einem Besuch in Bonn 1984 gehindert. Der in der sowjetischen Haltung durch Gorbatschow herbeigeführte Wandel öffnete den Weg für das *rapprochement* zwischen Ost- und Westdeutschland. Als Honecker im September 1987 Bonn besuchte, wurden ihm alle dem Staatsoberhaupt eines anderen Landes zustehenden zeremoniellen Ehren erwiesen.[34]

Viele Menschen interpretierten den Honeckerbesuch als Anerkennung der Teilung Deutschlands in zwei Staaten durch die Bundesrepublik. Das war in bestimmter Hinsicht wahr, aber Bonns Politik war zweischneidig. Die DDR wurde zunehmend von Westdeutschland als Handelspartner abhängig (1988 18 Prozent und 1989 20 Prozent der Importe). Die Öffnung nach Westen war für Honecker ein gewaltiges Risiko. Aber im Innern konnte der allgegenwärtige Staatsicherheitsdienst (die *Stasi*) jegliche abweichende Bewegung unterdrücken und im Keim ersticken. Wirklich hartnäckige Opponenten wurden nach dem Westen ausgewiesen. Die DDR-Wirtschaft schien Anfang der 80er Jahre recht leistungsfähig. Mit einer erfolgreichen Exportoffensive von 1981 bis 1985 konnte die Schuldenlast von 10,1 Mrd. Dollar auf 7,1 Mrd. Dollar reduziert werden.[35] Honeckers Risiko, so schrieb 1988 ein prominenter westlicher Analytiker »hat sich im allgemeinen ausgezahlt«.[36]

Aber die DDR war gegen die in diesem Kapitel schon dargelegten immanenten Schwächen nicht immun. Aufgrund der Konkurrenz aus Südostasien stagnierte der Außenhandel Ende der 80er Jahre. Aufgrund der Abhängigkeit vom sowjetischen Erdöl konnte das Land nicht von der Senkung der Ölpreise Mitte der 80er Jahre profitieren. 1986 kaufte man von den Russen Erdöl zu einem um das dreifache über dem Weltmarkt liegenden Preis. Von 1985 an wuchs die Schuldenlast progressiv. 1987 betrug sie wieder 10,1 Mrd. Dollar und 1989 11 Mrd. Dollar. Ende der 80er Jahre gab es einen deutlichen Rückgang der Wachstumsrate des Nationaleinkommens (von 4,5 Prozent jährlich zwischen 1981 und 1985 auf 3,1 Prozent jährlich von 1986 bis 1989).[37] Es handelte sich um wirklich ernste Probleme, aber die wirklichen Schwierigkeiten lagen auf psychologischem Gebiet. Der Bevölkerung konnte das Niveau der Umweltverschmutzung, die sich aus der einseitigen Betonung der Produktion um der Produktion willen ergab, nicht verborgen bleiben. Man konnte sie nicht vom westdeutschen Fernsehen abschirmen, in dem ständig demonstriert wurde, daß die DDR, welche großen Fortschritte sie auch immer machen mochte, in materieller Hinsicht noch weit hinter der Bundesrepublik zurückblieb. In den 80er Jahren ging, was Glaessner »die Emanzipation der Gesellschaft von dem Anspruch der SED, alles zu dirigieren und beherrschen«[38] nennt, geschwind voran.

Auch Gorbatschows Reformen in der Sowjetunion hatten beträchtliche indirekte Auswirkungen. Aufgrund des Vergleichs zwischen der Liberalisierung in der Sowjetunion und des fortgesetzten Widerstandes der SED dagegen entwickelte sich seit 1985 eine wachsende Entfremdung vom Honeckerregime. Die Zensur von Nachrichten aus der Sowjetunion, sogar das Verbot sowjetischer Publikationen und Filme, blieb deshalb ohne Wirkung, weil westdeutsche Radio- und Fernsehstationen umfassend über die Aktivitäten Gorbatschows berichteten.

Dennoch gab es in der DDR sehr wenig offene Opposition. Ein Grund dafür war die Unterdrückung: das allgegenwärtige und massive Netzwerk des Geheimdienstes *Stasi* (100 000 Angehörige). Ein weiterer Grund war das Vorhandensein des Sicherheitsventils der Emigration. Wenn auch die Mauer für gewöhnliche Bürger undurchdringlich war, erlaubte man lästigen Leuten zu gehen oder zwang sie dazu. 1984 erkannte man 32 000 Menschen die Staatsbürgerschaft ab und erlaubte ihnen, das Land zu verlassen. Zwischen 1961 und 1983 verließen insgesamt 263 000 Menschen legal die DDR.

Wo es Opposition gab, war sie in ihren Zielen so maßvoll, daß das Regime sie tolerieren konnte. Diese Duldung war vielleicht ein Zeichen der Schwäche. Im Jahr 1987 entstanden zwei bedeutendere inoffizielle Zeitschriften, die »Umweltnachrichten« und der »Grenzfall«, wobei erstere sich auf Probleme des Umweltschutzes konzentrierte und letztere ein Programm für Frieden und Menschenrechte entwickelte. Von 1987 an fanden in der *Nikolaikirche* in Leipzig unter der Ägide der evangelischen Kirche »Friedensgespräche« statt. Der Gegenstand vieler dieser Gespräche, nämlich die Rüstungsbegrenzung in Ost und West, war den DDR-Autoritäten nicht notwendigerweise unwillkommen. Aber im Frühling 1989 richteten die Kirchen- und Friedensgruppen ihren Blick auf die mehr politische Arena der Kommunalwahlen. Im April riefen 48 prominente Kirchenvertreter zu deren Boykott auf; im Mai wurde eine Anzahl Menschen wegen des Versuchs verhaftet, das Ausmaß von Wahlfälschungen zu überwachen.

Diese zunächst harmlose Bewegung brachte unter den angespannten und emotionalen Umständen des September 1989 das Neue Forum hervor, ein Organ, das anfangs zwischen den Dissidenten und den Machthabern einen Dialog über Veränderungen fördern sollte, aber aufgrund einer anschwellenden Flut der Unzufriedenheit in die Konfrontation geriet. Ab Mitte September begannen die Massen, sich einzumischen. Hunderttausende einfache Ostdeutsche versuchten, in den Westen zu gelangen, andere nahmen an Märschen und Demonstrationen teil, die unter der Schirmherrschaft des Neuen Forums in Leipzig einberufen wurden. Die Autoritäten standen damit vor zwei Problemen. Das erste war das ernstere. Bis Anfang Oktober bestand in Regierungskreisen Ziellosigkeit und Unsicherheit. Die publizierten Diskussionsprotokolle der Ministerrunden zeigen, daß die Chefs im Innenministerium nicht wußten, wie auf das »Problem der DDR-Touristen« zu reagieren wäre. Erich Mielkes Berater sagten ihm: »Das ist eine komplizierte und schwierige Frage, Genosse Minister.« Generalmajor Hähnel machte darauf aufmerksam, daß »Mängel im Bereich der Dienstleistungen, ... bei der Lösung von Wohnungsproblemen ... und die Unkontinuität des Produktionsablaufs« vorhanden« sind.[39] Man hätte den Auswanderern gestatten können, die westdeutsche Botschaft in Prag, wo sie Zuflucht gesucht hatten, in aller Stille zu verlassen. Stattdessen bestand das Politbüro darauf, daß sie auf ihrem Weg in den Westen durch die DDR reisen, so daß man sie förmlich »ausweisen« konnte und sie nicht einfach verschwanden, eine Geste, um das Gesicht zu wahren. Diese Entscheidung bedeutete, daß ganz unnötigerweise »Freiheitszüge« die DDR selbst passierten und daß es in Dresden zu einem dreistündigen Aufruhr kam, bei dem 15 000 Menschen, die auf die Züge zu gelangen versuchten, von der Polizei vertrieben wurden.

So entstand die Schlüsselfrage: War die herrschende Gruppe im Land zu einer »chinesischen Lösung« entsprechend der Linie des Massakers auf dem Tienanmen-Platz fünf Monate zuvor bereit? Eine Demonstration am 7. Oktober wurde gewaltsam unterdrückt. Zwei Tage später wurde weit mehr Gewalt erforderlich (um mit 70 000 Menschen fertig zu werden). Honecker wollte scharfe Munition einsetzen, das wurde unter bisher noch ungeklärten Umständen »mit einer Stimme Mehrheit«[40] zurückgewiesen. Die örtlichen Leipziger Parteiführer sprachen sich gegen die Anwendung von Gewalt aus. Egon Krenz behauptet, sein Widerstand sei entscheidend gewesen. Es kann sein, daß Gorbatschow anläßlich seines Besuchs in Ostdeutschland interveniert hat. Er soll hinter verschlossenen Türen in scharfer Form mit dem SED-Politbüro über die Notwendigkeit von Zugeständnissen gesprochen haben. Sein öffentlicher Kommentar, daß »Gefahren nur für jene bestehen, die die Situation nicht begreifen, die nicht auf das Leben reagieren«, kann als Ermutigung jener aufgefaßt werden, die für eine weichere Linie eintraten. Die Demonstration am 9. Oktober und alle folgenden verliefen friedlich. Es war die erste Kapitulation in einer Serie, die der Bewegung den Stachel nehmen sollte, die aber alle keinen Erfolg hatten. Honecker wurde am 18. Oktober durch Egon Krenz abgelöst; die ganze Regierung und das Politbüro der Partei traten am 8. November zurück. Die wirklich entscheidende Niederlage, und nicht nur für die DDR, war

die Öffnung der Grenze zu Westdeutschland am 9. November. Es war klar, daß die Tschechoslowakei als nächste dran war.
Oder besser gesagt, für die Dissidenten um die Charta 77, die jahrelang versucht hatten, etwas Bewegung in eine stagnierende Situation zu bringen, hauptsächlich indem sie anläßlich wichtiger Jahrestage offiziell oder inoffiziell demonstrierten, war es an der Zeit zu zeigen, daß auch in der Tschechoslowakei Veränderungen herbeigeführt werden konnten. Gorbatschow garantierte am 25. Oktober zum erstenmal, daß die Sowjetunion sich in die inneren Angelegenheiten ihrer Nachbarn nicht einmischen würde. Nach einer Pause von zwei Wochen hatte man in Ruhe Kräfte gesammelt und trat in Aktion. Am 17. November fand in Prag ein Marsch zum Gedenken an das Begräbnis von Jan Opletal, eines von den Nazis 1939 getöteten Studenten, statt. Er wurde wegen seines offensichtlich »harmlosen« Themas zugelassen. Die Opposition jedoch nutzte die Gelegenheit und forderte »Freiheit«, »Gerechtigkeit«, die Freilassung von politischen Gefangenen, die Entlassung Jakeschs und sogar die Beendigung der kommunistischen Herrschaft. Ein harter Kern von Studenten zog nach dem offiziellen Ende der Demonstration in Richtung des Wenzelsplatzes und setzte sich dort nieder. Die Bereitschaftspolizei griff brutal ein. Auf den Straßen war Blut, und es wurde sogar behauptet, daß ein Student getötet worden war. Das stellte sich als unzutreffend heraus, aber es war zu der Zeit ein nützlicher Mythos mit gewaltiger Mobilisierungskraft.
Den Prager Studenten stellten sich die Schauspieler und die Dissidentenveteranen von Charta 77, von dem Dramatiker Václav Havel geführt, zur Seite. Sie bildeten am 19. November das Bürgerforum, um der Protestbewegung die Richtung zu weisen. Die Entscheidung der Autoritäten, an diesem Tag nichts gegen eine Demonstration von 100 000 Menschen gegen Polizeibrutalität zu unternehmen, war die erste in einer Serie von Kapitulationen gegenüber dem Druck der Straße. Es folgten mehrere kämpferische gewaltfreie Demonstrationen, eine größer als die andere. In der Rückschau (wobei seinerzeit natürlich Unsicherheit bestand) entfaltete sich der Prozeß der Abwicklung der kommunstischen Herrschaft mit klassischer Unvermeidlichkeit. Er fand mit der Bildung einer neuen Regierung am 10. Dezember, in der die kommunistische Partei nur 8 von 21 Ministerien bekam, und dem Rücktritt von Präsident Husák seinen vorläufigen Abschluß. Neuer Präsident, am 29. Dezember von der Föderalen Versammlung einstimmig gewählt, wurde Václav Havel. Der Rest des Verlaufs gehört zur postkommunistischen Geschichte.
Übrig bleibt der Balkan: Bulgarien, Rumänien, Albanien, und man kann Jugoslawien hinzufügen, das trotz seiner 40 Jahre außerhalb des Sowjetblocks immer noch ein kommunistischer Staat war. Die Prozesse, die in Südosteuropa stattfanden, waren jenen im zentralen Osteuropa ähnlich, aber sie entwickelten sich aufgrund der Schwäche der nichtkommunistischen Opposition und des höheren Stehvermögens der kommunistischen Eliten zunächst schmerzhaft, langsam und unvollständig. Die kluge Vorarbeit Petar Mladenovs im ungarischen Stil nahm

1989 der Krise in Bulgarien beinahe den Stachel. Ende der 80er Jahre war dort eine Anzahl Warnzeichen sichtbar geworden. Die landwirtschaftliche Produktion, die immer noch eine bedeutende Komponente der bulgarischen Wirtschaft war, fiel 1987 um 5,1 Prozent und 1988 um 0,1 Prozent. Das Nationaleinkommen sank 1989 um 0,4 Prozent, das Exportvolumen in den Westen um 3,4 Prozent. Die Nettoverschuldung gegenüber dem Westen stieg von 5,9 Milliarden Dollar 1988 auf 9,3 Milliarden Dollar 1989. Im Jahr 1989 ergab sich ein kaleidoskopartiges Spektrum von Dissidenz und Opposition: von Hungerstreiks der türkischen Minderheit bis zu Demonstrationen der ökologischen Pressure-group *Ecoglasnost*. Ferner gab es eine unabhängige Gewerkschaft, *Podkrepa* (Unterstützung), einen Klub für die Unterstützung von Perestroika und Glasnost und ein Komitee für die Verteidigung Religiöser Rechte.
Mladenov und seine Fraktion in der BKP beschlossen, dem Kommenden durch Maßnahmen einer defensiven Liberalisierung zuvorzukommen. Am 10. November wurde Schiwkow durch einen internen Coup gestürzt. Eine schnelle Serie von Konzessionen, einschließlich des Versprechens freier Wahlen, folgte. Auf ihrem 14. Parteitag im Januar 1990 nahm die BKP den Namen Bulgarische Sozialistische Partei an und verpflichtete sich der Mehrparteiendemokratie und einer »sozial orientierten Marktwirtschaft«. Diese vielversprechende Strategie versagte letztendlich; erstens weil die Partei nicht fähig war, den von ihr immer angewandten Gewaltmethoden eine Absage zu erteilen (Der Sieg in den Juniwahlen 1990 war wesentlich Gewalt und Fälschung geschuldet, wenngleich auch stimmt, daß die Kommunisten im Lande weiterhin Unterstützung genossen), und zweitens zerstörte der Übergang zur Marktwirtschaft jegliche noch vorhandene Unterstützung in der Industriearbeiterschaft. Die Regierung der BSP unter Andrei Lukanov wurde durch einen von *Podkrepa* und der ehemaligen kommunistischen Gewerkschaft gemeinsam geführten Streik im November 1990 zum Rücktritt gezwungen. Die Opposition (Vereinigte Demokratische Front) gelangte in die Koalitionsregierung; der Führer der Opposition, Shelju Schelew, war schon im August zum Präsidenten gemacht worden. Die neue Regierung ging nach dem üblichen Verfahren von Preissteigerungen, Abschaffung von Subventionen, Privatisierung und Dekollektivierung vor. Weitere Wahlen im Oktober 1991 führten zu einer Niederlage für die BSP und ihrer vollständigen Verdrängung aus dem Amt. So wurde in Bulgarien der Übergang zum Post-Kommunismus relativ sanft und friedlich vollzogen.
Rumänien dagegegen litt unter einer Serie besonderer Faktoren, die unvermeidlich zu einem gewaltsamen Ende führten. Ceausescus Regime war sowohl unheilbar stalinistisch als auch äußerst repressiv. Rumänien unterschied sich in dieser Hinsicht nicht von Albanien. Die persönliche Herrschaft Ceausescus erhöhte die Spannungen jedoch. Unter den osteuropäischen Herrschern rühmte er sich als einziger der Rückzahlung der Schulden seines Landes. Das war nur mit ganz extremen Sparmaßnahmen zu bewerkstelligen. Außerdem verursachte das Erdbeben von 1977, dessen Zentrum die Ölfelder des Landes bildeten, ein

Absinken der Ölproduktion von 14,7 Mio. Tonnen 1979 auf 11,5 Mio. Tonnen 1980 und 10,7 Mio. Tonnen 1985. Im Ergebnis wurde Rumänien ein Nettoimporteur von Erdöl aus dem Westen. Daher war es von der Erhöhung der Weltmarktpreise 1979 ernsthaft betroffen. Der Versuch, Öl durch Kohle zu ersetzen, war ein Mißerfolg (Die Kohleproduktion betrug 1985 46 Mio. Tonnen statt der geplanten 86 Mio. Tonnen). Die Stagnation der Elektroenergieerzeugung (68 Mrd. Kilowattstunden 1980, 71,8 Mrd. 1985) bedeutete, daß der unglückliche rumänische Verbraucher von dauernden Stromsperren geplagt wurde.[41]

Außerdem wurde die Palette rumänischer Exporte in den 80er Jahren durch die asiatische Konkurrenz stark reduziert. Allein Nahrungsmittel konnten exportiert werden, und das bedeutete weniger Nahrungsmittel für eine auf Grund der äußerst geburtenfördernden Politik Ceausescus rapide anwachsende Bevölkerung. Die nationalistische Demagogie gegen die ungarische Minderheit war keine angemessene Lösung. Jonathan Eyal kommentierte:

> »Ceausescu vermochte eine endlose Lieferung von Fahnen der Trikolore zu sichern, aber er konnte sie nicht eßbar machen.«[42]

Gerade der Angriff auf die ungarische Minderheit fachte die Krise in Rumänien an. Ceausescus Politik der »Systematisierung« schloß die Zerstörung der Hälfte der Dörfer des Landes ein und die Umsiedlung der Bewohner in Städte, wo man sie leichter kontrollieren konnte. Mit dem Prozeß wurde in rein rumänischen Gebieten in der Nähe Bukarests begonnen. Aber auf Widerstand traf er in den ungarischen Dörfern Transsylvaniens, der von dem Pastor László Tökes aus Timisoara geführt wurde. Die Behörden versuchten, ihn aus seiner Gemeinde zu vertreiben. Das löste die Demonstration der Gemeindemitglieder Tökes' aus, auf die von Spezialeinheiten der rumänischen Armee, als Securitate bekannt, geschossen wurde. Offiziell starben einundsiebzig Menschen. Es können mehr gewesen sein. Die Nachricht verbreitete sich über das Land. Unter den Menschen, auch in der Armee, die zunehmend unzuverlässig wurde, wuchs ein Gefühl der Empörung. Schließlich verlief eine für den 21. Dezember inszenierte Kundgebung zum allererstenmal nicht nach dem Drehbuch. Ceausescu wurde von Demonstranten unterbrochen. Darauf wechselten große Teile der rumänischen Armee die Seiten. In offenen Schlachten besiegten Armee und Volk in den nächsten vier Tagen die Securitate. Am 22. Dezember übernahm eine Nationale Rettungsfront die Macht, die von Ion Iliescu geführt wurde, der keinesfalls ein Dissident war, sondern bis zu seiner Entlassung 1984 dem Politbüro angehört hatte. Ceausescu und seiner Frau wurde der Prozeß gemacht; sie wurden sofort erschossen. Die NRF wurde von reformorientierten Kommunisten geleitet und war vor allem darauf bedacht, die Situation zu stabilisieren und die Herrschaft der Partei unter einem anderen Namen zu erhalten. Aufgrund einer umsichtigen Anwendung einer nationalistischen und Klassendemagogie (die Tötung ungarischer Demonstranten im März 1990, die brutale Schlägerei und Ermordung von Protestdemonstranten durch die zu diesem Zweck herbeigeschafften Bergarbeiter im Juni 1990)

und zum Teil gefälschter Wahlen (Mai 1990) blieb die NRF an der Macht. Aber sie entging der Logik des Prozesses des kommunistischen Zusammenbruchs nicht. Sie war, ob sie wollte oder nicht, gezwungen, den Prozeß des Übergangs zu leiten. In ihrem Programm vom März 1991 stellte sich die NRF als »sozialdemokratische, der Marktwirtschaft verpflichtete Partei« dar.
In Albanien fand derselbe Prozeß wie andernorts auf dem Balkan, nur mit einer zweijährigen Verzögerung statt. Wie in Rumänien war das bestehende Regime entschlossen, dem Wind des Wandels Widerstand entgegenzusetzen. Präsident Ramez Alia reagierte auf die Flucht des Schriftstellers Ismail Kadare im Oktober 1991 mit der Feststellung: »Wir haben nicht die Absicht, mit dem übrigen Osteuropa zu wetteifern.« Anders als Ceausescu jedoch war Alia bereit, dem Druck von unten nachzugeben. Proteste von Studenten und Arbeitern in allen albanischen Städten im Dezember 1990 wurden durch Zugeständnisse entschärft. Die Regierung erlaubte die Bildung unabhängiger politischer Parteien und kündigte an, daß sie an den Wahlen im März und April 1991 teilnehmen dürften. Die herrschende Partei, die Albanische Partei der Arbeit, gewann tatsächlich diese Wahlen dank der Unterstützung auf dem Lande, genau wie die ehemaligen Kommunisten in Bulgarien im Juni 1990 die Wahlen im Namen der Bulgarischen Sozialistischen Partei gewonnen hatten. Wie in Bulgarien »korrigierte« eine zweite Runde von Wahlen auch in Albanien (März 1992) das Verdikt des Vorjahres. So blieb nur ein Land von dem allgemeinen Zusammenbruch des Kommunismus in Osteuropa verschont: »Jugoslawien« oder eher »Serbien und Montenegro«.
Es läßt sich noch nicht sagen, ob der Versuch Slobodan Milosevics, den serbischen Nationalismus für die Erhaltung des kommunistischen Systems zu nutzen, Erfolg haben wird. Man kann jedoch die Voraussage wagen, daß er nicht gelingen wird. Er hat schon zum Zerfall Jugoslawiens geführt. Ungeachtet allen Blutvergießens seither, war das Schlüsselereignis die Änderung der jugoslawischen Verfassung im März 1989, die die Autonomie des Kosovo und der Vojvodina einschränkte. Diese Maßnahme Milosevics führte zum Aufkommen des Separatismus in Slowenien und sein Wiederauftreten in Kroatien. Der Wahlsieg der Nichtkommunisten in den anderen jugoslawischen Republiken bedeutete, daß die nationale Frage wie auch in der Sowjetunion die Form einer Beziehung zwischen der nichtkommunistischen Peripherie und dem kommunistischen Zentrum annahm. Aber dieselben Kräfte, die zur Niederlage der nichtserbischen Sektionen des Bundes der Kommunisten führten, operierten auch in Serbien. Nur eine immer höhere Dosis Nationalismus konnte sie abwehren. Als der Bankrott dieser Politik sichtbar geworden war, weil sie zur Konfrontation mit anderen mächtigeren Staaten weiter nördlich führte, stand ein Mißerfolg der Linie der kommunistischen Konservierung mittels nationalistischer Demagogie bevor.
Was ergibt sich aus dieser Darstellung des Zusammenbruchs des Kommunismus in Osteuropa? Die folgenden Punkte geben eine Zusammenfassung:
(1) Bestimmte strukturelle Schwächen der osteuropäischen kommunistischen Staaten traten im Verlauf der 80er Jahre stärker hervor. Das gilt insbesondere auf

ökonomischem und psychologischem Gebiet.

(2) Die Oppositionsbewegungen der Dissidenten waren nicht stark genug, um selbst die Regime zu überwinden, aber sie wurden Ende der 80er Jahre überall stärker.

(3) Der Druck äußerer Kräfte auf die herrschenden Eliten, ihre Positionen aufzugeben, war von großer Bedeutung. Wichtig war die persönliche Rolle Gorbatschows; eine Rolle spielte aber auch der fortschreitende Zerfall der Sowjetunion.

(4) Die konkrete Art und Weise der Preisgabe der Macht war von Land zu Land unterschiedlich - in einigen Fällen erfolgte sie freiwillig, in anderen unter gewaltigem Druck. Wo sie freiwillig war, konnten kommunistische Eliten einige Macht in die postkommunistische Ära hinüberretten. Gewaltige Veränderungen der politischen Szenerie und der Ökonomie verdeckten eine grundsätzliche Kontinuität der Sozialstruktur.

(5) Die Transformation wurde im allgemeinen ohne Gewalt erreicht, außer in Rumänien, wo aber das Ausmaß des Wandels zweifelhaft bleibt.

(6) Die sogenannten Revolutionen von 1989 bis 1990 ähneln eher einer Kettenreaktion als einer gleichzeitigen Katastrophe. Der »Demonstrationseffekt« und der mögliche Zugang zur vollen Information über die Ereignisse in den Nachbarländern trugen dazu bei, die jeweilige Bewegung in Gang zu setzen.

Eine abschließende Bemerkung muß noch gemacht werden. Die Dissidentenbewegungen, die während der gesamten 80er Jahre auf einen Wandel hinsichtlich einer breiten Palette von Problemen drängten, worin neben der politischen Freiheit die Rüstungsbeschränkung, der Schutz der Umwelt und die Verbesserung der Lebensbedingungen für die Masse der Menschen enthalten waren, mußten erkennen, daß die Realisierung ihrer weiterreichenden Ziele in der neuen postkommunistischen Umgebung oft nur langsam in Angriff genommen wurde. Probleme, mit denen sich die Kommunisten herumgeschlagen hatten oder die durch sie geschaffen worden waren, bestanden auch weiterhin. Mit dem Zusammenbruch des alten Gegners kam es entweder zur Spaltung der Bewegung der Dissidenten in ihre einzelnen Bestandteile, oder sie verschwanden völlig von der Bildfläche. Durch Wahlen wurden neue Regierungen hervorgebracht. Bei ihrem Versuch, zu einer voll privatisierten Marktwirtschaft, einem funktionierenden demokratischen System und einer umfassenden Reintegration der von ihnen regierten Länder in das globale Weltsystem des Kapitalismus voranzuschreiten, können sie durchaus einige Überraschungen erleben. Die Geschichte in Osteuropa ist weit davon entfernt zu Ende zu gehen, sie entfaltet sich.

ERFOLGE UND MISSERFOLGE DES OSTEUROPÄISCHEN KOMMUNISMUS

Es ist zweifellos zu früh, eine Bilanz dieser traurigen Epoche in der Geschichte dieser Region zu ziehen. Aber man muß einen Versuch machen. In diesem Buch wurden die Schwierigkeiten und Probleme der kommunistischen Herrschaft betont. Die herausragenden Ereignisse des Jahres 1989 haben einen großen Schatten rückwärts geworfen. So tendierten auch Bücher über das zaristische Rußland bis vor kurzem dahin, dessen Geschichte als Vorspiel der bolschewistischen Revolution zu sehen. Doch die kommunistischen Regime der Periode zwischen 1948 und 1989 konnten auf eine Anzahl von Errungenschaften verweisen, auf denen ihre Nachfolger gut hätten aufbauen können, wobei es wahrscheinlicher ist, daß sie sie zerstören werden. Ich werde hier kurz auf die errungenen Fortschritte hinsichtlich des Nationaleinkommens, des Lebensstandards, der sozialen Gleichheit und der Erziehung und Bildung in den vier Jahrzehnten kommunistischer Herrschaft eingehen. Eine angemessene Untersuchung dieser Gegenstände würde natürlich ein weiteres Buch erfordern.

Das Nationaleinkommen wuchs in ganz Osteuropa direkt bis zum Ende der kommunistischen Periode, wie die Tabellen 3 und 4 zeigen, sehr zufriedenstellend. Quantitatives Wachstum dieser Art war natürlich die *raison d'être* des kommunistischen Systems. Den Herrschern Osteuropas war viel daran gelegen, daß die aufeinanderfolgenden Wirtschaftspläne »erfüllt« und »übererfüllt« wurden. Aber nachdem 1953 die Entscheidung getroffen worden war, den offenen stalinistischen Terror aufzugeben, wurde auch die Zustimmung der Bürger eine wichtige Aufgabe. Zeitungsspalten mit Produktionsergebnissen würden nicht wirksam sein. Auch für den einfachen Bürger wurden wirklich sichtbare Fortschritte erreicht. Der Lebensstandard erfuhr nach dem Rückgang in den Jahren des Hochstalinismus bis 1953 eine nahezu ununterbrochene Verbesserung.[43] Das war teilweise ein Ergebnis des Prozesses der ökonomischen Entwicklung und der Modernisierung, was unvermeidlich eine Bevölkerungsbewegung vom Lande in die Stadt (nur in der schon hoch urbanisierten DDR blieb die Proportion der Stadtbewohner während der gesamten Periode statisch und betrug etwa drei Viertel) und den Übergang von der Landarbeit zur Industriearbeit einschloß. Das war eine wichtige soziale Veränderung, die das Gesicht der Region wandelte.[44]

Der steigende Lebensstandard erlaubte eine Verbesserung der Ernährung, ein allmähliches Abgehen von Getreide und Kartoffeln hin zu Fleisch, Milch und Zucker. Andererseits führte die ungenügende Bereitstellung von Konsumgütern durch das System zum Einfrieren der verbesserten persönlichen Einkommen als Sparguthaben.

Außerdem wurden die allgemeinen Verbesserungen des Lebensstandards, nachdem die strengen egalitären Maßnahmen der Stalin-Ära ihre Kraft eingebüßt hatten, von der Herausbildung einer neuen Ungleichheit zwischen den Klassen begleitet. Unter den ehemaligen Bauern und Arbeitern, die »in den Vordergrund getreten waren« und, wie Matejko behauptet, unter Stalin »die höheren Ebenen der Gesellschaft verdrängt« hatten, fand eine Differenzierung statt.[45] Diese Angehörigen der früher unterdrückten Klassen sorgten, nachdem sie die Spitze erreicht hatten, dafür, daß sie dort blieben, und gaben ihre Privilegien an ihre Nachkommenschaft weiter. J.F. Brown schreibt: »Ökonomische Reformen sind der Motor der neuen Ungleichheit in Osteuropa gewesen.« Je radikaler ökonomische Reformen, desto größer die Ungleichheit. Laut Ivan Völgyes befand sich 1983 über ein Viertel der Ungarn unter der Armutsgrenze.[46] (In der postkommunistischen Ära hat sich diese Situation jedenfalls verschlechtert.)

Die Idee der Gleichheit zwischen Männern und Frauen war in der marxistisch-leninistischen Theorie tief verwurzelt. Maßnahmen zu ihrer Sicherung waren in den Verfassungen der osteuropäischen Staaten verankert. Auf diesem Gebiet gab es, wenn auch unvollkommene, so doch beträchtliche Errungenschaften.[47] Greifen wir einige Beispiele aus der Tschechoslowakei heraus. Es waren viel mehr Frauen als früher berufstätig (der Anteil der weiblichen Berufstätigkeit erhöhte sich von 54 Prozent 1950 auf 85 Prozent 1970). Frauen drangen in früher allein Männern vorbehaltene Berufe ein (um 1976 waren 46 Prozent der Spezialisten mit höherer Bildung Frauen). Mehr Frauen erhielten eine Bildung (zwischen 1954 und 1965 stieg die Zahl der Mädchen in Oberschulen um 114 Prozent, während die der Jungen nur um 16 Prozent stieg). Der Anstieg der Berufstätigkeit von Frauen wurde auch durch verbesserte Möglichkeiten der Kinderbetreuung ermöglicht. Die Anzahl der Krippen wuchs von 268 im Jahr 1948 auf 1 526 im Jahr 1964, die der Kindergärten von 4 464 im Jahr 1948 auf 7 569 im Jahr 1965. In bezug auf das relative Einkommen (das von 1946 bis 1970 in etwa statisch blieb) und die Aufstiegschancen (auch hier während des ganzen Zeitraums statisch) war das Bild nicht so leuchtend.

Ein Weg zur Verbesserung der Lebensqualität ist die Reduzierung der Familiengröße durch einen umfassenderen Zugang zur Geburtenkontrolle. Der wurde durch die kommunistischen Regime nicht beschränkt, wenn Geburtenkontrolle auch immer eine niedrige Priorität hatte. So wurden moderne empfängnisverhütende Methoden um 1970 nur von sechs Prozent der Frauen in der Tschechoslowakei angewandt; der Anteil dürfte in den meisten anderen osteuropäischen Ländern niedriger sein. Hauptmethoden der Geburtenkontrolle blieben der *coitus interruptus* und die Abstinenz, und, wenn diese versagten, die Schwangerschaftsunterbrechung. Diese war in der Stalin-Ära illegal, weil eine geburtenfördernde Haltung vorherrschte. Veränderungen kamen im Zusammenhang mit der Entstalinisierung. Ende der 50er Jahre wurden Schwangerschaftsabbrüche überall legalisiert (Bulgarien, Ungarn, Polen, Rumänien im Jahr 1956, Tschechoslowakei 1957, DDR 1972, Jugoslawien 1960). Später führten Besorgnisse wegen der sinkenden Geburtenrate in vielen Fällen zur Rückkehr zu »Programmen der Geburtenförderung«, und zwar manchmal mit einem negativen Ansatz (indem Abbrüche erschwert wurden), manchmal mit einem positiven (Verlängerung des Mutterschaftsurlaubs

und Erhöhung der finanziellen Unterstützung für Familien).[48]
Eine weitere kommunistische Priorität waren Erziehung und Bildung, obwohl sie in vielen Fällen schon von den Koalitionen der Jahre 1945 bis 1948 gefördert worden waren. Der besondere kommunistische Beitrag bestand darin, Erziehung und Bildung als Lokomotive gesellschaftlicher Veränderungen zu nutzen. Da kein Schulgeld gefordert wurde und für den Lebensunterhalt Stipendien gezahlt wurden, hatten mehr Kinder von Arbeitern und Bauern eine bessere Entwicklungschance. In den Anfangsjahren bestand außerdem eine positive Diskriminierung zugunsten von Arbeiterkindern. Im Ergebnis dieser Faktoren stieg zum Beispiel in Polen der Anteil von Studenten, die aus der Arbeiterklasse oder Bauernschaft stammten, von 11 Prozent im Jahr 1946 auf 63 Prozent 1950. Die Anzahl und Proportion von Kindern mit einer weiterführenden Bildung stieg auf allen Ebenen. Es wurden auch Kampagnen gegen den Analphabetismus unter Erwachsenen geführt.[49]
Alle diese Verbesserungen der Lage der Volksmassen in Osteuropa hatten jedoch ganz andere als die vorausgesehenen Wirkungen. Die Erfolge, die bei der Steigerung der Industrieproduktion um jeden Preis erzielt wurden, regten aufgrund der umweltfeindlichen Auswirkungen ökologische Protestbewegungen an. Das kontinuierliche Anwachsen des Lebensstandards und des Reallohnniveaus erzeugte statt Dankbarkeit Bitterkeit, weil es nichts gab, wofür man das Geld hätte ausgeben können. Die Unfähigkeit zu einer angemessenen Bereitstellung von Konsumgütern blieb die Achillesferse der kommunistischen Regime. Die billigen Nahrungsmittel wurden als selbstverständlich hingenommen. Die Struktur des Wohlfahrtsstaates wurde als selbstverständlich hingenommen. Die Sicherheit des Arbeitsplatzes wurde als selbstverständlich hingenommen. Die Bildungsmöglichkeiten wurden als selbstverständlich hingenommen. Die Erhöhung des Bildungsniveaus weitete den Horizont der Menschen und weckte Erwartungen, die im bestehenden System nicht erfüllt werden konnten, im Westen aber befriedigt zu werden schienen.
Schließlich verloren die kommunistischen Regime aufgrund der offensichtlichen Beständigkeit einer umfangreichen und parasitären Bürokratie, deren Privilegien im Zusammenhang mit der Durchführung liberalisierender Reformen des Wirtschaftssystems ständig stiegen, jegliche Spur von Legitimität, die sie unter der pseudoegalitären Terrorherrschaft der frühen fünfziger Jahre besessen hatten. Die Revolutionen von 1989 überwanden eine Struktur, die schon seit langem von innen heraus ausgehöhlt worden war.

Anhang: Statistische Tabellen

Tabelle 1: Fläche, Bevölkerung und Beschäftigung in der Landwirtschaft

Land	*Geographische Fläche (1000 km²)*	*Bevölkerung (Millionen)*			*Beschäftigung in der Landwirtschaft (Prozent)*		
		1948	*1968*	*1988*	*1939*	*1967*	*1989*
Albanien	28.8	1.2	2.0	3.1			49
Bulgarien	110.9	7.1	8.4	9.0	80	42	13
CSSR	127.9	12.3	14.4	15.6	26	19	10
DDR	108.3	19.1	17.1	16.7	23	16	8
Ungarn	93.0	9.2	10.3	10.6	51	30	12
Polen	312.7	24.0	32.3	37.9	65	40	22
Rumänien	237.5	15.9	19.7	23.0	80	54	21
Jugoslawien	255.8	15.9	20.0	23.6	76	57	23

QUELLEN: Spulber, *Economics*, S. 5; D.H. Aldcroft, *The European Economy*, (London 1987), S. 213; *FAO Production Yearbook*, Bd. 44, 1990, S. 30-3.

Tabelle 2: Entwicklung der Reallöhne (jährliches Wachstum in %, Fünfjahresdurchschnitt)

Land	*1951-5*	*1956-60*	*1961-5*	*1966-70*	*1971-5*	*1976-80*	*1981-5*	*1986-9*
Bulgarien[1]	10.3	6.1	1.9	5.4	3.0	0.5	2.2	2.1
CSSR	1.7	4.6	1.2	3.5	3.4	0.7	1.0	1.5
DDR	11.2	7.4	2.5	3.7	3.8	4.4	2.0	2.4
Ungarn	0.8	8.0	1.7	3.5	3.4	0.7	1.0	2.3
Polen	1.7	5.1	1.5	1.9	7.3	2.0	-3.4	5.7
Rumänien	4.0	8.2	4.1	3.5	3.7	6.1	1.5	1.2
Jugoslawien[2]		8.0	5.4	7.4	1.0	3.1	-4.7	

1 1951-5 = Durchschnitt für 1953-5.
2 1979-85 aus Lydall, *Yugoslavia in Crisis*, S. 41.
QUELLEN: Brus, *Economic History*, III, S. 64, 95, 150 und 152; *Economic Survey of Europe*, 1981, S. 263.

Tabelle 3: Wachstum des nationalen Bruttoprodukts

(Durchschnittliche jährliche Wachstumsrate zu konstanten Preisen)

	Bulgarien	*CSSR*	*DDR*	*Ungarn*	*Polen*	*Rumänien*	*Jugoslawien*	*Osteuropa*
1950-65	7.1	4.8	5.6	4.7	6.2	7.7	9.2	5.8
1965-70	4.7	3.5	3.2	3.1	3.8	4.0	6.3	3.8
1970-75	4.5	3.4	3.5	3.4	6.6	6.2	4.6	4.8
1975-80	1.2	2.2	2.4	2.3	0.9	1.4	5.8	2.3
1980-85	0.9	1.4	1.8	0.9	1.2	1.2	1.3	1.3
1985-89	0.7	1.5	1.4	0.9	0.2	0.3	0.4	0.7

QUELLEN: UN Economic Commission for Europe, *Economic Survey of Europe*, 1969, T. 1, S. 42; T.P. Alton, *Research Project on National Income in East Central Europe. Occassional Paper No. 110*, (New York 1990), Tabelle 18, S. 28.

Tabelle 4: Wachstum des materiellen Nettoprodukts

(Durchschnittliche jährliche Wachstumsrate zu konstanten Preisen)

	Albanien	*Bulgarien*	*CSSR*	*DDR*	*Ungarn*	*Polen*	*Rumänien*	*Jugoslawien*
1951-55		8.1	6.9	13.0	4.6	6.6	12.6	4.2
1956-60	7.0	9.6	7.0	7.1	6.0	6.5	6.6	8.0
1961-65	5.8	6.6	1.9	3.4	4.1	6.2	9.1	6.9
1966-70	9.2	8.8	7.0	5.2	6.8	6.0	11.2	
1971-75	6.6	7.8	5.5	5.4	6.2	9.8	11.3	5.7
1976-80	2.7	6.1	3.6	4.1	2.8	1.2	8.5	5.6
1981-85	2.0	3.7	1.8	4.5	1.3	-.8	-.2	0.6
1986-89	1.7	3.1	2.0	3.1	0.8	3.0	-1.3	1.4

QUELLEN: Für 1951-75, Brus, *Eastern Europe*, Bd. 3, S. 19, 95, 150, 152; für 1976-85, *Comecon Data* 1989, London 1990, S. 56; für 1986-9, *Statisticheskiy Ezhegodnik Stran-Chlenov S.E.V.*, (Moskau 1990), S. 6-15.

Tabelle 5: Vergesellschaftung der Landwirtschaft

Landwirtschaftliche Nutzfläche (1) Kollektivwirtschaften und (2) Kollektivwirtschaften und Staatsgüter - in Prozent

	1950		*1953*		*1956*		*1960*		*1975*		*1985*	
Land	*(1)*	*(2)*	*(1)*	*(2)*	*(1)*	*(2)*	*(1)*	*(2)*	*(1)*	*(2)*	*(1)*	*(2)*
Albanien	3	8	8	13	28	37	69	82	78	100	70	100
Bulgarien	11	13	53	56	65	72	80	91		90		90
CSSR	14	23	40	54	37	48	84	87	61	91	63	94
DDR	-	5	-	5	22	29	84	90	82	90	83	91
Ungarn	3	7	26	39	22	39	60	77	70	85	72	87
Polen	2	13	7	19	10	23	1	13	2	19	4	22
Rumänien	3	12	8	21	18	31	61	84	54	84	55	85
Jugoslawien[1]	18	24	21	24	4	10	1	10		17		20

1 1953 = 1952; 1956 (2) = 1955

QUELLEN: Brus, *Economic History*, III, S. 52, 80 (Tabellen 24.5 und 25.1); *Statisticheskiy Ezhegodnik Stran-Chlenov S.E.V.*, 1976, S. 186, und 1986, S. 168; N. Spulber, *The Economics of Communist Eastern Europe*, (Cambridge, MA 1957), S. 254-61.

Anmerkungen

1 Einleitung

1 O. Halecki, *The Limits and Divisions of European History*, London 1950, S. 135.

2 François Fejtö nahm Ostdeutschland (die »Deutsche Demokratische Republik«) nicht in seinen ersten Band der Geschichte Osteuropas auf (*Histoire des démocraties populaires*, Paris 1952), war aber gezwungen, sie in den zweiten Band aufzunehmen (*A History of the People's Democracies*, London 1971).

3 Manuskript, »Political Change in Post-War Poland«, zit. von W. Brus, »Stalinism and the 'People's Democracies'«. In: R.C. Tucker (Hg.), *Stalinism - Essays in Historical Interpretation*, New York 1977, S. 248.

4 So hat es Dimitroff 1941 in einem Telegramm an die jugoslawischen kommunistischen Partisanen formuliert, das von J. Marjanovic zitiert wird. In: *Komunist*, Belgrad, Januar 1951, S. 116.

5 Ernst Fischer in der offiziellen Zeitschrift der Kommunistischen Internationale im Oktober 1942. Zit. in: J.B. Urban, *Moscow and the Italian Communist Party*, London 1986, S. 158.

6 Zit. von N. Davies, »Poland«. In: M. McCauley (Hg.), *Communist Power in Europe 1944-49*, London 1977, S. 47.

7 M. Djilas, *Conversations with Stalin*, London 1962, S. 90.

8 *Documents on Polish-Soviet Relations*, Bd. 2, London 1969, S. 432, Gespräch vom 18. Oktober 1944. Das ist die offizielle Aufzeichnung des Gesprächs. Bedauerlicherweise habe ich weder hier noch in Mikolajczyks Memoiren einen Hiweis auf Stalins angebliche Bemerkung gefunden, der »Kommunismus paßt zu Polen wie ein Sattel auf eine Kuh«.

9 J.K. Hoensch, *Sowjetische Osteuropa-Politik 1945-1975*, Düsseldorf 1977, S. 14.

10 Entsprechend dem eigenen später gegebenen Bericht von Révai auf der Gründungskonferenz des Kominform (*Informatsionnoye Soveshchaniye Predstaviteley Nekotorykh Kompartiy v Pol'she v Kontse Sentyabrya 1947 Goda*, Moskau 1948, S. 273).

2 Die Machtergreifung: die nördliche Gruppe

1 Das Programm ist abgedruckt in: *Kształtowanie sie podstaw programowych PPR w latach 1942-1945*, Warschau 1958, S. 150-151.

2 Zit. in: M.K. Dziewanowski, *The Communist Party of Poland*, Cambridge / Mass. 1977, S. 385.

3 W. Gomulka. In: *Nowe Drogi*, Sept.-Okt. 1948, S. 45.

4 A. Polonsky/B. Drukier, *The Beginnings of Communist Rule in Poland*, London 1980, S. 14.

5 Polonsky/Drukier, a.a.O., S. 203-207; J. Coutividis/J. Reynolds, *Poland 1939-1947*, Leicester 1986, S. 131.

6 J. Pawlowicz, *Strategia frontu narodowego PPR*, Warschau 1965, S.170.

7 *Polska Partia Robotnicza. Dokumenty Programowe 1942-1948*, Warschau 1984, S. 554-561.

8 Coutividis/Reynolds, a.a.O., S. 148.

9 W. Gomulka, *Artykuly i przemówienia*, Bd. I, Warschau 1962, S. 281.

10 Coutividis/Reynolds, a.a.O., S.167-168.

11 J. Golebiowski, *Nacjonalizacja przemyslu w Polsce*, Warschau 1965, S. 112; siehe auch J. Reynolds, »Communists, Socialists and Workers«. In: *Soviet Studies*, 30, 4, Okt. 1978, S. 519-520, und Polonsky/Drukier, a.a.O., S. 39, 393.

12 W. Gomulka, Rede vom 27. Mai 1945. In: *Artykuly*, Bd. I, S. 265-267; Reynolds, a.a.O., S. 522.

13 Coutividis/Reynolds, a.a.O., S. 179-180.

14 Reynolds, a.a.O., S. 522.

15 Gomulka, *Artykuly*, Bd. I, S. 215-216.

16 Coutividis/Reynolds, a.a.O., S. 240.

17 Coutividis/Reynolds, a.a.O., S. 280.

18 Hoensch, a.a.O., S. 28.

19 A. Korbonski, *Politics of Socialist Agriculture in Poland: 1945-1960*, New York 1965, S. 131.

20 C. Klessmann, »Betriebsräte, Gewerkschaften und Arbeiterselbstverwaltung in Polen«. In: *Jahrbücher für die Geschichte Osteuropas*, NF, Bd. 29, 2, 1981, S. 197-203.

21 Reynolds, a.a.O., S. 530-536; J. Malara/L. Rey, *La Pologne d'une Occupation à l'autre (1944-1952)*, Paris 1952, S. 134-135.

22 J. Bloomfield, *Passive Revolution: Politics and the Czechoslovak Working Class*, London 1979, S. 96.

23 K. Kaplan, *The Short March: the Communist Takeover in Czechoslovakia*, London 1987, S. 53, Anm. 17.

24 Bloomfield, a.a.O., S. 101.

25 Kaplan, *Short March*, S. 53, Anm. 17.

26 Bloomfield, a.a.O., S. 171.

27 P.E. Zinner, *Communist Strategy and Tactics in Czechoslovakia, 1918-1948*, New York 1963, S. 162.

28 Z. Hejzlar, *Reformkommunismus. Zur Geschichte der Kommunistischen Partei der Tschechoslowakei*, Köln/Frankfurt a.M. 1976, S. 37.

29 Bloomfield, a.a.O., S. 202.

30 Kaplan, *Short March*, S. 15.

31 Hejzlar, a.a.O., S. 31.

32 Text des Programms von Kosice. In: S. Schröder-Laskowski, *Der Kampf um die Macht in der Tschechoslowakei*, Berlin 1978, S. 189-205.

33 K. Kaplan, *Znarodnení a socialismus*, Prag 1968, S. 110.

34 Seine Worte im Dezember 1944. Zit. in: M. Boucek/M. Klimes/M. Vartiková, *Program Revoluce*, Prag 1975, S. 235. Man muß hinzufügen, daß die Slowaken auch ihre Verbindungen mit der Tschechoslowakei lockern wollten.

35 K. Gottwald, *Spisy*, Bd. 12, Prag 1955, S. 253-254.

36 Kaplan, *Short March*, S. 59.

37 Bloomfield, a.a.O., S. 154.

38 Auf dem Plenum des ZK im September 1946. In: Gottwald, *Spisy*, Bd. 13, S. 230-231.

39 Gottwald, *Spisy*, Bd. 12, S. 83.

40 Kaplan, *Short March*, S. 52, 62; P. Tigrid, »The Prague Coup of 1948: the Elegant Takeover«. In: T.T. Hammond (Hg.), *The Anatomy of Communist Takeovers*, London 1975, S. 420.

41 L. Kalinová, »K poúnorovym zmenám ve slození rídícího aparátu«. In: *Revue Dejin Socialismu*, 4, 1969, S. 488.

42 Kaplan, *Short March*, S. 15.

43 *Foreign Relations of the US* [im folgenden: FRUS], 1947, Bd. 4, 18. Juni 1947.

44 P. Tigrid, »Prague Coup«, S. 405; K. Kaplan, »Uvahy o nevyhnutelností února«. In: *Svedectví*, 55, 1978, S. 346-347.
45 Kaplan, *Short March*, S. 73.
46 F. Fejtö, *Le Coup de Prague 1948*, Paris 1976. Zit. aus dem unveröffentlichten Manuskript von J. Svec, S. 206-207; Auszüge in Kaplan, *Short March*, S. 75.
47 In Bezug auf die an den ungarischen Kommunisten in Szklarska Poreba geübte Kritik siehe unten S. 44.
48 M. Boucek, *Praha v únoru 1948*, Prag 1963, S. 16.
49 Fejtö, *Le Coup de Prague*, S. 96.
50 Kaplan, *Short March*, S. 76-77.
51 J. Belda u.a., *Na Rozhraní Dvou Epoch*, Prag 1968, S. 196-197.
52 K. Gottwald, *Spisy*, Bd. 14, Prag 1958, S. 192 (Rede auf dem Novemberplenum des ZK).
53 V. Pavlícek, »Unor 1948«. In: *Právník*, 3, 1968, S. 187.
54 Kaplan, *Short March*, S. 179.
55 Tigrid, a.a.O., S. 423.
56 Kaplan, *Short March*, S. 175.
57 V. Kopecky, *CSR a KSC*, Prag 1980, S. 412; J. Vesely, »K historii vzniku LM«. In: J. Sykora (Hg.), *Prazské milice v Unoru*, Prag 1964, S. 33-39.
58 Fejtö, *Le Coup de Prague*, S. 154 (Er zitiert Svec).
59 Tigrid, a.a.O., S. 426.
60 Auszüge der Resolution werden wiedergegeben in: Bloomfield, a.a.O., S. 224-225.
61 J. Mlynsky, »Uloha akcních vyboru NF pri zajist'ování únorového viteztví«. In: *Sborník historicky*, Dezember 1964, S. 134.
62 J. Korbel, *The Communist Subversion of Czechoslovakia*, Princeton 1959, S. 227, zitiert J. Vesely, *Kronika únorovych dnu 1948*, Prag 1958, S. 122-123.
63 Eine Direktive des ZK der KPTsch vom 26. Februar mit Instruktionen an die Aktionskomitees für die Durchführung der Säuberungen gegen alle »rechten Elemente« ist abgedruckt in: V. Král, *Cestou k únoru*, Prag 1963, S. 411-412.
64 K. Kaplan, *Die politischen Prozesse in der Tschechoslowakei 1948-54*, München 1986, S. 60-62.
65 J. Neumannová, »K poúnorovym promenám kulturní politiky«. In: *Revue dejin socialismu*, 6, 1968, S. 821.
66 H. Krisch, *German Politics under Soviet Occupation*, New York 1974, S. 101-173.
67 R. Steininger, *Deutsche Geschichte 1945-1961*, Bd. 1, Frankfurt 1983, S. 155.
68 D. Staritz, *Die Gründung der DDR*, München 1984, S. 7.
69 *Protokoll der I. Parteikonferenz der SED, 25. bis 28. Januar in Berlin*, Berlin 1949, S. 333.
70 D. Staritz, *Geschichte der DDR 1949-1985*, Frankfurt/M. 1985, S. 77.

3 Die Machtergreifung: Ungarn und der agrarische Süden

1 Die Kriegsereignisse änderten diese Situation in Jugoslawien, aber man sollte den Kommentar von Djilas berücksichtigen: »Als wir 1944 nach Belgrad kamen, begegneten wir keinem einzigen Kommunisten.«
2 A. Fontaine, *History of the Cold War*, Bd. 1, London 1968, S. 212.
3 B. Kovrig, *Communism in Hungary: from Kun to Kádár*, Stanford/Calif. 1979, S. 180.
4 Kovrig, a.a.O., S. 159.
5 Kovrig, a.a.O., S. 157.
6 I. Lahav, *Der Weg der KPU*, Bd. 1, München 1985, S. 104.
7 Lahav, a.a.O., Bd. 1, S. 112.
8 Kovrig, a.a.O., S. 172-174.

9 F. Nagy, *The Struggle Behind the Iron Curtain*, New York 1948, S. 154.

10 Kovrig, a.a.O., S. 197; H. Seton-Watson, *Nationalism and Communism*, London 1964, S. 107.

11 Kovrig, a.a.O., S. 189.

12 Polonsky/Drukier, a.a.O., S. 424.

13 E. Reale, »The Founding of the Cominform«. In: M. Drachkovitch/B. Lazitch (Hg.), *The Comintern - Historical Highlights*, New York 1966, S. 255.

14 G. Schöpflin, »Hungary«. In: M. McCauley (Hg.), *Communist Power in Europe 1944-1949*, London 1977, S. 105.

15 1952 in einer Rede. Zit. in: W. Juhász (Hg.), *Hungarian Social Science Reader*, München 1965, S. 150. Es soll hinzugefügt werden, daß Zoltán Pfeiffer von der Kleinbauernpartei behauptet, den Begriff 1946 selber erfunden und dem Präsidenten den Begriff mit einer zu diesem Zweck mitgebrachten Salami illustriert zu haben. (C. Gati, *Hungary and the Soviet Bloc*, Durham/North Carolina 1986, S. 22.)

16 A. Bán, »Hungary«. In: D. Healey (Hg.), *The Curtain Falls: the Story of the Socialists in Eastern Europe*, London 1951, S. 73.

17 Lahav, a.a.O., Bd. 2, S. 268.

18 Kovrig, a.a.O., S. 223.

19 Berry am 12. Dezember 1944 gegenüber dem US-Außenminister. In: FRUS, 1944, 4, S. 280-281.

20 Auch einige spätere Historiker ließen sich täuschen: »Die Russen hielten einige örtliche Führer nieder und unterstützten König Michael.« (G. Kolko, *The Politics of War*, New York 1968, S. 404).

21 Berry am 19. Februar gegenüber dem Außenminister; und Telegramm vom 23. Januar 1945. In: FRUS, 1945, 5, S. 469-471.

22 FRUS, 1945, 5, S. 488-502.

23 FRUS, 1945, 5, S. 489.

24 FRUS, 1945, 2, S. 510.

25 Seton-Watson, *Nationalism and Communism*, S. 103.

26 FRUS, 1945, *Potsdamer Dokumente*, 1, S. 373.

27 F. Fejtö, *Histoire des démocraties populaires*, Paris 1952, S. 435-436; J.M. Montias, *Economic Development in Communist Rumania*, Cambridge/Massachusetts 1967, S. 19.

28 Schuyler an Truman, 3. Mai 1945. In: FRUS, 1945, 2, S. 541-542.

29 Angesichts der politischen Vergangenheit Tatarescus muß man diese Worte in Anführungszeichen setzen.

30 N. Oren, *Revolution Administered: Agrarianism and Communism in Bulgaria*, Baltimore 1973, S. 20.

31 N. Oren, *Bulgarian Communism: The Road to Power 1934-44*, New York 1971, S. 167-168.

32 Oren, *Bulgarian Communism*, S. 216-219.

33 *Pladne* (»Mittag«) war der Name ihrer Zeitung.

34 M.L. Miller, *Bulgaria during the Second World War*, Stanford 1975, S. 216; M.M. Boll, *Cold War in the Balkans. American Foreign Policy and the Emergence of Communist Bulgaria 1943-1947*, Lexington 1984, S. 60.

35 Oren, *Bulgarian Communism*, S. 254-256.

36 R.L. Wolff, *The Balkans in our Time*, Cambridge/Massachusetts 1956, S. 293. Phyllis Auty schätzt eine höhere Anzahl von 20 000 bis 100 000 in »Bulgaria«. In: R.R. Betts (Hg.), *Central and South-East Europe*, London 1950, S. 30.

37 Bulgarischen Anarchisten im Exil zufolge. In: *La Bulgarie. Nouvelle Espagne*, Paris 1948, S. 21.

38 FRUS, 1944, III, S. 496 (Bericht von Maynard B. Barnes).

39 Boll, a.a.O., S. 68 (Brief vom 29. November 1944 an Georgiew).

40 S.S. Biryuzov, *Surovye Gody*, Moskau 1966, S. 486.
41 Boll, a.a.O., S. 89.
42 Byrnes an Barnes am 16. August 1945. In: FRUS, 1945, 4, S. 283.
43 Barnes an Byrnes am 29. März 1946. In: FRUS, Bd. 6, S. 92-94.
44 FRUS, 1946, 6, S. 119 (Bericht vom 16. Juli).
45 Fejtö, *Histoire*, S. 109.
46 Boll, a.a.O., S. 187.
47 J.F. Brown, *Bulgaria under Communist Rule*, London 1970, S. 198.
48 D. Wilson, *Tito's Yugoslavia*, Cambridge 1979, S. 28 (zitiert Milovan Djilas).
49 F. Singleton, *Twentieth Century Yugoslavia*, London 1976, S. 96.
50 P. Shoup, »The Yugoslav Revolution«. In: T.T. Hammond, *Anatomy*, S. 255.
51 AVNOJ-Manifest vom 8. Februar 1943, gedruckt in *Prvo i Drugo Zasjedenje AVNOJa*, Belgrad 1963, S. 109-110.
52 J. Marjanovic, »Forme borbe i rada KPJ u narodnoj revoluciji«. In: *Komunist*, Belgrad, Januar 1951, S. 140.
53 P. Auty, *Tito. A Biography*, London 1970, S. 231.
54 FRUS, 1945, *Potsdamer Dokumente*, II, S. 208.
55 V. Kostunica/K. Cavoske, *Party Pluralism and Monism. Social Movements and the Political System in Yugoslavia 1944-49*, New York 1985, S. 60 (Das ist die Übersetzung eines in Belgrad legal veröffentlichten Werkes).
56 Kostunica/Cavoski, a.a.O., S. 63.
57 Der offizielle Historiker Branko Petranovic hat noch 1979 die Unterdrückung oppositioneller Zeitungen mit der Begründung gerechtfertigt, daß »das Land sich in einem revolutionären Umwandlungsprozeß befand«.
58 M. Djilas, *Rise and Fall*, London 1985, S. 45.
59 Kostunica/Cavoski, a.a.O., S. 97.
60 Kostunica/Cavoski, a.a.O., S. 177.
61 Fejtö, *Histoire*, S. 168; Wilson, *Tito's Yugoslavia*, S. 52.
62 J. Tomasevich, »Collectivisation in Yugoslavia«. In: I.T. Sanders (Hg.), *Collectivisation of Agriculture in Eastern Europe*, Lexington 1958, Kap. 7.
63 FRUS, 1947, IV, S. 842.
64 Siehe die ausführlichen Studien von P.R. Prifti, *Socialist Albania since 1944*, Cambridge/Massachusetts 1978; N.C. Pano, *The People's Republic of Albania*, Baltimore 1968; und B. Tönnes, *Sonderfall Albanien*, München 1980.

4 Hochstalinismus

1 D.J.K. Peukert, *The Weimar Republic*, London 1991, S. 82.
2 Sie wurde am 1. Juli 1948 in der Kominform-Zeitschrift *For a Lasting Peace, For a People's Democracy* veröffentlicht.
3 L. Marcou, *Le Cominform*, Paris 1977, S. 221.
4 Siehe: K. Kaplan, »Trídní boje po únoru 1948«. In: *Príspevky k dejinám KSC*, 1963, 3, S. 330.
5 Fejtö, *Le Coup de Prague*, S. 216.
6 *For a Lasting Peace, For a People's Democracy*, Nr. 13, 1. Juli 1948.
7 *Nowe drogi*, Sept.-Oct. 1948, S. 144.
8 A. Korbonski, *The Politics of Socialist Agriculture in Poland 1945-1960*, New York 1965, S. 152.
9 Nach dem Zitat in Kaplan, »Trídní boje«, S. 328.
10 M.K. Dziewanowski, *The Communist Party of Poland*, 2. Aufl., Cambridge/Massachu-

setts 1976, S. 219; R. Hiscocks, *Poland: Bridge for the Abyss?*, London 1963, S. 143.

11 In der Rede auf dem 5. Parteitag der Bulgarischen Kommunistischen Partei am 15. Dezember 1948. Siehe: J.K. Hoensch, *Sowjetische Osteuropa-Politik 1945-1975*, Düsseldorf 1977, S. 28-29.

12 J.F. Brown, *Bulgaria under Communist Rule*, London 1970, S. 20.

13 Kovrig, a.a.O., S. 257.

14 Hejzlar, a.a.O., S. 51.

15 K. Kaplan, »Zamyslení nad politickymi procesy«. In: *Nová mysl*, 6, 1968, S. 772.

16 K. Kaplan, *Utváření generální linie vystavby socialismu v Ceskoslovenku*, Prag 1966, S. 131.

17 J. Kosta, *Abriß der sozialökonomischen Entwicklung der Tschechoslowakei 1945-1977*, Frankfurt/M. 1978, S. 65. Siehe auch: S.J. Kirschbaum, »The Cooperative Movements in Socialist Slovakia«. In: A. Balawyder (Hg.), *Cooperative Movements in Eastern Europe*, London 1980.

18 Siehe K.-F. Wädekin, *Sozialistische Agrarpolitik in Osteuropa*, Bd. 1, Berlin 1974, S. 103.

19 Brus, *Economic History*, Bd. 2, S. 593.

20 Kovrig, a.a.O., S. 257.

21 Korbonski, a.a.O., S. 153,157; Hiscocks, *Poland*, S. 154.

22 Siehe Tabelle 5, S. 212; W. Brus. In: M. Kaser (Hg.), *The Economic History of Eastern Europe 1919-1975*, Bd. 3, Oxford 1986, S. 9; V.R. Berghahn, *Modern Germany*, Cambridge 1987, S. 294.

23 V. Brabec, »Vztah KSC a verejnosti k politickym procesum na pocátku padesátych letech«. In: *Revue dejin socialismu*, 1969, 3, S. 374.

24 Korbonski, a.a.O., S. 163; Kovrig, a.a.O., S. 259; J.R. Lampe, *The Bulgarian Economy in the Twentieth Century*, London 1986, S. 148; J.F. Brown, *Bulgaria*, S. 29; Brus, *Economic History*, III, S. 52. Diskrepanzen in den Angaben über die Kollektivierung ergeben sich aus unterschiedlichen Definitionen der landwirtschaftlich nutzbaren und der genossenschaftlich bewirtschafteten Flächen.

25 Kosta, a.a.O., S. 70.

26 Korbonski, a.a.O., S. 182.

27 J. Rothschild, *Return to Diversity. A Political History of East Central Europe since World War II*, Oxford 1989, S. 20.

28 Siehe die Diskussion auf den Seiten 610-617 von W. Brus, »Postwar Reconstruction and Socio-Economic Transformation«. In: *Economic History*, Bd. 2, Oxford 1986, Kap. 22.

29 K.Kaplan, *The Council for Mutual Economic Aid 1949-1951*, London 1979.

30 Kaplan, a.a.O., S. 15-16.

31 V. Prucha u.a., *Hospodárske dejiny Ceskolsovenska v 19. a 20. storoci*, Bratislava 1974, S. 344.

32 W. Brus, *Economic History*, Bd. 3, S. 19-20.

33 *Economic Survey of Europe since the War*, Genf 1953, Tabelle 11, S. 30.

34 Kosta, a.a.O., S. 75; V. Brabec. In: *Revue dejin socialismu*, Sonderheft, 1968, S. 1066.

35 *Economic History*, Bd. 3, Tabelle 23.3, S. 19 (offizielle Schätzungen).

36 *Economic History*, Bd. 3, S. 29-34. Man muß hinzufügen, daß die Reallöhne in Rumänien (110 im Jahr 1953) und der Deutschen Demokratischen Republik (177 im Jahr 1953) stiegen. 1950 war in beiden Ländern ein schlechtes Jahr gewesen, daher war die Ausgangsbasis niedrig. Siehe: E. Hankiss, *East European Alternatives*, Oxford 1990, S. 16-17 für weitere Beispiele für die in seinen Worten »entsetzliche und groteske Ausbreitung der sozialistischen Wettbewerbsbewegung«, die 1952 in ungarischen Fabriken propagiert wurde.

37 L. Labedz, »Sociology and Social Change«. In: *Survey*, Juli 1967, S. 34.

38 A. Matejko, *Social Change and Stratification in Eastern Europe*, New York 1974, S. 11-12.

39 K. Kaplan, *Die politischen Prozesse in der Tschechoslowakei 1948-54*, München 1986, S. 81.
40 Hankiss, a.a.O., S. 22. Hankiss, S. 11-49, gibt einen wertvollen Überblick über alle Aspekte des ungarischen Stalinismus.
41 K. Bartosek, »Les procès politiques 1948-54«. In: *Communisme*, 4, 1983.
42 Kaplan, *Die politischen Prozesse*, S. 70.
43 Hankiss, a.a.O., S. 40-41.
44 Fejtö, *Histoire*, S. 241.
45 Patrascanu in Rumänien wurde im Februar 1948 wegen »nationalistischer Abweichungen« eliminiert. Das hing nicht mit dem Titoismus zusammen, sondern mit der oppositionellen Haltung Patrascanus zur Versöhnungspolitik gegenüber der ungarischen Minderheit in Transsylvanien.
46 Kovrig, a.a.O., S. 244; G. Litván, »Nouvelles enquêtes sur le procès Raijk«. In: *Communisme*, 26-27, 1990, S. 45-52.
47 J. Pelikan (Hg.), *The Czechoslovak Political Trials 1950-54*, London 1971, S. 78.
48 M. McCauley, *The German Democratic Republic*, London 1983, S. 52.
49 Pelikan, a.a.O., S. 106.
50 J. Krulic, »Affirmation nationale et discours révolutionnaire dans la diplomatie Yougoslave 1945-49«. In: *Revue d'Histoire Moderne et Contemporaine*, 38, Jan.-März 1991, S. 154-167.
51 M. Djilas, *Rise and Fall*, London 1985, S. 174.
52 D. Wilson, a.a.O., S. 58-59.
53 D. Rusinow, *The Yugoslav Experiment 1948-74*, London 1977.
54 Zur Untersuchung der Gründe für den Niedergang Jugoslawiens in den 80er Jahren vgl. H. Lydall, *Yugoslavia in Crisis*, Oxford 1989.

5 Osteuropa nach Stalin

1 T. Aczél / T. Méray, *The Revolt of the Mind*, New York 1959, S. 159.
2 In ungarischer Sprache veröffentlicht in: *Irodalmi Ujság*, Paris, 36, 3, S. 11-14; eine französiche Übersetzung erschien in: *Communisme*, Nr. 9, Dez. 1986.
3 I. Nagy, *On Communism: In Defence of the New Course*, London 1957, S. 275.
4 T. Méray, *Thirteen Days that Shook the Kremlin*, London 1959, S. 25-28.
5 B. Lomax, *Hungary 1956*, London 1976, S. 25; Kovrig, a.a.O., S. 283.
6 Lomax, a.a.O., S. 35.
7 Nagy, a.a.O., S. 57, 15.
8 E. Murphy, »Higher Education in Communist Hungary 1948-56«. In: American Slavic and East European Review, 19, 1960, S. 395-413.
9 Lomax, a.a.O., S. 39.
10 F. Toke. In: J.-J. Marie / B. Nagy (Hg.), *Pologne-Hongrie 1956*, Paris 1966, S. 242.
11 Kovrig, a.a.O., S. 296.
12 Kovrig, a.a.O., S. 297-298.
13 Die Sechzehn Forderungen, die in der Nacht des 22. Oktober ausgearbeitet und am 23. Oktober veröffentlicht wurden, sind abgedruckt in: Méray, *Thirteen Days*, S. 67-68.
14 Lomax, a.a.O., S. 109-110.
15 F. Fehér / A. Heller, *Hungary 1956 Revisited*, London 1983, S. 168.
16 Lomax, a.a.O., S. 140-141.
17 Lomax, a.a.O., S. 116.
18 M. Molnár, *Budapest, 1956*, London 1971, S. 134.
19 Interview mit dem polnischen Journalisten Wiktor Woroszylski, zit. von Lomax, a.a.O., S. 132.

20 Fehér/Heller, a.a.O., S. 146.
21 P. Zinner (Hg.), *National Communism and Popular Revolt*, New York 1956, S. 419-420.
22 Nagy, a.a.O., S. 49-50.
23 Molnár, a.a.O., S. 98.
24 Zinner, *National Communism*, S. 428-432.
25 N.S. Khrushchev, *Krushchev Remembers*, Boston 1970, S. 418.
26 C. Gati, *Hungary and the Soviet Bloc*, Durham/North Carolina 1986, S. 147-148.
27 V. Micunovic, *Moscow Diary*, New York 1980, S. 130-142.
28 Lomax, a.a.O., S. 144.
29 S. Kopacsi, *In the Name of the Working Class*, London 1989, S. 200-204.
30 Fehér/Heller, a.a.O., S. xvii.
31 I. Deutscher, *Russia, China and the West*, London 1970, S. 88.
32 J. Mindszenty, *Memoirs of Jozsef Cardinal Mindszenty*, London 1975, S. 331-333.
33 Das ist eine Schätzung von F.A. Váli in: *Rift and Revolt in Hungary*, Cambridge/Massachusetts 1961, S. 439-440. Hinsichtlich Details zu Unterdrückungsmaßnahmen vgl. Kovrig, a.a.O., S. 326-328.
34 F. Fejtö, »Hungarian Communism«. In: W.E. Griffith (Hg.), *Communism in Europe*, Bd. 1, Oxford 1969, S. 230-231.
35 G. Mond, »Les échos et les conséquences du XXiéme Congres du PC de l'URSS en Pologne«. In: *Le Vingtième Congrès*, veröffentlicht als Bd. 24 der *Collection historique de l'Institut d'études Slaves*, Paris 1977, S. 80.
36 *Economic History*, III, S. 42.
37 Chruschtschow trat angeblich bei dieser Gelegenheit mit dem Argument, daß schon zu viele Juden in der Führung wären, gegen die Berufung Roman Zambrowskis auf und versuchte, die Kandidatur des ultrakonservativen Zenon Nowak durchzusetzen. (Z.A. Pelczynski. In: R.F. Leslie (Hg.), *The History of Poland since 1963*, Cambridge 1983, S. 345.)
38 T. Toranska, *Oni*, London 1987, S. 69.
39 *Economic History*, III, S. 64, 66.
40 Mond, »Les échos«, S. 81.
41 C.R. Hiscocks, *Poland: Bridge for the Abyss?*, London 1963, S. 190; M.J. Krynski, »Poland's Literary Thaw«. In: *Polish Review*, 1, 4, 1956, S. 16.
42 A. Brzeski, »Poland as Catalyst«. In: *Polish Review*, 16, 2, 1971, S. 3.
43 K. Pomian, Pologne: *Défi a l'impossible*, Paris 1982, S. 198.
44 G. Sakwa, »The Polish October: A Re-appraisal through Historiography«. In: *The Polish Review*, 23, 3, 1978, S. 75.
45 Zinner, *National Communism*, S. 239-240; K. Syrop, *Spring in October*, London 1957, S. 64.
46 Z. Brzezinski, *The Soviet Bloc*, 2. Aufl., Cambridge/Massachusetts 1967, S. 250.
47 Marie/Nagy, a.a.O., S. 18-19.
48 Mond, »Les échos«, S. 115.
49 Jan Kott, zit. bei Hiscocks, a.a.O., S. 212.
50 In einem Interview mit Teresa Toránska. (Toránska, a.a.O., S. 78).
51 Syrop, a.a.O., S. 163.
52 M.K. Dziewanowski, *The Communist Party of Poland*, 2. Aufl., Harvard 1976, S. 284.
53 Vg. Korbonski, a.a.O., S. 262.
54 Syrop, a.a.O., S. 157.
55 W. Gomulka, *Przemówienia*, Warschau 1957, S. 112.
56 O. Anweiler, »Die Arbeiterselbstverwaltung in Polen«. In: *Osteuropa*, 8, 4, April 1958, S. 230-231.
57 *Economic History*, III, S. 101.

58 Gomulka, a.a.O., S. 213.
59 Richard Hiscocks, meinte 1963, noch vor der Desillusionierung Ende der 60er Jahre, »seit Oktober hat *Po Prostu* manchmal übertrieben, und Gomulka war in gewissem Maße im Recht, wenn er feststellte, daß sie die polnische Situation nicht ehrlich darstellte«. (Hiscocks, a.a.O., S. 264).
60 M.L. Danilewicz, »The Polish Literary Scene«. In: *Soviet Survey*, Juli-September 1958.
61 Pelczynski. In: Leslie (Hg.), a.a.O., S. 378.
62 P. Raina, *Political Opposition in Poland 1954-1977*, London 1978, S. 73.
63 Raina, a.a.O., S. 86-89.
64 *Eastern Europe*, III, S. 95.

6 Die ruhigen Jahre, 1957-1968

1 A.H. Smith, *The Planned Economies of Eastern Europe*, London 1983, S. 43.
2 Zahlen aus: *Economic History*, III, S. 150.
3 J. Kosta, *Abriß der sozialökonomischen Entwicklung der Tschechoslowakei 1945-1977*, Frankfurt/M. 1978, S. 124.
4 Vgl. W. Brus, »The East European economic reforms: What happened to them?«. In: *Soviet Studies*, 21, 2, 1979, S. 257-267; G. Grossman, »Economic reforms, a balance sheet. In: *Problems of Communism*, Nov.-Dez. 1966, S. 43-55.
5 A. Matejko, *Social Change and Stratification in Eastern Europe*, New York 1974, S. xix.
6 Zahlen aus: D. Staritz, *Geschichte der DDR 1949-1985*, Frankfurt/M. 1985, S. 166; Zahlen über den Lebensstandard aus: T.P. Alton, *Research Project on National Income in East Central Europe*, Occasional Paper no. 113, New York 1990, Tabelle 5, S. 14.
7 M. McCauley, *The German Democratic Republic since 1945*, London 1983, S. 123.
8 Staritz, a.a.O., S. 200.
9 M. Melzer, »The GDR«. In: A. Nove / H.-H. Höhmann / G. Seidenstecher (Hg.), *The East European Economies in the 1970s*, London 1982, Kap. 3, S. 50-51.
10 Kovrig, a.a.O., S. 353.
11 E. Hankiss, *East European Alternatives*, Oxford 1990, S. 56.
12 A. Zwass, *The Economies of Eastern Europe in a Time of Change*, London 1984, S. 7.
13 IMF, *Direction of Trade Statistics*, Yearbook for 1989.
14 G. Gross, »Rumania: the Fruits of Autonomy«. In: *Problems of Communism*, 15, 1, Jan.-Febr. 1966, S. 23.
15 Zwass, a.a.O., S.87.
16 Zwass, ebda.
17 M. Kaser, »Romania«. In: H.-H. Höhmann/M. Kaser/K. Thalheim (Hg.), *The New Economic Systems of Eastern Europe*, Los Angeles 1975, S. 172-174.
18 M. Kaser/I. Spigler, »Economic reforms in Romania«. In: Nove/Höhmann/Seidenstecher, a.a.O., S. 274.
19 Zwass, a.a.O., S. 97-98.
20 R. Daviddi, »Bulgaria«. In: P. Joseph, *The Economies of Eastern Europe*, Brüssel 1987, S. 81-82; G. Feiwel, »Economic development in Bulgaria«. In: Nove/Höhmann/Seidenstecher, a.a.O., S. 246.

7 Die Tschechoslowakei 1968: Höhepunkt und Niederlage des Reformkommunismus

1 Petr Pithart zitiert zustimmend eine Erklärung des in der intellektuellen Bewegung der 60er Jahre prominenten Philosophen Karel Kosík: »Die slowakische Frage bildet

das Wesen der tschechischen Frage«. (P. Pithart, *Osmasedesaty*, London 1987, S. 83).

2 V. Mencl/F. Ouredník, »Jak to bylo v lednu«. In. *Zivot strany*, Prag, Nr. 16, 1968, S. 20; Zdenek Hejzlar (*Reformkommunismus*, Frankfurt/M. 1976, S. 108) und Eugen Steiner (*The Slovak Dilemna*, Cambridge 1973, S. 110) sehen im Gegenteil den 12. Parteitag als den Beginn der Liberalisierungsperiode an.

3 Zit. in: J. Batt, *Economic Reform and Political Change in Europe*, London 1988, S. 187.

4 Hejzlar, a.a.O., S. 121; Brus, *Eastern Europe*, III, S. 95, 150; Kosta, *Abriß*, S. 75.

5 P. Tigrid, *La chute irrésistible d'Alexander Dubcek*, Paris 1969, S. 42; P. Tigrid, *Kapesní pruvodce inteligentní zeny po vlastním osudu*, Toronto 1988, S. 26.

6 Siehe ein von Smrkovsky kurz vor seinem Tode gegebenes Interview, zit. in: H.G. Skilling, *Czechoslovakia's Interrupted Revolution*, Princeton 1976, S. 879.

7 Z. Mlynár, *Night Frost in Prague*, London 1980, S. 97.

8 Spacek. In : *Zivot strany*, Prag, Nr. 5, 1968, S. 1-4.

9 In: *Student*, Prag, 3. April 1968.

10 Eine englische Übersetzung (ohne den Abschnitt über die Wissenschaft) ist abgedruckt in: R.A. Remington (Hg.), *Winter in Prague*, Cambridge/Massachusetts 1969, S. 88-137.

11 In: *Práce*, Prag, 3. April 1968, übersetzt abgedruckt in: P. Tigrid, *Le Printemps de Prague*, Paris 1968, S. 217-220.

12 Sik in einer Rede im Mai 1968, zit. in: Batt, a.a.O., S. 218.

13 A. Pravda, »Some aspects of the Czechoslovak economic reform and the working class in 1968«. In: *Soviet Studies*, Bd. 25, Nr. 1, Juli 1973, S. 112.

14 Brus. In: *Economic History*, III, S. 213.

15 A. Oxley/A. Pravda/A. Ritchie (Hg.), *Czechoslovakia, The Party and the People*, London 1973, S. 170; Batt, a.a.O., S. 197.

16 Batt, a.a.O., S. 218; Brus, a.a.O., S. 215.

17 Rudé právo, Prag, 11. April 1968.

18 *Zivot strany*, Prag, Nr. 10, 1968, S. 18.

19 Ein übersetzter Text ist abgedruckt in: Remington (Hg.), *Winter in Prague*, S. 196-202.

20 Skilling, a.a.O., S. 278.

21 I. Alexandrov in der Ausgabe für den 11. Juli. Siehe: Pithart, a.a.O., S. 72; Skilling, a.a.O., S. 285.

22 Remington, a.a.O., S. 240.

23 Hejzlar, a.a.O., S. 174.

24 Remington, a.a.O., S. 257-258.

25 Skilling, a.a.O., S. 316.

26 Mlynár, a.a.O., S. 170; Remington, *Winter in Prague*, S. 268.

27 G. Golan, *Reform Rule in Czechoslovakia*, Cambridge 1973, S. 142.

28 Hejzlar, a.a.O., S. 181.

29 Golan, a.a.O., S. 238.

30 P. Tigrid, *La chute irrésistible d'Alexandre Dubcek*, Paris 1970, S. 88.

31 Hejzlar, a.a.O., S. 267.

32 Alle Einzelheiten des Widerstandes werden im »Schwarzbuch« (Sieben Tage Prag), das von tschechoslowakischen Historikern seinerzeit zusammengestellt und später in englischer Sprache unter dem Titel *The Czech Black Book*, hrsgg. von R. Littell, New York 1969, veröffentlicht wurde.

33 Der Text des Moskauer Geheimprotokolls, das der tschechischsprachigen Zeitschrift *Svedectví* zugespielt wurde, ist in englischer Sprache abgedruckt in: Remington, *Winter in Prague*, S. 379-382.

34 Hejzlar, a.a.O., S. 292-293.

35 Aktionsformen der Arbeiterklasse in dieser Zeit sind dargestellt in: Golan, a.a.O.,

S. 283-294.
36 Hejzlar, a.a.O., S. 312.
37 Nach dem Zitat in: J. Skála, *Die CSSR. Vom Prager Frühling zur Charta 77*, Berlin 1978, S. 72, Anm. 108.
38 J. Kavan, »From the Prague Spring to a Long Winter«. In: J. Pehe (Hg.), *The Prague Spring*, London 1988, S. 109.
39 Es setzte sich aus Dubcek, Husák, Cerník, Svoboda, Erban, Sádovsky, Strougal, Bilak, Piller, Colotka, Polácek zusammen. Cerník und Svoboda hatten inzwischen die Seiten gewechselt.
40 Tigrid, a.a.O., S. 210.
41 Hejzlar, a.a.O., S. 354.
42 V.V. Kusin, *From Dubcek to Charter 77*, Edinburgh 1978, s. 85.
43 M. Simecka, *The Restoration of Order*, London 1984, Kap. 3 und 4.
44 Skilling, a.a.O., S. 852.
45 Pithart, a.a.O., S. 66.
46 Zit. in: B. Kagarlitsky, *The Thinking Reed*, London 1988, S. 201.

8 Die Breschnewjahre: Zaudern an der Spitze und Revolte von unten

1 Zit. in: Hoensch, a.a.O., S. 329.
2 Hoensch, a.a.O., S. 384, Anm. 3.
3 W. Brus, »The East European reforms: what happened to them«. In: *Soviet Studies*, 31, 2, 1979, S. 257-267.
4 M. Myant, *The Czechoslovak Economy 1948-88*, Cambridge 1989, S. 183.
5 In der Rede auf dem 10. Parteitag der USAP (Hoensch, a.a.O., S. 367).
6 Zu diesem Punkt gibt es in der Literatur äußerst unterschiedliche Auffassungen. Vgl. Höhmann: »Ungarns Neuer Ökonomischer Mechanismus hat die Probe der Zeit bestanden und wurde trotz einiger Restriktionen beibehalten« (In: Nove / Höhmann / Seidenstecher, a.a.O., S. 5) und Brus: »Die ungarische Reform war weit davon entfernt, ein Mißerfolg zu sein: ihre entscheidenden Merkmale überdauerten« (In: *Economic History*, III, S. 185) dagegen Zwass: »Die Reform hörte nach 1973 einfach auf zu funktionieren« (A. Zwass, *The Economies or Eastern Europe*, London 1984, S. 8) und Hankiss: »Der Gegenangriff der Bürokratie ... hielt diesen Prozeß (der Reform) schon 1972/73 auf und verstärkte die bürokratische staatliche Kontrolle über die Wirtschaft.« (Hankiss, a.a.O., S. 64).
7 Kovrig, a.a.O., S. 393.
8 Zit. in: Z.A. Pelczynski, »The Downfall of Gomulka«. In: A. Bromke / J.W. Strong (Hg.), *Gierek's Poland*, New York 1973, S. 8.
9 M. Rakowski, »December 1970: the Turning Point«. In: Bromke / Strong, a.a.O., S. 30.
10 Siehe: W. Rozenbaum, »The Anti-Zionist Campaign in Poland, June-December 1967«. In: *Canadian Slavonic Papers*, 20, 1978, S. 218-236; und Z. Baumann, »The End of Polish Jewry«. In: *Bulletin on Soviet and East European Jewish Affairs*, Jan. 1969.
11 H. Laeuen, »V. Kongreß der Polnischen Kommunisten«. In: Osteuropa, Mai-Juni 1967, S. 370.
12 Pelczynski, a.a.O., S. 19-21; P. Unger, *Die Ursachen der politischen Unruhen in Polen im Winter 1970-71*, Bern 1975, S. 136.
13 Unger, a.a.O., S. 128.
14 Er sprach auf dem ZK-Plenum im Februar 1971. Zit. in: Unger, a.a.O., S.118 und 124.
15 Eine vollständige Wiedergabe der Forderungen in »Polish Workers Speak«. In: *New Left Review*, 72, März-April, 1972, S. 36-37.

16 Zit. in: G. Blazynski, *Flashpoint Poland*, New York 1979, S. 96.
17 W. Brus. In: Nove/Höhmann/Seidenstecher, *The East European Economies in the 1970s*, London 1982, S. 94.
18 Brus, in a.a.O., S. 99.
19 W. Brus, »Economics and Politics - the Fatal Link«. In: A. Brumberg (Hg.), *Poland, Genesis of a Revolution*, New York 1983, S. 36.
20 D. Singer, *The Road to Gdansk*, New York 1981, S. 190.
21 J.J. Lipski, selber ein Beteiligter, erzählt die Geschichte in *KOR. A History of the Worker' Defense Committee in Poland 1976-1981*, Berkeley 1985; siehe auch P. Raina, *Political Opposition in Poland 1954-77*, London 1978, und *Independent Social Movements in Poland*, London 1981.
22 T.G. Ash, *The Polish Revolution*, London 1983, S. 24.
23 W. Brus. In: Nove/Höhmann/Seidenstecher, a.a.O., S. 127, 132.
24 S. Gomulka, »Macroeconomic Reserves, Constraints and Systemic Factors in the Dynamics of the Polish Crisis 1980-82«. In: *Jahrbuch der Wirtschaft Osteuropas*, Bd. 10, 1, 1987, S. 218.
25 T.G. Ash meint, es sei »schwierig, sich Solidarität ohne den polnischen Papst vorzustellen« (a.a.O., S. 30).
26 M. Vale (Hg.), *Poland, the State of the Republic*, report by the DiP group, Teil 1, London 1981. Das sind nur einige der bestürzendsten Stellen in diesem langen und komplexen Bericht.

9 Die verfrühte Revolution: Polen 1980-81

1 Vale (Hg.), *Poland, the State of the Republic*, S. 218-219.
2 Lipski, a.a.O., S. 344.
3 Die Texte der Vereinbarungen von Stettin und Gdansk sind abgedruckt in: N. Ascherson, *The Polish August*, Anhang 2, London 1981, S. 280-295.
4 Ash, *Polish Revoution*, S. 75.
5 K. Pomian, *Pologne: Défi a l'impossible*, Paris 1982, S. 201.
6 T.G. Ash gibt noch weitere Beispiele für lokale Konflikte zwischen Solidarität und den Behörden in dieser Zeit (a.a.O., Kap. 4).
7 Der Appell vom 12. August, zusammengefaßt in: Ash, a.a.O., S. 202-203.
8 Die Gesetze vom 25. September 1981 über Arbeiterselbstverwaltung und über Staatsunternehmen, abgedruckt in: P. Raina, *Poland 1981*, London 1985, S. 396-419.
9 Raina, a.a.O., S. 443.
10 Ash, a.a.O., S. 295.
11 C. Barker, *Festival of the Oppressed*, London 1986, S. 134; und Raina, a.a.O., S. 431, mit dem Zitat einer Erklärung von Solidarität vom 7. Dezember 1981.
12 J. Staniszkis, *Poland's Self-Limiting Revolution*, Princeton 1984, S. 327.
13 J. Holzer, *Solidarität*, München 1985, S. 375, 381.
14 Barker, a.a.O., S. 138.
15 Z. Kowalewski. In: *Labour Focus on Eastern Europe*, 5, 1-2, Frühjahr 1982, S. 28.
16 N. Davies, *Heart of Europe. A Short History of Poland*, Oxford 1984, S. 19.
17 Staniszkis, a.a.O., S. 334.
18 Zit. in: *The Guardian*, 14. März 1992, S. 16.
19 A. Sulek, »The PUWP: from mobilisation to non-representation«. In: *Soviet Studies*, 42, 3, 1990, S. 499-511.
20 Siehe: A. Smolar, »The Polish Opposition«. In: F. Fehér/A. Arato (Hg.), *Crisis and Reform in Eastern Europe*, London 1991, S. 185 und *passim*.

10 Niedergang und Fall

1 Das Royal Institute of International Affairs erkannte diesen Gegensatz, als es zwei getrennte Studien über den Zusammenbruch des Kommunismus in Osteuropa in Auftrag gab, und zwar die Studien von Judy Batt *East Central Europe from Reform to Transformation* und von Christopher Cviic *Remaking the Balkans*, beide London 1991.

2 Man muß hinzufügen, daß dieser Ansicht durch Eduard Schewardnadse selbst widersprochen wird, der schreibt: »Beginnend im April 1985 beendeten wir die Einmischung in ihre internationalen Angelegenheiten und das Auferlegen von Lösungen«, und von Giulietto Chiesa, der schreibt: »Die Doktrin der eingeschränkten Souveränität war seit dem 27. Parteitag (der 1986 stattfand) abgelehnt worden.« (R. Medvedev / G. Chiesa, *Time of Change*, London 1991, S. 264-265.).

3 J. Bugajski / M. Pollack, »East European Dissent«. In: *Problems of Communism*, 37, 2, März-April 1988, S. 67.

4 J. Reich, »Reflections on becoming an East German dissident«. In: G. Prins (Hg.), *Spring in Winter*, Manchester 1990, S. 83.

5 *Nowe Drogi*, 6, 1987; zit. in: Z. Brzezinski, *The Grand Failure*, New York 1989, S. 124.

6 B. Kagarlitsky, *The Thinking Reed*, London 1988, S. 211.

7 C.S. Maier, »The Collapse of Communism«. In: *History Workshop Journal*, 31, Frühjahr 1991, S. 54.

8 J. Kornai, *The Road to a Free Economy. The Example of Hungary*, London 1990, S. 40.

9 Kornai, a.a.O., S. 37.

10 J. Winecki, »Are Soviet-type economies entering an era of long-term decline?« In: *Soviet Studies*, 38, 3, 1986, S. 325-348.

11 Zit. in: Hankiss, a.a.O., S. 85.

12 W. Brus. In: *New Left Review*, Nr. 153, Sept.-Okt. 1985, S. 52.

13 Maier, a.a.O., S. 56.

14 Siehe Tabelle 3, S. 210.

15 Siehe Tabelle 4, S. 211.

16 M. Lavigne, *International Political Economy and Socialism*, Cambridge 1991, S. 327-328.

17 Zur Rebellion auf dem Gebiet der Musik siehe auch: T. Ryback, *Rock Around the Bloc*, New York 1990.

18 Hankiss, a.a.O., S. 97-98.

19 Rothschild, a.a.O., S. 75.

20 J. Lovenduski / J. Woodall, *Politics and Society in Eastern Europe*, London 1987, S. 430.

21 Brzezinski, *The Grand Failure*, S. 245.

22 Zit. in: Batt, *East Central Europe*, S. 27.

23 A. Smolar, »Polish opposition«. In: F. Fehér / A. Arato (Hg.), *Crisis and Reform in Eastern Europe*, New Brunswick 1991.

24 J. Drewnowski (Hg.), *Crisis in the East European Economy: the Spread of the Polish Disease*, London 1982.

25 T.G. Ash, *The Uses of Adversity*, Cambridge 1989, S. 199.

26 Hankiss analysiert diesen Prozeß eingehend in: a.a.O., S. 113-119.

27 Batt, *East Central Europe*, S. 11.

28 »Wendepunkt und Reform« von László Antal u.a. zusammengefaßt in: *Acta Oeconomica*, Budapest, Bd. 38, Nr. 3-4, 1987, S. 187-213.

29 Eine Diskussion dieses Konzepts, siehe: *Studies in Comparative Communism*, Bd. 22, Nr. 1, Frühjahr 1989.

30 F. Tökes, »Hungary's new political élites«. In: *Problems of Communism*, 39, 6, Nov.-Dez. 1990.

31 Übersetzt in: *East European Reporter*, Bd. 3, Nr. 1, 1987, S. 54-58.

32 Ash, *The Uses of Adversity*, S. 135.

33 Hankiss, a.a.O., S. 253-254.

34 K.W. Fricke, »Der Besuch Erich Honeckers in der BRD«. In: *Europa Archiv*, 42, 23, 10. Dez. 1987, S. 687.

35 *Economic Bulletin for Europe*, Bd. 41, New York 1989, Tabelle 2.16. Die viel niedrigere Zahl 5,5 Mrd. Dollar wird von M. Haendcke-Hoppe angegeben in: »The German Democratic Republic: Foreign Economic Relations«. In: P. Joseph (Hg.), *The Economies of Eastern Europe and their Foreign Economic Relations*, Brüssel 1987, S. 75.

36 J.F. Brown, *Eastern Europe and Communist Rule*, Durham/North Carolina 1988, S. 261.

37 Das ist die Wachstumsrate des Materiellen Nettoprodukts zu konstanten Preisen aus: Lavigne, *International Political Economy*, S. 386. Die Rate ist niedriger, aber der Trend ist derselbe, wie wenn wir westliche Maßstäbe des BIP anlegen (1,8 Prozent p.a. 1980-85; 1,4 Prozent p.a. 1985-89; Zahlen aus: T.P. Alton (Hg.), *Research Project on National Income in East Central Europe*, Occasional Paper no. 110, New York 1990, S. 28). Siehe Tabellen 3 und 4.

38 G.-I. Glaessner, »RDA: Premières réflexions sur l'effondrement d'un régime«. In: *Communisme*, Nr. 24-25, S. 158.

39 A. Mitter und S. Wolle, *Ich liebe euch doch alle. Befehle und Lageberichte des MfS Januar-November 1989*, Berlin 1990, S. 117.

40 Prins, a.a.O., S. 81. Markus Wolf, der in den Ruhestand getretene Chef der Staatssicherheit, hat das bezeugt.

41 Siehe: A.H. Smith, »Romania: Internal Economic Development and Foreign Economic Relations«. In: P. Joseph (Hg.), *The Economies of Eastern Europe and their Foreign Economic Relations*, Brüssel 1987, S. 255-274.

42 J. Eyal, »Why Romania could not avoid Bloodshed«. In: Prins, a.a.O., S. 155.

43 Siehe die Tabellen in: Brus, *Economic History*, III, S. 46, 64. Die Statistiken der Reallöhne zeigen dasselbe Bild (z.B. Brus, III, S. 95, 150, 152). Die Jahre nach 1970 werden behandelt in: T.P. Alton, a.a.O., S.14. Altons Tabellen verdeutlichen, daß das Wachstum des Lebensstandards sich außer in Polen, Rumänien und Jugoslawien bis zum Ende fortsetzte.

44 Siehe Tabellen 25.4 und 25.5 auf S. 84 und 86 der *Economic History*, III.

45 A. Matejko, *Social Change and Stratification in Eastern Europe*, New York 1974, S. 63. Es wird hier speziell auf Polen verwiesen. G. Gömöri dagegen in: D. Lane/G. Kolankiewicz (Hg.), *Social Groups in Polish Society*, New York 1973, S. 160 berücksichtigt, daß die Arbeiter und Bauern zur herrschenden Klasse »Zugang erlangten« und die alten Klassen nicht einfach »verdrängten«.

46 Zit. von J.F. Brown in: *Eastern Europe and Communist Rule*, S. 409.

47 Siehe A. Heitlinger, *Women and State Socialism*, London 1979, S. 135-190 (in einer Studie zur Lage in der Tschechoslowakei).

48 Siehe R.J. McIntyre, »Pronatalist Programmes in Eastern Europe«. In: *Soviet Studies*, 27, 3, Juli 1975, S. 366-180.

49 Siehe Matejko, a.a.O., Tabellen 2.6 und 2.8; und in bezug auf Veränderungen des Niveaus der Erziehung in Osteuropa zwischen 1950 und 1972 M. Hauner. In: *Economic History of Eastern Europe*, Bd. I, Kap. 2.

Personenindex